普通高等教育“十二五”规划教材·金融学系列

投资银行学

（第三版）

阎　敏　主编

科 学 出 版 社

北　京

内 容 简 介

本书全面、系统、概要地介绍了国际投资银行业的发展现状、演变历程、业务营运特点及实务操作规程，并侧重介绍了近年来国际投资银行的业务创新模式及风险管理技术。在此基础上，本书对中国投资银行的发展实践做了全面总结，并为其今后的发展确定了可操作性的战略选择。全书内容完整、结构严谨，具有明显的中西结合和实务性强的特点。

本书可供经济、金融专业的大学本科生及专业研究生和从事证券工作的在职人员学习和培训之用。

图书在版编目（CIP）数据

投资银行学 / 阎敏主编．— 3 版．—北京：科学出版社，2015.1

普通高等教育“十二五”规划教材·金融学系列

ISBN 978-7-03-042607-9

Ⅰ.①投… Ⅱ.①阎… Ⅲ.①投资银行—经济理论—高等学校—教材 Ⅳ.①F830.33

中国版本图书馆 CIP 数据核字（2014）第 275531 号

责任编辑：兰　鹏 / 责任校对：马显杰
责任印制：徐晓晨 / 封面设计：蓝正设计

科学出版社出版
北京东黄城根北街 16 号
邮政编码：100717
http://www.sciencep.com
北京虎彩文化传播有限公司印刷
科学出版社发行　各地新华书店经销

*

2005 年 6 月第 一 版　开本：787×1092　1/16
2008 年 6 月第 二 版　印张：16 1/4
2015 年 1 月第 三 版　字数：385 000
2021 年 2 月第十次印刷

定价：42.00 元

（如有印装质量问题，我社负责调换）

第三版序

《投资银行学》第三版是在第二版的基础上经过修改、完善、编辑而成的，相较于第二版，本书有了较大的修改和完善，具体反映在以下各章。

第 1 章关于投资银行的概念，引入了西方多个国家对投资银行的不同称谓，用以说明尽管叫法不同，但投资银行的性质没有改变；同时，按照国际规范对投资银行的种类划分重新做了界定，进而引出投资银行和商业银行的联系与区别，更显得合情合理，便于读者深入理解投资银行的性质。

第三版教材刻意增加了第 2 章"投资银行的业务运营"，从总体上对投资银行的各项业务做了概要介绍，对投资银行业务的综合化趋势做了分析，为后面各章投资银行业务的实务内容做了铺垫，同时也突出了本版教材更偏重于"实务性"和更适合金融本科专业及专业研究生使用的特点。

第 3 章将投资银行证券承销业务的内容由原来的四节简化为三节，将原来的"证券发行定价"一节内容融入本业务运营操作中，作为业务运营环节一个简单的介绍，并将第三节的题目定为"投资银行在证券承销中的主要作用"，以突出投资银行在该业务中的职能作用及营销策略。

第 4 章对原来投资银行经纪业务理论性较强的部分内容做了适当删减，并将该章内容做了较大调整：一是删除了第三节中的"我国控制买空、卖空行为"一小节；二是将原来第四节的"经纪业务管理"修改为"经纪业务的风险防控"，并删除了"投资银行控制经纪业务风险的理论基础"一小节，强化了本章的实务性。

第 5 章将原来投资银行自营业务中的第三节"自营业务风险管理"改为"自营业务风险防范、规避与监管"，对原来"风险监管"一小节内容做了细化，补充了相关政策制度，使其监管内容更具体、更清晰。

第 6 章"投资银行的企业并购业务"，将原来第一节"企业并购的概念与类型"改为"企业并购的种类和方式"，使得企业并购方式更具体；同时，将投资银行在企业并购中的作用分门别类做了细化，并在章后增加了一则"企业杠杆收购"案例，以便于学生对投资银行在企业并购中的作用有更深入的理解，且对其业务操作流程更易掌握。

第 7 章"投资银行的资产管理业务"，在原第一节中增加了"资产管理业务在国外的发展现状”一小节内容，其中对美国近代投资银行的发展现状做了详细的介绍；在原第二节中增加了“资产管理业务的特点”一小节；在原第三节中增加了“资产管理业务的操作步骤”相关内容，使其投资银行业务的内容更加细化和具体。

第 8 章“投资银行的风险投资业务”，在章后新增了一则案例，使学生对风险投资过程中投资银行的作用有更深刻的理解。

第 9 章是第三版教材变化最大的一章，基于中国投资银行很少参与信贷市场上的“项目融资业务”，故将该章原来的内容完全删除，继而补充了近年来中外投资银行发展较快的“资产证券化业务”，作为一章专题介绍相关业务内容，并在章后配有相关业务案例，使得本教材的“实务性”有了更现实的补充和完善。

第 10 章删除了原教材第一节“投资银行业务创新概述”中关于“投资银行本身是金融制度创新的产物”一小节内容，将新版教材第一节直接定位为“投资银行业务创新的性质和特点”，使其内容更精炼，更具针对性。

第 11 章除了将原来第二版教材的该章内容从理论及应用方面做了重新归纳和调整外，还增加了“投资银行的风险监管”一节重要内容，全面反映了美国次贷危机之后西方国家对投资银行加强金融监管方面的政策倾向；同时，刻意保留了原教材中西方国家两则投资银行破产倒闭的案例，以便佐证对投资银行加强风险监管的重要性。

第 12 章关于中国投资银行的相关内容，第三版教材同样做了较多文字的补充和完善；并在章后新增了两则中国投资银行相关业务案例，以展现中国投资银行近年来发展现状。

需要说明的是，兰州商学院长青学院金立民老师参与了本次教材修订工作，具体承担了第 2、第 9 两章的编写，并提供了上述新增的五则案例分析，我在此表示诚挚的谢意。

本版教材难免存在瑕疵和疏漏，敬请读者和专家不吝指教。

阎敏

2014 年 10 月

第二版序

21世纪是科学技术飞速发展的时代，国际经济和金融的发展风云变幻，特别是中国的投资银行业其变化更是日新月异。为了使《投资银行学》教材能够及时反映近年来国内外投资银行业发展变化的新动态，特对2005年出版的教材进行了一次相关内容的修改和完善。相较于第一版，本版教材有如下新变化：

首先，写作风格更加新颖。一方面，本版教材在广泛吸收国外教材写作风格灵活多变的特点和不改变国内教材统一规范要求的基础上，将每章的章前内容提要变更为重点内容提示(每条重点提示前用“●”点标识)，这样做既可引起学生的警觉和兴趣，又具备了重点清晰的特点；另一方面，在每章开始前新增添了与内容相对应的《华尔街日报》中文版财经新闻，这样做既可吸引学生眼球，又可加深学生对该章学习内容的理解和认识。

其次，章节内容更加紧凑。本版教材精简了原版中的第2章、第3章内容，将原来的13章压缩为11章，并将减掉的章节内容中特需保留的部分与再版的第1章、第10章两章中相应内容相融合，使章节结构更加合理；另外，特将原版中“投资银行的项目融资业务”、“投资银行的创新”等章中的部分内容做了精简和调整，并对原版中每章后的“小结”内容做了重新的精炼和归纳，这些变化使得教材内容更加严密紧凑，同时突出了教材实务性的特点。

再次，突出了投资银行业务创新的重要性。本版教材将原教材中“投资银行的创新”章的“投资银行的服务创新”扩充为一章，精简了原来的部分理论分析内容，增加了“投资银行业务创新形式”一节内容，特别将近年来国际投资银行业务创新中的金融产品创新、服务模式创新、技术手段创新及管理方法创新等内容补充进来，使投资银行业务创新的内容更加突出和完善。

最后，更新了旧内容，补充了新信息。主要表现在四处：①在“项目融资业务”章中引入了近年来国际投资银行业新开发的多种融资方式；②在“企业并购业务”章中增添了新的企业并购案例；③在“投资银行业务创新”章中增添了国际投资银行业近年来新开发的一些产品创新品种及形式；④在“中国的投资银行”章中将中国前十名投资银行资本金变化信息更新到2007年6月30日的统计数据，同时在该章后增添了三条附录，分别为《2007—2008年中国投资银行业市场深度分析及发展趋势研究报告》简介、《2007—2008年中国投资银行投融资与并购战略咨询研究报告》简介和*China Investment Bank Industry Report*

2007—2008 简介。通过上述更新，使再版教材的内容更具前沿性。

毕竟，编者的水平有限，再版教材中仍可能存在疏漏和不足，敬请读者不吝指教。

阎敏

2008 年 2 月 16 日

第一版序

以美国为代表的现代投资银行业发展至今至少已有六七十年的历史。然而，在投资银行业发达的诸多国家中却很少见到全面、系统介绍投资银行理论与发展实务方面的教科书及研究材料(以贝多广先生在其给当代金融名著译丛——《金融体系中的投资银行》一书中所作的中文版序言为证：“90年代初，我在美国做访问学者时，就试图物色有关书籍，结果是无功而返。1995年再次赴美，那时我已进入投资银行业工作，对与投资银行有关的文献更感兴趣，几乎走遍纽约大小书店，但成效甚微，只找到一本讲述投资银行业发展历史的书，重点是讨论投资银行业在伦敦、纽约和东京三个金融中心的发展。”)之所以出现这种情况，固然有经济发达国家的理论界和教育界对本国既定存在和成熟发展的投资银行业认为并无必要再做更深的研究，以及它们的经济学专业中并不设置该项学科和课程的原因，但对理论的发展和科学研究而言，这无疑是一大缺憾。

20世纪90年代以后，中国的投资银行业开始起步并迅速发展起来。然而，从现实来看，中国的投资银行业及与之相关的证券业发展至今，道路坎坷，问题颇多，其根本原因就是缺乏必要的理论指导。也正是在这种“饥渴”的需求中，从20世纪末开始，中国市场上开始出现少量的关于投资银行方面的教科书及研究性的文章和材料。尽管这些书籍和材料各有千秋，其内容涉及投资银行发展的各个方面，但全面系统介绍现代投资银行业发展理论和实务，以及专章介绍中国投资银行发展实践的书籍和材料却少之又少。应时代的要求，更是为了满足国内金融学本科教学的需要，我们组织编写了这本金融学系列教材《投资银行学》。

本书在编写过程中，力求遵循三个基本原则，即全面性、时效性和实践性，并使“三原则”贯穿全书的每一章节。

全面性。一是保持内容的完整无缺和写作格式上的规范性；二是既注重基本理论的介绍，又注重投资银行业务操作实务的介绍，并将理论与实务内容相结合。本书共分为13章，从内容结构上分为三大块：第1、2、3和12章为投资银行的基本理论，包括投资银行概述、投资银行的组织结构、投资银行的基本业务和投资银行的风险管理；第4～11章分章别类介绍投资银行的基本业务；第13章为中国投资银行业的发展，包括中国投资银行的发展轨迹、业务实践及21世纪发展战略选择。本书既有理论，又有实务；既有国际投资银行的业务操作规范，又有中国投资银行业发展的具体国情，体现出内容的全面性和完整性；另外，每章设有思考练习题，便于学生课后复习和讨论。这一格式符合当代教科书的基本规范。

时效性。一是坚持历史分析和实时分析相结合，突出当代投资银行发展的经济背景和金融环境，从发展轨迹中探寻当代投资银行发展规律及其经济联系；二是依据 20 世纪 90 年代以后国际投资银行业发展变革的实践，总结出当代投资银行发展的基本趋势，并对当代投资银行的创新性业务列专章介绍，突出当代投资银行网络化和创造性的新特点。上述内容在理论和实务有关章节均有反映；另外，对中国投资银行的介绍突出其 21 世纪面临的经济背景和条件分析，进而寻求中国投资银行业在新形势下发展战略的选择，真正体现中国投资银行发展与国际接轨及与时代接轨的新特点。

实践性。一是注重当代投资银行业务发展实践和操作规范的总结；二是注重现代经济管理理论在投资银行业务操作实践中的应用。本书除了在第 1、13 章中概括介绍国际投资银行业和中国投资银行业的发展实践外，核心章节(第 4～12 章)全面系统介绍国际投资银行的业务操作实践和规范；同时，在投资银行核心业务的有关章节中，对应介绍了当代投资银行业务运营和管理的相关制度和操作规程，突出介绍了当代投资银行风险管理的 VAR 理论和方法。特别值得一提的是，本书在投资银行核心业务的章节之后，均有安排相对应的操作案例及案例分析，既为中国投资银行的发展提供国际借鉴，又为中国投资银行开展业务提供操作规范和理论指导，具有现实的可操作性。

本书由阎敏提出编写大纲，由曹丽丽、钟翔宇等参与撰写，最后由阎敏总纂成稿。其中的章节分工为：第 1、13 章，阎敏；第 2 章，杨振宇；第 3、7、8、10 章，钟翔宇；第 4、5、6、9、11 章，曹丽丽；第 12 章，黄红军、荀文峰。另外，在本书编写过程中，徐艳丽、庞静、高小敏等在资料的搜集、初稿的打印及文字的校对等方面也做了大量的工作，在此一并表示感谢。

由于时间仓促，本书难免存在疏漏与不足。诚恳希望专家和读者不吝指教，以便再版时进一步完善。

阎敏

2004 年 10 月 31 日

目 录

第 1 章

投资银行概述

1.1 投资银行的概念与种类

1.1.1 投资银行的概念

关于投资银行的概念，迄今为止，中外理论界并无一个规范统一的定义和解释。当今投资银行最为发达的美国在理论界有权威的资料中最早出现与“投资银行”概念相联系的称谓，即20世纪40年代末成立的投资银行家协会(The Investment Bankers Association)。客观一点讲，只是美国将从商业银行中分离出来专门经营证券业的金融机构称为“投资银行”，而英国则将其称为“商人银行”，法国称其为“实业银行”，中国香港称其为“有限制牌照的银行”、澳大利亚称其为“货币市场公司”，印度尼西亚称其为“投资金融公司”；只有日本直呼其为“证券公司”。可见，对投资银行仅在称谓上的不一致就足以让我们对投资银行概念的定义感到相当的困惑。

不过，我国国内出现的研究投资银行的资料(包括教科书)中，对投资银行概念的界定一般引用美国著名金融投资专家罗伯特·库恩(Robert Kuhn)在20世纪50年代撰写的《投资银行学》中所给出的四个基本定义。罗伯特·库恩根据美国投资银行业发展的历史进程，将不同发展阶段的投资银行分别界定为最狭义、较狭义、广义和最广义的投资银行。其最狭义的定义为“投资银行仅指一级市场上承销证券的金融机构”，即指美国20世纪30年代的投资银行；其最广义的定义为“任何经营华尔街金融业务的银行，都可以称为投资银行”。至于在最狭义和最广义的定义之间，罗伯特·库恩则根据金融机构的业务是否涉及全部资本市场或部分资本市场，进而界定该金融机构是否属于投资银行。

上述关于投资银行概念的定义虽然并未规范和统一，但至少有一点是肯定的，那就是投资银行并不是一种或独类金融机构的称谓，或者不仅仅是经营某一类单一业务的金融机构的称谓，而应是对经营某一行业的金融机构的笼统称谓，这一行业恰恰就是涉及资本市场的证券业。我们似乎可以这样认为，凡是经营业务涉及资本市场证券业的金融机构，均可称其为“投资银行”(尽管金融机构的实际名称五花八门，甚至和证券毫不沾边)；相反，凡是经营业务与资本市场证券业务没有直接关系的金融机构(尽管机构的实际名称涉及"投资"和"银行"),我们也不认为其属于"投资银行"的范畴。

然而,上述的"投资银行"概念仍然会随着金融业的发展而受到挑战,特别是20世纪末以来,世界各国的金融业混业经营趋势明显加强,几乎所有的金融机构业务经营均在向证券化方向转化。如果仅以其活动领域是否涉及资本性证券业为标准划分是否为投资银行,似乎也非常困难。确切一点讲,投资银行并非某一种业务范围限定非常明确的金融机构,而是区别于储贷业、基金业和保险业的另类行业,即投资银行业。因此,要明确投资银行的性质,就必须全面研究投资银行的业务活动,以及其与其他金融各业的区别。

1.1.2 投资银行的种类

如上界定,投资银行是专门经营证券业的"银行";但若按其营运模式、业务性质及业务范围等标准对其考量,投资银行还可以划分为多个种类。

1. 按其营运模式不同可分为混合型投资银行和分离型投资银行

(1)混合型投资银行,也称为全能型投资银行,是指在特定的金融体制下所形成的投资银行和商业银行混合经营的一种银行体制和模式。在当今世界,德国实行典型的全能型投资银行制度,即允许商业银行经营投资银行的业务,特别是证券自营业务。这样,德国的商业银行则具备了投资银行的性质,成为混合型投资银行;与德国不同的是,当今世界上大部分国家实行的都是投资银行与商业银行分业经营的模式。从发展的眼光看,混合型投资银行则是一种长远的发展趋势。

(2)分离型投资银行,是指分业经营体制下单一经营证券类业务的投资银行。如上所述,当今世界上,大部分国家如中国、美国、英国和日本等都将证券业与商业银行业严格分离开来。这样,专门经营证券业或以此为主并兼营其他资本市场业务的金融机构则成为名副其实的分离型投资银行,其业务与商业银行有着严格的区别。

2. 按其业务性质不同可分为综合性投资银行、专业性投资银行和商人银行

(1)综合性投资银行,其经营业务较为复杂,一般以证券类(承销、经纪和自营)业务为主,同时兼营并购业务、信托业务、资产管理业务、项目融资业务等,有的甚至还兼营保险业务。在美国,当代的一些大型投资银行,如美林证券、高盛集团等,都同时经营各种资本市场业务,均属于综合性投资银行。

(2)专业性投资银行,是指专门经营一种或几种单一资本市场业务的投资银行机构,在美国往往将其称为投资银行界的专卖店。它们在某个或某几个业务领域有优势,专门经营一种或几种业务,而不涉猎其他业务。例如,有专门的证券经纪公司,有专门经营某些行业证券(包括股票和债券)买卖的公司,还有专业的金融公司、财务公司、信托投资公司、资产管理公司、租赁公司等;另外,还有专门以高质量投资分析和金融市场研究而著称的专业研究性金融机构,它们均可归为专业性投资银行系列。

(3)商人银行(merchant bank),在英国,投资银行习惯上被称为商人银行;但在美国,商人银行是指专门从事兼并收购和某些融资活动的专业性投资银行。然而,美国的商人银行有时也用自有资金购买证券,如黑石集团(Blackstone Group)、瓦瑟斯坦·潘丽拉公司(Wassestein, Porella & Co.)等均属于商人银行系列。

3. 按其业务范围可分为国际性投资银行和地区性投资银行

(1)国际性投资银行，是指其业务已经扩展到世界多个国家，这类投资银行通过在国外设立分支机构经营海外业务，或直接中介多个国家的投融资活动。当今美国有许多大型投资银行都经营海外业务，堪称真正的国际性投资银行，如高盛集团(Goldman Sachs)，是当代全世界历史最悠久及规模最大的投资银行之一，总部设在纽约，并在东京、伦敦和香港设有分部，在 23 个国家拥有办事处。其所有运作都建立于紧密一体的全球基础上，由优秀的专家为客户提供服务。高盛集团同时拥有丰富的地区市场知识和国际运作能力。随着全球经济的发展，该公司亦不断地发展变化，以帮助客户无论在世界何地都能敏锐地发现和抓住投资的机会。

(2)地区性投资银行，是指专门为某国或其地区的中小企业或地方政府提供投融资服务的投资银行机构，它们一般不在国外或国际金融中心设立总部或分支机构，也不办理海外业务。一些中小发展中国家或地区的投资银行均属于地区性投资银行，它们一般资本实力较弱，只适合在本国或地区范围内生存和发展，并不具备发展国际业务的条件。

另外，我们还可以从其他角度对投资银行分类做考察。例如，学术界有的学者还将投资银行按照其资本实力、融资能力、经营规模或专业水平等标准划分为特大型投资银行、顶级投资银行、中小型投资银行等；又如，金融业界的英国《金融时报》、美国《财富》杂志等每年都为世界各国的投资银行评分等级，特别是美国《华尔街日报》还定期公布国际级投资银行的信誉等级和专业水平排位，将投资银行的分类做到极致。

以下是 2014 年美国业界对国际级大型投资银行按照其专业地位、行业声誉及经营特色等标准所做的排名和分类。

第一位：花旗集团(Citigroup)是最具潜力的投资银行。

第二位：JP 摩根-大通(JP Morgan chase)是最积极进取的投资银行。

第三位：摩根斯坦利(Morgan Stanley)是最佳不良资产处理行。

第四位：瑞士联合银行(the Union Bank of Switzerland)是最佳资产管理服务银行。

第五名：瑞士信贷银行(Swiss credit bank)是最佳中型股票承销行。

第六位：美林 (Merrill Lynch)是最佳跨国并购行。

第七位：德意志银行 (Deutsche Bank)是最佳全能银行。

第八位：高盛(Goldman)是最佳国际投资银行、最佳大宗股票承销行、最佳大宗并购行。

第九位：巴黎国民银行(National Bank of Paris)是私人银行及资产管理业务成绩最卓越银行。

第十位：德累斯顿银行(Bank of Dresden)“一站式”客户经理负责制银行。

1.1.3 投资银行的性质

从上述投资银行的分类不难发现，投资银行是一类主要为资本市场投融资活动提供中介服务的金融机构。实际上，尽管投资银行在其本源业务(资本性证券的承销)和经纪业务的基础上发展了证券自营业务和其他投融资业务，而且也进行风险企业的直接投资，但是“投资”毕竟不是投资银行的主营业务和追求发展的主要途径。因此，在这一点上，“投资银行”是一个几乎完全名不副实的称谓，从实质上也不完全归属于专做“投资”的“银行”。

然而，之所以将投资银行列入“银行”的范畴，一方面是因为投资银行由商人银行发展而来，从商业银行分离而出(本章 1.2 节专门就此要做更详细的考查)；另一方面也是因为投资银行和商业银行同属于投融资中介性质的金融机构，是货币资本的集散枢纽。因此，作为投融资中介的“银行”，投资银行与商业银行在性质上属于同类金融机构。但是，若从二者产生的经济基础及业务经营的诸多方面考察，投资银行毕竟是一类性质独特的金融机构，与商业银行仍然存在着多方面的显著差别。

1.1.4 投资银行与商业银行的区别

投资银行与商业银行存在的差别可归纳如下。

(1)投资银行产生的经济基础是证券业发展的投融资需求；而商业银行产生的经济基础则是调节生产和消费过程中货币资金的流动性需求。

(2)投资银行的本源业务主要是证券承销；而商业银行的本源业务主要是吸收存款、发放贷款和办理结算。

(3)投资银行的业务领域主要在资本市场；而商业银行的业务领域主要在货币市场。

(4)投资银行的业务对象主要是机构投融资者；而商业银行的业务对象主要是生产性企业和消费者个人。

(5)投资银行经营的业务种类主要是证券类、投资类、管理类和服务类；而商业银行的业务种类则主要是资产类、负债类、中间类、表外类。

(6)投资银行的经营方式主要是以中介为主的服务；而商业银行的经营方式则主要是以借贷为主的经营。

(7)投资银行的营运特点表现为业务种类繁多、经营形式多样；而商业银行的营运特点则表现为业务品种和经营形式相对单一。

(8)投资银行的经营收益来源主要是佣金、手续费及证券自营差价；而商业银行的经营收益来源则主要是存贷利息差价。

(9)投资银行的经营管理原则主要是“三公”，即公开、公平、公正；而商业银行的经营管理原则主要是“三性”，即安全性、流动性、盈利性。

(10)投资银行经营中的风险状况表现为投资人的风险大于投资银行的风险；而商业银行经营中的风险状况则表现为商业银行的风险大于投融资者的风险。

(11)投资银行媒介投融资的功能从性质上讲主要是中长期直接融资和间接投资；而商业银行媒介投融资的功能从性质上讲主要是中短期间接融资和直接投资。

需要说明的是，投资银行与商业银行在媒介投融资时，二者发挥媒介功能的方式、途径以及作用的效果均存在很大区别。上述“媒介投融资功能”项的区别仅是一个简单的归纳，其具体分析详见 1.3 节“投资银行的地位与功能”。

另外，在受监管的程度上，投资银行和商业银行也有一些区别。由于商业银行的经营风险往往涉及整个金融体系的安全，因此，商业银行历来是受监管最严的行业；而投资银行的业务风险相对较小，且其风险主要集中于证券投资人，故受监管的程度相对于商业银行较为宽松。而且，投资银行的风险监管多以行业自律为主，政府的外部监管辅之；而商业银行则不同，政府更多地授权中央银行对其进行宏观监管和调控，从而防范商业银行经营中的风险状况给整个金融体系带来威胁。

1.2　投资银行的起源与发展

追溯投资银行的历史，首先必须将投资银行定位为“从事证券经销和投资业务”的机构，否则我们将会遇到与寻找投资银行正式命名时间时同样的迷茫。因为在19世纪的欧美，“银行”是一个笼统的概念，凡是吸收公众存款投资于企业贷款和经销证券业务的机构，统统称为“银行”，根本不分商业银行和投资银行。只是到了近代(20世纪40～50年代)，金融界为了将发放贷款的“银行”与投资证券的“银行”区分开来，才给后者冠以“投资银行”的称谓，而且，这仅仅是美国金融界的叫法。在英国，投资证券的金融机构被称为“商人银行”，而日本干脆直呼其为“证券公司”；在其他国家，将投资证券的金融机构直接称为“投资银行”的，也屈指可数。因此，仅从名称上追寻投资银行的起源，是难以做到的；相反，如果我们认定“从事与证券相关业务的机构就是投资银行”，那么投资银行最早起源于17世纪的欧洲大陆。

1.2.1　早期的投资银行

早期的投资银行是随着欧洲大陆海外贸易的发展而发展起来的。16世纪末到17世纪初，随着航海事业的逐步发展，欧洲资本主义工业发展较快的英国、法国、德国、意大利等国家与东南亚、非洲及美洲大陆的区域贸易和国际贸易迅速发展起来，随之而来的是一大批因贸易发家的巨商富贾，他们手中积聚了巨额的金银财富，而且也积累了丰富的商品和国内外市场的专业知识。这些大商号信誉卓著，不但自己从事贸易，而且为其他商人保管货币，提供资金融通，逐步发展成为当时商业汇票承兑的经纪人和早期的银行家。由于从事金融业务既轻松，又赚利丰厚，商人们放弃从商贸易的行当，专门从事承兑汇票和融资贷款的业务，商人银行就这样形成了。

整个17世纪是商人银行发展最兴旺的时期，这和当时欧洲贸易兴旺发达密切相关。意大利商人银行在17世纪初发展成为欧洲大陆银行业的领头羊，意大利的威尼斯和佛罗伦萨也因此成为当时欧洲大陆的金融中心；其次是荷兰，其商人银行和商业银行家大量从事国际贸易活动中融通资金、承兑汇票以及为外国政府提供贷款的业务，曾一度取代意大利在银行业的霸主地位，一跃成为17世纪中叶欧洲乃至国际金融中心；17世纪末到18世纪初，德意志经济的迅猛扩张，使其短期内成为欧洲商人银行的主力军。

17世纪末英国资产阶级革命的胜利，为英国资本主义经济发展和殖民地扩张开辟了道路；18世纪前半叶的几十年中，英国率先完成了资本主义的工业革命，生产力水平有了极大程度的提高。伴随着大规模的殖民地扩张，到18世纪后半期，英国成为世界经济强国，伦敦逐渐取代阿姆斯特丹成为世界贸易和金融中心，其金融核心地位为英国商人银行的发展创造了条件。大批商号涌入英国，在伦敦建立营业场所，伦敦金融市场短期内成为商人银行争相开展投资银行业务的乐园。商人银行利用手中的巨额资金，不但大量承兑票据，为贸易提供融资，而且大量进行英国政府债券的投机买卖，从中牟取巨额利润，成为巨富商号。到了19世纪初，伦敦金融市场上颇具盛名的巨富商号有霸菱、施罗德、汉布罗和罗斯柴尔德等。

美国的投资银行业起源于18世纪末。理论界公认的美国投资银行的创始人是撒尼尔·

普赖姆，他是18世纪90年代纽约华尔街上最著名的股票经纪人，由他成立的普赖姆·华德金公司是华尔街上主营证券交易和外汇买卖的最大的投资银行。不过，美国投资银行业的较大规模发展是从19世纪后半叶开始的，特别是在美国南北战争期间，政府为战争筹资发行债券，以及战争结束后，美国大兴基础设施建设(大规模修建铁路)也引发了大规模筹资的需求，从而刺激了美国投资银行业的大发展。投资银行通过承销政府的战争债券和铁路债券迅速扩展业务，不但为自己积累了资本，更重要的是为其后期的发展积累了经验。可以说，美国南北战争后经济的复苏一直到1929年大危机爆发前的经济繁荣，这一时期是美国投资银行业发展的鼎盛时期。这一时期及以前美国投资银行业发展的最大特点是，在美国的经济金融界并不存在真正的投资银行，所谓的投资银行是指美国一些大的商业银行内部的证券投资附属机构，投资银行的发展是和商业银行紧密融合在一起的。

1.2.2 近代投资银行的发展

美国投资银行是近代投资银行业发展的典型代表，其逐步形成了投资银行业发展的主流。19世纪末到20世纪初，美国经济在经过急骤的衰退之后，继而走向真正的繁荣。美国市场上日益充裕的资金供给和日趋高涨的经济建设资金需求，引发了债券的大量发行，这些债券既包括国内政府和企业的本币筹资债券，也包括了来自欧洲和拉丁美洲一些国家在美国债券市场上发行的美元扬基债券。美国的投资银行在承销和安排国内外债券交易活动中赚取了丰厚的费用收入，这为当时整个银行业的发展壮大奠定了坚实的资本基础。同时，美国新政府对银行业支持国内经济发展，以及在国际收支平衡方面做出的卓著贡献倍加赞赏，并不在乎银行将公众存款借给了政府还是企业，是用于国内债券投资还是用于国外融资安排，银行业赢得了新政府和民众的广泛拥戴，自然成为20世纪初二三十年内美国银行业(包括商业银行与经销证券的投资银行)鼎盛发展的一股政治力量。在1929年股市大跌来临之前的数十年，依靠债券承销而大发其财的最成功者当数由查尔斯·米切尔(Charles Mitchell)领导的纽约国民城市银行，其证券业务主要依靠它的证券附属机构——国民城市公司来运营。这一时期也同时造就了包括摩根·塞利格曼·斯培叶、摩顿·罗斯、梅里尔·林奇、雷曼兄第等一大批著名的投资银行家。

美国投资银行业在不断壮大自身的同时，为了赚取更多的证券承销收入，各大有实力的银行都纷纷在海外设立证券投资机构，抢占海外证券市场。在19世纪末，美国投资银行借助美国政府债券在欧洲市场行销的大好机会，将自己的证券承销业务迅速扩展到欧洲，开始在法兰克福市场，后来又推进到伦敦市场。美国投资银行依靠自身强大的资金实力，以及在本土证券业务经营中积累的经验和技巧，与欧洲的商人银行展开了激烈的竞争。取胜者当然是美国投资银行，欧洲商人银行的发展受到了很大的挫伤，许多小银行在竞争中倒闭，或转做传统的票据承兑、贴现及贷款业务，不再经营证券业务。美国投资银行逐渐成为欧洲证券市场上的主流，大有异军突起之势。也正是通过扩展海外业务，美国投资银行才逐步演变成为真正的国际投资银行。

美国投资银行在19世纪末20世纪初的崛起，有其天然的历史条件和政策机遇，受益于美国证券市场的迅猛发展，以及美国政府债券在欧洲市场上的大量交易，更受益于美国证券业与银行业的混合生长。但是美国新政府早已让证券业发展刺激起来的经济繁荣冲昏了头脑，对银行业利用充裕的公众存款大搞证券投机的事实熟视无睹。当时各国政府对证券市场都没有设立专门的机构进行监管，对证券市场的风险更没有给予足够的重视，投资银行在证券市场价格大幅涨跌中饱赚利润，同时也埋下了自我毁灭的种子。直到 1929 年 10 月 28 日美国股市大崩溃引起长达三年的经济大萧条，美国政府才意识到这样的政策需要改革，因此，投资银行也被冠上了引起股市大跌的罪魁祸首的恶名。然而，不论投资银行遭到了多大的非议，投资银行业的发展终究因证券市场的萧条而遭到了极大的挫伤，无数投资银行因巨额损失而破产倒闭，自危机发生后短短的三年时间里，美国的投资银行减少了一大半(1930～1933 年美国共有 7 763 家银行倒闭)，残存的投资银行也因缺乏证券业务而陷入经营危机之中。

美国 1929 年证券市场大崩溃与其后三年的经济大萧条，既为美国旧式投资银行敲响了警钟，又催化了新式投资银行的诞生。美国国会在 1933 年通过了《银行法》，即《格拉斯-斯蒂格尔法》(Glass Steagall Act)，该法将商业银行业务和投资银行业务彻底分开，从此确立了投资银行的概念，划定了投资银行的业务范围，使投资银行真正取得了独立的地位(其实《银行法》中并未提出投资银行的概念，而是由于证券业务从商业银行业务中分离出来，专门从事证券投资业务的机构均由原来的银行家组建和领导，这些银行家被称为投资银行家，由他们创办的证券投资公司后来被公认为投资银行——请回忆 1.1 节投资银行的概念)。确切一点讲，真正名副其实的近代投资银行——依法明确其业务范围，有独立的法人地位，严格区别于商业银行的投资银行是从 1933 年以后的美国发展起来的。用美国著名经济学家、《金融体系中的投资银行》的作者查里斯·R. 吉斯特的话讲，“《法案》使商业银行与它们一度盈利丰厚的附属公司挥泪而别……由此产生了一个独立自主的新产业，美国投资银行界就这样由政府缔造出来了”。

新诞生的投资银行生不逢时，备受摧残的美国证券业在大萧条后仍然经历了较长时期的缓慢复苏阶段，新证券的发行几乎停顿。投资银行只能依靠在市场短暂的振作期间做一些零星的证券交易业务，以及为以前发行的债券续期和换新，加之新诞生的投资银行业为了生存而加剧了竞争，本来在经济萧条期就非常低的债券利率因投资银行的竞相承揽债券发行和换新业务而变得更低，新证券发行变得几乎无人问津，佣金和手续费也由此而少得可怜，投资银行业的发展走到了历史的低谷。然而，似新非新的投资银行毕竟对证券业务经营轻车熟路，以前的老主顾和客户群对他们熟悉的银行家仍然依依不舍，加之改革初始，政府只要求投资银行业务与商业银行业务分开，刚分离出来的投资银行仍然可以继续分享其原有主子——商业银行的设施，必要的时候凭借老关系还可以从原商业银行手中低成本融得短期紧缺资金。正是这样的条件维持了投资银行在艰苦环境下的生存和发展。这种境况一直延续到第二次世界大战。在战争年代里，债券市场又因战争而逐渐活跃起来，政府机构债券和市政债券加上少量的公司债券的增加发行和换手交易，为投资银行业务的启动增添了一线生机；特别是依靠战争发财的制造业开始大量发行新股票融通资本，这给投资银行业务扩展创造了更大的空间；政府提出的一切经济活动，包括金融都要为战争服务的基调，促成了投资银行发展走上了逐渐兴旺之路。在新股票发行承销业务中，投资银行借助它们的主子商业银行的委托资金而大行其道，整个证券市场几乎被一些和原来商业银行有着亲密关系的投资银行所垄断，证券经销利润再度上升，新的投资银行业又成为经济大危机之前让人羡慕的行业。

投资银行短期内创造的赫赫功绩一方面赢得了其客户，即发行公司的支持，另一方面也招致了在竞争中处于劣势的一些商业银行和投资公司的反对。1947 年，美国司法部起诉一批华尔街的主要投资银行以及它们的交易协会——投资银行家协会，指控它们领导的一些大公司合谋排挤其他公司，相互勾结垄断证券市场，违犯了《谢尔曼反托拉斯法》。然而，诉讼案经过好几年的调查取证，最终以罪名不成立而不了了之。经过这一风波之后，投资银行经受了法律的考验，站稳了脚跟，理直气壮地发展它们的业务。投资银行的概念从此被美国社会各界所接受，一个崭新的行业以它特有的风貌跻身于美国金融界，借助于美国朝鲜战争以后经济的逐步繁荣而大踏步地发展起来了。

20 世纪后半叶是世界投资银行业大发展的时代。以美国的投资银行为典范，第二次世界大战后经济迅速崛起和新兴发展国家相继都出现了投资银行。美国投资银行在 60～90 年代长达 30 多年的迅猛发展中，走过了突飞猛进的发展历程。进入 60 年代以后，美国经济开始迅速走向牛市，不但大公司大量发行股票，公用事业单位同时也跻身股票和债券发行行列，投资银行而因此大有作为；特别是互助基金在第二次世界大战后的兴旺发达，为投资银行推销公司和公用事业股票增添了一个雄厚的市场。美国 60 年代证券市场发展中的一个创新性变化同时也给投资银行的发展增添了活力，这就是资产证券化。互助基金通过组合投资降低了单一证券投资的风险，其稳定丰厚的收益吸引民众对其产生青睐，投资银行没有将各类公司新发行的股票分销给个体投资者，而是批发给基金公司，大大地节约了承销成本，提高了中介费收入；工业公司同样热衷于资产多样化，它们通过相互联合甚至收购兼并其他公司而形成集团公司，大的集团公司不但拥有国内控股的子公司，而且拥有国外控股的子公司，它们将股票同样作为一种资产多样化的途径介绍给投资银行，因为投资它们的股票如同投资了一揽子货币资产而尽享资产多样化，投资者对这类股票的偏好自然大大地便利了投资银行的承销业务。继承 60 年代这种变化而发展起来的是横贯 70～80 年代的金融创新运动，投资银行在这一富有挑战性的金融创新大潮中大展宏图，不但担任了推动金融创新走向更高层次发展的主力军，同时也将自身造就成称雄金融领域的佼佼者。20 世纪 90 年代世界顶级投资银行排行榜中，前七名除了日本的野村证券居第五名外，其余六名均为美国投资银行，它们分别为美林、摩根斯坦利、瑞士信贷第一波士顿、所罗门兄弟公司、高盛集团和雷曼兄弟公司。

美国投资银行在近代的发展令世界瞩目，其他国家的投资银行在第二次世界大战后也如雨后春笋般地发展起来。首先是战后经济迅速振兴的日本。从 1949 年开始，日本恢复和成立了东京、名古屋、京都、神户、大阪等证券交易所，其证券市场短期里有了较快的发展，投资银行业也随证券业的振兴而逐步发展壮大起来。20 世纪 70 年代以后，日本投资银行业经历了从质量逐步升级到规模不断扩大的发展阶段。到 80 年代末，日本的野村证券、大和证券、山一证券和日兴证券四大投资银行先后跃入世界顶级投资银行的行列，成为仅次于美国的投资银行业发展大国。其次从 20 世纪 70 年代初开始，经济迅速振兴的一些发展中国家也纷纷引入投资银行，这些国家包括东南亚的新加坡、泰国、韩国、马来西亚；中国的香港、台湾地区；南美的墨西哥、巴西；中东的约旦和非洲的尼日利亚等。其中，韩国的大宇证券在 20 世纪 90 年代中期已被列入世界大型投资银行的行列。

1.2.3 投资银行的发展趋势

20 世纪 90 年代以来，世界经济一体化进程加快，国际金融市场发生了大的动荡，世界各主要工业国纷纷变革本国的金融制度以应对日益复杂的国际金融形势。在这种变化的进程中，投资银行的发展受到了前所未有的竞争和挑战。为了适应竞争环境，各国投资银行都努力调整自己的经营模式，利用当今高度发达的电信技术和日益成熟的金融创新手段扩展自己的业务领域和提高自身的竞争能力，呈现出新的发展趋势。

1. 国际化趋势

如前所述，20 世纪 60～70 年代以后，美国投资银行借助美国政府债券在欧洲市场上交易的机会，逐步占领欧洲金融市场，其国际业务有了很大的发展。同时期，经济发展快的各工业化国家其投资银行也都纷纷开发海外业务，寻求自己的海外市场。然而，当时各国投资银行在海外的发展毕竟只是通过在海外设立分支机构，经营较为单一的证券承销业务，加之海外的客户基础薄弱，业务发展缓慢，成本较高。因此，投资银行的海外业务占国内主营业务的比重都不高。进入 20 世纪 80 年代以后，情况有了很大的变化，各国投资银行的国际业务得益于电子通信技术的普及与提高而取得了惊人的进展，投资银行的国际业务品种不断增多，融资规模迅速扩大。特别是进入 90 年代后，投资银行经营的国际证券业务融资份额大有超过国际信贷业融资份额的趋势。据统计，1993 年至 1998 年的五年间，国际银行信贷融资净额从 2 000 亿美元猛降到 1 150 亿美元，而同一时期的国际证券融资净额却从 1 949 亿美元猛增至 6 703 亿美元。进入 21 世纪以后，这种反差势头还在不断扩大。从另一角度讲，投资银行发展的国际化趋势不仅表现为其业务的国际化，而且表现为其机构的国际化。进入 20 世纪 90 年代中后期，投资银行机构的国际并购与跨国控股现象成为投资银行国际化发展的一大特点，同时也促成了投资银行机构的集团化发展趋势。

2. 集团化趋势

面对日益加剧的竞争，投资银行不但要通过扩展其国际业务和市场份额来扩展自己的势力范围，而且要通过增大资本规模来提高自身的竞争实力。这两种需求的共同增长使得投资银行依靠最快捷有效的跨国并购途径来实现。进入 20 世纪 90 年代中后期，国际金融领域大并购浪潮一浪高过一浪。并购浪潮推动了金融机构的集团化发展趋势，金融资本的急骤集中造就了许多世界历史上从未有过的金融巨头。以美国为例，1998 年 4 月 6 日，美国花旗银行和旅行者集团宣布合并，成为仅次于大通曼哈顿银行的全美第二大金融集团；随后在 4 月 13 日，美国第三大银行国民银行与第四大银行美洲银行宣布合并，合并金额达 648 亿美元，其资产总额超过 5 700 亿美元，成为美国最大的银行；同日，美国第一银行与第一芝加哥银行也宣布合并，合并金额达 298 亿美元，总资产达 2 300 亿美元，一跃成为美国第五大银行。美国投资银行业的并购浪潮虽然没有商业银行那么大，但其跨国并购活动却使商业银行相形见绌。1996～1997 年，美林证券——世界投资银行巨头通过对 Hoctchkis and Wiley 和英国的 Mercury Asset Management 两家资产管理公司的收购，资产总额(含代管资产)在 1997 年达到了 4 460 亿美元，而摩根斯坦利公司通过对添惠公司的收购，资产总额(含代管资产)达到了 3 380 亿美元，继续占据世界投资银行第二巨头的宝座。反过来，欧洲的一些大的经纪公司通过购买美国的经纪公司而壮大自己的实力，形成国际性经纪集团公司，如 1995 年，英国的 E. D. &F. Man 花费 6 400 万美元买下美国 Goldermann Inc. 公司的股份，使自己一举成为欧洲资本实力最强的经纪集团公司。

3. 全能化趋势

国际投资银行业全能化趋势早在20世纪70～80年代就开始显现，到世纪之交，这种趋势已经以锐不可当的力量冲击着各国金融制度的束缚，迫使各国政府实行金融体制改革，为投资银行既定事实的全能化发展提供制度和政策支持。投资银行全能化发展不但表现为其业务不断向商业银行和其他金融机构的业务领域渗透，而且表现为其业务自身不断纵向发展：一方面表现为业务多样化发展趋势，另一方面表现为业务创新化趋势。面对多样化和要求不断提高的市场需求，投资银行都积极争取为客户提供全方位、多功能的一体化服务。产生这种趋势的原因不外乎以下几个方面：①金融业的竞争加剧。投资银行为了能在激烈的竞争中立足，不断寻求新的业务和争取更多的客户，通过为客户提供全方位的优质服务来扩大自己的市场份额。②20世纪70年代以后金融创新日新月异，不但包括金融机构的创新，而且包括金融业务、金融产品、金融服务项目和方式的创新。金融创新一方面使不同金融业务的界限日益模糊和趋同化，另一方面也使不同金融机构之间的联系日趋紧密，使金融业之间的纵向和横向并购更容易。20世纪90年代中后期，金融机构大并购浪潮使投资银行机构集团化和业务全能化成为不争的事实。③金融自由化趋势和各国金融当局放松金融管制，默许金融机构混业经营的变革趋势，使得投资银行向全能化方向发展的趋势进一步增强，“金融百货公司”式的投资银行越来越多。

4. 专业化趋势

大的投资银行通过业务的多样化为客户提供全方位、多功能的金融服务，从而抢占市场，扩大其经营领域。但小的投资银行为了使自己不至于在竞争中被吞食，往往通过业务的专业化来巩固现有的市场份额，发展具有各自特色的投资银行业务，特别是在大的投资银行触角延伸不到的业务领域和地域建立专业化的市场。这种变化在经济新兴发展和投资银行业务发展较晚、金融管制较严的国家或地区表现得特别明显。在这些国家或地区主要经营证券业务的投资银行要兼营其他业务较为困难，而经营证券之外其他业务的小型专业化投资银行发展就较快、较容易。例如，在亚洲地区的众多发展中国家，包括中国，虽然专营证券业务的投资银行在主要城市发展很快，但在这些城市和一些中小城市专营其他业务的融资公司、财务公司、信托投资公司、基金公司、租赁公司、咨询公司等，发展得也很快。这些小型投资银行各有各的专业领域，各有各的客户群体，以自己特有的优势扩展自己的市场，朝着专业化方向发展。另外，从某种意义上讲，专业化分工和协作是社会化大生产的必然要求，在整个金融体系多样化发展的过程中，投资银行业务的专业化发展也成为一种必然的趋势。由于市场的需求是多样化的，大的投资银行在以多样化的金融服务和金融产品满足市场需求，与其他同类机构展开竞争的同时，也要致力于发展自己特有的优势和“拳头产品”，使具有自我优势的业务更加专业化。投资银行业务专业化发展趋势既表现为具有专业特色和专营一种或几种主要业务的投资银行越来越多，而且表现为多样化经营的大型投资银行也越来越注重发展自己的专业特长，突出自己特定的发展优势。例如，美林公司以项目融资和产权交易业务著名，而所罗门兄弟公司则以包销商业票据和政府债券交易称霸；瑞士信贷第一波士顿以擅长公司并购而享有盛名，但摩根斯坦利公司则在包销大公司的证券方面拥有更多客户。从长远看，大的投资银行或集团公司出于降低管理成本、便于控制内部的需要，常常将自己的专业公司独立或分化出来，或让专业子公司独立核算，自主经营，形成专业性的小投资银行。这种专业化发展趋势将随着各国证券业与其他金融各业的分化组合发展表现得越来越明显。

5. 网络化趋势

进入 20 世纪 90 年代，“网络风暴”几乎席卷了全球的每一个角落，它在给全球经济、金融的发展带来革命性影响的同时，也使投资银行业发生了质的转变。短短的十多年时间里，随着互联网技术的飞速发展和普及，传统的投资银行除了保留原有的机构名称之外，几乎统统戴上了“电子银行”、“网络银行”、“金融超市”等“桂冠”；主营证券业务的投资银行更是如此，几乎成为完全网络化的银行。一方面，投资银行几乎所有的业务必须依赖互联网来进行，不但承销业务的公告发布、尽职调查、证券定价、宣传路演、资金交付等操作环节通过互联网来完成，而且经纪和交易业务更是离不开互联网。投资银行作为经纪商，通过电子系统和散落在全国各地甚至国际上的互联网将委托客户和证交所联系起来，经纪业务的行情分析、市场报价、成交撮合、交割清算等环节也无一不通过电子系统和互联网来完成。另一方面，投资银行的网上业务也因电子网络技术的提高和联网区域的扩张而迅速增加。据美国的研究报告显示，截至 2002 年年底，美国网上经纪账户超过 1 400 万个，涉及资产近 7 000 亿美元；到 2003 年年底，网上经纪账户超过 2 500 万个，涉及资产比 2002 年增加近一倍；全美前 9 家经纪行的网上交易市场占有率超过 86%；大的投资银行如帝杰、摩根斯坦利添惠、富达和嘉信等公司，从 1998 年开始，其网上交易业务量以每年 15%的递增速度在增加。另外，据美国国际证券业信息中心调查，截至 2003 年年底，工业化国家至少有 500 家证券机构推出网络股市经纪服务，全世界实行互联网经纪的机构估计已达 3 000 家，拥有 8 000 万户投资者，互联网账户资金将高达 2 万亿美元。行家预言，世界各主要证券交易所将实现全球互联网，投资银行业全面网络化趋势不可逆转。

然而，投资银行的“网络化”发展趋势一方面有利于其提高运作效率，扩大业务领域，降低交易成本，实现国际一体化发展；另一方面，随着网络化技术的提高和普及面的扩大，投资银行的发展也将受到致命的冲击。特别是证券承销业务和经纪业务，网络化在降低业务运作成本的同时，投资银行的佣金收益也大大降低，甚至有部分客户利用网络技术直接和交易方取得联系，经纪商将面临失业的威胁。最悲观的观点认为，不出 5～10 年，互联网将导致全球 50%以上的经纪公司面临倒闭，因为传统经纪业务的主要内容将全部被互联网技术取代。

6. 竞争白热化趋势

21 世纪以来，国际金融市场一体化程度不断提高，加剧了国际投资银行业的竞争。一方面，大型投资银行凭借其强大的资金实力在对中小型投资银行进行吞并的同时，将其业务范围向国外迅速扩张，形成了更多的大型综合性投资银行集团；另一方面，实力强盛的投资银行之间依据各自的业务优势展开竞争，其结果是国际级大投资银行的排位交错变化；特别是次贷危机发生前后其排位状况又有了新的改变。

另外，美国的次贷危机对西方国家持有巨额信用衍生品资产的大型投资银行造成了致命性打击。一方面，理论界对投资银行的冒进式经营和发展趋势产生了质疑；另一方面，西方国家的金融监管当局对投资银行业的风险监管将更加严格。显然，21 世纪发生在美国的次贷危机及其后演变而成的全球金融危机已经成为投资银行发展史上具有里程碑意义的危机事件，对投资银行的长远发展趋势也将产生非常重要的影响。

1.3 投资银行的地位与功能

投资银行作为金融体系一个重要的组成部分，其发展全过程贯穿着金融市场的方方面面，与金融体系中的其他金融机构有着千丝万缕的联系，进而对整个经济金融发展的全过程有着举足轻重的影响。

1.3.1 投资银行与金融市场的关系

投资银行的业务领域虽然主要涉及资本市场，但与金融市场中的其他子市场也有着不可分割的联系。

1. 投资银行与货币市场

货币市场是连接短期融资和投资、增加货币资金流动性的市场。投资银行参与货币市场主要是以中介经纪商和保付代理商的角色出现，有时也以自有资本为融资者短期垫支，补充短期资金流动不足；其主要业务包括媒介金融机构的同行业拆借、承兑或贴现未到期商业票据(如在国际贸易大型机器设备中长期“福费廷”业务中的保付代理)、代理发行和承销短期融资票据和公司债券、政府公益事业债券和国库券，同时主理上述短期证券的续期和换新业务。美国的投资银行往往独立设立货币市场基金，积聚短期闲散资金并代理客户组合金融投资。可见，投资银行也是货币市场上的主要参与者。

2. 投资银行与资本市场

资本市场从性质上可细分为中长期债券市场、股票市场和投资基金市场三大类。投资银行是资本市场上最活跃，也是最重要的参与主体，其主要业务活动包括：以承销商的角色出现，承销公司和政府的中长期债券和股票及基金证券；以经纪商的角色出现，给委托客户提供债券和股票的买卖中介服务，有时代客户垫资，进行信用交易的短期投资；以财务咨询和市场分析家的角色出现，为投资者提供投资咨询和市场研究报告，帮助投资者投资和理财；以战略策划者的角色出现，中介公司的并购与反并购，同时为并购方策划资本整合和运营方案；以作市商(market maker)的角色出现，调节资本市场价格和交易量的升跌与平衡；有时投资银行通过设立风险投资基金，为风险投资者的投资(即风险投资企业的融资)、风险投资企业的风险资本运营及退出市场提供中介服务。当然，资本实力雄厚的投资银行在资本市场上也常常直接投入资本，为自己买卖债券、股票和基金，直接参与资本性证券的交易，赚取差价利润。

3. 投资银行与金融衍生市场

金融衍生市场具体可以分为金融远期市场、金融期货市场、金融期权市场和金融互换市场。投资银行既是金融衍生品的创造者，又是其交易者，同时又是参与金融衍生产品交易者的服务者。投资银行参与金融衍生市场的业务活动具体包括：在金融远期和金融互换市场上，投资银行主要扮演经纪商的角色，媒介远期和互换交易的买卖双方定价成交，促使交割期的清算和资金交付顺利完成。在金融期货和金融期权市场上，投资银行主要扮演经纪商和风险管理者的角色，一方面媒介买卖成交，帮助交易客户顺利完成交易；另一方面作为交易者的投资顾问，帮助客户通过组合交易规避交易风险，实现投资的保值和增值。有必要时投资银行也直接参与金融衍生品交易，通过其交易实现原生金融资产的避险保值，甚至通过金融衍生品交易进行投机和套利。

4. 投资银行与信贷市场和保险市场

从投资银行的本源业务来看，投资银行似乎与信贷市场和保险市场没有多大联系；实质上，投资银行参与信贷市场和保险市场的机会也很多，表现在：投资银行在日常经营活动中的闲置资金需要存托于商业银行的账户，特别是投资基金业务和资产管理业务中的基金和代管资金常常参与存款；应监管机构的要求，投资银行必须通过提留损失准备金参加证券投资保险；投资银行在日常的证券类业务活动中出现的暂时流动资金不足，需要从信贷机构或保险机构融通，以满足信用交易的垫支需求；有时，信贷机构和保险机构本身也有发行证券和投资证券的需求，投资银行通过承销它们的证券或直接将其他证券推销给它们，间接参与信贷市场和保险市场；另外，在资产证券化业务活动中，投资银行常常帮助商业银行和保险公司设计信贷资产和保险资产组合，并将组合资产证券化，然后推销到证券投资者手中，实质上也是间接参与了信贷市场和保险市场。

总之，投资银行是各类金融市场中最活跃的参与主体和服务主体，对优化金融市场的资源配置、调剂各类资金的盈余亏缺、促进资本的充分流动和保值增值、分散和规避投融资活动中的金融风险等起着非常重要的服务作用。

1.3.2　投资银行与其他金融机构的关系

除投资银行以外的其他各类金融机构都以不同的形式和途径参与金融市场活动，因此，投资银行与它们必然存在不可分割的关系。由于不同的金融机构都有各自不同的利益和需求，也有各自不同的业务领域和作业方式，为了谋求自身的发展，各类金融机构间(包括投资银行)必然存在着激烈的竞争。然而，由于其经营对象是毫无差别的货币和资本，其服务对象是有同样需求的投融资者，其业务操作工具又是无本质差别的金融工具，因此，各类金融机构在竞争中也必然存在着利用对方为自己服务的合作需求。这样，投资银行与不同种类金融机构间的关系表现出既合作统一，又相互排斥的复杂性，具体到某一类金融机构，又有其明显的特殊性。

1. 投资银行与储贷机构

储贷机构以商业银行为主，同时也包括专业银行和信用社等机构。投资银行与储贷机构(主要是商业银行)存在着历史上的血缘关系，同时，在现代金融市场上二者既是亲密的合作伙伴，又是强劲的竞争敌手，关系十分复杂。

第一，某些业务，如商业票据的承兑、国库券的承兑、债券的保付代理、财务咨询、投资企划等，既是投资银行的业务，又是商业银行的业务，两类机构在这些交叉业务领域中常常展开激烈竞争，竞相扩充自己的业务领域和市场份额，争取自己的客户，构成敌对关系。

第二，在投融资关系上，投资银行与储贷机构需要相互利用对方。因此，二者在投融资领域往往互相支持、密切合作，为对方提供方便服务。例如，投资银行的剩余资金和代管资金需要存托储贷机构；资金匮缺时，投资银行又需从储贷机构拆借和融通。同时，储贷机构的融资需要投资银行为已承销新发行证券和证券化资产；需要投资时，储贷机构往往购买投资银行承销的证券或为其垫支资金。通过合作，二者各得其所。

第三，在金融管制较松，或实行混业监管和全能型银行的国家，投资银行与储贷机构几乎很难分开，二者可以相互控股，或在对方设立自己的子公司或业务部门；甚至通过并购或联姻，合二为一，组成金融集团。表面上形似合作，实质上不乏内外部的明争暗斗。

2. 投资银行与各类基金机构

基金机构按性质可划分为两类，即养老基金和共同基金(在美国称互助基金，实质上属于投资基金)。投资银行与这两类基金机构之间的关系比较单纯，基本上属于合作关系，二者相互依存、相互支持，业务活动中便利对方。然而，投资银行有时也设立自己的基金，“同行是冤家”，与其他基金机构必然存在竞争资金资源和市场客户的情况。投资银行与各类基金机构的合作关系主要存在于投融资领域。一方面，投资银行需要从基金机构融通资金，补充自己的资金缺口；反过来，基金机构需要投资银行承销基金证券、管理基金、提供基金投资的咨询服务。另一方面，各类基金机构都是融资票据和政府及公司债券的投资者，是投资银行承销上述各类证券业务的有力助手和客户，投资银行必然依赖它们扩展自己的业务和市场。

3. 投资银行与保险公司

投资银行与保险公司的关系在很大程度上形同于其与基金机构的关系。投资银行一方面为保险公司承销证券、管理保险基金、提供顾问咨询服务，有时也需要从保险公司融通临时可用资金；另一方面，保险公司也是证券市场上重要的投资主体，是投资银行证券承销业务的客户，对投资银行扩展业务有很大的帮助。在混业经营的国家和地区，投资银行与保险公司的一些业务构成交叉，二者既有业务上的合作与相互依赖，又有同行业间的市场竞争与相互对立。实质上，即使在分业经营和分业监管体制的国家和地区，投资银行与保险机构的上述关系也是同样存在的。

1.3.3 投资银行的功能

投资银行作为经营证券业为主的金融机构，它的活动领域虽然主要是证券市场，但与整个金融体系及产业主体行为也存在着千丝万缕的联系，成为连接经济与金融的枢纽和核心，在整个经济金融发展的全过程中发挥着中流砥柱的功能和作用。

1. 媒介资本供需，优化资源配置功能

从上述分析可知，投资银行和商业银行及其他经营性金融机构均是金融市场上的活动主体，为资金的融通和资本的投资增值提供中介服务。然而，同样是金融中介机构，投资银行与其他经营性金融机构所发挥的功能有着本质的区别。这种区别在于投资银行通过证券承销业务与经纪业务，将市场上急需投资的资本引导到急需筹资的企业或项目上去，完成资金从所有者向使用者的直接转移和对接，属于直接投融资的性质；而经营性金融机构(如商业银行)则是通过借贷的手段，先将市场剩余或闲置资本或资金积聚起来，形成自己的经营资本，再对其进行营运和使用，间接地将资本或资金从所有者手中转移到使用资本的企业或投资项目中去，属于间接投融资的性质。虽然二者均具有媒介资本(金)供需的功能，但达到的效果却有所不同，投资银行的媒介功能使供需直接见面，以市场“看不见的手”将金融资源引导到急需的产业部门或社会公益项目中去，实现资本供需平衡和资源的优化配置，达到经济效益和社会效益的共同提高。而经营性金融机构的媒介功能则是建立在该机构的资本营运职能之上的。经营性金融机构以盈利最大化为经营目标，虽然也会尽力将资本投放到预期有高收益的企业或项目中去，但能否实现资本供需平衡和资源的优化配置，并不完全取决于市场“看不见的手”，而是取决于供需媒介人——经营性金融机构的资本营运活动。由于资本供需中间隔了一层具有自主经营权和谋取最大“利差”收益的金融中介，信息不对称成为难以消除的弊端：资本所有者并不知道自己的资本用到哪里去了，不可能更不必要去关心资本运用的好坏，因为自己投资的金融机构已经将资本转贷给了他人，且为资本所有者许下了按期归还借贷本利的信用承诺；反过来，资本的使用者一方面为自己负责，另一方面为资本贷出者负责，不可能也没有必要对资本所有者负责。这种信息的不对称和资本所有权与使用权(及义务)的不对等，导致了资本的供需平衡及资源的优化配置失于了完全意义上的市场调节功能，至少由于资本供需中介“唯利是图”目标的追求，上述功能难以有效发挥。另外，投资银行通过证券承销将集中于金融机构的富余资本引向急需资本的产业系统，媒介产业资本与金融资本的供需平衡，这和经营性金融机构将消费领域的散置资金和流通环节的间歇货币集中起来，与生产流通及生活消费过程中的短期资金需求之间进行余缺调剂，还是有着本质上的差别。前者媒介资本的供需，而后者媒介消费向投资的转化；前者注重的是资本的投资与增值，而后者注重的是资金的流动与周转。虽然二者的功能也有交叉或融合的地方，但差别是存在的，投资银行媒介资本供需，通过市场实现资源优化配置的功能是十分明显的。

2. 构造证券市场，推动市场发展功能

在证券市场上，投资银行是极其活跃的参与主体，其各项业务活动无一不对证券市场的良性运行和健康发展起着关键的促进作用。有专家将投资银行喻为“证券市场上灵魂和工程师”，这正是投资银行在证券市场上功能的集中反映。

首先，投资银行是证券一级市场的缔造者。特别是在现代市场经济条件下，公司大规模的股票和融资证券的发行一般需要委托投资银行承销。证券承销是投资银行的本源业务，投资银行通过尽职调查、市场咨询、财务企划、资产评估、资格审查、宣传路演及发行安排等一系列承销工作，将欲发行证券低成本、高效率地销售到投资者手中。投资银行周密策划和组织安排一次次证券承销业务的全过程，实质上是构建了一个规范化和高效率运转的证券发行市场，创造了数量众多的高质量初始证券，为其后的上市流通，即证券二级市场的形成奠定了牢固的基础。可以这样讲，没有投资银行，就不可能有证券一级市场。

其次，投资银行以做市商、经纪商、自营商及金融衍生证券设计师的角色出现在证券二级市场及金融衍生市场上，成功地推动了证券二级市场的良性健康运行和金融衍生市场的迅猛发展，在整个证券市场发展的全过程发挥着稳定证券价格、激活证券交易、降低投资风险、提高投资收益、规范市场运作、增进市场有效性的功能和作用。另外，投资银行在证券市场上帮助交易双方沟通信息，帮助交易者设计交易组合等服务，客观上孕育了证券市场的价格发现功能。

最后，投资银行在上述证券市场之外的其他业务，包括股红利的清算与派发、基金的组建与管理、投资的咨询与策划、项目的融资与投资等，对证券市场的整体发展均有积极的推动作用。

3. 管理金融资产，提高投资收益功能

资产管理业务是现代投资银行在其传统的本源业务之外开发出来的一项规模最大的金融服务业务，如20世纪80年代后期，世界头号投资银行美林证券所拥有的资产代管客户达百万人以上，占其总顾客人数的20%；1996年，美林证券代管资产高达4 460亿美元。又如世界排名第二的摩根斯坦利证券公司，1997年通过对添惠公司的收购，获得了9 946人的专业账户经理和1 020亿美元的管理资产，使公司在该年管理资产总规模超过3 380亿美元，远远大于自身的原总资产规模。投资银行管理的金融资产不仅规模庞大，而且形式多样，它不仅包括基金管理，而更多的是对现金、债券、股票等有价证券及其他各种形式的金融资产的管理和营运。现代化的投资银行正是通过规模庞大和形式多样的金融资产管理业务，在增强自身竞争能力、扩展业务领域、提高自身经营收入的同时，也为广大拥有闲置金融资产的客户提供了低成本的金融管理服务，帮助他们合理安排投资，客观上发挥了充分运用金融资源、最大限度提高金融投资收益的功能。

4. 服务公司并购，促进产业集中功能

在现代社会化大生产活动中，产业的分化组合和产业资本的集中一般是通过大规模的公司兼并、收购、联合或组成产业集团来完成的。媒介公司的并购及资产重组是现代投资银行的一项重要业务，因为现代化的公司并购和资产重组一般是通过证券二级市场进行的，是投资银行证券经纪和顾问业务的一个重要组成部分。同时，公司并购是一项技术性很强的活动，包括为目标公司和并购公司提供市场调查、资产评估、要约谈判、协议签订、股权过户、业务整合、营运企划等服务，有时甚至为其融资承销证券，或直接垫支资本，只有投资银行才能胜任，也最适合此项工作。投资银行通过为公司并购提供全方位和系统性的服务，促进此项活动顺利进行，进而发挥促进产业资本集中、实现资本资产整合、提高公司竞争实力，有利于社会化大生产和整体经济结构调整的功能和作用。

➢本章小结

(1)投资银行是在资本市场上，主要为投融资活动提供中介服务的特殊金融机构。投资银行按照不同的标准可分为多种类型，主要包括混合型投资银行和分离型投资银行；综合性投资银行、专业性投资银行和商人银行；国际性投资银行和地区性投资银行等。从性质上讲，投资银行与商业银行虽然都是媒介性金融机构，但二者的本质属性有着诸多的差异之处；正确理解投资银行的本质属性及与商业银行的区别，对于深入研究投资银行业务活动及在整个经济金融体系中的地位和作用有着重要的现实意义。

(2)投资银行起源于世界各国证券业，在第二次世界大战以后，特别是20世纪后半叶有了迅猛发展；美国投资银行业是世界该业发展的典范，但英国、日本及新兴发展中国家和地区的投资银行业发展也各有千秋；进入21世纪，国际投资银行业呈现出国际化、集团化、全能化、专业化、网络化和竞争白热化发展的新趋势。

(3)投资银行虽然是证券市场上最活跃的行为主体，但其业务活动与其他金融子市场也存在着千丝万缕的联系。投资银行与其他金融各业，包括储贷业、基金业及保险业，虽然有着本质的不同，但与其在业务上又存在着相互竞争、相互依存的对立统一关系。投资银行在整个金融体系中发挥着媒介资本供需、优化资源配置；构造证券市场、推动市场发展；管理金融资产、提高投资收益及服务公司并购、促进产业集中的功能。

➤思考题

1. 如何理解投资银行业的概念?
2. 如何区别投资银行和商业银行?
3. 如何看待投资银行发展新趋势?
4. 如何理解投资银行与其他同类金融机构的对立统一关系?
5. 如何理解投资银行与各类金融子市场的关系?
6. 如何理解投资银行在经济金融体系中的功能和作用?

第 2 章

投资银行的业务运营

2.1 投资银行的业务种类

现代投资银行源于18世纪中叶英国的承兑以及后来的商人银行，并伴随着商业信用到银行信用，再到证券信用，这样由低级向高级的社会信用形态的发展进程，在漫长的业务发展和组织演化过程中，以自身特有的业务形式和内容发展成为发达市场经济体系中不可或缺的金融机构。如前述，投资银行本身就是一个非常广泛的概念，其经营的业务包括多个种类，归纳起来可分为证券承销(underwriting)、证券经纪(broker)、证券自营(dealer)、企业并购(merger &acquisition)、项目融资(project financing)、资产管理(asset management)、风险投资(venture capital)、顾问咨询(consultation)、基金管理(management of fund)、资产证券化(asset seccuritilizition)等。

1. 证券承销

投资银行的证券承销业务是指投资银行为企业或政府公开发售债券或股权证券，也称初级市场业务。证券承销是投资银行最早期、最基本的业务，现在仍然是投资银行的主要利润来源，证券承销能力也是衡量投资银行整体实力的重要指标。

投资银行对公司证券的承销，即证券发行，具体可分公募和私募两种形式。在公募发行中，投资银行认购证券的方式有包销和代销两种；而私募一般由投资银行代理进行，在证券的私募发行中，投资银行帮助企业将证券售给数量有限的机构投资者。

2. 证券经纪

证券经纪业务是指投资银行在证券市场上充当经纪人的角色，按照投资者的委托指令在证券交易场所买入或卖出证券并收取佣金的业务，属于二级市场业务，也是投资银行最大的收入来源。

在开展经纪业务时，投资银行不需承担任何风险，只按交易金额收取手续费。在经纪业务中投资银行除了代理客户买卖证券外，还可为投资者提供投资咨询、证券组合设计等服务，其目的是帮助客户赚取更多的收益，同时也可争取更多的客户。

3. 证券自营

证券自营业务是指投资银行以自主支配的资金直接参与证券交易，承担交易风险，并获得资本利得和股利收入的业务。证券自营业务也属于二级市场业务。

投资银行在开展自营业务时，还需扮演做市商的角色，这是为了保持证券市场交易的连续性。投资银行需要在证券市场上不断买进或卖出证券，即对该证券“创造市场”，维持股票价格稳定和合理的流动性。

4. 企业并购

企业并购是指一个公司通过产权交易取得其他公司一定程度的控制权，包括资产所有权、经营管理权等，以实现一定经济目标的经济行为。企业并购是一项十分复杂且专业性很强的工作，而投资银行恰恰在并购信息、操作经验、财务管理与分析能力和融资能力等方面具有明显的优势，因此，并购双方往往都会选择投资银行在并购活动中充当自己的顾问和代理人。

投资银行从事并购活动在 20 世纪 80 年代达到高峰，现在并购业务已经成为投资银行事实上的核心业务。特别是高风险高收益的杠杆收购，完全是投资银行的创造，极大地改变了企业并购的理念与方式。投资银行在并购业务中为客户提供的服务包括：①对整个并购活动进行整体策划，确定并购方案，帮助并购方实施并购；②合理确定目标企业的价值，在收购价格、并购方式、时间、条件、策略上以及融资计划、收购计划安排、资本结构重组等方面给收购公司提供建议；③帮助并购方筹集并购所需的资金；④帮助目标企业采取行动，抵制恶意并购企图，并谋划和实施反并购策略。

5. 项目融资

项目融资是指以项目本身信用为基础的融资，本质上是一种无追索权(无担保或有限担保)的融资方式。项目融资具有涉及面广、参与者众多、融资结构复杂、组织运作专业性强等特点，仅仅依靠项目投资者自己很难全程独立操作，必须依靠具有丰富项目融资专业经验的融资顾问的指导和帮助。在某种程度上可以说融资顾问是决定项目融资能否成功的关键，而投资银行恰恰是担任这一角色的最合适人选。

投资银行作为融资顾问，开展项目融资业务时，其业务内容主要涉及以下几个方面：①认真完成项目的可行性研究和风险分析；②确保项目融资法律结构严谨无误；③选择适当的融资方式和资金来源结构；④保证项目管理结构和运营程序合理；⑤充分利用各参与方对项目利益的追求和热情，并善于调节好各参与者的利益。

6. 资产管理

资产管理是指投资银行受客户委托，利用自己在资本市场上的信息、技术、人才等优势，帮助客户进行金融资产的运作和管理，以实现客户资产的保值与增值。可以说，资产管理业务是在投资银行证券经纪业务和顾问咨询业务的基础上发展起来的一项重要业务。在此业务中，投资银行通过代客户保管和运用金融资产，同时提供一般性的投资顾问及咨询服务，以赚取管理费用和投资收益差价。

7. 风险投资

风险投资是指投入新兴的、迅速发展的、具有巨大潜力的企业中的一种权益资本。风险投资作为一种投资方式，主要是指投资人对创业期企业尤其是高科技企业或高增长型企业提供资本，并通过资产经营服务对所投资企业进行辅导和培育，在企业发育成长到相对成熟后退出投资，以实现自身资本增值的一种特定形态的投资方式。风险投资具有高风险、高回报的特点，其成功的关键因素取决于投资专家的能力和眼光，以及好的创意、完善的管理和丰富的经验。

投资银行参与风险投资有两种方式：一种方式就是仅作为新兴公司的融资顾问，帮助其通过私募筹集创业所需的启动资金，并在公司获得一定发展后帮助其公募上市，投资银行收取相应的顾问费用和发行代理佣金；另一种方式是自己直接投资新兴公司，成为其股东，当新兴公司经过发展成功上市之后，再将自己持有的公司股份出售，获得溢价收入。

投资银行往往通过成立专门的风险投资基金参与风险投资，利用自己的声誉为基金筹集资金，投资给具有良好发展前景的企业。

8. 顾问咨询

作为金融市场的核心，投资银行掌握着资金需求与供给两方面的巨量信息，聚集着大批拥有丰富资本市场运作知识和经验的专家，拥有广泛的业务网络。高素质人才和高质量信息的有机结合无疑使投资银行拥有一般企业和个人不具有的巨大优势，使投资银行通过向客户提供资产管理、负债管理、风险管理、流动性管理、投资组合设计、估价等多方面专业顾问咨询服务，进而赚取利润成为可能。投资银行的顾问咨询服务包括：为客户理财、分析证券市场、做金融规划、设计最佳金融结构、制定股息政策、分析大项目的可行性等。顾问咨询业务为投资银行，尤其是那些声誉卓著的投资银行提供了极为丰厚的咨询费收入，在国外投资银行总收入中顾问咨询业务收入占有相当的比重。

9. 基金管理

投资银行业同基金业有着密切的关系。首先，投资银行可以充当基金的发起人发起并建立基金；其次，投资银行可以充当基金份额的承销人，帮助基金发起人向投资者发售基金份额募集资金；最后，投资银行可以受基金发起人的委托成为基金管理人，这是投资银行资产管理业务的一个体现。自20世纪90年代初以来，基金市场上资本额迅速扩张，许多投资银行不断渗入传统上由投资公司控制的基金管理业。

10. 资产证券化

20世纪80年代以后，资产证券化开始在经济发达国家特别是在美国快速发展起来，实力较强的投资银行都逐步将其发展成为自己的一项主营业务。资产证券化实质上是指将缺乏流动性但具有未来现金流入的资产经过一定的组合后转变成为证券并据以融通资金的技术和过程。在投资银行开展资产证券化时，一般作为发起人会将其他金融机构持有的各种流动性较差的金融资产，如住房抵押贷款、信用卡应收款等，分类整理为一批资产组合，出售给特定的交易组织，或直接由投资银行自己买入，再以买下的金融资产为担保发行资产支持证券，用于收回购买资金。通过资产证券化业务的运作，投资银行从中赚取丰厚的差价和佣金。

2.2　投资银行的业务运营特点

2.2.1　投资银行在其业务运营中扮演不同的角色

1. 中介或居间人

投资银行的这一角色在证券承销、证券经纪、企业并购、项目融资、风险投资等业务中都得到了充分体现。以证券承销业务为例，投资银行已成为证券成功发行不可或缺的要素。证券发行者与证券投资者通过投资银行这座桥梁，将彼此的目标有机地结合在一起。通过投资银行，发行者实现了融资的目的，筹集到所需资金；投资者实现了寻找投资机会的目的，使自己手中的闲散资金得到保值、增值；整个国民经济也因为资源的合理配置实现了帕累托改进。如果没有投资银行的参与，资金的供求双方互相寻找、互相了解、互相建立信任的过程将会大大增加募集资金的交易费用，而交易费用增加会阻碍很多融资交易机会的发生，进而使整个社会的资金资源无法达到最优配置。

可以说，通过充当中介或居间人的角色，投资银行极大地节省了金融领域中的交易费用，促进了资源的合理流动。投资银行无愧于金融市场上"看不见的手"的最有力实现者。

2. 金融专家和顾问

投资银行运用自身在技术、经验、人才、信息等方面的显著优势，利用自身丰富的金融市场运作经验和高超的科研开发能力，推动金融工具和业务的开拓创新，帮助客户处理其在金融活动中自身难以解决的专业性问题。

(1)策划并组织金融市场活动。企业并购、证券发行、项目融资等金融活动都具有整体结构复杂、运作过程中不确定性风险大、涉及主体多、工作专业性强等特点。一般企业由于缺乏资本市场运作经验，如果独自开展上述活动，往往难以获得成功，因此聘请投资银行作为顾问成为大多数企业的必然选择。投资银行的作用体现在：首先，根据国家政策、金融市场行情和企业实际状况制订出科学、合理的整体运作计划，确定总体目标、开支预算、支付手段、涉及主体、行动策略，最终形成具体的执行方案；其次，逐一落实方案中的各个阶段性目标，协调业务开展中涉及的政府部门、专业机构等各方主体关系，应对可能出现的各种突发情况，保证运作计划的最终实现。

(2)定价评级。在企业并购中，并购企业确定目标企业价值是一项重要的核心工作。一般企业由于缺乏相关信息和经验，难以准确科学地估计出目标企业价值。因此，在企业并购时，并购方一般会委托投资银行确定目标企业价值。另外，为方便普通投资者挑选购买有价证券，有些投资银行会根据自身对证券市场的研究成果对有价证券进行评级。

(3)创新金融工具以规避风险。这是指投资银行根据一般企业资产保值和增值的需要，结合市场特点，以控制风险和创造价值为目的，利用自身强大的研发能力，推动金融产品和金融工具的不断创新。20 世纪 80 年代金融工程的出现为金融创新翻开了新的一页，越来越多新的金融工具被创造出来，尤以票据发行便利及互换、浮动利率票据、金融期权、金融期货、远期利率协议、垃圾债券为代表。这些金融产品的出现极大地改变了世界金融市场的面貌，拓展了投资银行的业务空间，帮助一般企业规避了金融市场的各种风险。

(4)资产管理和代人理财。与一般企业和居民相比，投资银行更加贴近金融市场，并且具有专业的知识和经验。此外，投资银行将分散在不同主体手中的闲散资金集中起来，可以更方便地进行分散投资和组合管理，获得规模效益。总之，投资银行的专家理财能够使投资者获得比自己直接投资更高的回报。这一角色在投资银行的资产管理和基金管理业务中得到了充分体现。

(5)上市辅导和发行路演。在企业上市之前，一般都会聘请投资银行对其进行上市辅导，以帮助企业的管理者和一般员工熟悉证券市场的各种规定，适应从非上市公司向上市公司的巨大转变，从而能够在上市后满足证券市场公开、透明的要求。

3. 资金和信用提供者

在证券自营业务和风险投资业务中直接投入资金的情况下，投资银行扮演了普通投资者的角色。通过购买有价证券或直接投资于具体企业和项目，投资银行获得资本利得或红利收入。在从事企业并购业务时，投资银行有时会直接借给并购方过桥贷款，在并购完成后获得利息收入。

在从事项目融资等业务时，如果投资银行充当融资的商业担保人，则实际扮演着信用担保服务提供者的角色，获取相应佣金收入。

2.2.2 投资银行在其业务运营中面临不同的风险

1. 自担风险的业务

投资银行的证券自营业务和风险投资业务在运营中具有较大的风险。在从事此类业务时，投资银行完全利用自有资金进行证券买卖或投资于具体的企业和项目，一旦形势判断失误导致投资失败，投资银行将以自有资金承担所有损失。此类业务类似于商业银行的贷款业务。在存贷业务中，商业银行通过吸收存款发放贷款赚取利差收入，当贷款无法收回时，则承担坏账损失。类似的，在此类业务中，投资银行通过买卖证券或直接投资企业赚取资本利得或红利收入，当投资失败时则以所投入的自有资金为限承担损失。

2. 不担风险的业务

投资银行的证券经纪、资产管理、顾问咨询和基金管理业务属于中介服务类业务。在从事此类业务时，投资银行或者只是扮演居间人的角色，将资本市场参与各方加以撮合；或者以资本市场专家的身份出现向顾客出售自己的智力产品。总之，投资银行在从事此类业务时无需动用自有资金，只是通过向顾客提供金融服务赚取佣金收入。这些业务在性质上类似于商业银行的中间业务。即使投资银行实施的管理或提供的建议是错误的并导致亏损，投资银行也无须以自有资金承担任何损失。当然，其形象和声誉会受到损害，长期下去会造成投资银行收入的下降。

3. 或有风险的业务

投资银行在其证券承销、企业并购和项目融资业务中面临不同的风险选择。在证券承销业务中，如果投资银行采用的是代销方式，投资银行无需承担任何风险；相反，如果投资银行采用包销方式，则当证券没能顺利销售时，投资银行必须以约定价格认购所有未售完的证券，这有可能给投资银行带来巨额自有资金损失。

在企业并购业务中，投资银行的一个重要任务就是帮助并购方筹集并购所需的资金。

根据具体情况的不同，一方面投资银行有时需要直接借给并购方过桥贷款；另一方面投资银行也可能包销并购方的融资工具。无论属于哪一种情况，一旦并购过程遭遇不确定性风险，投资银行都有可能遭受自有资金损失。

一项成功的融资项目离不开强有力的担保，如果投资银行充当项目融资的商业担保人，那么当项目所产生的现金流无力偿还债务时，投资银行作为担保人就负有连带责任，承担还本付息的工作。

总之，此类业务会根据投资银行在业务中担任的角色不同以及业务操作中的不同情况给投资银行造成可能的资金损失，类似于商业银行在金融创新过程中产生的某些表外业务。

2.3　投资银行的业务运营模式

投资银行与商业银行的关系是“分业”还是“混业”，这就是投资银行的运营模式问题。“分业”被称为分离型模式，“混业”则被称为综合型模式。无论是分离型模式还是综合型模式，它们的形成并不取决于投资银行的意愿和选择，而是客观历史背景的产物，同时也是各国政府战略取向的结果。

纵观发达资本主义国家投资银行一百多年的发展历史，美国是实行最严格分离型模式的典型，而德国则是综合型模式的代表。下面，我们将分别以美国和德国为样本，了解分离型与综合型两种投资银行运营模式的基本特点。

2.3.1　以美国为代表的分离型模式

美国投资银行的历史可以追溯到 19 世纪初期。在初期发展过程中，投资银行主要从事汇票承兑、贸易融资、政府债券、铁路债券的发行和销售。到 1929 年经济危机前，投资银行的控制范围已经扩大到整个经济领域。这一时期美国的投资银行业与商业银行业并没有严格的区分，商业银行凭借自己在资金与客户群方面的优势广泛地参与证券一级和二级市场。可以说，当时人们心中并无商业银行与投资银行的明确概念，分业经营更是无从谈起。

如前所述，在经历了 20 世纪 30 年代的经济大萧条之后，美国监管部门发现，商业银行深度参与证券市场是造成危机的重要原因。为了防止危机的再度出现，美国对金融业开始进行严格管制，多项重要法律相继出台。1933 年制定了《证券法》和《银行法》(即《格拉斯-斯蒂格尔法》)；1934 年制定了《证券交易法》；1940 年制定了《投资公司法》和《投资顾问法》。这些法律将证券业务置于联邦政府的严格监管之下，使原来法律法规一片空白的证券领域突然之间成为立法最为严厉的领域。

在这一系列立法中，对投资银行业务影响最大的是《格拉斯-斯蒂格尔法》。这一法律将商业银行业务与投资银行业务严格分离，其中规定：

(1)《联邦银行法》管辖下的银行与其证券子公司完全分离。

(2)商业银行除国债和地方债券以外，不得从事证券发行承销业务。

(3)禁止私人银行兼营存款业务和证券业务，商业银行和投资银行的业务严格分离开来。

以 1933 年美国国会通过《格拉斯-斯蒂格尔法》为标志，分离型模式在美国全面确立，并持续了几乎整个 20 世纪。也就是在分离型模式确立之后，投资银行和商业银行的概念才在彼此区别的基础上清晰起来，即商业银行主要从事储蓄和存贷款业务，而投资银行主要从事证券业务。当年主宰美国金融业的JP摩根公司被限制于商业银行领域，而JP摩根公司中的证券业务部独立出来，成立了摩根斯坦利公司，专营股票和债券的业务。可以形象地说，分离型模式在商业银行业与投资银行业之间搭建了一堵“防火墙”。

除了美国之外，英国和日本也是实行分离型模式的国家。

2.3.2 以德国为代表的综合型模式

德国是实行综合型模式，即商业银行与投资银行业务相互渗透、相互融合的典型代表。德国的银行可以提供全面的银行与金融服务，包括存款、贷款、证券买卖、投资企业股票、租赁、担保、企业财务顾问等，每家银行可根据自身在组织管理、人才和客户群等方面的特点具体选择自己经营的业务种类，无须受到证券业与银行业之间界限的羁绊。

德国这种全能银行制度的产生根源在于德国属于后起资本主义国家，资本市场较英美远远落后，因此，德国的工商业企业在发展初期面临着巨大的资金缺口，其不仅在短期资金上，而且在长期资金方面都高度依赖于银行。因此，银行资本从一开始就深度介入普通企业，银行与工业之间建立了密不可分的联系。

德国银行业并没有因为实行综合型发展模式而使自身遭遇巨大风险并影响整个国民经济的稳定发展，相反，德国银行业却是各国银行业中安全、高效、规模经济的楷模。其原因有以下两点。

首先，德国银行投资于普通企业的行为与美国银行在分离模式确立之前购买普通企业股票的行为在性质上具有显著差别。美国银行购买企业股票很大程度上属于投机行为，其目的在于希望通过炒作获得资本利得，因而美国银行在购买股票之后很少参与企业具体经营；德国银行则不同，其行为属于长期投资，关心的是所投资企业的成长与回报，所以德国银行出于减少风险的目的常常加入所投资企业的董事会，深度介入企业日常经营管理。这种差异造成的结果是美国银行参与股市增加了股市的投机氛围，放大了金融领域的风险；而德国银行的投资行为却对金融领域起到了稳定作用。

其次，德国严密的银行监控体系与有效的政府调控手段同样是德国银行系统能够健康、有效地实行综合型发展模式的重要原因。

欧洲大陆的瑞士、法国、奥地利、荷兰、比利时等国家也同样实行综合型模式。

2.3.3 两种模式的比较

自从《格拉斯-斯蒂格尔法案》颁布施行，分离型模式在美国确立以来，有关分离型模式与综合型模式孰优孰劣的争论就一直没有停止过。众所周知，分离型模式并不是市场竞争的结果，而是由管理当局的人为管制行为造成的。因此，深入比较两种模式的必由之路，就是从根本上探求政府管制金融市场、施行分离型模式的原因。

毋庸置疑，分离型模式得以施行的原因源于对风险的防范，综合型模式下风险来源主要有以下方面。

首先，商业银行参与投资银行业务最根本的风险在于导致商业银行资金来源与资金投向在期限上的不一致，银证合业使大量短期资金盲目地投向长期性、高风险的证券市场。商业银行主要通过吸收存款获得资金来源，而存款的期限一般不会太长，绝大部分企业的存款都是活期存款，以满足企业生产经营周转的需要，随时有提款的可能；而个人存款期限超过十年的也很少。显然，商业银行的资金来源均属于短期资金来源。然而，商业银行若通过证券包销获得股票，或通过在证券市场上的自营业务购得股票，由于股票没有到期期限，商业银行的资金投向都属于长期资金投向。正是由于商业银行参与证券市场会造成其资金来源与资金投向在期限上的严重不一致，因此混业经营会给商业银行带来巨大的资金周转风险。当经济处于繁荣期，股市行情看涨，投资需求旺盛，商业银行可以顺利地变现持有的股票时，这一危险被掩盖起来；而当经济危机来临，股市行情看跌，投资者纷纷抛售，难以变现持有的股票时，商业银行由于无法收回投资在证券市场上的资金，无法偿还到期存款，引发挤兑，进而导致大量商业银行倒闭，最终使整个金融体系濒于崩溃。

其次，综合型银行的存在使得大量的市场交易被银行内部各部门之间的彼此合作所代替，这样就影响了金融市场的竞争性与公平性，并加大了政府部门监管的难度。表现在：①综合型银行通过开展存贷和结算业务掌握着客户企业财务、经营、管理等各方面的内部信息，这使得其操纵金融市场、人为炒作股价升降、损害其他投资者利益成为可能。②综合型银行可以在不同业务之间实现客户共享，这种实质上的垄断行为妨碍了金融市场的公平竞争，损害了其他金融机构的利益。③在综合型模式之下，大量资金在外人难以发觉的情况下在银行内部暗流汹涌，加大了政府部门监管金融市场的难度。总之，综合型银行对资本市场的深度介入造成银行资本与产业资本的相互渗透与资本的高度集中，导致了金融寡头的横空出世。金融寡头的垄断行为降低了金融市场的有效性，大大增加了金融市场风险，进而影响了整个国民经济的稳定发展。

正是由于分离型模式能够从制度上有效地防范和规避风险，维护金融系统的稳定和发展，因此成为许多国家在金融立法上的不二选择。然而，分离型模式也有其不可回避的弊端与缺陷，具体表现在以下两个方面。

首先，分离型模式最根本的缺陷就在于其增加了金融系统的交易费用。投资银行作为一种金融机构存在的意义便在于节省交易费用，使资金供求双方能够更顺畅地达成交易，促进市场机制更充分地发挥资源配置作用。而在分离型模式下由于人为地在银行业与证券业之间设立壁垒，资金、信息等资源不能顺利地在各个金融分市场间流动，从而阻碍了交易机会的充分发生，必然导致资源配置的低效率。

其次，分离型模式的直接弊端就在于其限制了本国金融机构的充分发展。分离型模式下的金融机构，无论其为商业银行还是投资银行，都无法充分利用自己有限的金融资源，难以实现规模效益；此外，分离型模式下的金融机构由于无法实现业务多元化，难以有效化解非系统风险。以上缺陷严重削弱了金融机构的竞争力，使实行分离型模式国家的金融机构在与实行综合型模式国家的金融机构竞争时经常处于下风。

综上所述，金融的混业与分业两种模式之间本身没有优劣之分，一国究竟采用混业模式还是分业模式，只是在当时经济情况下的利弊权衡。这种权衡应随着经济环境的变化而不断调整。要分业经营还是要混业经营实际上是在安全与效率之间做出抉择。

2.3.4　投资银行业务运营模式发展的新趋势

在分离型模式确立后美国证券市场成功地走出了经济危机的阴影，并在其后的几十年间迅速发展。《格拉斯-斯蒂格尔法》的严格执行使商业银行和投资银行在相互隔离的领域中都取得了巨大的成就。然而，第二次世界大战之后，特别是20世纪70年代以来，美国金融领域又开始走上一条回归综合型模式的道路。

第二次世界大战后经济全球化、金融化浪潮席卷全球，导致全球金融市场竞争激烈，从而使综合型模式沉沙泛起，逐渐成为国际主流。具体来说，主要有以下几方面的原因。

第一，金融行业内的利润失衡，导致了对分业经营"防火墙"的猛烈冲击。投资银行运用灵活多样的融资方式逐渐蚕食商业银行的资金存贷市场，导致商业银行的贷款质量下降，贷款收益率严重下跌。越来越多的企业将融资由间接融资转向直接融资，投资银行获得直线上升，市场领域不断扩大。在这样的形势下，商业银行不得不大量介入投资银行的业务领域，并取得了较大进展。

第二，随着国际间资本与贸易壁垒的打破，金融企业要面对全球金融市场的激烈竞争，而分业体制下的金融企业无论在资金实力、内部治理结构、规模与范围效应等方面较混业体制下的金融企业的各方面都不具有优势，在争夺市场份额和开发新客户等战场上节节败退。这成为许多原先采用分业模式的国家推动改革、走向混业的直接理由。

第三，金融业务的广泛创新使传统的投资银行与商业银行的界限日渐模糊。1975 年，美国证券交易委员会(U. S. Securities and Exchange Commission，SEC)放弃了对股票交易手续费的限制，实行手续费的完全自由化。交易手续费的自由化使美国投资银行的收入结构发生了根本变化。自由化以前，股票交易手续费收入占美国投资银行总收入的一半以上，十年后的 1985 年，手续费收入不及总收入的 20%。佣金收入的减少促使美国投资银行不得不寻求新利润来源而重新调整发展战略，从而越来越多的新业务被创造出来。与此同时，商业银行为了弥补存贷业务量下降带来的损失，也采用业务创新的方式拓展市场。投资银行与商业银行不约而同地都采用迂回的方式突破了"防火墙"的羁绊，业务创新的结果是双方业务大量重叠，原本被《格拉斯-斯蒂格尔法》巨斧劈开的分业鸿沟逐渐被填平。

第四，各种新的金融产品和工具，如远期利率协议、互换、股指期权等金融衍生工具被不断地发明创造出来，这些工具的广泛应用丰富了资金运用与周转的渠道和途径，帮助金融企业有效地规避和转移风险，从而使安全的混业经营成为可能。

第五，大量新技术在金融领域内的推广与使用，使各项业务的结算、转换与管理更加快捷与完善，且大大降低了政府对混业经营进行监控的难度，而有效、合理的监管使综合型模式平稳运行的风险得到有效控制。

第六，金融机构间的并购、重组，尤其是许多大的金融控股集团的出现使分业模式名存实亡。例如，花旗集团全资控股下属三大子公司分别开展三大业务：花旗银行有限公司(商业银行)、花旗集团环球金融公司(投资银行)、旅行者保险集团国际有限公司(保险业务)。三个全资子公司"分业经营"，独立开展商业银行、投资银行和保险业务。

第七，投资组合成为成熟投资者的理性选择，进而投资者对金融机构混业经营以降低其资金在不同金融领域的转换成本的要求越来越迫切。

所谓"合久必分，分久必合"，事物发展中的否定之否定原理在投资银行发展模式的变迁中得到了最好的验证。20 世纪 80 年代以来，随着世界一体化的发展，分业型的金融体制无法适应国际市场竞争的需要，投资银行与商业银行的分业与混业成为美国在政策与立法中争论的主要问题之一，要求混业经营的呼声越来越高。从 80 年代以来，美国逐渐放宽了投资银行的业务限制。经过十几年的努力，最终于 1999 年 11 月通过了《金融服务现代法案》，为混业经营创造了法律前提，可以预见，在不久的将来，美国将诞生集多项金融业务于一身的金融超级市场，完成向综合型模式的最终转化。

当然，今天的综合型模式比起投资银行发展初期的混业经营有着质的飞跃。现代混业模式运作的前提条件是金融监管体系完善高效、金融立法合理健全、金融机构具有较强的风险意识和内控机制、高度发达的金融信息传输网络等。正是以上这些前提条件，使得现代综合型模式克服了早期综合型模式的缺陷，并且相对于分离型模式，现代综合型模式还具有三大明显的优势：①混业有利于扩大经营规模，国际混业潮流造就一些国际金融界的“巨无霸”及国际投资银行业的“航空母舰”。②混业使金融业为客户提供全方位、多功能服务的目标得以实现。全球混业催生了一批“金融超市”，消费者进入“金融超市”，就如同进入大型超级商场，凡申请信用卡、银行服务、抵押贷款、共同基金、投资理财、投保甚至纳税等，都可以一揽子得到满足。③混业能满足货币市场和资本市场之间的联系，一方面利于实现资源共享、优势互补；另一方面也便于将各种金融业务进行有效组合，从而大大降低成本、提高效益。

综上所述，评价发展模式的唯一标准便是是否适合本国在当时历史时期的需要。分离型模式在一国金融市场由不发达向发达、不完善向完善的发展过程中起到了巨大的稳定作用，其重要意义是不可磨灭的。然而，分离型模式毕竟是一种政府推行的非市场行为，从根本上妨碍了价格机制作用的充分发挥和金融资源的合理配置，这决定它只能是特殊时期的产物。当市场机制完善时，分离型模式也就完成了其历史使命，综合型模式是发达金融市场的必然选择。

➢本章小结

(1)投资银行的业务种类包括证券承销、证券经纪、证券自营、企业并购、项目融资、资产管理、风险投资、顾问咨询、基金管理、资产证券化等；正确区分和界定每类业务之间的差别，对于深入认识投资银行的业务运营具有重要意义。

(2)投资银行的业务运营涉及资本市场的各个领域，投资银行在其各类业务运营中扮演着中介或居间人、金融专家和顾问、资金和信用提供者三种角色，同时也面临着承担风险还是回避风险的不同选择，反映出其业务运营的多样化特点。

(3)当代投资银行的业务运营模式可大体分为分业经营、分业监管的分离型模式和混合经营、统一监管的综合型模式两种，其间并无优劣之分；无论是分离型模式还是综合型模式，它们的形成并不取决于投资银行的意愿和选择，而是客观历史背景的产物，同时也是各国政府战略取向的结果；当今世界上美国是实行最严格分离型模式的典型，而德国则是实行综合型模式的代表；从长远的观点看，综合型模式是发展的大势所趋。

➢思考题

1. 投资银行都有哪些基本业务？试述每项业务的基本内容。
2. 按照在从事业务时是否承担资金损失风险，可以将投资银行业务分为哪三种类型？
3. 投资银行在从事业务时扮演了哪三种角色？具体内容是什么？
4. 什么是分离型模式？有何优缺点？
5. 什么是综合型模式？其风险和缺陷有哪些？
6. 综合型模式逐渐成为主流模式的原因有哪些？

第 3 章

投资银行的证券承销业务

3.1　证券承销业务概述

证券承销业务不仅是投资银行业务中最本源、最核心的业务，而且是投资银行区别于商业银行的最本质特征之一，同时也是投资银行与企业间建立良好关系的重要基础。要了解投资银行的证券承销业务，首先必须了解证券承销本身。

3.1.1　证券承销业务及其分类

1. 证券承销业务的性质

证券承销是证券经营机构代理证券发行人发行证券的行为。它是证券经营机构最基础的业务活动之一。简单来说，就是当一家发行人通过证券市场筹集资金时，就要聘请证券经营机构来帮助它销售证券。证券经营机构借助自己在证券市场上的信誉和营业网点，在规定发行的有效期限内将证券销售出去，这一过程称为承销。它是证券经营机构的基本职能之一。

证券承销业务是指在证券发行过程中，投资银行按照协议帮助发行人推销其发行的有价证券活动。在一个健全的资本市场中，有资金需求者就必定有资金供给者，即筹资者与投资者。只是由于信息不对称而使两者无法沟通。投资银行在证券承销中就是起着这种桥梁作用，把筹资者和投资者的目的很好地结合起来。首先投资银行接受筹资者的委托，其次在法律规定或约定的时间内，利用自己良好的信誉和销售渠道将拟定发行的证券发售给投资者。在此之中，投资银行扮演相当重要的角色，使社会资金得到有效利用并维持市场的运作机能。同时，投资银行也通过在承销过程中收取佣金和获取利差来实现自己的经营目标。

2. 证券承销业务的分类

证券承销业务分为代销和包销两种方式。证券代销是指证券公司代发行人发售证券，在承销期结束时，将未售出的证券全部退还给发行人的承销方式。证券包销是指证券公司将发行人的证券按照协议全部购入，或者在承销期结束时将售后剩余证券全部自行购入的承销方式。包销又分为全额包销和余额包销两种具体方式。全额包销是指证券公司作为承销商先全额买断发行人发行的证券，再向投资者发售，由证券公司承担全部风险的承销方式。余额包销是指证券公司作为承销商按照约定的发行额和发行条件，在约定的期限内向投资者发售证券，到销售截止日，如果投资者实际认购总额低于预定发行总额，未售出的证券由证券公司负责认购，并按约定的时间向发行人支付全部发行价款的承销方式。

3.1.2　证券承销业务的参与主体

投资银行承销业务涉及相关的各个部门和方面，关系到许多方面的利益团体，从整个过程来看，承销业务的当事人归纳起来有六类。

(1)发行人(issuer)。发行人是为了筹集资金而发行各种有价证券的企业、金融机构、政府及其部门等。作为发行市场的主体，它是股票发行市场的第一参加者，处于整个证券承销业务的源头。发行人的多少、发行规模的大小、发行股票的种类和质量决定着股票发行市场的活跃程度。

发行人一般分为两类，一类是只办理公开发行股票手续，却未申请上市的发行公司；另一类是公开发行股票且办理了上市手续的公司，后者亦称为上市公司。

(2)承销团(underwriting syndicate)。在承销金额较大，牵头的投资银行无力承担或不愿承担过大的风险时，牵头投资银行联手多家投资银行共同组成一个承销辛迪加集团。承销团是在短期内销售大量证券必不可少的工具，也是投资银行与众不同之处。承销团产生于19世纪中叶，由于承销证券面临很大的风险，为了分担风险，投资银行组织了许多同行共同承销，从而形成了承销团。牵头的投资银行被称为主承销商，其他的投资银行则被称为承销商(或分销商)。同时承销团根据内部签订的承销团协议以及主承销商和发行人签订的承销协议所规定的价格、方式和时间等条款共同承销、分担风险和分享利润。

(3)承销商(underwriting)。承销商不像承销团那样主要负责承销份额的不足部分，他们只承销各自愿意承销的份额，然后转售给投资者。但是他们负责购入自己承销而未销售出的部分。

(4)销售团(selling group)。上述的承销商和承销团属于批发市场的销售者，是证券的批发商。而销售团的成员属于零售市场的销售者，他们不承担包销的任何风险，因此只能按照销售的比例得到佣金。事实上，证券发行总额的绝大部分是由主承销商和其他承销商卖出的，销售团的成员一般只负责销售很少的份额，不超过发行总额的0.5%，有时甚至没有销售团参与销售工作。在发展中国家市场上，投资银行和经纪人之外的其他金融机构，如商业银行、保险公司和储蓄机构，通常也参与证券的承销。

(5)投资者(investor)。投资者，即缴纳资金购买股票的应募者。证券市场上的投资者可以是个人，也可以是机构，如股份公司、养老基金、互助基金、商业银行、投资银行、证券投资基金、经纪人、外国公司、外国金融机构以及国际性的机构和团体等。一般在证券市场初步发展阶段，个人投资者的数量较大，在证券市场上占十分重要的份额，如中国的证券市场散户占很大的比例；而在成熟的证券市场上，机构投资者及其交易的数量就很大，如美国的证券市场已经是机构投资的时代。一般而言，股票发行市场的股票消化量会受到投资者人数的多少、购买能力的强弱、资产的数量、收益要求以及承担风险的愿望等的制约。

(6)其他相关者。其他相关者是与证券承销有密切关系的机构或组织，一般包括法律顾问、证券监管机构、委托人、股息支付代理人以及会计中介机构等。

法律顾问通常由多人组成，他们分别来自不同的律师事务所，分别代表发行者和承销团的利益，以确保发行符合各种法律规定。证券监管机构有的是政府的一个专门机构，有的是证券交易所本身，也有的是证券业组成的自律协会。证券监管机构的主要目的是以各种办法维护市场秩序，保护投资者的利益。在承销业务中，承销人必须代表发行人做好与监管机构的协调工作。

3.1.3 证券承销资格的获取

股份有限公司发行股票，一般并不亲自进行市场销售活动，而是由专业性的证券经营机构承销(包销或代销)。承销商是指与发行人签订协议，以包销或者代销的方式为发行人销售股票的证券经营机构。根据我国现行法规，承销股票须由取得承销资格的证券经营机构进行承销，该证券经营机构包括在中国境内注册、依法获准可经营证券业务、具有独立法人资格的证券公司和信托投资公司，以及在中国境外注册、依照法律注册的可经营证券业务、具有独立法人资格的投资银行、证券公司或者其他金融机构。

主承销商的作用是指导公司股票成功地发行并上市，在发行和上市过程中组织所有中介机构的工作。主承销商的工作任务和特点决定了企业为自身的利益着想，会尽早选定主承销商。可以说，选择主承销商是发行人从改制到上市过程中最重要的一项决定。决定一经做出，以后的工作就能依靠主承销商而变得相对容易一些，也就是说，发行人已经把企业改制、股票发行和上市工作大致托付给了主承销商，因此，企业在选择主承销商时，往往十分慎重。投资银行经过一系列自我推介和公关活动后，一旦取得主承销商地位，就必须与企业建立一种长期合作、相互信任、相互了解的关系，并把自己的声誉好坏和发行人股票发行与上市成功与否紧紧联系在一起。此外，还要准备在必要时为发行人出资，承担余额包销的责任。

3.2 证券承销业务的操作流程

在承销商获取承销权以后，为确保上市工作顺利进行，政权机构的工作人员将进驻现场，按照一定的程序展开工作。股票的公开发行包括首次公开发行(initial public offering, IPO)和再次公开发行(secondary offering)。一般情况下，首次公开发行和再次公开发行的基本程序是相似的，但由于发行次数的不同，它们的发行程序略有差别。下面分别就首次公开发行和再次公开发行的发行程序进行介绍。

3.2.1 首次公开发行

首次公开发行是指公司第一次向社会公众投资者发行证券，通常是普通股票。公司在建立之初往往在非公开市场筹集资金，对公司进行孵化，然后在股票市场公开发行股票，进入发展阶段。首次公开发行可以由新建公司自身来完成，但由于其程序复杂，处理不当会对公司的财务、竞争力和声誉造成损害。因此，现在几乎所有的首次公开发行都由投资银行来承担。

1. 组建专家组

要处理公开招股上市这样极富专业性而过程又相当复杂的工作，发行公司必须先组成专家工作团组(即 IPO 小组)专门负责此事。IPO 小组中的核心是承销商。作为承销商的投资银行往往还出任保荐人，兼负介绍发行公司上市的任务，担任 IPO 小组、证券交易所和证监会三者间的联络和信息传递工作。因此，发行公司首先要委托承销商和保荐人；其次要借助承销商组建专家组，挑选包括管理人员、行业专家、律师、会计师在内的专家组合适人选。

公司管理人员是 IPO 小组的重要成员，他们的素质高低在很大程度上影响着发行的成败。一般来说，承销商希望 IPO 小组中的公司管理人员有首次公开发行经验，这样既可以使公司与所聘请的管理公司更好地交流，而且还可以增加公司在市场上的可信度。在 IPO 小组中拥有出色的公司管理人员将对公司的发行有很大好处。

一般来说，IPO 小组中应包括行业专家，以便更好地了解发行人的行业状况、行业前景和发行公司在行业中所处的位置，选出最适合发行人的证券发行计划。

通常发行公司雇有法律顾问，而承销商也会聘请法律顾问。这些律师有丰富的工作经验，能够在证券发行申请和申请过程之后提供有关遵守公司条例及上市规则的意见，熟练地与证监会打交道，顺利完成证监会要求公开招股上市所必须办理的所有登记文件和手续；与其他成员配合，解决证券监管机构提出的问题，同时对各种申请的报告和文件进行必要的修正。因此，律师在 IPO 小组中扮演着至关重要的角色，其能力和对申请过程的经验是证券发行成功的关键。

发行人的资产状况、财务指标和财务报表对证券发行相当重要，因此，IPO 小组中另一主要成员是独立的会计师。他们同样必须具备公开招股上市方面的工作经验，能够根据有关规定对公司的财务制度和账目进行详细审查，编制有法律效力的资产评估报告和财务报告，协助编制招股说明书中的其他统计数字。

在这一阶段，发行公司和牵头投资银行要签订意向书和起草承销合同，明确牵头投资银行的责任和权利。意向书中一般包括拟发行的股数、发行价区域、毛利差额(gross spread，即包销费)的上限。推销计划，投资银行退出发行上市工作的免责条款。承销合同作为一份有法律约束力的正式文件，需要双方律师的参与，发行公司和牵头投资银行在起草(但不签字)承销合同时，可以选择包销和尽力销售两种承销方式中的一种。

2. 尽职调查

(1)搜集资料。需要搜集的资料包括：企业近三年来和最新的所有财务报表、历年的重要决议；公司章程、历次变更过的营业执照、产权证书，定向募集公司提供定向募集时的全套申报文件，遗留问题公司需要提供全套报国家体制改革委员会确认的文件；主要股东的情况资料；由国企直接改组成公司的项目则提供其全部控股和参股企业的详细资料，即组织结构状况；行业分析资料；企业中长期发展计划；风险与对策；等等。

(2)调查企业的组织结构，明确发行主体。

(3)对企业股份制改造的背景进行调查。对于已改制企业，必须要求其提供股份制改造时全套申报材料，其目的在于调查当时股份制改造时的法律手续是否具备，公司的设立方式、股本结构、募集资金的投向及效益情况等。此外，也要对职工股及法人股的情况、历年分红情况、企业经营管理机制的规范性、改制后发生的兼并重组行为等进行调查。

(4)发行人财务调查。要搜集企业最近三年的资产负债表、财务状况变动表和损益表，同时对企业的财务结构、财务比率进行分析，对发行人的主要机构和下属企业及集团的财务进行调查，同时对盈利预测中各项指标及其预测前假设的合理性、财务预测指标的准确性进行调查。

(5)发行人募集资金的投向。

(6)发行人的行业地位。

3. 重组方案

这个阶段的工作主要从两方面来展开：一是对发行公司进行改造，重组整合成适合上市的公司；二是对发行公司进行评估，以准备招股说明书等上市文件所需的资料，并大致确定公司的价值和发行价格。这是公开发行股票重要的一步。

投资银行在这个阶段工作中的另一项重要工作是准备发行公司及其业务的基本资料，并准备招股说明书的公司财务资料。为此，投资银行既要利用发行公司提供的原始材料，又要与公司的管理层会谈，进行直接的询问和调查。一家对投资者和发行公司尽责的投资银行甚至还要对公司做更广泛的外围考察。投资银行通过以上几方面的信息渠道，要发掘出较为完整的行业数据、公司数据和财务数据。

4. 发行方案

股票公开发行是一个相当复杂的过程，需要许多中介机构及相关机构的参与，要准备大量的材料。主承销商必须协调好各有关机构的工作，以保证所有材料在规定时间内完成。因此，制订发行方案就成为证券承销中的重要步骤。

首先要召开中介机构协调会。中介机构主要包括审计师、评估师、律师和主承销商等。根据权利和义务的不同，各中介机构自然分工如下：审计师，负责发行人三年的财务审计，出具审计报告。评估师，负责对发行人的基准日资产进行评估，出具评估报告。律师，负责对发行人的章程进行修改，对各种法律诉讼、重大合同、重大债权、债务关系进行法律上的鉴证，对发行人的发行主体资格出具法律意见书和工作报告。主承销商，负责申报材料制作过程的总体协调，包括督促审计师按照重组方案的财务指标要求完成审计；督促评估师对已确定的发行主体按照重组方案的资本结构、股本设置要求，完成评估报告；督促律师对发行人的主体资格进行全面的法律审查，明确法律意见，以免发行人承担不必要的法律责任或因此而蒙受损失；编制申报材料目录，整理全套文件，并编写招股说明书、上市公告书和发行方案；将有关意见及时反馈给项目评审委员会，以便及时修改和完善方案。而发行人则负责为各中介机构提供必要的条件和相关资料，协助主承销商做好各中介机构的协调工作。

在明确发行主体并将重组方案经项目评审委员会通过后，即可组织方案的实施。方案的实施必须借助发行主体和各中介机构的相互配合。为此，方案一经确定，即向各中介机构通报，取得初步的沟通后，尽快在企业现场召开各中介机构协调会。其目的在于：统一各中介机构的意见，贯彻实施方案；统一各中介机构的工作进度；落实有关问题的解决办法；确定下一次协调会的时间。

5. 招股说明书

招股说明书(prospectus)是公司发行股票时就发行中的有关事项向公众做出披露，并向特定或非特定投资人提出购买或销售其股票的要约或邀请的法律文件。公司发售新股必须制作招股说明书，编制招股说明书是发行准备阶段的基本任务，它事关发行成败，应引起项目人员的足够重视。

招股说明书是公开发行股票的最重要文件，它必须向所有潜在的投资者保证，这是充分公正的信息披露。在招股说明书的准备过程中，IPO小组中各成员有较明确的专业分工。一般是发行人的管理层在其律师的协助下负责招股说明书的非财务部分，作为承销商的投资银行负责股票承销合约部分，发行公司内部的会计师准备所有的财务数据，独立的会计师对财务账目的适当性提供咨询和审计。招股说明书各部分完成后，经IPO小组成员一起讨论修改，并请发行人董事会表决通过，最后送交证券监管机构登记备案。

招股说明书应当按照本国的有关法律、法规的规定，遵循特定的格式和必须记载事项的要求编制。

向证监会递交的关于招股上市的申请资料中还应有不对外公开的发行公司与承销商之间签订的承销合同；风险与对策；经营业绩和发展前景；重大事项，如重大债权债务的阐释，并购行为、巨额投资情况等的说明；募股资金投向及其效益预测等。

6. 组建承销团

单个投资银行负责承销发行往往有些缺陷，这表现在：①全额包销情况下承销商要投入巨资并承担较高的风险。②其他的投资银行失去在二级市场进驻该股票做市的兴趣和丧失分析研究提供咨询服务的动机。③单个投资银行的客户基础和推销力量毕竟有限，且可能不精于二级市场操作和分析研究。上述缺陷可能使发行公司的股票在上市交易后的短时间内，股价上升的可能性减少，而且，流动性也会遭受严重的削弱。因此，牵头投资银行通常邀请五六家投资银行来担任分销商，组成承销集团和销售集团。

当然，牵头投资银行在弥补缺陷时，也要为组建承销集团付出代价：①它要按各家投资银行的包销比例匀出很大一部分承销费给它们。②投资银行间的竞争是相当激烈的。某个分销商的表现可能会优于主承销商，给发行公司留下深刻印象。这样，发行公司下次发售股票时可能就会踢开原来的主承销商而选择那个优秀的分销商担任主承销商。

承销集团一般在上市申请表递交给证监会之后和证监会批准公开招股前这段时间里组成。发行公司多听任牵头投资银行自行组建承销集团。牵头投资银行选择分销商可参考以下标准：其一，应有不错的客户基础和销售渠道；其二，愿意且有能力担任做市商；其三，分销商愿意在股票上市交易后对其进行分析研究。

在确定了发行价格和承销报酬之后，就应该签署承销合同。承销合同有三种，即承销商间协议(agreement among underwriters)、交易商协议(dealer agreement)和承销协议(underwriting agreement)。承销商间协议是主承销商与其他辛迪加成员就承销事项明确各自权利义务的合同文件。交易商协议是赋予不是辛迪加成员的证券交易商销售新发行股票的权力，这些交易商将帮助股票发行人把股票推向市场。交易商协议允许交易商以低于发行价的折扣价购买证券。承销协议是股票发行人就其所发行的股票的承销事宜与股票承销商签订的具有法律效力的文件。

承销协议通常包括介绍(introduction)、陈述和保证(representation and warranties)、发行条款(terms of the offering)、契约保证(covenants)、要件(conditions)、补偿(indemnification)以及撤销(cancellation)。介绍包括承销辛迪加的成员名单、发行证券的种类以及发行规模。陈述和保证列明了公司的保证，此外还应包括该公司已设立为股份公司并被承认了资格的陈述和保证。发行条款包括承销商同意购买股票并付款、发行时间以及所有的履行条款。契约保证列明了双方的权利和义务。要件包括公司情况申述的全面性、准确性以及任何一方都不得在发行日前出售股票。补偿免除了承销商由于发行人在申请材料中的错误陈述和遗漏而导致的责任。撤销条款部分包括允许承销商在发行日至发行完毕期间撤销发行，只要承销商能说明原因和提出正当理由。

承销报酬的支付形式根据不同的承销方式而不同，在尽力推销中，投资银行只是收取代理费用，这种费用一般在选定主承销商的时候就已经确定。而在包销中，承销报酬是承销差价(underwriting spread)，所谓承销差价就是按招股说明书上的发行价格与投资银行支付给发行人的价格之间的差额。在美国，承销差价是在第三次定价时候，通过主承销商与发行人协商决定。一般来说，承销差价的决定比发行价格的决定要简单，这是因为承销差价可以参考相似的首次公开发行中投资银行所收取的承销差价。承销差价一般被分成三部分报酬：第一部分是管理费(manager's fee)，是支付给负责发行准备工作的承销商，其中主承销商将得到较大的份额；第二部分是承销费(underwriting allowance)，旨在支付与承销有关的各类费用，如广告费、承销商律师费、印刷费等，在支付上述费用后，其剩余部分根据承销商在承销中所承担的风险程度进行分配；第三部分是销售费(selling concession)，根据所有承销商与分销商之间证券分销的数量进行分配。因此，负责发行准备工作的承销商(主要是主承销商)将得到三份收入，即管理费、承销费和销售费，其他承销商将得到承销费和销售费，而销售集团成员将得到销售费。

7. 公司上市辅导

在实行公司上市辅导制度的国家和地区，作为承销商的投资银行必须对拟公募上市的公司进行必要的辅导，其目的在于让企业的管理决策层理解《公司法》等有关法律法规主要条文的含义，同时从企业内部机制包括组织机构、管理结构、财务制度、劳动人事制度、管理制度等诸多方面按照上市公司的要求进行规范，以促使公司上市前达到规范化和科学化运作。此外，对企业进行辅导的过程，也是承销商贯彻实施方案的重要方式和手段，在一定程度上，辅导的效果直接体现在方案能否顺利实施，即项目工作能否顺利进行。企业辅导应结合被辅导企业的具体情况和现有证券法规，以解决企业的实际问题为主。

为确保有序地完成辅导合同中规定的诸项任务，投资银行通常在辅导工作之初就规划出辅导日程表。辅导日程表一般包括前期、中期、后期三个阶段，投资银行分别列明三个阶段的工作重点所在。

在辅导的前期，投资银行对发行公司进行全方位考察，以求获得对公司状况初步而整体的了解，尽早发现不利于公司招股上市的重大症结。这一阶段持续1～2个月。在这段时间里，投资银行主要通过察看厂区、与公司管理层访谈、阅读会计师工作底稿、分析财务报表和其他资料等途径，掌握发行公司的概况，进而就股本规划、股权分散等一些策略性的议题，向发行公司提出金额、数量和日程安排等方面的建议。在考察过程中，一旦发现不利于公司公开招股上市的重大问题，投资银行须立即提醒公司注意，并敦促和协助公司及早妥善处理。有些问题，如进销货过度集中、大量资金贷于某人或某公司等，其解决有赖于公司业务方向的改变和资金的筹措调拨，故解决起来颇耗时日。

在辅导的中期，投资银行的工作重点在于帮助公司健全管理和内部控制制度。因为制度建设的辅导工作较为苛刻繁杂，所以这一阶段历时多在半年以上。在这段时间里，投资银行要配合评估报告的项目对发行公司进行相关制度的辅导，内容包括财务报表和会计制度的评估、成本和产值分析的评估、生产循环和员工生产率的评估以及人事工薪制度的评估等。

完成了内部控制制度的辅导后，辅导工作便进入了后期的招股、上市推荐环节。后期辅导约耗时 2～4 个月，投资银行此时的工作重点在于对以前各项工作进行总结和做成招股、上市所需的文件资料。后期的工作项目有配合发行公司和会计师进行模拟准备、完成评估报告并定稿、制作公司简介和宣传录影带、检讨制度的执行情况与特定问题改善的情况、整理招股和上市的文件、排练招股和上市的新闻发布会等。

8. 路演

路演(road show)是股票承销商帮助发行人安排的发行前的调研与推介活动。路演是努力推销中的核心环节。在大约两周的时间里，发行公司的高级管理层会同牵头投资银行前往各个城市和金融中心做路演，拜访潜在的投资者和证券分析员，使他们对发行公司产生兴趣，鼓励他们购买将公开发售的股票。尽管美国证监会禁止发行公司在路演集会上散发除了初步招股说明书以外的任何书面材料和作盈利预测，但是路演提供给发行公司一个展示公司管理层风貌、公司素质和陈述公司长期商业计划的机会。通过路演，发行公司和牵头投资银行可以判断出专业投资人士对这次公开招股的欢迎程度。

由于路演是发行公司积极推销的唯一机会，很多机构投资者和个人投资者就在公司管理层 25 分钟的路演演说中形成对发行公司管理层的看法，进而做出买或不买新股的决定，所以，发行公司和牵头投资银行必须不遗余力地准备路演。

牵头的投资银行在规划路演时，要透彻地观察发行公司领导层各位成员的优缺点，帮助公司选出口才颇佳且有资格代表公司的人员参加路演，充分讲述公司故事（blievable compelling story)和买点，并向潜在投资者推介，让他们相信公司有不错的商业计划、有优秀的产品、有不俗且持久的增长潜力后，首次公开招股才能制定较高的发行价格并激起他们强烈的购买欲望。如果选定的代言人还需要训练发表公开讲话的能力，那么牵头投资银行要安排几位专业的、责任心强的公关顾问来授课。为了达到最好效果，发行公司和牵头投资银行还可制作一份精美的录像带或幻灯片来辅助公司代表人的陈述，但要注意简洁明了，且不能喧宾夺主。

安排好参加路演的成员后，牵头的投资银行还要进行路演的排练。路演排练应安排一位友好但挑剔的观众，由他模拟提出一些难以应付的问题。无论在排练还是正式的路演场合下，发言人要注意演说、答问时披露的信息和招股说明书保持高度一致，以免混淆视听，使观众产生不信任感。图 3-1 显示了路演过程。

路演后，牵头投资银行应该能较准确地从投资者的反应中获得有用的信息。发行人可以从路演中了解投资者对此次发行的反应，估计投资者对新股的需求水平，从而客观地决定发行量、发行价及发行时机等。

9. 定价

发行定价是投资银行主持发行公司首次公开招股中最棘手的一件事。成功地对首次公

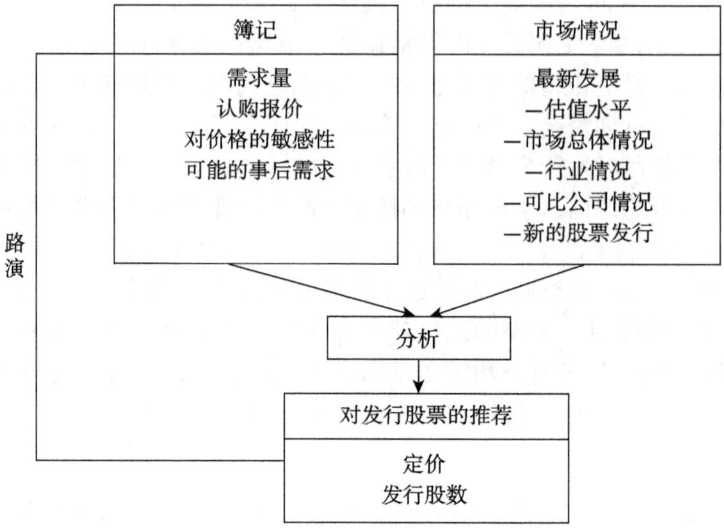

图 3-1 路演过程

开发行的股票进行定价，要求作为主承销商的投资银行有丰富的定价经验，对发行人及其所属行业有相当的了解，对一级市场和二级市场上各类投资者有深刻的观察。股票的发行价格是股票发行成功的决定性因素，价格直接关系到各参与主体的利益。对发行人而言，发行价格直接决定其筹资计划的完成程度以及发行成本，而且也间接影响到公司的未来发展；对承销主体而言，发行价格直接决定了它的收益水平和成本效益状况；对投资者而言，发行价格既是决定投资意愿转为现实的决定因素，又是决定投资人未来收益水平的直接因素。在发行价格上，发行主体之间存在着明显的利益矛盾。对发行人和中介机构而言，在一定条件下，发行价格越高越好，因为发行人可以筹集到更多的资金，中介机构可以获得更大的佣金收入；但对投资者而言，则是价格越低越好。在这种利益关系中，发行人和中介机构也有利益矛盾，发行人对发行价格的要求无上限，而中介机构，特别是承销商，则要冒着发行失败、包销全部股票的风险。所以，投资银行的一项重要而又棘手的工作是制定证券推销价格。我们知道，发行规模和价格的协商过程和最终的决定是受许多因素影响的，包括公司的财务表现、股票市场情况、可比公司的价格、市场对公司的了解以及发行后市场的股票价格。一般来讲，证券的价格和收益是参照市场上其他公司的同类证券制定的。证券定价较低会使发行公司筹措的资金减少，证券定价过高又会使包销商蒙受损失，只有具备丰富经验的投资银行才具有正确制定新发行证券价格的能力。证券价格必须要反映包销差价或佣金，证券包销差价随发行公司规模、发行证券类型、发行证券品级和推销者等因素的变化而变化。一种新证券的发行成本大约是销售价格的 1%～25%，商品优质债券的发行成本可能会小于 1%，而鲜为人知的公司债券的发行成本会高达 25%，因为这种债券的推销很费力，花费也大，并且包销者要承担较高的风险。图 3-2 为 IPO 定价的一般程序。

10. 收尾

项目人员按照申报材料目录，整理好全套材料后，前后对照、反复阅读修改到没有重大问题且前后相关文件内容一致后，即可结束在企业的现场工作，项目人员在这一环节的

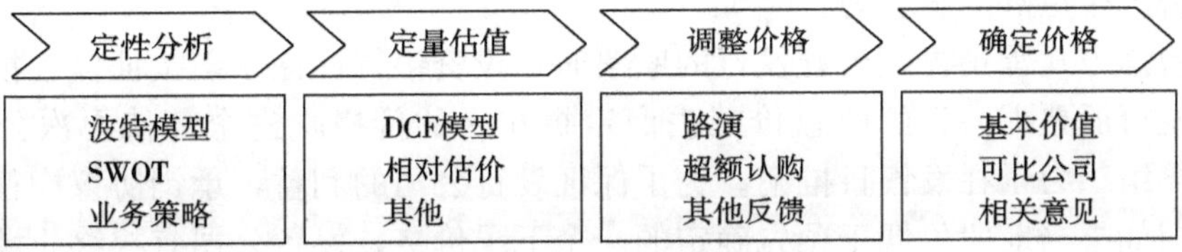

图 3-2　IPO 定价的一般程序

任务是：搜集各中介机构的工作初稿；整理自身全部工作底稿以备归档；向地方主管部门通报材料制作情况；向项目评审委员会报告书面材料制作情况；将全套材料报项目评审委员会审查。

在股票发行结束后，投资银行会在报纸和杂志上刊登墓碑(tombstone)广告。墓碑广告是指登在报纸和杂志上的加边框的广告，它说明了发行的特点，它更多的带有公告的性质而不仅仅是广告。墓碑广告是股票承销过程中的关键组成部分。

虽然一般读者对墓碑广告并没有多大兴趣，但对于从事证券承销业务的投资银行家们来说，墓碑广告具有很重要的意义。因为在墓碑广告上，各投资银行排列的位置明确地体现了其在投资银行界所处的地位。

在墓碑广告中，主承销商的名称通常列在承销商名单的最上面，如果几家投资银行共同担任主承销商，列在最左方的投资银行，具有决定承销团成员及销售比率的权限。

名字紧接着主承销商的是投资银行业中具有较高声望的投资银行，在华尔街，这些投资银行被称为特殊阶层。只要特殊阶层的投资银行参加承销辛迪加，就意味着可以保证该种证券的健全性，因此，特殊阶层是权威的象征。

名字排在特殊阶层后面的是主要阶层的投资银行，它们的权力仅次于特殊阶层，业务量也很大，其承销的分量虽然较特殊层小，但在投资银行业中也有相当大的发言权。

排在主要阶层后面的投资银行是准主要阶层的投资银行，它们是争取主要阶层地位的强有力的候补者。

名列准主要阶层后面的投资银行的是次要业者，次要业者之中有很多投资银行具有直接分销给一般投资者的推销能力。这一层次的投资银行也分很多级，在墓碑广告上只刊登此阶层中地位最高的投资银行名称。

因此可以说，墓碑广告是投资银行地位的见证石。

3.2.2　再次公开发行

已上市公司可以通过再次公开发行(secondary offering)筹集资金。再次公开发行与首次公开发行有很多类似之处，发行公司通常也委任投资银行作为包销商。

在决定再次公开发行前，发行公司与它的投资银行需充分思考和讨论下列问题：公司对准备筹资发展的新商业目标的前景有多大的信心，这份信心来源于哪些事实的判断和预测？这个新商业目标将耗资多少？在筹资前发行公司存在多大的资金缺口？有哪些筹资途径？公司愿意付出多大的筹资代价？再次公开发行股票是否为最佳的筹资办法？在近几个财政年度和季度，公司的业绩和财务状况如何？首次公开招股的股票在上市后表现如何？投资界和媒体的评价如何？目前的股票市场是牛市还是熊市？是否有上升的前景？公开招股市场现状如何？是否处于繁荣期？各种招股活动是否频繁？公司再次公开发行的股票对投资者能否产生足够的吸引力？等等。

采用包销方式承销再次公开发行的股票时，投资银行往往承诺按证监会批准上市公司再次公开发行股票那一日的收盘价减去商定折扣后的价格吃进全部待再次公开发行的股票，然后再组织力量在发售日推销。为了保证发行公司的利益，承销协议中往往有一条退出条款，即如果当前股价低于预先确定的一个下限价格，发行公司有权终止承销协议，退出再次公开发行。

由于再次公开发行的发行价格以发行公司已发行在外的股票市价为依据，所以，再次公开发行价格和现行市价间存在着强烈的联动，双方的互相影响给再次公开发行定价带来了较大的难度。再次公开发行能否成功，发行后市价能否保持稳定和向上趋势，主要取决于两个因素：一是投资者对发行公司再次募股所得资金的投向的观察和认同感；二是投资银行和证券经纪商推销本次所发新股的力度。再次公开发行失败或者募股后股价连续下滑跌至再次公开发行价以下，将对发行公司和投资银行的形象产生较大的负面影响。

在美国，大公司再次公开招股比小公司便捷得多，这得益于“架上注册”(shelf registration)制度。在证监会登记、注册到股票发售，通常要隔上 20 天左右的时间，然而证券交易委员会第 415 号规则打破了这一定例。第 415 号规则允许著名的、经常发行证券的大型公司向证监会递交一份上市登记总表(master registration statement)，以后在每次公开招股前只需再出示一份简式登记表(short-form statement)。规定大型上市公司有权援引第 415 号规则，是因为大型上市公司的财务资料已充分地为市场所了解，具备了高度的透明性。第 415 号规则之所以被称为“架上注册”，是因为它大大缩短了再次公开发行时间，应用它的发行公司就像把新股搁在架上一样，视市场状况好转随时都可拿出来发售。这项规则不但大大提高了再次公开发行的速度，而且也为发行公司节省了发行费用。当然，这是以削弱投资银行中介功能为代价的。

3.3 投资银行在证券承销业务中的作用

证券承销业务是投资银行最基本、最核心的业务，也是其最主要的利润来源，因此，投资银行在证券承销业务中发挥着重要的作用，从业务的参与人到承销方式的选择，以及后来承销的具体安排上都发挥着重要作用。

3.3.1 证券承销方式

1. 公募

公募分包销(firm commitment)、代销(best efforts)和助销(stand-by)三种基本方式。

(1)包销。这是最传统、最基本的承销方式，即通常所说的全额包销。在全额包销下，作为包销商的投资银行或承销团以低于股票发行价格的较低价买下发行公司新发行的全部股票或一部分股票，然后再按事先约定的发行价格通过有组织的销售集团，向社会公众推销股票。在投资者认购不足时，承销商则以自有资金吃下未售出的股票，而在投资者认购数量超过股票发行数量时，承销商仍须按确定的发行价格出售给投资者，并且如果发行期间该股票价格在市场上下跌，其损失亦由各投资银行自行承担。在全额包销中，投资银行的承销费来自于所承销股票的差价收入。在这种方式中，投资银行要承担销售和价格的全部风险，即不管承销是否成功，投资银行都要按承销协议规定的时间和价格向发行公司支付承销股款。为了降低承销风险，牵头投资银行往往会联合其他机构组成承销辛迪加来共同承销。包销对发行者来说是非常保险的，不管销售行情如何，发行者都能获得所需的资金，发行失败的风险完全由承销商承担。但是，承销商因承担过多风险，发行者必须给承销商一定的补偿，这种补偿通常通过扩大包销差价来实现。

投资银行在协助发行公司发行股票筹集资金方面，对发行市场的发展具有举足轻重的作用，并担负着一定的发行风险。为了搞好股票包销，投资银行在包销活动中需要做好以下工作。

第一，调查与评估。投资银行在决定就某一发行公司的股票进行包销前，通常就发行公司的情况做一调查与评估。其调查范围包括发行公司的重要人事情况、财务状况、业务状况、市场及同业竞争状况、过去的历史与未来发展的前景、该公司的劳资关系等。评估的重点是：发行公司过去发行记录如何？是否按期偿付本息及股利发放情况？本次发行是否符合法律程序？发行股票所筹资金的用途、获利前景怎样？发行公司在金融界、实业界及投资者中的形象如何？等等。

第二，咨询与计划。这是承销工作的一个环节，由投资银行向发行公司提供有关股票发行的意见，包括发行股票种类、数量、发行具体时间和承销价格。此外，还包括整个发行计划的制订、公开说明书及有关申请文件的草拟等。

第三，稳定股票价格。在承销期间，如遇所售股票有下跌趋势并且购买人以低于承销价格出售股票。投资银行为稳定价格，使承销工作顺利完成，常将股票购回，防止其所承销股票价格连续下跌。稳定价格的方法及数额，须在公开说明书上载明，并遵守证券管理机关所制定的规则。

第四，包销后的协助。承销工作告一段落，即股票全部包销完后，投资银行往往继续留在发行公司，参与业务经营，使包销计划得以实现。

第五，合并与收购股权。投资银行帮助发行公司寻求合并或收购股权的对象，并代为设计具体的计划。投资银行也帮助发行公司防止其他公司兼并或获取控制权。

当股票全部推销完毕之后，推销集团的成员便于当日对经理支付价款，经理将收到的价款用来支付发行公司，全部推销工作便告一段落。如果股票推销情况不佳，投资银行仍需在推销截止之日，支付发行公司价款。如果经费不够，须向其他银行借款支付。有时新股票推销的速度很慢，投资银行可以商请将推销的有效期限延期数月。

(2)代销。代销亦称为委托公开募集或尽力推销，这种方式是指投资银行和发行人之间的关系是纯粹的代理关系，投资银行只作为发行人的股票销售代理人，将发行公司的股票由投资银行向投资者代为出售，投资银行本身不负售完股票的担保责任，只收取推销股票的佣金，而不承担按规定价格购进股票的义务。投资银行只是同意尽力推销股票，且不按发行公司事先商定好的价格出售股票，而是随行就市，根据市场情况出售，而未出售的股票将返还给发行人，风险就由发行人自己承担。对发行人而言，选择信誉良好、实力雄厚的投资银行作为承销商将是证券发行过程中的关键环节。根据风险与收益对称的原则，发行者支付的费用在此种形式中为最低。

代销方式一般在下列情况下采用：投资银行对发行人的信心不足；信用度很高、知名度很大的发行人为减少发行费用；在包销谈判失败之后。新开业的公司一般也采用代销方式，这类公司过去无营业记录可循，而前景又未确定，风险较大，投资银行多不愿给以包销。发行公司为确保能获得一定金额作为基本营业资金，常要求投资银行必须在股票认购达到一定数额后，其销售才开始生效，股票发行才开始。

(3)助销。助销亦称为承销公开募集或余数包销，是指投资银行与证券发行人签订公开募集的承销合同，保证在再融资公司向现有股东按照其目前持股比例提供优先认股权后，对于未出售的部分，将由投资银行全部买下，然后再转售给投资公众。余数包销的承销费用由承销商向发行企业另行收取。在美国，助销通常用于发行新股认购凭证或新股认购权时，即股东可以按低于市价的认购价(subscription price)购买新股。倘若发行公司经营绩效卓著且发行折价相当大，不用承销商就可销售完毕，但出于安全起见，发行公司通常与承销商签订助销契约，以保证在市价低于认购价时仍可完成筹资活动。同时，主承销商通常会组成承销团以分散承销风险，而其构成分子不仅是承销商，甚至包含保险公司、投资信托及其他金融机构等。

由上述的承销方式简介可知，承销方式的不同是影响发行公司能否顺利获取资金的关键，所以承销业务应以包销与代销为主，才能提供给发行公司稳定的资金来源。此外，再就包销与代销而言，代销方式须先向不特定投资人劝募认购，在认购处理上，可能较烦琐和费时，时间上较不符合发行公司的需求。

2. 私募

在证券发行中，并非所有的证券都必须由投资银行承销，发行主体可能排除一切银行、证券公司等金融资本市场专业机构中介，亲自承担证券发行。私募是相对于公募而言的，指发行公司不通过公开的证券市场直接将证券出售给少数特定的认购人，这种发行方式仅以与证券发行者具有某种密切关系者为认购对象，大致可划分为以下五种。

(1)公司的股东、职员等。由于现有股东对发行公司的情况颇为了解，能够认识到投资的利益，相信认购股票能在将来获得最大的资本增值和红利所得；同时，现有股东有优先认购权，这是一般公司所规定的合法权利。

(2)发行公司的业务往来公司。这类公司了解发行公司的情况，往往是发行公司的客户或供应商。为了战略联盟的需要，他们愿意投入资金来帮助发行公司成长，间接促进本公司的发展。美国的IBM公司曾各耗资5亿美元左右购买罗姆公司和英特尔公司私募发行的股票，拥有这两家公司15%～25%的股权。IBM公司是电脑业中的巨擘，而罗姆公司是电信设备制造业中的佼佼者，英特尔公司的专长是电脑芯片的生产开发，3个公司的产品具有较强的关联性。IBM公司后来分别和两个公司建立了合资企业形式的战略联盟关系。

(3)看好发行公司管理层和公司所属行业的专业投资机构或投资人。人寿保险公司、养老基金是这类专业投资机构的主体。

(4)套利者。他们寻找近期内有望公开上市的公司进行短期投资，对发行公司的日常运作不感兴趣也无意插手。他们关心的是发行公司是否有公开上市的动机和机会，然后在公开上市之际，将股票出售给二级市场投资者。

(5)风险投资者。他们的目标是处于创业阶段或早期成长阶段的新兴公司，其选择标准是发行公司是否具有高速增长的潜力。他们往往做中期投资的打算，在投资期间，密切参与发行公司的经营管理运作，然后等发行公司步入成长后期或成熟期，再将公司推介给公众投资者，上市后售出所持股份。

私募发行的证券以债券居多，股票次之。而在股票私募发行中，优先股的比重又较高。大多数的私募发行借助投资银行、投资咨询公司、律师事务所或会计师事务所等中介机构来完成，少数私募由发行公司自行办理。私募发行与公开招股相比，有一定的优势，也有一定的缺陷。

私募发行股票的优势表现在以下几个方面。

(1)不少国家对私募的审查较公募宽松。在美国，私募发行股票的公司只须向证监会递交私募备忘录备案即可，无须证监会批复同意。

(2)私募发行股票不必在公众媒体上刊登招股说明书，不需详尽而广泛地对外披露公司有关信息，可以避免公众投资者对公司经营管理的监督，发行公司管理层受到的压力较小。

(3)发行对象以专业投资机构和专业投资人为主，他们具有比较丰富的专业知识，购买决策相当理性，对发行公司的分析透彻入微，有助于发行公司改善经营管理。

(4)发行公司管理层在私募发行股票时，可以选择投资者，能较容易地保住公司控制权，或将公司控制权分移至发行公司管理层认可的投资者。在美国，私募股票发行公司可以拒绝向某位投资者出售股票或限制他购买股数的权力。

(5)私募发行所耗的费用与支出较公开招股少，尤其是对募股金额不大的发行，这个差距更为显著；选择私募发行的公司多为经营情况较好的中小型公司。

私募发行股票的缺陷表现在以下几个方面。

(1)由于不能借助公众媒体广泛地进行推介活动，再加上金融监管当局往往对私募发行的购买者人数、范围、发行总金额以及股票转让有所限制，故股票发行的难度有时较公开招股高。

(2)私募发行的股票流动性较差甚至根本没有。

(3)较差的流动性、较高的投资风险(主要是公司经营风险)和较集中的购买影响了私募股票的发行价格。通常，私募股票的发行价格和以后的交易价格较公开上市的股票价格低。

(4)私募发行投资者因投资金额较大或其他原因，对发行公司日常的经营管理运作干涉较多。

3. 足额发行

在这种方式下，投资银行与股票发行企业之间是单纯的代理关系，仅从推销企业股票中收取一定的手续费，但如无法完成全部销售量，其销售行为就自动失效。由于不承担股票发售不出去的风险，投资银行也不会从发行成功中获得额外的报酬。虽然存在一些投资大众同意依发行价格购买证券，但如不能募足所需的全部资金，则不可办理付款手续进而出售证券取得资金。绝大多数的足额发行采取了全部或无效的做法，即在预定日期之前未售出规定的最少数量的股票，则取消此次发行。在此种方式下，投资大众的投资活动将受到明确的保障。公司的投资计划需要巨额资金投入，倘若资本市场资金能量不足，无法募集到该投资计划所需要的全部资金，实行足额发行法可使筹资计划被迫中止，原先有意购买者就无须缴付款项，借此使投资者权益受到保护。在销售期间，承销商并非实际出售证券，而是接受大众的购买登记。在销售结束后，承销商可统计购买登记总数与证券发行数，若两者相距太大，则取消此次发行并通知各投资者；倘若两者相距不大，承销商或可决定自行买入剩余证券，完成承销工作并获得佣金，或可选择取消此次发行。尽力代销方式一般在两种极端情况下采用，即在投资银行对此次发行信心不足或股票发行企业信心很足的情况下为减少发行费用时采用。除了这种做法之外，一种替代性的做法是最少/最多(min/max)条款，它允许企业规定一个销售量的范围，最高发行额度是此次发行的最大目标，但若达到规定的最小额度，此次发行也将进行。以最少/最多条款代替全部或无效条款，将使尽力代销发行成功的可能性增加，从而避免浪费承销商的时间和精力。

3.3.2 证券发行

证券发行就是发行人通过某种载体向社会公众公开销售其欲发行的证券(这里主要是指股票)。一般而言，发行载体是决定发行方式的基本因素。发行既可以是有形的，如中国证券交易所电脑系统、承销人的营业网络；也可以是无形的，即发行主体或承销人和投资者之间直接面对面的谈判。证券发行按有无中介机构介入其中，可以分为自主发行和代理发行；依其是否公开其招股的有关资料和面对投资者状况，又可分为公开发行和私募发行；依价格的形成方式，又可分为定价发行、竞价发行和议价发行。这些发行方式各有其优弊，究竟采取何种形式，应视具体情况而定。但发行的关键是发行效率，即如何利用现有条件，以最低费用把股票出售给投资者。

我国股票发行最早采用认购证抽签配售形式。随着我国市场基础建设日益完善，其发行方式也不断创新，前后实施过储蓄存单形式、上网竞价形式、上网定价形式等。目前，发行基本上进入无纸化时代，尤以定价方式采用较多。此外，我国B股发行一般采取私募方式。总体来看，我国目前采用的股票发行方式，其最主要的弊端是难以实现效率和公平的兼顾。这些在我国特殊市场条件下和特殊经济背景下采用的发行方式，除认购证方式完全退出历史舞台外，其他发行方式还要被持续采用。下面，我们对几种常用的发行方式做一简单介绍。

1. 认购证方式

认购证方式又称为认购证抽签发行方式，具体做法是：①作为承销商的投资银行于招募时向社会公众投资者公开发售股票认购申请表(即认购证)，每一个单位的认购证代表一定数量的认股权利，并标注号码；②投资者申请并购买认购证；③承销商按照三公原则，在规定的日期，在公证机关的监督下，按照规定的程序，对所有股票认购申请表进行公开抽签；④确认中签号并按照规定程序公告，投资者持中签申请认购表在指定地点缴纳股款。这一发行方式，从发售认购证到最后缴款，整个过程约一个月。因为该发行方式发行环节多、工作量大、认购成本过高、发行时间较长，所以已经废弃不用。

2. 储蓄存单方式

这一方式通过发行储蓄存单抽签来决定认股者，具体做法是：①承销商在招募期间内通过指定的银行机构无限量地向社会投资者发售专项定期定额存单，由社会投资者认购；②承销商根据存单的发售数量、批准发行股票数量及每张存单可以认购股份数量确定中签率，通过公开摇号抽签方式决定中签者；③中签者按规定要求办理缴款手续。储蓄存单方式虽然可以避免认购证带来的额外费用，但是，由于实际缴存带来巨额现金流动，所以现在基本上也已经不再采用。

3. 上网发行方式

上网发行方式是指主承销商利用证券交易所的交易系统，由主承销商作为唯一的卖方，在投资者指定的时间内，按现行委托买入股票的方式进行股票申购。上网发行包括上网定价和上网竞价两种。其中，上网定价发行的具体做法是：第一，主承销商在证券交易所设立股票发行专户和申购资金专户。第二，投资者在申购委托前把申购款全数存入办理该次发行的证券交易所联网的证券营业部指定的交易保证金账户。第三，上网申购当日，投资者按委托买入股票的方式，以发行价格填写委托单认购，证券交易所在申购日起三个工作日内冻结所有投资者申购资金。第四，申购后第一天，由证券交易所的登记结算公司将申购资金冻结在申购专户内。第五，申购后的第二天，证券交易所的登记结算公司配合主承销商和会计师事务所对申购资金进行验资，由会计师事务所出具验资报告，以实际到位资金作为有效申购进行连续配号，由证券交易所将配号传送至各证券营业部，并公布中签率。第六，申购后第三天，主承销商负责组织摇号抽签，并于当日公布中签结果，证券交易所根据抽签结果进行清算交割和股东登记。第七，申购日后的第四个工作日，证券交易所将认购款项划入主承销商指定账户，主承销商次日将款项划入发行公司指定账户，对未中签部分的申购款予以解冻。采用上网定价发行具有成本低和发行速度快的特点，所以绝大多数公司和投资银行近年来采取了上网发行新股这一方式。2000年2月14日，中国证券监券监督管理委员会(以下简称中国证监会)推出新的定价发行方式，规定上网定价发行公司其发行股份的一部分向二级市场配售。具体做法是，将向基金配售后的新股，在以50%上网定价发行的同时，也向二级市场投资者配售，二级市场投资者每持有10 000元市值可申购1 000股，发生超额认购由抽签确定最后认购者。

上网竞价发行的具体做法是：第一，在规定的发行期间，由投资者以不低于发行底价的价格竞价购买。证券交易所的交易系统主机根据投资者的申购价格，按照价格优先、同价位时间优先的次序从高价位到低价位进行排序。承销商根据实际认购总额等于拟发行总量(且不低于底价)的原则累计计算，当认购数量恰好等于发行数量时的价格，即为发行价格。凡高于或等于该价格的有效申报均可按发行价认购，由交易系统自动成交。第二，承销商将股票发行价和竞价发行结果按规定程序公告。如果发行底价之上的有效认购低于发行数量，则发行价格等于发行底价，认购不足的部分按承销协议处置。

4. 全额预缴、比例配售方式

这种方式是让投资者在规定的申购时间之内，将全额申购款存入承销商开立在收款银行设立的专户之中，申购结束后全部冻结，在对到账资金进行验资和确定有效申购后，根据股票发行量和申购总量计算配售比例，进行股票配售。这一方式包括全额预缴款、比例配售、余款即退和全额预缴款、比例配售、余款转存两种方式。

全额预缴款、比例配售、余款即退方式具体可分为申购、冻结及验资配售、余款即退三个步骤。具体做法是：第一，承销商和收款银行协议开设预缴股款专户，并在招募中向社会投资者公开发行股票认购方法。第二，投资者在规定的申购时间内将全部预缴款存入在收款银行开设的专户中。第三，在申购期满之际，对存入收款银行预缴股款专户中的全部资金进行冻结，由具有证券从业资格的会计师事务所对冻结专户中的申购资金进行验资并出具验资报告；在验资报告的当日，主承销商按到账资金进行核查验证，确定有效申购总量和配售比例，配售比例等于股票发行量除以有效申购总量。第四，由主承销商根据所确定的配售比例对每一位申购人进行配售计算，可认购量等于有效申购量除以配售比例。如果该配售比例不能满足法律规定的千人千股的要求，则可随机抽出 1 000 名申购者，每户配售 1 000 股，并进一步计算配售比例计算方式为(股票发行量－100 万股)/(有效申购总量－100 万股)。第五，配售比例结束，主承销商应当随即解冻申购资金余款，并在指定报刊上公布申购结果及配售比例和退款或转存款公告。配售结束后第一天，主承销商将扣除发行费用后的认购款划至发行公司账户上，申购余款划至各收款银行，由各收款银行退给投资者。

全额预缴款、比例配售、余额转存方式是与储蓄存款挂钩和全额预缴款、比例配售、余款即退的结合。其在全额预缴、比例配售阶段的有关规定与全额预缴款、比例配售、余款即退方式的有关规定相同，但申购余款转为存款，利息按银行同期存款利率计算。该存款为专项存款，不得提前支取。具体操作程序比照全额预缴款、比例配售、余款即退。

3.3.3 稳价操作

在证券承销中，投资银行通常会对所承销的股票进行稳定价格操作，通常有如下三种稳定价格的技巧：一是联合做空策略；二是“绿鞋期权”(green shoe option)策略；三是提供稳定报价策略。

1. 联合做空策略

这种策略是指主承销商在分配证券给辛迪加成员时，预先建立对证券的需求，分配的额度比原先讲定的要少，这样人为造成一笔该证券的空头部位(short position)，从而凭借供需双方的力量对比，使证券价格维持在稳定水平。例如，原先打算承销 50 000 股的承销商可能在分配那天实际只得到 45 000 股，如果他已将预计的 50 000 股卖出，则他必须进入市场买进另外 5 000 股以弥补他的空头，如此这般，普通股的价格就会稳定在发行价格之上。但若操作不当，将会造成反效果，不寻常的空头部位会把价格拉得太高，而不寻常的消空头价位甚至不能保持价格足够稳定反而将它拉下来。

2.“绿鞋期权”策略

“绿鞋期权”是一种包销商在获得发行人许可情况下可以超额配售股份的发行方式，又叫超额配售选择权，是指主承销商有权从发行者手中以发行价购买超过规定份额 5%～15%的额外证券，其意图在于防止股票发行上市后股价下跌至发行价或发行价以下，达到支持和稳定二级市场交易的目的。担任包销商的投资银行和发行公司达成协议，允许投资银行在既定的股票发行规模基础上，视市场具体情况使用发行公司授予的股份超额配售权。包销商一旦使用这种超额配售权，就处于卖空位置，这样一旦股票下跌至发行价时，包销商就可以按发行价格购买抛售的股票，从而达到支撑股价的目的。如果这种超额配售没有得到发行公司的许可，一旦股票上市后股价上涨，包销商就必须以高于发行价的价格购回其所超额配售的股份，从而遭受经济损失。发行公司的许可使得包销商超额配售的股份有了来源保证，不必花高价去二级市场购买，只需发行公司多发行相应数量的股份给包销商即可。如果超额配售未获得发行公司许可，则被称为“光脚鞋”，它常被包销商将其与绿鞋一起合用，以增大卖空空间和市场支撑能力。“绿鞋”主要在市场气氛不佳、对发行结果不乐观或难以预料情况下使用。“绿鞋期权”的有效期通常为30天，不同的发行过程中具体期限可能不同。“绿鞋期权”的名称来源于最初采用这种期权的公司，1963年佩恩·韦伯公司为“绿鞋”公司发行股票时第一次采用了这种期权。中国证监会于2001年9月3日公布了《超额配售选择权试点意见》，标志着“绿鞋期权”在中国的开始。

3. 提供稳定报价策略

稳定报价策略是指主承销商在承销期中报出一个不低于发行价的买入价，市场中任何该股票的卖家都可以按这个报价出售股票，此报价就是支持该股票的稳定价格。稳定报价策略能使投资者对新发行的股票充满信心，从而有利于股票在二级市场上的表现。

承销期结束后，所有市场流通的证券皆需遵循相同的交易规则，价格安定操作至此结束，而其实质的功能则是承购人持有新发行股票期间变长，而不急于在稳定价格期间出售股票。

➤本章小结

(1)证券承销是指在证券发行过程中，投资银行按照协议帮助发行人推销其发行的有价证券活动。投资银行承揽证券承销业务的准备工作包括证券承销资格的获取、尽职调查、自我营销、编写投标书、获取承销权等。在此阶段的工作中，发行公司的意向尤其重要。

(2)投资银行获得承销权以后就正式进入证券承销业务的操作阶段。在此阶段，首次公开发行和再次公开发行操作程序上存在细微差别。其中，首次公开发行的操作程序为组建专家组、尽职调查、重组方案、发行方案、招股说明书、组建承销团、公司上市辅导、路演、定价、收尾；再次公开发行与首次公开发行的操作程序大致相同，只是由于该公司股票已存在市场价格，所以在定价时必须考虑现行价格对新发行股票的影响以及新发行股票对现行价格的影响。

(3)投资银行应该发挥其在证券承销业务中的重要作用。为了保证证券承销的圆满完成，投资银行必须对证券承销方式、证券发行方式有明确的认识和界定。证券发行完毕以后，新上市的证券会对证券价格有一定的冲击，投资银行在发行证券之前就应该预先制定股价安定操作策略，包括联合做空策略、“绿鞋期权”策略和稳定报价策略。

➤【案例】

一、案例介绍

中国石化胜利油田大明(集团)股份有限公司(石油大明，000406，以下简称大明公司)，成立于1993年4月8日，注册资本为4 800万元。行业类别为石化。企业地址为山东省东营市。

1996年4月4日，大明公司在招股书上写明股本额为4 800万元。但后经查实，该公司1993年4月定向募集股份注册资本是10 590.5万元，营业执照副本注册资本是12 000万元，1995年7月25日股权托管协议中也写明了股权证总股本是12 000万股。但该公司在发行上市前，擅自将其总股本以2：5：1的比例进行缩股，并存在提供虚假证明文件，故意隐瞒缩股及内部职工股未全部托管等严重违规行为，为大明公司股票发行上市提供服务的相关中介机构违规出具内容虚假的法律文件，该等行为均违反了《股票发行与交易管理暂行条例》的有关规定，给投资者造成了一定的经济损失，在社会上产生了恶劣影响。因此，中国证监会依法对大明公司及相关中介机构进行了处罚。

二、案例分析

本案是中国股市首次发生的违规缩股并遭处罚案件。

缩股，又称股份合并，是指公司将其股份以数股合并为一股的行为。缩股与拆股(将一股拆细为数股)相对应，其直接后果是导致公司股份总数减少。我国现行法律法规对缩股无明确规定，但在原来"额度发行，限报家数"的发行体制下，申请发行公司为解决发行额度短缺与《中华人民共和国公司法》所要求的应将公司净资产折为同等股份之间的矛盾，往往需要在发行前实施缩股方案。但由于发行公司的缩股行为会导致证券市场的隐形扩容，不利于证券市场的稳定发展。故中国证监会在其下发的相关文件(如证监发字〔1995〕162 号文)中规定，严格控制上市公司在新股发行前拟实施缩股方案，各地方、各部门均不得通过对公司股本进行同比例缩股的做法缩小公司股本规模，在国家下达的计划额度内，增加上市公司家数。但地方或部门如果用国家下达的全部计划额度还难以满足一家企业的上市条件时，经中国证监会批准可以同比例缩股上市。凡采取缩股方式上市的公司，上市后三年内不得配股。由这些规定可知，缩股发行必须事先取得中国证监会的批准。本案中大明公司擅自缩股发行的行为显然属非法，有关中介机构明知此事实而故意隐瞒的行为也违反了相关法律的规定。

华夏证券有限公司作为大明公司本次股票发行的主承销商及上市推荐人，在其制作的大明公司招股说明书中，隐瞒了大明公司缩股的事实，未披露大明公司缩股后的股本，这一行为违反了《股票发行与交易管理暂行条例》第 17 条所述"全体发起人或者董事以及主承销商应当在招股说明书上签字，保证招股说明书没有虚假、严重误导性陈述或者重大遗漏，并保证对其承担连带责任"的规定，构成《股票发行与交易管理暂行条例》第 74 条第 1 款第(二)项所述"在股票发行、交易过程中，做出虚假、严重误导性陈述或者遗漏重大信息的"行为。

➤思考题

1. 股票发行为什么需要投资银行承销？
2. 证券承销业务的操作程序分哪几个环节？
3. 证券承销方式有多少种？其区别是什么？
4. 什么是路演？试述路演在发行中的作用并请设计出一个路演方案。
5. 投资银行在证券承销业务中的主要作用表现在哪几个方面？
6. 投资银行在证券承销业务中采取何种策略进行稳价操作？

第 4 章 投资银行的证券经纪业务

4.1 证券经纪业务概述

证券在一级市场上发行完毕后，就会被安排到二级市场上进行交易。如果说证券承销业务是投资银行的一项核心业务，那么，证券经纪业务则是投资银行能够顺利开展承销业务的一项基础业务。通过这项业务，投资银行可以把赚取手续费作为一笔重要的日常收入，还使投资银行与众多的投资者建立了广泛的联系，为承销证券业务的开展提供了良好的条件。

4.1.1 经纪业务的种类及特点

经纪业务是指证券经营机构(即投资银行)接受投资者(客户)的委托，代其买卖证券并收取佣金的法律行为。在经纪业务活动中，投资银行是以证券经纪商的角色出现，作为证券买卖双方的中介人，为其提供交易活动所需的一切服务。经纪业务是大多数投资银行最重要的基础业务之一，是投资银行日常收入的一项重要来源。

1. 经纪业务的种类

按经纪业务所在的场所划分，可分为场内经纪业务和场外经纪业务。

(1)场内经纪业务是指投资银行作为证券交易所的会员，在申请了交易席位以后具备了经纪商的资格，在交易所开市的时间内为委托客户提供交易服务的业务。

(2)场外经纪业务是指投资银行作为一般经纪商，在证券交易所以外的场外市场为委托客户中介证券买卖的业务。从性质上讲，投资银行以代销方式所从事的证券承销业务也具备场外经纪业务的特点。

按是否为客户垫资(垫券)划分，可分为普通经纪业务和信用经纪业务。

(1)普通经纪业务是指投资银行只接受委托代客户交易证券，从而赚取经纪费和佣金的一般经纪业务。在普通经纪业务活动中，投资银行只给客户提供证券买卖过程中的中介服务，不为客户垫资或垫券，也不承担任何可能的风险。

(2)信用经纪业务是指投资银行作为经纪商，在代理客户证券交易时，以为客户提供部分现金及有价证券担保为前提，为其代垫所需的资金或有价证券的差额，从而帮助客户完成证券交易的行为。

2. 经纪业务的特点

相对于投资银行的其他业务来讲，证券经纪业务具有如下特点。

(1)业务对象的广泛性。由于所有上市交易的股票和债券都是证券经纪业务的对象，因此，证券经纪业务交易的对象具有广泛性。同时，由于证券经纪业务的具体对象是某一种或几种特定价格的证券，而证券价格受各种因素的影响，瞬息万变，所以，证券经纪业务的对象还具有多变的特点。

(2)交易关系的中介性。证券经纪业务是一种居间经济活动。经纪商与客户之间是一种委托代理关系。除了向客户提供信用交易服务之外，经纪商不以自己的资金进行证券买卖，也不承担交易中的风险。经纪商向客户提供服务以收取佣金作为报酬。

(3)客户指令的权威性。在证券经纪业务中，客户是委托人，经纪商是受托人。经纪商要严格按照委托人的要求办理委托事务，这是经纪商对委托人的首要义务。委托人的指令具有权威性，证券经纪商必须严格按照委托人指定的证券数量、价格、有效时间进行买卖，不能自作主张，擅自改变委托人的意愿。即便情况发生变化，经纪商也不得以为委托人获取最大收益为借口，擅自更改委托指令。经纪商在改变委托指令之前，必须向委托人提出建议，获得委托人同意方可进行。如果经纪商擅自更改委托人指示，在处理委托事务中使委托人遭受损失，经纪商有责任赔偿全部损失。

(4)客户资料的保密性。在经纪业务中，委托的资料关系到经纪商的投资决策的实施和投资盈利的实现，关系到委托人的切身利益，经纪商有义务为客户保守秘密。保密的资料包括客户开户的基本情况，如股东账号、资金账户和资金账号；客户委托中的各项要素，如买卖证券名称、买卖数量和价格等；客户股东账户中的库存证券种类和数量、资金账户中的资金余额等。如果经纪商因故意或无意泄密而给客户造成损失，经纪商应该赔偿相应损失。但是，为了配合管理机关调查而提供有关资料的情况除外。

在证券经纪交易中涉及一个购买者的代理和一个出售者的代理时，两者(证券经纪商)都须在同一个证券交易所进行。

4.1.2 证券经纪商的性质和类型

1. 证券经纪商的性质

证券经纪商，英文名称为 broker 或 broke age，是直接代理证券买卖双方，进入证券市场参加交易并收取佣金的投资银行。证券经纪商可以是个人经纪商，也可以是法人经纪商。法人经纪商通过委托代表(通常称客户经理)在证券市场进行证券交易。证券经纪商是证券交易市场中买者和卖者的集中代表，在证券交易市场中具有十分重要的地位。经纪人通常也会努力为客户赚取利润，因为拥有良好的信誉和交易记录意味着更多的客户和更多的佣金。由于证券交易所规定证券买卖的只能是交易所的会员，投资人从事股票投资要通过证券经纪商进行，因此，证券经纪商往往在许多地方设有营业部，客户通过营业部发出委托指令，营业部便将客户指令传递到交易所完成证券买卖过程。证券经纪商主要有以下两个作用：第一，充当证券买卖的媒介。证券经纪商充当证券买方和卖方的经纪人，发挥着买卖双方沟通并按一定要求迅速、准确地执行指令和代办手续的媒介作用，从而提高了证券市场的流动性和效率。第二，提供咨询服务。证券经纪商一旦和客户建立了买卖委托关系，就有责任向客户提供及时、准确的信息和咨询服务。这些咨询服务包括上市公司的详细资料、公司和行业的研究报告、经济前景的预测分析和展望研究、有关股票市场的近期变动态势的商情报告、有关资产组合的评价和推荐等。

按照业务范围不同，可将经纪商分为四种类型：佣金经纪商、交易所经纪商、专营经纪商和政府债券经纪商。

(1)佣金经纪商，主要是指投资银行(证券公司)和金融机构证券部在各地开设的证券营业部及它们选派的证券交易所会员。佣金经纪商的主要业务是通过各地证券营业部接受广大投资者的委托，并授权各自在证券交易所中的场内经纪商买卖证券。

(2)交易所经纪商，也称场内经纪人或二元经纪商，他们接受佣金经纪商的委托，代理买卖证券的经纪商，而不能接受证券交易所以外投资者的买卖委托，其主要业务包括在证券交易所接受佣金经纪商的再委托代其买卖证券，帮助其他佣金经纪商完成证券买卖交易。

(3)专营经纪商，是指兼有证券经纪商和证券做市商双重身份的专营某些证券的交易商。它既可以为交易所内的佣金经纪商或自营商代理买卖证券、收取佣金，也可以运用自有资金买卖证券，并从证券买卖的差价中获取利润。

(4)政府债券经纪商，是指经证券主管机关核准在证券交易所或营业所内买卖政府债券，兼营经纪商及自营商业务的经纪人。

在美国，根据佣金收费的不同，可将证券经纪商分为全职服务经纪商(full service broker)和折扣经纪商(discount house)。全职服务经纪商一般是一些大型证券经营机构，为投资者提供全方位的证券交易服务，这些服务主要包括：①投资研究。对证券市场和各种证券进行分析，为投资者提供关于证券市场的研究报告。②投资建议。证券经纪商根据研究结果向投资者提出投资建议。③代理交易和清算。接受投资者买卖证券的委托，代理投资者进行交易，并办理证券清算过户手续。④资产管理。对投资者的储蓄账户、支票账户和投资账户管理，使其合为一体，方便投资者的资金在货币市场和资金市场之间进行转移。折扣经纪商是在20世纪70年代以来，特别是1975年5月1日美国证券经纪佣金开始可协商以后，在证券经纪行业出现激烈竞争的背景下出现的。折扣经纪商提供的服务较少，一般只是接受投资者委托，代理投资者进行交易和清算。折扣经纪商的收费很低，甚至只收取全职服务经纪商费用的1/4或更少。

经纪商还可以根据服务对象进行区分。有的投资银行致力批发(wholesale)业务，为机构投资者充当经纪商，机构投资者的交易金额通常较大。从事批发经纪业务的投资银行有高盛、瑞士信贷第一波士顿和贝尔·斯梯恩斯公司等。另外一批投资银行着眼于零售业务，为个人投资者效劳，它们中有美林、雷曼兄弟、嘉信理财和培基证券公司。摩根斯坦利和添惠公司合并后形成的摩根斯坦利添惠公司集两者之长，既开展批发业务，也从事零售业务。除此之外，还有些投资银行专门为大的个人投资者提供经纪服务，这种出售大额零售经纪服务的经纪商被称做中继站(wire houses)。

4.1.3 从事经纪业务的条件和原则

1. 从事经纪业务的条件

由于经纪公司和经纪人是联系广大投资者和证券市场的桥梁，因此，各国对于其资格的获得及其行为规范都有严格的规定。证券交易所通常是从申请入会的证券经营机构的经营范围、证券营运资金、承担风险和责任的资格及能力、组织机构、人员素质等方面作为入会的条件。一般地，投资银行经营经纪业务须具备的条件有：①投资银行的业务人员必须具备有关证券和商品交易的知识和经验，并通过严格的经纪人资格考试；②投资银行必须向证券管理部门和证券交易所提出申请并经审查同意；③投资银行必须拥有一定的资本额，并按规定缴纳管理保证金和资格会费等。投资银行只有在取得从事证券经纪业务资格后才能合法地开展业务，同时其经营活动必须在有关法律法规和制度的规定范围内进行：①按照证券交易的基本法则和交易规则从事证券交易活动；②在指定地点设立营业场所从事证券交易；③在接受委托办理经纪业务时，收取规定的佣金；④禁止营私舞弊、内幕交易；⑤禁止任何欺诈行为等。

一般各国都颁布了相应的证券法规来规范投资银行的经纪业务，各交易所和经纪商协会等组织机构也有制定这方面的规章制度，如申报备案制度、信息披露制度、具体委托交易规则等。这些法规制度的基本内容和一般性条款都大致相同，但各国和各证券交易所也结合自身特点制定了一些不同的规定。例如，法国的证券经纪商既是财政部公务员也是商人，从业人员必须是 25 岁以上的法国公民，具有金融工作经验，通过严格的专业考试，并经过其他经纪人介绍，获得经纪商大会和财政部批准后才能取得资格。意大利要求证券经纪商在登记注册时交定金担保，而且还要向经纪商组织委员会交纳一定的基金做进一步担保。如果客户无清偿能力则经纪人负有履约责任。美国则要求投资银行在购买交易所席位后，才能取得证券经纪商资格。

2. 从事经纪业务的原则

投资银行总是希望吸引更多的客户投资者，以赚取更多的佣金收入，所以投资银行必须努力提高业务水平、提高自身信誉、遵守职业道德、培养专业人才。这些都要求投资银行在从事经纪业务的过程中遵循一定的原则。

在接受客户委托，代理证券交易的过程中，投资银行应遵循以下原则。

(1)价格自主原则。委托交易时的价格由客户决定，投资银行可以提供一定的建议和咨询，但必须在客户委托价格限度以内进行交易，无权超越委托权限办理交易。

(2)价格优先原则。客户委托买入证券价格高的优先于价格低的，委托卖出证券价格低的优先于价格高的。投资银行应按此原则为客户达成交易。

(3)时间优先原则。如果客户委托价格相同，则以委托时间先后确定成交对象。委托时间在前者优先。

(4)公开、公平交易原则。公开原则是指在经纪业务中，应将交易规则、交易制度、交易行为和交易对象的内容及有关资料公开，以利于客户根据自己的投资目的做出正确的委托；公平原则是指经纪业务中的交易各方均要根据交易原则和操作程序进行公平交易，防止发生欺诈和操纵市场行为。

(5)充分披露原则。投资银行要向投资者和主管部门及证券交易所诚实地、完全地报告自己的经营情况，不得有隐瞒和提供虚假信息行为。

(6)依法收入原则。投资银行在代理交易时，其手续费和佣金收入必须严格按规定和协议收取。

投资银行在对经纪业务进行管理时，必须遵循以下原则。

(1)谨慎接受客户委托，并为委托事项保密。除接受主管部门和证券交易所查询，否则不得随意泄露。

(2)适当向客户提供投资咨询。这对提高自身信誉、吸引客户十分重要，但在咨询时不得有欺诈行为，更不得对客户许愿、诱导或强迫。

(3)严格遵循托管制度和相关法规，不得越权非法挪用客户的证券与存款。

(4)禁止违法交易行为。其包括禁止联手或单独操纵市场，制造证券的虚假交易和价格；禁止内幕交易；禁止制造或散布欺诈性信息；禁止以操纵市场为目的连续拉抬或打压某种证券价格；禁止各种直接或间接操纵市场或扰乱市场秩序的交易行为。

(5)禁止为相关人员代理证券交易。其包括证券主管机关中证券事务的主管人员、证券交易所管理人员、证券经营机构中的证券从业人员、上市公司和其主管部门中的有关人员及其他法律法规规定不得进行证券交易的相关人员。

4.2　证券经纪业务的操作流程

4.2.1　场内经纪业务

交易所场内经纪业务的操作流程分为以下具体步骤。

1. 投资者开户

投资者进行股票交易的第一步，就是办理开户手续。开立账户的目的在于确定客户的信用，保证客户在委托完成后能及时付款或交付证券。同时，通过账户的开设，投资银行为客户建立一个相应的档案，以利于今后进一步发展业务。

个人开户时需填写的内容包括姓名、性别、年龄、身份证号码、家庭地址、电话号码、收入状况、财产状况等，还要留存印鉴并提供相关证明。机构开户时需要填写名称、性质、类别、单位地址、法定代表人的基本情况、电报挂号、电话号码等。

开设账户要同时开设资金账户和证券账户。资金账户分为三类：一是现金账户，用于交易时的资金划转，要求客户立即付清所要购买证券的全部价款及一切费用，所买的证券可马上取走或存于账户内，所得的价款同样可以拿走或存于账户内；二是投资计划账户，客户承诺在若干年中每月或每季投入一定金额购买某种股票；三是保证金账户，即在信用交易时，交易金额与保证金之间的差额由投资银行代垫，信用金按市场利率计息，并以所购证券作为抵押。资金账户通常按银行活期利率计息。资金账户是经纪商为投资者设立的账户，用于记录证券交易资金币种、余额和变动情况。投资者如果委托其他经纪商代理买卖，需要重新开设资金账户。证券账户，是指证券登记机构为投资者设立，用于准确记载投资者所持有的证券种类、名称、数量及相应权益和变动情况的账户。客户在委托证券交易后，经纪商自动将其买入或卖出的证券从证券账户中划入或划出。

2. 投资者委托

委托是指投资者为买卖股票向证券商发出委托指令的传递方式。开户之后，客户即可按自身的需求，向投资银行发出委托书。委托书上要写明证券的名称、种类、数量、出价方式和价格、委托有效期等内容。在委托有效期内，客户可随时变更或撤销委托，只要交易还未达成。投资银行接到客户的委托之后，即可通过其在证券交易所内的交易员传达委托买卖指令，交易员按客户委托书的要求申报竞价。如果证券得以成交，交易员就立即将交易情况告知投资银行，再由其转告客户。委托主要有当面委托、电话委托、电报委托、传真委托、信函委托、电脑委托、远程终端委托等方式。

(1)当面委托。当面委托是最基本最常见的委托方式，具体过程是投资者凭本人的股票账户、身份证等证件，亲自到会员证券公司营业部，填写买卖委托单，经证券公司业务员审核确认后，将委托指令通过电话传送给公司派驻在证券交易所内的经纪人，经纪人以会员公司营业部的名义代理投资者买卖股票。当面委托方式可由投资者直接使用磁卡股票账户进行交易。当面委托是一种传统的委托方式，中小投资者大多采用这种方式。

(2)电话委托。电话委托是指投资者通过电话向会员证券公司发出买卖指令的委托方式。一些大投资者，特别是和证券公司关系密切的机构投资者，多采用电话委托方式。大机构投资者由于交易数量大，有时不愿过早地暴露交易意图，需要化整为零、分散地进行交易，电话委托可达到快捷迅速、分散隐蔽的目的。

(3)电报、传真委托。电报、传真委托是指投资者采用电报、传真方式向证券商发出买卖指令的委托方式。这种方式可以迅速明确地向证券公司发出指令，但电报内容往往过于简单，可能产生理解上的错误。

(4)信函委托。信函委托是由异地投资者采用的较为传统的委托方式。用信函方式传递委托指令，可以详细指示买卖要求并可做必要的说明，但信函委托传递较费时间，往往会错过有利的买卖时机。

(5)电脑委托。电脑委托是指投资者用证券经纪商在营业场所设置的柜台电脑进行操作，从而自动委托电脑终端和亲自下达买进或卖出命令的委托方式。

(6)远程终端委托。远程终端委托是指投资者通过与经纪商柜台电脑系统联网的远程终端或互联网下达买进或卖出命令的委托方式。

一般来说，在上述委托方式中，当面委托和电话委托是两种常用的方式。但无论是何种委托方式，其委托内容主要包括以下几项：股票名称及代码、是买入还是委托卖出、买卖的数量、买卖的价格、委托的有效期、股东账号及资金账号等。

另外，证券交易数量单位为手。手的概念来源于证券交易初期的一手交钱一手交货，现在已发展为标准手。所谓标准手是指由证券交易所统一规定的交易数量单位。委托买卖的数量通常为一手或一手的整数倍。数量不足一手的证券称为零股，零股可以一次性卖出，即卖出委托中的数量可以不是一手的整数倍，但买入委托中的数量必须是一手的整数倍。

仅就投资者委托价格形式的不同，委托还可以分为不同的类型，具体包括市价委托(market order)、限价委托(limit order)和特殊形式委托三种。

(1)市价委托。市价委托是指投资者委托证券经纪商按照执行指令时的市场价格买进或卖出股票，投资者并不规定买入或卖出的具体价格但要求该委托进入交易大厅或交易撮合系统时以市场上最好的价格进行交易的委托。市价委托的好处在于它能保证即时成交，交易量大。相对于其他类别的委托报价方式而言，它消除了因价格限制不能成交时所产生的价格风险。根据各国股市交易的经验，机构投资者基于对市场信息的判断而对交易的即时性要求很高，这类投资者普遍采用市价委托报价方式；从买卖双方的交易比例来看，卖出时使用市价委托的比例要高于买进时的比例，表明投资者在出货时对时机的即时性要求较高，而进货时更多使用限价委托。

(2)限价委托。限价委托是投资者委托证券经纪商按其限定价格或更有利的价格买入或卖出股票的委托，即在买入股票时，投资者限定一个最高价，只允许证券经纪商按其定的最高价或低于最高价的价格成交；在卖出股票时，投资者限定一个最低价，只允许证券经纪商按其规定的最低价或高于最低价的价格成交。其好处在于投资者可以获得较佳价格买进或卖出股票的机会。

(3)特殊形式委托。特殊形式委托比较常见的有：①停止损失委托(stop order，以下简称止损委托)。这是指投资者委托证券经纪商在股票价格上升至其指定的价格或其限度以上时，或在股票价格下跌至其指定的价格或其限度以下时，即自动转为市价委托，如期按当时的市价买进或卖出股票的委托，其目的在于保护客户已获得的利润。它本质上是限价委托和市价委托的结合应用，在价格低于客户指定价格的时候，止损委托指令相当于市价委托指令。例如，客户已按每股 80 元的价格买进 A 公司股票，而目前该股票的市场价格已达到每股 90 元，故他在账面上已获得了每股 10 元的盈利。如果客户担心市场价格下跌，就可以要求经纪商实行止损委托，如在价格下跌至 85 元时，就出售股票，这样他仍可保住每股 5 元的盈利。这种委托的指定价格有两种，即停止损失卖出价和停止损失买入价。②停止损失及限价委托。这是指投资者同时采用停止损失与限价这两种委托，其目的在于：一方面可以获得停止损失委托的好处，有利于保护既得利益；另一方面则可事先确定以何种价格买进或卖出股票。此外，还有完全授权委托或限制授权委托等。

(4)定价全额即时委托 (fill or kill)。客户根据市场上现行的价格水平，要求经纪商按照给定的委托价格和交易数量，立即到市场上进行交易，如委托进入市场时，市场上的价格正好是委托价格或比委托价格更好的价格，同时又能全额满足，则可马上成交，否则其委托自动取消。与定价即时交易委托方式相比，定价全额即时委托要求必须是全额交易。

(5)定价即时交易委托 (immediate or cancel)。客户根据市场上现行的价格水平，要求经纪商按照给定的委托价格，立即到市场上进行交易，如委托进入市场时，市场上的价格正好是委托价格或比委托价格更好的价格，则可以马上成交，否则其委托自动取消。这种委托报价方式与限价委托方式的主要区别是它要求即时交易而不等待；与定价全额即时委托方式的区别是并不要求一定是全额交易。

(6)开市和收市委托 (market at open or close) 。开市和收市委托要求经纪商在开市或闭市时，按市价或限价委托方式买卖股票，与前五种委托报价方式相比，开市和收市委托的主要区别在于限定成交时间，而对具体的报价方式没有严格要求。

各国股票市场由于历史成因和交易制度的差异，在交易委托方式的选择上各有侧重。纽约证券交易所几乎涵盖了上述各种委托报价类型，而世界上其他主要证券市场普遍使用市价委托和限价委托。

3. 委托执行

证券经纪商将客户委托传送到交易所主机，也称为申报或报盘。证券经纪商在收到投资者的柜台递单委托时，柜台工作人员在确认委托者身份的真实性与合法性后，利用柜台电脑终端录入委托指令。电话自动委托、电脑自动委托和远程终端委托的身份确认由密码控制，投资者一定要保管好自己的交易密码，以防泄露。柜台电脑终端在收到工作人员录入的委托指令或其他方式下达的委托指令时，会自动检测委托密码是否正确、委托是否符合要求和相应账户中是否有足够数量的证券或资金等。如果检查无误，则冻结相应数量的证券或资金，并将此笔委托传送给交易所电脑交易主机。如果证券经纪商采用无形席位与交易所电脑交易主机联网，其柜台电脑系统会自动将委托传送给交易所电脑交易主机。如果证券商采用有形席位进行交易，则需要柜台工作人员通过电话将委托口述给场内出市代表，由出市代表利用场内席位终端将委托输入撮合主机。

证券经纪商执行委托指令时对客户负有使委托指令获得最好的执行的责任，具体表现为以下几个方面：第一，证券经纪商必须不折不扣地执行客户的指令，既不能不经客户同意就改变指令执行的时间、执行的价格和执行的内容，也不能过分劝告客户改变指令，并且在执行指令前的任何时间都保留客户取消指令的权利。第二，证券经纪商必须对客户在交易中获得的收益负保密责任。第三，证券经纪商不能违反证券交易的法规，而且必须对由于本人的错误而造成的损失负责。

4. 竞价成交

委托程序结束后，证券经纪商代理人便执行客户的股票买卖委托指令。股票市场的市场属性集中体现在竞价成交这一环节上。在场外交易中，买卖双方均为一人，成交价格可由双方协商形成。而在高度组织化的证券交易所内，买卖双方不止一人，交易价格是通过买卖双方的“双边拍卖”的特殊竞价方式形成的。在这种方式中，买者一方和卖者一方都有许多人，这便形成了买者之间、卖者之间，以及买者与卖者之间激烈的竞争，当买者一方中开出的最高价和卖者一方中开出的最低价一致时，股票交易便成功。正是这种竞价成交机制使股票交易市场成为高效、公开、公平的市场，也使市场成交价成为最合理、最公正的价格。

证券交易所内的股票竞价交易按一定原则成交。具体包括价格优先原则、时间优先原则和其他成交原则。

(1)价格优先原则。所谓价格优先原则是指较高的买入申报价比较低的买入申报价优先满足；较低的卖出申报价比较高的卖出申报价优先满足。按照价格优先原则在计算机终端申报竞价和专柜书面申报竞价时，除了买卖价位相同立即成交外，当买入申报价高于卖出申报价时，按对手价成交。如果买卖双方以市价申报而没有限价时，则采用当日最近一次成交价或当时显示价格的价位成交。

(2)时间优先原则。按照时间优先原则，专柜书面申报竞价，以中介经纪人接到书面申报单证的顺序排列。计算机终端申报竞价，以计算机主机接受的时间顺序排列。在无法区分先后时，由中介经纪人组织抽签决定。当证券经纪商更改申报时，其原申报的时间顺序自然消除，新申报依更改后报出的时间顺序排列。

(3)其他成交原则。除价格优先原则和时间优先原则外，在计算机终端申报竞价和专柜书面申报竞价时，还实行市价优先原则，即市价申报比限价申报优先满足。

此外，有的交易所内还实行客户优先原则和数量优先原则。前者是指客户的申报比证券经纪商自营买卖申报优先满足，后者是指申报买卖数量大的比申报买卖数量较小的优先满足。

竞价的结果有三种可能，即全部成交、部分成交和不成交。其中，全部成交是指委托买卖全部成交，这时证券经纪商应及时通知委托人按规定的时间办理交割手续；部分成交是指委托人的委托如果未能全部成交，这时证券经纪商在委托有效期内可继续执行，直到有效期结束；不成交是指委托人的委托如果未能成交，这时证券经纪商在委托有效期内可继续执行，等待机会成交，直到有效期结束。

5. 清算

清算是指投资银行在证券交易所内成交后，对应收和应付价款与证券进行结算，并结算出应收和应付的余额，然后通过证券交易所进行交割证券与价款的全过程。投资银行在证券市场上每天都有许多的交易，如果每笔交易都要即时清算，不仅程序复杂，而且业务量沉重，会浪费不必要的人力、物力和财力。因此，每个交易所都有一个清算中心，集中办理清算业务。通常以每一个交易日为一个清算期，对各投资银行买卖证券的金额和数量分别予以抵消，算出应收和应付的余额，然后进行价款和证券的划转。

证券清算主要有两种方式，净额清算和逐笔清算。净额清算方式，又称差额清算，就是在一个清算期中，对每个经纪商价款的清算只计其各笔应收、应付款项相抵之后的净额，对证券的清算只计每一种证券应收、应付相抵后的净额。净额清算方式的主要优点是可以简化操作手续，提高结算效率。应该注意的是，清算价款时，同一清算期内发生的不同种类证券的买卖价款可以合并计算，但不同清算期发生的价款不能合并计算。清算证券时，只有在同一清算期内且同一证券才能合并计算。有的清算机构也采用逐笔清算，即对每一笔成交的证券及相应价款进行逐笔清算，主要是为了防止在证券风险特别大的情况下净额清算风险积累情况的发生。

6. 交割

交割是在证券交易过程中，当买卖双方达成交易后，根据证券清算的结果，在事先约定的时间内对清算的余额办理转账，然后投资银行根据投资者的委托成交情况，将相应的款项和证券划入投资者的账户。买方交付价款得到证券，卖方交出证券得到价款。证券的收付称为交割，资金的收付称为交收。采用计算机联网的证券交易所，上述步骤都由计算机处理，投资者只需在规定的期限内到其委托的投资银行办理手续领取凭证即可。

交割的方式按照交割的日期不同，主要可以分为当日交割、次日交割、例行日交割、特约日交割四种。当日交割是指股票买卖成交后交易双方在当日就进行股票和价款的收付，完成交接手续的方式。次日交割是指股票买卖成交后交易双方在第二日进行股票和价款收付的方式。例行日交割是指在股票买卖成交后，按当地证券交易所的有关规定，从成交日当天算起，在若干个营业日内完成股票和价款的交接收付的方式。交易双方若没有特别指明交割日期，一律当做例行日交割处理。特约日交割是指在股票买卖成交后，由交易双方根据具体情况商定，从成交日算起的十五天内，在某一特定的契约日办理交割手续的方式。

7. 过户

股票是一种所有权证书，代表了股东对公司的管理权和获利权。股票的转让就意味着权利的出让，买者从此代替卖者享有上述权利，因而需要变更股东名册上的原有记录，这就是过户。记名债券的情况与之类似，需要变更发行人的相关记录，以保护买方的利益。不记名证券可以自由转让，无须办理过户。

过户一般都由专门的机构统一办理，并不需要投资者亲自到各个发行公司去办理。上海证券交易所实行电脑自动过户办法，过户手续由交易所电脑自动过户系统统一完成。当投资者买入某种股票后，在交易所当天闭市以后由电脑自动完成过户手续，在投资者的股东数据库和股票账户上自动增加这种股票，卖方则自动减少该种股票，无须再另外办理过户手续。在股东应享受其应得权益时，证券交易所电脑会打印出股东名册提供给股票发行公司作为股东的受益证明。

8. 结账

整个交易结束后，投资银行应将账单及时送交客户，客户按经纪业务协议支付足额佣金。投资银行应按时向证券交易委员会送交报表，报告当月股票交易的名称、数量、价格等情况。

4.2.2 场外经纪业务

场外交易市场又称柜台交易市场或店头交易市场，是指在证券交易以外进行证券买卖的市场。它没有固定的交易场所、交易时间或交易章程，是一个无形市场，由交易双方通过电话、电报、电传或当面洽谈等方式进行证券买卖而形成。在该市场进行交易的投资者倾向于买卖双方直接进行交易，而不用投资银行等中介机构参与，以达到减少交易费用的目的。因此，场外经纪业务较少发生，如果有，其步骤也是以场内经纪业务为参照进行交易。

场外交易市场又包括它的衍生市场——第三市场和第四市场。前者指原来在交易所上市的证券移到场外进行交易而形成的市场，它是场外交易市场的特殊组成部分。后者是指在场外交易市场的机构投资者和个人投资者绕开经纪人，彼此间利用网络直接进行大宗证券交易的市场，它也是场外交易市场的一个重要组成部分。近年来，许多投资银行设立自己的网站，以此代理经纪业务，成为投资银行场外经纪业务的主要形式。

4.2.3 信用经纪业务

信用经纪业务是投资银行的融资功能与经纪业务相结合而产生的。它是经纪业务的一种形式，其原因：第一，信用经纪业务的对象必须是委托投资银行代理证券交易的客户。第二，投资银行对所提供的信用资金不承担交易风险，以客户的资金和证券担保，并收取一定的利息。第三，提供信用的目的主要是吸引客户，以获取更多的佣金和手续费收入。

1. 信用经纪业务的概念

信用经纪业务是指投资银行作为经纪商，在代理客户证券交易时，以客户提供部分现金及有价证券担保为前提，为其代垫所需的资金或有价证券的差额，从而帮助客户完成证券交易的行为。

证券信用交易作为信用经济的实现形式，是信用经济在证券市场上的延伸，也是信用经济高度发达的体现。通过信用经纪业务的开展，资金可便捷地在实物经济、资本市场与货币市场流通，以实现实物经济与金融市场之间相互促进，实现经济持续增长。因此，从理论上，证券信用经纪业务的存在是必要的。在实践中，美国和日本的证券信用贷款规模一般低于证券市值的 2%，但是信用交易的规模占证券交易市值却达到 16%～20%(Hardouvelis，1988)。美国 20 世纪 90 年代的大牛市推动证券信用交易规模持续的扩大，确切地说，证券信用与牛市是相互推动的关系。据全美证券商协会统计显示，到 2000 年 1 月证券信用贷款达到 2 840 亿美元，几乎是 1999 年的 1 倍。可见，证券信用对推进证券市场持续牛市是起作用的。

2. 信用经纪业务的类型

信用经纪业务主要有两种类型，即融资与融券。融资是指客户委托买入证券时．投资银行以自有或外部融入的资金，为客户垫付部分资金以完成交易，以后由客户归还并支付相应的利息；融券是指客户卖出证券时，投资银行以自有、客户抵押或借入的证券，为客户代垫部分或全部证券以完成交易，以后由客户归还。

1)融资与买空

由于信用经纪业务的投资者委托投资银行买入证券时，投资银行以自有或融入的资金为客户垫支部分资金以完成交易，以后由客户归还本金并支付利息，所以投资者这种借入资金购买证券的行为，就是我们通常所说的买空。在进行这种业务时，投资银行要求客户预付一定数额的保证金(即垫头)，保证金与实际购买的证券价值之间的差额就是投资银行的贷款额。一个经纪商一旦认为它的客户有足够的财力，并且信用可靠，就会允许该客户开设一个保证金账户，并通过该账户从事保证金交易(信用交易)。从事信用买空交易的投资者，是在对某种股票价格运动做出分析预测，判断该股票行市将会大幅上涨，向投资银行发出买入指令，所购入证券存入该投资银行或贷款银行账户，以作为借款抵押，投资银行则向顾客收取垫付款的利息和经纪业务的佣金。收取利息的利率，主要取决于当时银行的贷款利率，一般比银行年利率高出 0.5～1 百分点。同样，顾客存入的保证金也视同存款处理，由经纪人支付一定比例存款利息。

保证金贷款本质上是一种信用交易。站在客户的立场说，这是借钱投资，他可以在一部分自有资金的基础上买进更多的证券，如果买卖是赚钱的，那他可以赚到比原有资金更多的钱；如果买卖是亏本的，那他的损失就比原来大得多。所以，这是一种风险很大的投资方式，也就是投机性交易。对投资银行来说，这是一种对客户信用贷款的交易，虽然说持有买入的证券作为担保品有一定的保险作用，但如果遇到证券价格大跌，即使把证券全部出售，所得到的价款加上投资者所存入的保证金，还不能抵补所垫付的款额，而投资者又无力补付时，就一定会蒙受很大的损失，严重时会导致经纪商的倒闭破产。所以就经纪商方面来看，这也是一种风险很大的交易，必须谨慎。因此，当投资者在经纪商处开设保证金账户时，投资银行或证券公司就会要求同该投资者签订保证金协议书。按协议书规定，用保证金购买的股票，需全部放在证券公司做抵押品。如果由证券公司出面取得银行借款，为投资者垫付不足款项，证券公司就会拿这些股票给银行做抵押。另外，保证金在证券价值中应占多大比例，也是一个关键问题。

投资银行在开展保证金贷款时，一般总是选择较受投资者欢迎的股票为对象，同时采取一揽子股票，而不是以某种股票为主发放贷款，以分散风险；另外，还要限制每个顾客的保证金贷款数额，并要求借款人有足够的保证金来做担保。一旦保证金低于所规定必须保持的比例时，投资银行将发出通知，要客户追加保证金或增加其他担保品。以下就一个案例做具体分析：假如某投资者有1 000元可用于投资，欲购买A股票，时价10元，他可买100股，在不计手续费的情况下，股价上涨至15元，他可获利500元，股价下跌至5元，他将损失500元。又假如投资银行给他按1∶1的比例融资，那么，他可购买200股A股票，如果，股价上涨至15元，他可获利1 000元，股价下跌至5元，他将损失1 000元。

一般各个投资银行都有最低的实际保证金比率标准，低于这一标准后，就会要求顾客追加保证金或者强行斩仓以收回欠款，顾客必须在二者中选其一，要是顾客无力增加保证金，则投资损失立即兑现。

2)融券和卖空

由于信用经纪业务中客户卖出证券时，投资银行以自有、客户抵押或借入的证券为客户代垫部分或全部证券以完成交易，以后由客户买入归还所借证券且按与证券相当的价款计付利息，所以投资者这种卖出自己实际并不持有的证券的行为，即通常所说的卖空。其基本立足点为投资者预测某种证券价格不久将下跌。进行卖空交易时，投资银行按照客户要求卖出客户并未拥有的股票，所需股票由投资银行从自己账户或其他投资银行处融通解决。卖空所得价款，必须存于投资银行。当证券价格下跌时，投资者再买入证券归还投资银行。投资者在借入证券时，也需要向投资银行支付一定比例的保证金。如果投资者后来买入证券的价格低于卖出的价格，投资者将获利。与买空一样，由于实施卖空操作，风险和收益对投资者来说都加大了。例如，某顾客有本金2万元，保证金比率为50%，当某证券价格为40元时，按规定客户可借到1 000单位该种证券卖出价款总额4万元。当证券价格下跌到30元时，顾客再用3万元买入1 000单位该种证券归还投资银行，便可盈利1万元。当卖空证券价格不跌反涨时，投资者同样要蒙受加倍损失，这与买空交易情形相似。信用交易的期限一般为6个月，此期间内，只要保证金比率没有突破投资银行规定的标准，投资者可随时将买空的证券卖出，或将卖空的证券买回，进行对冲结算。如果超过期限未能进行对冲结算，投资银行有权将客户账户强行对冲结算。

卖空是资本市场的一个重要机制。没有卖空机制的市场，证券的定价会因投资者的过分乐观而较高。而有了卖空机制，证券的价格发现会更好地实现。但卖空又是一个相当危险的机制，原因在于当价格下跌时投资者纷纷卖空容易导致证券市场的崩溃。为了防止这一现象的发生，交易所可用所谓的波幅检验规则对卖空进行的时间给予限制，即卖空只能在以下条件下才能进行：①某只股票的售价高于前一次交易的价格；②某只股票的交易价格与前次相比没有什么变化，但前一次交易的价格必须高于再前一次的价格。

保证金交易方式的风险极大，对证券公司、投资银行和投资者都是如此，因此，不仅要求客户有足够的资金和信用，还要求经纪商有丰富的经验和胆识，以及完善的法律监督和规范的操作程序。

3. 信用经纪业务的影响

从美国1934年建立证券信用交易制度以后，关于证券信用交易影响的研究就一直没间断过，特别是在1987年10月的“黑色星期一”和2000年年初美国NASDAQ指数大跌，证券信用交易制度对证券市场影响的研究再度成为热点。在美国，部分研究人员在这方面的研究已经树立了自己的品牌，如 Hardouvelis、Lee、Sang Bin、Yoo、Tae Yol 等。随着日本、韩国及中国台湾采用证券信用交易制度以来，其证券市场交易机制随之改变。

最初，人们只是单纯的就信用经纪业务存在的意义进行研究，用以说明投资银行开展信用经纪业务的根源。

(1)对证券市场而言，信用经纪业务有利于增加市场资金供给和提高市场流动性，因为其融资功能会减少投资银行资金的闲置，增加投入市场的资金量，扩大证券市场的供需，起到活跃市场的作用。信用交易可增加证券交易的连续性，提高证券的换手率，从而提高市场流动性。另外，在市场价格偏离证券内在价值过大时，有调节市场价格和稳定市场的作用。但是，信用经纪业务也可能产生助长市场短线投机过度的副作用。

(2)对证券监管部门而言，信用经纪业务提供了一个操作性很强的调控手段。各国都结合自身的特点，制定了相应的法规和制度，可以利用对信用经纪业务具体规定的改变有效地调节市场，如增减信用交易的证券品种(margin able securities)，改变保证金比例，改变保证金账户的开户标准，调整融资和融券的利率上下限和公布信用交易余额等。有时为了抑制市场过度投机，市场监管部门还有可能在一段时间内全部或部分暂停信用交易。

(3)对金融和产业经济而言，如果信用经纪业务发展到一定阶段，证券市场价值和交易规模达到一定程度，还可能影响货币供应量、利率等货币政策目标，并通过资金在一、二级市场之间的分配及资金在证券市场与产业部门之间的分配，影响产业经济的发展。

(4)对投资者而言，通过投资银行的信用经纪业务，投资者可以及时把握投资时机，如判断市场将要下跌时，向证券商融券卖空而不必被动等待。投资者还可以通过财务杠杆的作用扩大收益。另外，投资者可利用此项业务规避风险和避税。当然，投资者必须慎重对待信用交易带来的风险，以免遭受重大损失。

(5)对投资银行而言，开展信用经纪业务可以增加客户的资金量和交易量，从而增加佣金收入。同时，融资可以增加利息收入。投资银行还可以运用客户抵押担保的资金和证券以获得利差收入。而且在严格的风险管理下，投资银行可以通过提供优惠的信用交易条件参与竞争，吸引客户。

之后，由于信用经纪业务存在的意义得到肯定，专家学者开始对信用经纪业务本身进行研究，且其研究都基本立足于调整初始保证金比例对股价水平、市场波动、投资者行为的影响，极少数文献研究证券信用交易对实物经济信用的影响。

美国在《证券交易法》中明确规定，设立初始证券信用保证金比例(initial margin requirement)是为了达到三个目的：一是防止过度应用信用购买证券；二是保护投资者免受过重债务；三是防止由于应用证券信用的投资者的买卖造成证券市场上价格波动。

Moore(1966)研究表明，没有明显证据支持调整保证金比例对达到上述三个目标有效。但是 Hardouvelis(1988)实证研究表明，调整初始保证金对股市波动性有显著影响，从而进一步证实调整初始保证金对达到上述目标是有效的。在美国，与上述截然相反的观点至今没有统一，也代表了两类不同的政策导向。美国联邦储备委员会自 1974 年 1 月停止调整保证金比例，说明前一种观点占据主导地位。

美国上述观点并没有得到亚洲东部的国家(简称东亚国家)和地区(日本、韩国、中国台湾等)的支持，相反，东亚国家和地区调整保证金比例相当频繁，这种行动表明：在这些国家和地区，调整初始保证金比例对于控制信用规模是有效的，即在证券市场繁荣时，提高保证金比例限制资金进入，在证券市场萧条时，降低保证金比例鼓励资金入市。

以下是从实物经济、股价水平及市场波动、投资者行为三方面综述美国、日本、韩国及中国台湾证券信用交易的影响。

第一，调整保证金比例对实物经济信用的影响。

一般观点认为，如果大量的信贷流入证券市场，将使实物经济信用受到干扰，以致影响实物经济持续增长，同时，证券市场泡沫加剧，甚至诱发金融危机，造成一国经济出现动荡。因此，设置和调整初始保证金比例将能有效地控制信用分配。但上述观点不时受到批驳，原因在于：①如果存在地下或从国外得到融资来源，则提高初始保证金比例不能阻止信用进入证券市场。②证券信用贷款用于购买证券，所得贷款资金最终用于实物经济，财富效应将促进消费，发行人筹集资金将用于生产，因此，证券信用与实物经济信用并非是相隔离的信用关系，从本质上看，证券信用是依托于证券市场、根植于实物经济。在这个意义上，设置和调整初始保证金比例、调节信用分配是没有必要的。但是如果从防止泡沫经济的产生，则设置和适时调整初始保证金比例是有必要的。因为这是泡沫经济形成的一个十分重要的条件，就是有超量的货币供给。这样，设置和适时调整初始保证金可以起到控制证券信用膨胀的作用。

Goldberg(1985)以及Luckett(1982)等的实证研究表明，提高初始保证金比例、提高购买证券成本，会降低证券收益率，作为理性投资者，必然减少信用贷款购买。同时，提高初始保证金比例意味着联邦储备系统委员会认为，目前证券市场风险加剧，对投资者起到信号作用，促使理性投资者减少信用购买。

总之，证券信用本身与实物经济并不冲突，设置和调整初始保证金比例对控制证券信用膨胀是有效的。

第二，调整初始保证金比例对股价水平及市场波动的影响。

调整初始保证金比例对股价水平、市场波动的影响历来是证券信用研究的重点。Hardouvelis(1988)利用线形回归模型实证出信用保证金比率的高低与市场波动程度存在负向关系，并且提出证券信用交易与市场波动之间的两个假设：①市场上投机者的交易行为是造成市场波动的不稳定因素；②调整证券信用交易保证金比率可以限制投机者的交易行为。Hardouvelis(1989)以日本证券市场的资料研究表明，调整初始保证金比例对于股市波动性有显著性影响，两者是反向关系，即保证金比例升高、波动性下降，保证金比例下降、波动性升高。所以认为调整初始保证金比例是有效的政策工具。

Officer(1973)的研究表明，保证金比例是在市场波动发生变化以后才跟着调整的，故Officer认为，保证金比例的变动并非控制市场波动的有效办法。

Lee和Yoo(1993)的研究结果从原理上揭示了调整初始保证金比例对市场波动性产生两种相反的效果：一是投机性效果(speculative effect)，即调整信用交易保证金比例会影响投机者的交易行为，提高信用交易保证金比例会增加投机者投机成本，迫使其减少交易或离场，使市场波动程度下降；二是流动性效果(liquidity effect)，提高信用交易保证金比例增加了理性投资者的交易成本，也造成一些理性投资者减少交易或卖出证券，使短期内市场波动性升高。Lee和Yoo的实证研究也证实了投机性效果和流动性效果。

Grube等(1979)研究表明，证券信用保证金比例下降将引起股价和交易量显著上升，证券投资收益率提高；而证券信用保证金上升没有引起股价显著变化，但交易量显著上升。

Lee和Yoo(1991)研究了美国、日本、中国台湾、韩国等国家和地区证券信用保证金比例变化与股价水平、市场波动之间的关系。实证结果表明：股价水平变化与证券信用保证金比例变化微弱相关性，其中，中国台湾地区的相关性要强于其他国家，市场波动与证券信用保证金比例变化呈同方向变化，即证券信用保证金比例增加，市场波动水平增加，证券信用保证金比例减少，市场波动水平下降。按照Hardouvelis关于市场投机是市场波动的不稳定因素的假设，增加保证金比例，市场波动水平降低；减少保证金比例，市场波动水平上升。与上述相反现象的解释是市场是由理性投资者控制的市场，投机者在市场所起的作用不大。

总之，证券市场存在理性投资者和投机者，两者对于证券信用比例调整的反映对市场波动产生两种相反的效果，即流动性效果和投机性效果。在一个理性投资者控制的市场上，市场波动水平强弱与证券信用比例增减同方向变化，在一个投机市场上，市场波动水平强弱与证券信用比例增减反方向变化。目前，还没有充足证据证明股价水平与证券信用比例增减有明显的相关性。

另一种意见认为，证券信用比例变化滞后于市场波动变化，并非是控制市场波动的有效方法。

第三，调整保证金比例对投资者行为的影响。

证券信用交易对投资者行为的影响主要表现在两方面：一是助长助跌的作用。这是证券信用交易普遍意义上的影响，即当股价上涨时，投资者利用保证金的交易量也上涨，进一步推动股价继续上涨。而当股价下跌时，投资者利用保证金的交易量也随之下跌，投资者出于避免损失的考虑或接受交易商或经纪人增加保证金的要求，越跌越卖，推动股价进一步下跌。2000年上半年NASDAQ股价暴跌与证券信用交易不无关系。二是信号作用。这是指保证金比例变化对投资者行为的影响，Hardouvelis(1992)以日本为例，研究了日本保证金比例变化，不同投资群体的反应。实证结果表明：一般投资者和保险公司买卖行为与保证金比例增减呈反向变化，即保证金比例增加，减少购买(或卖出)证券，保证金比例减少，增加购买(或买入)证券；但东京交易所会员买卖行为与保证金比例呈同向关系，即保证金比例增加，交易所会员净买入增加。对此现象，Hardouvelis没有给出合理的解释。上述研究表明，对投资者而言，保证金比例变化表明了监管部门对于市场判断的一种信号，对投资者产生一定的影响，但并非能使各种类型的投资者取得一致的行动。

4.3　证券经纪业务的风险防控

投资银行在其证券经纪业务活动中发挥两个方面的重要作用：一是按照上述业务操作流程有条不紊地组织和管理客户的证券交易，发挥中介服务功能；二是对经纪业务活动中出现的风险进行防范和控制，发挥风险管理作用。

4.3.1 证券经纪业务的风险来源

1. 来自交易所、证券登记结算公司和清算银行的风险

(1)由于证券交易所通信卫星或邮电部门线路发生故障，导致证券行情中断或委托中断。

(2)证券登记结算公司有时接到司法部门或主管部门的指令，要求冻结某个股东账户。

(3)清算银行在汇款过程中，由于疏忽大意，导致清算资金在途中时间延长，影响了及时清算或回笼。

2. 来自券商的风险

(1)超越经营范围的风险。根据法律、法规规定，证券营业部只能经营以下部分或全部业务：代理发行各种有价证券业务；代理买卖各种有价证券业务；有价证券的代保管、鉴证和过户业务；代理还本付息和分红派息等权益分派业务；投资咨询业务；经证券监督管理机构核定的其他业务。超范围经营产生的风险具体表现在：经营外汇按金、外汇期货、恒指、港股等业务引致的风险；经营国内期货引致的风险；自营业务和对外融资引致的风险；实业投资引致的风险；开设远程交易室引致的风险；将证券部《金融业务经营许可证》外借、租赁、转让等行为引致的风险；将交易所席位转借他人引致的风险。

(2)技术设备问题的风险。技术设备指以电脑网络为核心的软硬件设施，包括机房内部环境、结构化布线、服务器和终端、供电系统、卫星或通信系统、柜台委托系统、证券交易分析软件、信息服务系统、行情及成交揭示系统、电话委托系统，所有这些要件，若不按有关行业标准和规范设计、施工和使用都将产生隐患。另外，缺少必要的备份和维护保养不及时都会引致风险。

(3)工作人员主观故意或无意失误的风险。故意指工作人员为了达到某种目的，主观上故意违反有关法律、法规；失误是指因疏忽大意而导致的错误行为。具体表现为：挪用公款用来炒作股票；盗卖或恶意炒作他人股票；电脑人员破坏数据库；证券经纪人越权炒作股民股票；工作人员由于业务不熟练直接或间接造成客户损失；柜台工作人员的故意或失误造成短款；滥用公章等而造成的资金损失风险。

(4)业务制度不健全的风险。制度建设是关键。业务制度主要是围绕开户、委托、申报、清算交割等环节展开的，其依据是交易所的规则和有关政策法规：① 开户环节的风险，包括开户证件不全或虚假、开户资料不全、开户条件把关不严、开户对象不符要求、开户数量不遵守规定等；② 委托环节的风险，包括不合规定的委托人、委托单内容差错、不真实委托、国债买空卖空、券商未尽委托义务、券商接受全权委托等；③ 申报环节的风险，主要来自于疏忽大意和通信故障等；④清算交割环节的风险，主要是资金清算不及时、未能按交易所规定的时间($T+1$ 日的上午 10 点)内将买卖资金如数划拨至证券登记结算公司，将产生券商向交易所透支的风险；⑤股票清算差错风险。这时由于券商电脑故障，导致股票清算时误入其他股东账户所导致的风险。

(5)财务制度不健全的风险。由于保证金存入、内部调拨和提取等是每天都发生的业务，稍有不慎，就会酿成大错：①保证金未及时存入风险；②三证(身份证、股东卡、资金卡)不齐而资金被提取风险；③信用交易风险，即强制平仓，当股票价格上涨时，客户

可能索赔其账上原有股票，造成不良社会影响；④资金内转的风险，根据投资者要求，将资金在不同账户之间转移；⑤挪用客户保证金；⑥仓促执行司法裁决。

(6)内部资料泄露的风险。证券商对投资者的开户资料及证券买卖等交易情况负有保密责任。若保密措施不当，泄露股民资料，导致股票被盗卖、钱款盗提，要负赔偿责任。

(7)行政和后勤管理中的风险，包括人事与档案管理；防火、防资和防自然灾害(台风、雷击)等。

(8)其他不正当交易的风险。例如，信息披露不客观或不真实，协助大户操纵股市，以及内幕交易等。

(9)投资咨询机构带来的风险。

3. 来自投资者的风险

投资银行在运营经纪业务活动中来自投资者的风险主要包括两种：一是信用经纪业务中投资者不守信用，即不能按期或不能足额偿还投资银行的垫资或垫券，进而导致投资银行在没收保证金后仍然蒙受损失的风险；二是普通经纪业务中投资者的非规范性操作，甚至虚假申报引起的交易事端，进而导致投资银行业务中断所造成的经济损失，如合伙或代理投资股票产生纠纷，聚众闹事等。

4.3.2　防范经纪业务风险的管理制度

(1)账户的开立。《中华人民共和国证券法》规定，证券公司办理经纪业务，必须为客户分别开立证券和资金账户，并对客户交付的证券和资金按户分账管理，如实进行交易记录，不得作虚假记载。

(2)禁止的证券经纪行为。根据《中华人民共和国证券法》的规定，投资银行办理经纪业务，不得接受客户的全权委托而决定证券买卖、选择证券种类、决定买卖数量或者买卖价格。投资银行及其从业人员不得未经过其依法设立的营业场所私下接受客户委托买卖证券。

(3)证券市场遵循公开、公平、公正的三公原则，禁止任何内幕交易、操纵市场、欺诈客户和虚假陈述等损害市场和投资者的行为。根据《中华人民共和国证券法》、《股票发行与交易管理暂行条例》、《禁止证券欺诈行为暂行办法》、证券交易所业务规则等法律法规和规定，证券经营机构在从事证券经纪业务中，禁止从事或发生下列行为：为客户申购和交易股票提供融资(融资在我国被称为透支)；将客户的股票借给他人或者作为担保物；同时从事证券经纪业务和自营业务的证券经营机构未把不同业务的经营人员、资金和账目分开；在批准的营业场所之外接受客户委托和进行清算交收；收取不合理的佣金和其他费用；挪用客户交易结算资金；散布谣言或其他非公开披露的信息；违背委托人的指令买卖证券；未按照国家有关法规和证券交易场所业务规则的规定处理证券买卖委托；未在规定时间内向委托人提供证券买卖书面确认文件；为多获得佣金而诱导客户进行不必要的证券买卖，或者在客户的账户上翻炒证券；向客户保证交易收益或者允诺赔偿客户的投资损失；利用职业之便利用或泄露内幕信息；为他人操纵市场、内幕交易、欺诈客户提供方便等。

(4)经纪业务控制。经纪业务控制包括：对证券营业部的整体布局、规模发展和技术更新等进行统一规划；对新设营业部的选址、投入与产出进行严密的可行性论证；统一制定证券营业部的标准化服务规程，不断提高证券营业部的服务质量和避免差错事故的发生；制定统一的股东账户和资金账户管理制度，妥善保管客户的开户资料，严格客户资金的存取程序和授权审批制度；严格遵守保密原则，如实记录证券交易情况，并妥善保存委托记录，无书面委托记录的，应当事先明确双方的权利与义务，坚决防止新的电子交易方式产生的各种风险；实行证券交易法人集中清算制度，严格资金的及时清算和股份的交割登记，及时有效地防止结算风险和法律纠纷；对客户托管的国债及其他上市流通的有价证券实行定期盘点制度，并按有关规定进行表外登记，不得将代保管的证券进行抵押、回购或卖空等。

(5)建立公司、经纪业务部和营业部的三级风险控制机构，并对营业部的风险按程序进行分类监控。

(6)利用现代化通信手段，加大信息系统投入，通过卫星系统和地面接收站，实现地空两条线，对营业部进行实时监控。

(7)加强稽核审计的力度，确保营业部财务明晰，及时与总公司结算，完善各类突发事件的应变措施。

(8)对要害岗位实行不定期检查，采取主要负责人员轮调方式，防止工作人员利用职务之便作案，给公司造成损失。

➢本章小结

(1)证券经纪业务是指证券经营机构(即投资银行)接受投资者(客户)委托，代其买卖证券并收取佣金的法律行为。证券经纪业务可分为场内经纪业务和场外经纪业务、普通经纪业务和信用经济业务等多个种类，并具有业务对象的广泛性、交易关系的中介性、客户指令的权威性和客户资料的保密性等多个特点。由于证券经纪业务有其自身的特点，因而投资银行从事和管理证券经纪业务必须具备一定的条件和坚守一定的原则。

(2)证券经纪业务分为场内经纪业务和场外经纪业务。场内经纪业务的操作程序为：开户、委托、成交、清算、交割、过户、结账；场外经纪业务没有固定的交易场所、交易时间和交易章程，一般由交易双方通过电话、电报、电传或当面洽谈等方式进行证券买卖而形成，其交易步骤以场内经纪业务为参照进行。

(3)证券经纪业务存在来自交易所、结算公司、清算银行、证券商及投资者的各类风险。因此，投资银行必须严格按照国家有关法律规定从事证券经纪业务，遵守相关证券经纪业务的管理原则，并通过不断完善相关管理制度对证券经纪业务的风险加强防范和控制。

➢【案例】

一、案例介绍

1992 年 6 月 3 日上午 9 时 30 分左右，裔某与方某(以下简称原告)分别在浙江省证券公司上海营业部处(以下简称被告)填写了买入有价证券委托单，两名原告委托被告当日买入“二纺机”股票 100 股。其中裔某委托买入的单价最高为每股 215 元，方某委托买入的单价最高为每股 216 元。被告接受委托单后，按两原告的委托要求，于 9 时 40 分左右，通过自己驻上海市证券交易所的交易员向该所做了申报。当天下午 1 时 20 分左右，中国经济开发信托公司上海证券业务部(以下简称中经上证)接受股民的委托，于当日卖出“二纺机”股票 2 000 股，委托卖出单价最低为每股 222 元，但中经上证在通过其交易员向上海市证券交易所申报时，电脑操作失误，将每股222元的卖出单价误输入为每股22元卖出。1时55分左右，该股卖出单价分别与两原告的委托买入配对成交。根据当时按买卖申报价的中间价成交的方式，裔某成交单价为每股118.5元，方某的成交单价为每股119元。十几分钟后，中经上证发现申报失误，遂向被告及上海市证券交易所提出撤销成交申请。被告及上海市证券交易所经核实，中经上证确有操作失误，根据《上海市证券交易市场业务试行规则》及其补充规定和证券交易的惯例，分别同意了中经上证的撤销申请，并于当日下午在交易所办理了撤销手续。但被告由于工作疏忽，未及时销毁已被撤销的成交单据，致使柜台营业员以为两原告的委托业务已成交，遂于次日与两原告办理了委托交割手续，裔某支付给被告股票价款、过户费、税金、佣金共计11 945.8元，方某支付给被告股票价款、过户费、税金、佣金共计11 996.2元。6月5日、11日，方某两次分别以每股244元、250元的单价委托被告卖出上述买入的股票。按该两天的股市行情理应成交，但均未成交。方某即向被告询问情况。被告经核实后发现上述股票实际早已被撤销，并将撤销情况通知了两个原告。因双方多次协商解决不成，两原告以被告办理了上述股票的委托交割手续，并已支付了股票价款，但被告单方面反悔，擅自撤销了已购买成交的上述股票，侵犯了两原告的财产所有权为理由，向上海市静安区人民法院提起诉讼，要求判令被告分别按当时该股票每股219元、242元的价格，分别赔偿裔某、方某股票及股价下跌的经济损失21 945.8元、24 203.8元。

被告辩称其与两原告办理的“二纺机”股票委托交割行为，是属于有重大误解的行为。两原告所购股票是在卖方电脑操作失误情况下成交，后经卖方申请及交易所批准，已被撤销，因而与两原告办理的委托交割的标的物实际并不存在。请求法院撤销其与两原告的委托交割行为，并愿归还两原告因此所支付的股票价款。

二、案例分析

由于我国法律受大陆法系影响较深，《民法通则》第四章第二节共八个条款规定了代理制度，这里的代理是一般意义上的代理概念，1999年10月1日实施的《中华人民共和国合同法》第二十二章、第二十三章分别规定了行纪合同、居间合同。因此，从立法体系角度分析，我国法律上的代理是不能等于英美法上的代理，即我国法律上的代理是狭义上的代理概念。从实证角度分析，正如上述证券交易基本操作程序那样，如果证券公司与证券投资者之间法律关系为代理，那么作为代理的基本特征，证券公司应该是以证券投资者名义直接进行证券交易，所有的后果也应该由证券投资者来直接承担。然而，事实情况正好相反，在我国证券市场上，证券公司依法接受证券投资者委托后是以自己的名义进行证券交易，将其结果转给证券投资者并收取法律规定的报酬。因此，我国证券市场上，证券公司与证券投资者在证券交易方面，他们之间的法律关系是行纪，而不是代理。

通过上述分析，已理顺了证券公司与证券投资者的法律关系，因本案内容涉及的是代原告进行证券交易，那么本案原告与被告之间就是行纪关系(注：本案审判时，我国没有行纪方面立法，但早已有行纪实践)，即被告是以自己的名义进行证券交易，理所当然其行为效果均由证券公司自己承担，这是行纪与代理的根本区别。作为被告义务之一是遵守证券行业自律规定，尽职尽力，为客户提供服务，因证券公司自己的过错或疏忽而导致证券投资者的损失，除法律或当事人特别有约定外，证券公司应承担一切后果。因此，在行纪法律关系中，行纪人没有按照委托人的委托旨意进行的一切行为，是不允许将其后果间接转给委托人，委托人也没有义务接受。

在本案判决中，法院认为，案中出现的事件结果是属于可撤销的重大误解行为，本书作者认为这是不妥的。因为本案被告行为不属于误解，而是由于被告自身疏忽大意所引起的，即中经上证通过上海证券交易所核实后并予以撤销其有误的交易行为，已通知了被告，但被告因自己工作上疏漏而没有及时撤销已成交单据，故被告对自己的行为应承担相应的法律责任。若被告将自己在行纪过程中因自己的过错而造成的损失转由两原告承担，这既不符合行纪的基本内容要求，对两原告也是不公平的。

➤思考题

1. 什么是证券经纪业务？其有哪些类型？
2. 证券经纪业务的特点有哪些？
3. 投资银行开展场内经纪业务的步骤有哪些？
4. 开展信用经纪业务对证券市场本身有怎样的影响？
5. 经纪业务有哪些风险？怎样防范和控制？

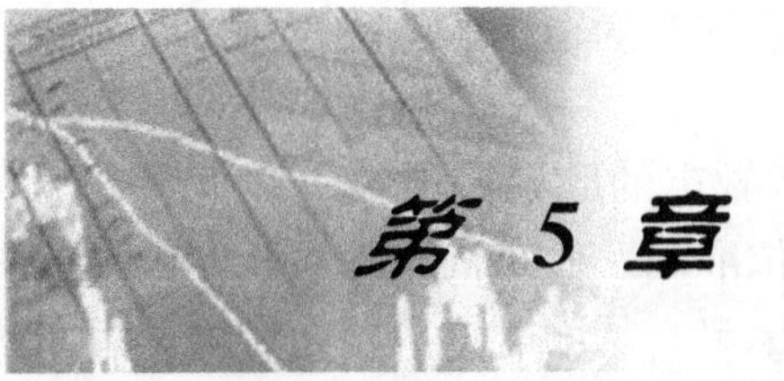

第 5 章

投资银行的证券自营业务

5.1 证券自营业务概述

证券自营业务是投资银行在二级市场上所经营的另一项重要业务，是指投资银行(证券机构)运用自有资金和依法筹集的资金，通过自己的账户为本机构买卖上市证券及中国证监会认定的其他证券的行为。投资银行的证券自营业务，从性质上讲是其机构自身直接和投资者从事证券买卖的活动。投资银行从事证券自营业务是以盈利为目的的，其利润为赚取价差和股利，属于自负盈亏的证券买卖行为，投资银行不用向公众承担责任。除能盈利以外，证券自营业务还能带动投资银行其他业务的发展。因此，大多数投资银行都从事证券自营业务，且证券自营业务与证券经纪业务严格分开，由不同的部门负责。

由于投资银行的证券自营业务存在巨大的风险，因此，各国对投资银行的证券自营业务都有严格的要求，只有当投资银行达到一定标准之后，方可以申请开展证券自营业务。申请时须向证券主管部门提交一系列的申请文件和材料，主要包括可行性研究报告、营业执照、章程、验资报告、人员简历和资格证明、股东及持股情况、内部管理制度及其他要求提供的相关材料。证券主管部门在严格审查投资银行的上述申请材料之后，最终做出是否批准其开展证券自营业务的决定。

投资银行一旦获得批准，便可在证券二级市场进行自营交易。在交易中，投资银行必须遵守证券法规和交易所的交易制度，不得有操纵市场、内幕交易和证券欺诈等违法行为，否则可能会被取消证券自营资格。

5.1.1 证券自营业务的种类和特点

投资银行的证券自营业务可分为两类，即做市业务与自营交易业务。

1. 做市业务

投资银行的做市业务是指投资银行为证券交易制造市场，通过自行证券交易报价为证券市场创造流动性的一项业务。在做市业务中，投资银行被称为做市商，又称为证券做市商。证券做市商是指运用自己的账户从事证券买卖，通过不断地买卖报价，维持证券价格的稳定性和市场的流动性，并从买卖报价的差额中获取利润的金融服务机构。

投资银行充当做市商出于以下三个基本原因。

(1)投资银行想从证券交易中获利。做市商对其所做市的股票一般报出一个买入价和一个卖出价，卖出价总是要高于买入价。如果报价定位准确，做市商不断买入和卖出手中股票，在保持流动性的同时，手中的头寸也保持相对稳定，从而赚取价差，这就是市场对做市商提供服务的报酬。在市场比较平静的时候，做市商的活动很简单，它们提供买卖报价，应交易对手请求成交。只要定价准确，符合市场供需关系，那么它买后，继之以卖，卖后继之以买，如此往复，所持头寸就可保持相对稳定，同时又可赚取买卖价差。如果它的定价过高，则更多的人愿意向它出售证券，从而使其证券存货增加，在这种情况下，它就要降低定价；反之，如果定价过低，更多的人将从它那儿买进证券，于是它的证券存货将减少，甚至可能是负数(空头)。作为做市商是不希望其所持有的证券存货大起大落，所以它必须控制头寸并相应地调整它的价格。

(2)投资银行充当做市商是为了发挥和保持良好的定价技巧，辅助其一级市场业务的顺利开展。在二级市场上积累了丰富经验的投资银行，往往拥有娴熟的定价技巧，投资银行将这种技巧运用在市场新股发行中，便能在承销和分销中为发行公司制定一个较适当的发行价，为发行公司尽可能募集到更多的资金，而不必出售发行公司更多的股权和承担超常的风险，投资银行在定价方面声名鹊起，能够有效地为自己赢得更多的发行业务。

(3)发行公司希望自己的股票在二级市场上市后具有较高的流动性和较佳的股价走向，为此，发行公司要寻觅一个愿意为其股票做市的金融机构作为其主承销商。投资银行为了争取到发行业务，维系与发行公司良好的关系，一般都会在二级市场上为其发行的股票做市，以保持股价的大致稳定，直到有其他自营商进入该只股票，它才考虑退出。当然投资银行在做市时，要根据市场条件向市场交易者提供报价，一味托市而开出偏离市场的高价，会让投资银行的该只股票的头寸大量增加。因此，投资银行能否安然承担做市商，在很大程度上取决于它的发行定价是否合适，而后者又需要投资银行长期涉足二级市场，提高其定价技巧，所以二级市场也是投资银行不容忽视的业务领域，美国的各大投资银行无一不是周旋于二级市场的高手。

与自营商相同，做市商的盈利来自于股票的买卖价差。从理论上讲，做市商制度以投资者支付做市商报价价差为代价，使投资者获得做市商提供的流动性保障。因此，做市商制度与竞价交易制度的比较，主要取决于流动性风险给投资者带来的成本和做市商报价价差的大小。从世界各国的做市商制度来看，具有以下基本特点。

(1)做市商对某只特定证券做市，就该证券给出买进和卖出报价，且随时准备在该价位上买进或卖出。

(2)投资者的买进订单和卖出订单不直接匹配，相反，所有投资者均与做市商进行交易，做市商充当类似于投资银行的中介角色。

(3)做市商从其买进价格和卖出价格之间的差额中赚取差价。

(4)如果市场波动过于剧烈，做市商觉得风险过大，也可以退出做市，不进行交易。在理论上，由于存在大量地做市商，且做市商之间会相互竞争，个别做市商的退出不会影响市场的正常运作。

(5)在大多数做市商市场，做市商的报价和投资者的买卖订单是通过电子系统进行传送的。

做市商制度有以下优缺点。

1)做市商制度的优点

(1)成交及时。投资者可按做市商报价立即进行交易，而不用等待交易对手的买卖指令。尤其做市商制度在处理大额买卖指令方面的及时性，是竞价制所不可比的。

(2)价格稳定性。做市商具有缓和价格波动的作用，因为做市商报价受交易所规则约束，能及时处理大额指令，减缓它对价格变化的影响。

(3)矫正买卖指令不均衡现象。当市场出现买卖不均衡的时候，做市商可以插手其间，承接买单或卖单，缓和买卖指令的不均衡，并抑制相应的价格波动。

(4)抑制股价操纵。做市商对某种股票持仓做市，使得操纵者有所顾忌，操纵者不愿意“抬轿”，也担心做市商抛压，抑制股价，这对中国市场尤其有意义。

2)做市商制度的缺点

(1)缺乏透明度。在报价驱动制度下，买卖盘信息集中在做市商手中，交易信息发布到整个市场的时间相对滞后。为抵消大额交易对价格的可能影响，做市商可要求推迟发布或豁免发布大额交易信息。

(2)增加投资者负担。做市商聘用专门人员，冒险投入资金，承担做市义务，是有风险的。做市商会对其提供的服务和所承担的风险要求补偿，如交易费用及税收宽减等。这将会增大运行成本，也会增加投资者负担。

(3)可能增加监管成本。采取做市商制度，要制定详细的监管制度与做市商运作规则，并动用资源监管做市商活动，这些成本最终也会由投资者承担。

(4)可能滥用特权。做市商经纪角色与做市功能可能存在冲突，做市商之间也可能合谋串通，这都需要强有力的监管。

2. 自营交易业务

自营交易业务又分场外自营交易业务和场内自营交易业务两个种类。

场外自营交易业务是指投资银行作为证券自营商在场外市场上与其他证券交易者直接买卖证券的行为。场外市场又称柜台市场、店头市场，其证券交易价格不像集中交易市场那样通过拍卖竞价的方式产生，而是通过协议产生，交易对象都是未上市的证券。场外市场上的自营商直接与投资者接触，进行各种交易。交易的买卖价差，即为自营商的业务收入，不再向客户收取手续费。具体细分，自营业务的步骤可分为以下几步。

(1) 买价和卖价。在自营业务中，投资银行主要是通过买卖价差来获得收益，即以较低的价格买进证券，然后以较高的价格卖出该证券，从而获得价差收益。因此，对从事自营业务的投资银行而言，如何确定买价和卖价，将直接影响其自身利益。实践中，投资银行在确定买卖价时将考虑到以下两个因素：一是自营买卖证券的质量；二是该买卖价定为多少能使证券持有者愿意出售，而投资者愿意购买。在确定了买卖价之后，投资银行应及时与各投资者进行交易意向交流，以便他们了解买卖价格及相应内容并做出选择。投资银行向客户提供的自营买卖价格表中，应包括证券的品种、买卖价格，其中债券还应公布其面值、期限、票面利率、终值。

(2) 随时调整证券的买卖价格。在证券市场上，利率、资金状况、发行公司经营状况随时随地会发生变化，而这一切都将在市场的供求关系中得到体现。因而，投资银行需要根据不断变化的供求关系，及时调整买卖价格，以使价格反映证券的内在价值。

(3) 办理证券自营买卖业务。投资者根据所获得的买卖价格信息决定要购买的证券，并与相应的投资银行进行交易接触，实现最终的交割。如果是股票或记名债券，交割后还需办理过户手续，才算完成一笔自营交易。

场内自营交易业务是指投资银行作为证券自营商在场内交易市场上与投资者相互买卖证券的行为。场内交易市场主要是指证券交易所。场内交易市场的投资银行自营商实际上是一个特殊的机构投资者，特殊性在于一方面该公司可以通过公司交易员直接参加证券交易；另一方面自营商还承担着维持证券交易稳定与连续的职责，因而比一般的机构投资受到更多的监管。与场外自营交易业务相比较，场内自营交易业务具有以下特点。

(1)资金的自有性。投资银行必须投入一定量的资金，以满足资金周转需要无论是做市还是自营交易，投资银行都要持有一定的资金头寸，头寸的大小取决于自营业务的规模。资金的来源可以是自有资金，也可以是客户的抵押金、保证金、拆借资金或银行贷款，但必须符合法律对资金用途的规定。

(2)交易的自主性。自营就是自主经营。自主性表现为以下三个方面：第一，交易行为的自主性。投资银行自主决定是否买入或卖出某种证券，交易行为具有极大的自主性。第二，交易方式的自主性。投资银行在买卖证券时，是通过场外的柜台市场买卖，还是通过交易所买卖，在法规范围内依一定的时间、条件由投资银行根据自己的情况和偏好自主决定。第三，交易价格的自主性。投资银行在进行自营买卖时，可根据市场情况自主决定价格，而不像经纪业务中价格由投资者决定。

(3)买卖的目的性。投资银行买卖证券的主要目的是获取买卖价差收益，做市具有多重目的，包括承揽承销业务、吸引客户、提高定价技术等，但最主要的还是赚取买卖价差；而自营交易的目的相对更纯粹一些，仍然是通过低吸高抛来获利。有时在自营业务中投资银行会因持仓行为而获得股息、利息和红利收益，但这不是主要的业务目标。

(4)自营的风险性。风险性是投资银行自营业务区别于销售业务的一个重要特征。由于投资银行以自己的名义和合法资金进行直接的证券买卖活动，证券交易价格的风险性决定了自营买卖业务的风险性，这和经纪业务只收取佣金而收益和风险由委托人承担完全不同。自营业务中的风险包括系统性风险和非系统性风险，因此，风险管理对投资银行来说相当重要。系统性风险可以根据股票的 β 系数结合金融衍生工具，如股指期货和期权抵冲；非系统性风险主要通过组合投资来分散；另外还可以采用一些投资方法来降低自营风险。

(5)收益的不确定性。投资银行进行证券自营买卖，收益主要来源于买卖的价差，这种收益既有较高风险，又不像经纪业务所获佣金具有固定的比例，因此很不稳定。即使是世界著名的投资银行，也经常因为判断和操作失误而发生自营亏损，导致总体利润急剧下降。

(6) 费用的自我性。自营业务不用交付手续费。股票交易的手续费一般包括交易所手续费、交易税、经纪商手续费和印花税。因为绝大多数的投资银行既是经纪商又是交易商，所以经纪商手续费无须交纳。有些国家为了鼓励机构投资者，对税金和交易费用都有相应的减免规定。

(7)证券商地位的两面性。自营商是自营买卖中的一方当事人，当对方是买者时，证券商是卖者；当对方是卖者时，它是买者。

(8)交易数量的随意性。自营业务不受交易单位影响，在一般情况下，最小的交易单位为该证券的票面额，可以为一元面值，最大的可达几百万甚至上千万。通常，证券商只要有资金或者证券，能够满足投资者的买卖需求就可以了。

(9)经营的专业性。证券自营是一个专业性很强的活动，投资银行作为自营商必须集中一大批经验丰富的专业操作人员和专业研究人员。通过这些专业人员的研究和规范操作，才能取得一定的稳定收益，才能有效地防范政策和法律风险。

(10)信息的保密性。投资银行自营资金投入的规模一般很大，其运作对所买卖的证券价格具有很大影响。一旦资金运作的方向、方式、规模等被其他人知晓，将给自营业务造成巨大的损失。因此，场内自营交易业务的保密十分重要。

5.1.2　证券自营业务的原则

1. 申明自营买卖原则

因为自营业务存在很大的风险性，同时各投资银行又都愿意从事自营业务，以从中攫取更多的经营收益，所以各国都严格规定自营业务的申请制度，以保证投资银行的安全和客户的利益。

2. 客户委托优先原则

客户委托优先原则是指投资银行在同时经营自营业务和经纪业务时，应把经纪业务摆在首位，即对同一证券，当自营业务的报价与经纪业务的报价做出相同的委托时，且交易价格相同时，经纪业务的委托指令应优先于自营交易的委托指令。投资银行不得以损失客户的利益来为自己牟利。

3. 公平交易原则

投资银行不得利用特权和客户进行不公平竞争，如操纵市场、营私舞弊、证券欺诈行为等，必须遵守证券市场规则，参与市场公平竞争。

4. 公开交易原则

在自营业务开展过程中，相对其客户而言，自营商在信息、资金和技术上具有较大的优势，为保证交易的公平合理，防止自营商利用这些优势进行不公平的交易，必须对自营商提出公开原则。投资银行应明确标明自营业务的内容，坚持价格公开、数量公开、交易程序公开，以便于市场监管部门和公众进行监督管理，严禁内幕交易行为。

5. 不纯粹以盈利为目的原则

自营商不能单纯以盈利为目的进行自营买卖，不得有为达到操纵市场目的的高价收购或低价抛售的行为，也不能进行联手操作。另外，自营商作为机构投资者，应扮演做市者的角色，以维护市场的连续性与稳定性，引导市场理性投资。当证券市场出现暂时的供需失调，出现交易中断及股价异常时，自营商应介入其中，调节供需、稳定价格。在美国，每种股票均有几家专业自营商从事此类业务，在发挥健全股市作用的同时赚取买卖差价。

6. 保持合理的流动性资产原则

因大多投资银行兼营自营和经纪业务，为保证投资者的利益和证券市场的稳定，各国都对投资银行用于自营业务的资金占资本金的比例做出了限制。另外，对于同一证券持有量占投资银行资本金的比例及占发行公司发行总数的比例也分别做出了限制。

7. 效益和风险最佳组合原则

在证券投资活动中，收益和风险如影随形，是一对相伴而生的矛盾。这就要求证券投资者，如果是在风险已定的条件下，应尽可能地使投资收益最优化；或者是在收益已定的条件下，尽量使风险减少到最低限度。这两种选择是证券投资的基本原则。这一原则要求投资者根据自己的资金实力和要达到的收益目标，正确估计自己承担风险的能力，使效益和风险组合最佳化，也要求投资者在买卖证券过程中，尽力保护本金，增加收益，减少损失。

8. 分散投资原则

分散投资是将投资资金适时地按不同比例投资于若干种类不同风险程度的证券，建立合理的资产组合，将投资风险降低到最小限度。证券投资分散化，虽不能消除风险，但却能使风险减到最低水平。

坚持分散投资原则，一般包括两个方面的内容：一是对各种证券进行投资。如果仅投资于一种证券，其收益或高或低，甚至还要亏本，这样风险是很大的。二是在对各种证券进行投资时，应认真把握投资方向，将投资分为进攻性部分和防御性部分，前者主要指股票，后者主要指债券。

9. 理智投资原则

理智投资就是建立在证券的客观认识上，经过认真分析比较后再采取行动。它具有客观性、周密性和可控制性等特点。坚持理智投资的原则，就是指投资者在进行证券投资时应该冷静而慎重，并善于控制自己的情绪，不要轻信有关传言和不可靠消息，对各种证券要加以细心的比较，最后才做出投资决策。否则，在情绪冲动下进行投资，是最容易导致失败的。

10. 严格管理原则

投资者的自营业务是一项充满风险的业务，所有交易的不确定性都将由投资银行自身承担。在经营中因交易不慎引起的破产倒闭事件近年来并不少见，因而要想不重蹈覆辙，投资银行必须加强自身的内部管理，包括自营交易操作程序和人员的管理，建立健全内部监督机制，建立风险预警系统和风险防范系统等。

5.2 证券自营业务的操作方式与交易策略

5.2.1 做市业务的操作方式

1. 做市驱动制度及其特点

国际上存在两种交易制度：一是报价驱动制度(quote-driven system)，二是指令驱动制度(order-driven system)。其中，报价驱动制度也称做市商制度，其特征是做市商就其负责的证券，向投资者报价买入与卖出，投资者直接或通过经纪人与做市商进行交易，按做市商报出的买价与卖价成交，直至做市商可以改变报价。相对竞价交易制度来说，做市商市场投资者无论买进还是卖出证券，都只是与做市商交易，而不是买卖双方直接交易。做市商必须同时对其做市的股票报出买价(做市商愿意买进一定量股票的价格)和卖价(做市商愿意卖出一定量股票的价格)，并且必须按照其报价从投资者手中买入或卖出一定量所做市的股票。投资银行有义务为自己承销的证券创造一个流动性较强的二级市场，维持市场价格。

纯粹的做市驱动制度有两个重要特点：第一，所有客户订单都必须由做市商用自己的账户买进卖出，客户订单之间不直接进行交易；第二，做市商必须在看到订单前报出买卖价格，而投资人在看到报价后才下订单。

指令驱动制度或称竞价制度，在竞价交易中，买卖双方直接进行交易，或将委托交给各自的经纪商，由经纪商将投资者的委托呈交到交易市场，在市场的交易中心以买卖双方的价格为基准进行撮合，达成交易。其特征是开市价格由集合竞价形成，随后交易系统对不断进入的投资者的交易指令，按价格与时间优先原则排序，将买卖指令配对竞价成交。证券成交价格的形成由买卖双方直接决定。

2. 做市驱动制度与指令驱动制度的区别

(1)价格形成方式不同。采用做市商制度，证券的开盘价格和随后的交易价格是由做市商报出的，而指令驱动制度的开盘价与随后的交易价格是竞价形成的。前者从交易系统外部输入价格，后者成交价格是在交易系统内部生成的。

(2)信息传递的范围与速度不同。采用做市商制度，投资者买卖指令首先报给做市商，做市商是唯一全面及时知晓买卖信息的交易商，而成交量与成交价随后才会传递给整个市场。在指令驱动制度中，买卖指令、成交量与成交价几乎是同步传递给整个市场的。

(3)交易量与价格维护机制不同。在做市驱动制度中，做市商有义务维护交易量与交易价格。而指令驱动制度则不存在交易量与交易价格的维护机制。

(4)处理大额买卖指令的能力不同。做市驱动制度能够有效处理大额买卖指令。而在指令驱动制度中，大额买卖指令要等待交易对手的买卖盘，完成交易常常要等待较长时间。

上述两种交易驱动制度各有所长，也各有不足之处。

5.2.2　场外自营交易业务操作方式

在场外市场中，根据场外交易中交易对手的不同，可将场外市场中投资银行的自营交易业务操作方式分为以下三种。

1. 自营商与客户的交易方式

在此种方式下，客户可当面或通过书信、电话、电传等方式直接与自营商洽谈交易价格，以进行议价买卖。自营商与客户交易方式如图 5-1 所示。

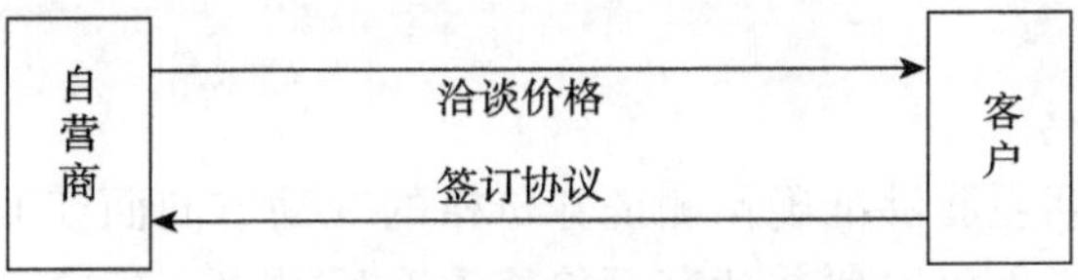

图 5-1　自营商与客户交易方式

2. 自营商与经纪商的交易方式

客户因为一些原因无法直接与自营商进行交易，可选择一位证券经纪商代为在证券市场上与自营商进行协商定价等交易活动。经纪商有义务为客户争取最优的交易价格，同时在成交后可向客户收取佣金或按从自营商批发来的价格上加收一定的费用。自营商与经纪商的交易方式如图 5-2 所示。

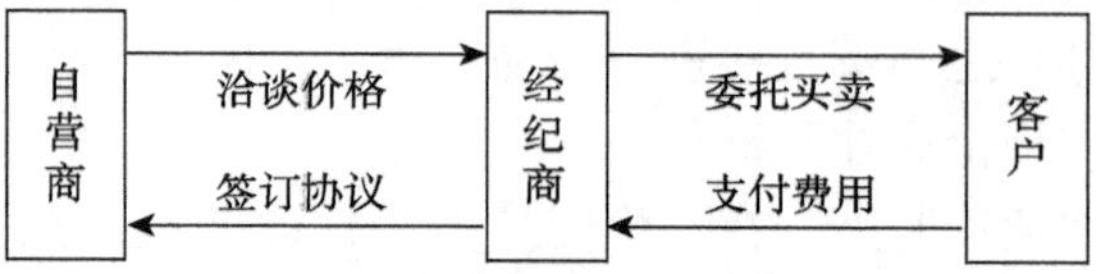

图 5-2 自营商与经纪商交易方式

3. 自营商之间的交易方式

自营商与自营商之间也可进行证券的买卖交易，特别是在自营商自身所拥有的证券数额不能满足交易对手的需求时，该自营商可通过与其他的自营商的交易获得所需的证券，实现与客户或经纪商的交易。自营商相互交易方式如图 5-3 所示。

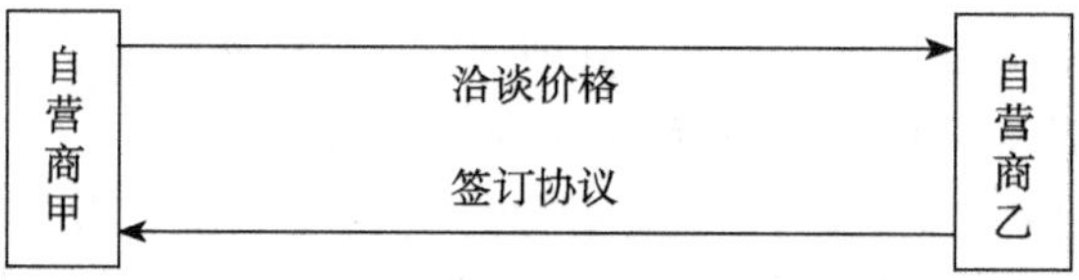

图 5-3 自营商相互交易方式

5.2.3 场内自营交易业务操作方式

在证券交易所内进行自营业务的自营商一般不与投资者进行接触，只在场内以自己的名义和账户买卖证券。自营商由于直接参与证券的交易买卖活动，因而手续极为简便，只需根据交易所的挂牌价格，指定买入或卖出的证券及数量，同时填写证券买卖申请书，委托本公司的交易员参与竞价，成交后缴纳资金或交付证券即可。

5.2.4 证券自营业务交易策略

自营交易业务对投资银行在证券二级市场中的操作水平提出了更高的要求。为了避免损失，投资银行需要根据市场情况和相关证券的特点采取不同的交易策略。自营业务的操作据其目标可以分为投机(speculate)和套利(arbitrage)两大类。据前操作的交易商称为投机商，据后操作的交易商称为套利商。投机商着眼于从股票价格水平变化中谋取利润，套利商希冀于从相关价值错位中套取利润，主要包括无风险套利(arbitrage)、风险套利(risk arbitrage)和投机。

1. 投机

投机是指交易商期望能够准确预测证券价格的变动方向而获取价差收益。如果预期股价将上升，一般就会买入该股票并持有至价格上升后抛出，反之，如果预期股价下跌，一般就会抛出或卖空该股票，待价格回落后回补，从中牟取价差收益。预期是否正确是决定投机能否盈利的关键。如果预期出现偏差，股价与预期呈反方向变化，投机活动必然产生亏损。所以，投资银行在进行投机活动之前，都要进行周密的基数分析和基本分析，尽可能降低风险。

任何证券市场都不排斥适度的投机活动。首先，投机对证券市场发挥价格发现作用。投资银行通过周密深入的市场调研，发现价格与内在价值不符的证券，利用价格向价值回归的运动规律进行买卖交易而获利。这种价格发现的功能使股价按照股票的内在价值有序地排列。其次，投机具有活跃证券市场，引导市场资源有效配置的功能。另外，值得注意的一点是单个交易商的投机活动可能会影响某只股票的价格，但不足以影响整个市场。而一旦投机力量积聚起来，则足以推动整个市场发生变化。股市的巨幅波动不能归咎于投机行为，它常常是由客观的市场情势所促成的。投机只是在寻找新的市场均衡下的出清价格时，加速了市场的运动速度，提高证券二级市场的流动性，使市场价格对变化了的市场条件做了敏捷的反应。最后，投机有利于资源的有效配置，使运作效率高的上市公司从股价上升中得到更多的资金。

投机完全不同于赌博。投资银行在采取投机策略之前，会进行周密的基本分析和技术分析，尽量降低风险，因此，投机是建立在理性的分析决策基础上的交易行为。投机也不同于操纵市场(market manipulator)。投机本身是依靠正确的判断和预测获利，并不具有操纵市场的能力。操纵行为是一种零和游戏，通过雄厚的资金和技术来控制股价变化，操纵者的得益额，即为局外投资者的损失额。股价操纵行为损害了投资者对市场定价体系的信心，并有碍于资源分配的有效进行，故属于证券法律法规和监管部门的查处对象。

2. 风险套利

风险套利是以股票市场上的收购与兼并活动或公司债务重整为契机，买卖证券来获利。风险套利与无风险套利的不同在于前者为套利而进行的买卖交易之间存在着时差，有时时差可能长达几个月甚至一年，而风险是随着时差的增加而增大的。所以风险套利是相当复杂的一种交易策略。它包括两种基本类型。

(1)对债务重整公司的风险套利。这种风险套利的对象是处于破产诉讼时期的公司，这些公司通常要进行债务重整，以避免破产。假设 A 公司目前由于债务重整而在市场上出售短期债券，价格为 100 美元。而投资银行经过对该公司财务情况的深入分析，认为该公司在债务重整后，会以它所持有的价值 150 美元的其他证券来兑换现有债券。因此，投资银行决定购买该种债券。如果兑换行为发生后，可以获取每券 50 美元的收益。但在债务重整持续一段时间之后，可能会因为兑换行为没有实现或者用来兑换的证券价值低于 150 美元而给投资银行带来风险。

(2)对收购兼并公司的风险套利。风险套利商通过买入被收购公司的股票而沽出收购公司的股票。这是因为，通常情况下，收购方要向被收购方的股东支付溢价才有可能得到被收购公司股东的支持和股权的让渡，所以，并购若能成功，猎物公司的股价将上升，而猎手公司的股价将下降。在风险套利中，买卖的时间差可能会延续几个月，极个别的甚至超过一年，风险随着时间间隔的增大而增大。但是，由于并购消息宣布后，风险套利商买价和卖价均是可知的，所以，风险套利也是套利一族。

在这里，最初的收购兼并一般是通过现金交易的方式进行的，即收购公司用现金来购买被收购公司的股权。例如，X 公司宣布以每股 100 美元收购 Y 公司的普通股，Y 公司股票目前的市价为 60 美元，Y 公司的普通股的市价可能会飞涨至 90 美元。如果交易商在价格为 90 美元时购入大量 Y 公司的股票。如果 X 公司的收购计划兑现，那么交易商每股可以赚取 10 美元。相反，如果 X 公司取消收购计划，股票价格可能会迅速跌回原价位，交易商每股则会损失 30 美元。这类交易的一个典型案例是 1989 年联合航空公司的母公司(United Airlines，UAL)收购案，当时收购公司出价每股 300 美元，UAL 公司董事会批准出售，其股票一度升至 296 美元，后来收购计划失败导致股价迅速下跌近 50%。1990 年 1 月，收购公司再次以 201 美元收购该公司的计划又未兑现，结果股价又一次下跌，最后估计参与这次风险套利的交易商实际损失达 10 亿美元以上。

美国证券市场上的风险套利活动开始于 20 世纪 60 年代。在美国 60 年代的并购热潮中，大多数公司开始采取用以股换股方式来替代现金支付。但是，收购方的股票市场价格与被收购公司等量股票的市场价格常常存在着差异。例如，收购公司每股价格为 68 美元，被收购公司为每股 30 美元，收购公司开出的并购条件是以 2 股被收购公司的股票换取 1 股收购公司的股票。这样，两公司的股票就存在 8 美元的差距。这一价差源自三方面的因素，其一是收购公司向被收购公司股东提供的收购溢价；其二是收购宣布时间和公众期望收购成功完成的时间不一致，中间的间隔短则 1 周，长则数月，这构成了价差中的时间报酬；其三是收购最后有可能落空。收购交易的不确定性带来了风险，从而形成了价差中的风险报酬或称风险溢价。这三部分中，风险报酬所占取的比例较高，下面举例说明。

假设甲公司现行股价为 100 美元，乙公司为 25 美元。现在甲公司宣布对乙公司发动收购，支付条件是以 1 股甲公司股票换取 2 股乙公司股票，估计收购在 3 个月内完成。风险套利商经过调研，认为这场收购会以成功收尾。因此他出价每股 40 美元，向乙公司的股东购买乙公司的股票。这样，乙公司股东有两种选择，他可以抛售给风险套利商，稳赚 15 美元，并可立即兑现；他也可以等候 3 个月，以 2 股股票换取 1 股甲公司股票，这样，他可以每股赚 25 美元，比第一种选择多赚 10 美元。但是，第二方案也带来了风险。如果收购失败，或是收购成功后甲公司股票的市价低于每股 100 美元，他就赚不到这额外的 10 美元，甚至丧失第一方案下 15 美元的利润。

假设乙公司股东为避险采取第一方案，风险套利商买得乙公司股票同时以 100 美元的价格抛出或卖空甲公司股票，从而将利润稳定在每股 20 美元，即 $100-(2\times40)=20$ 美元。当然这 20 美元只有在 3 个月后收购如期达成才能赚到，风险套利商以 2 股乙股票换 1 股甲股票，从而补上他先前抛出或卖空的甲公司股票。

从上例中可以看到，套利商的首要风险是收购失败风险，一旦收购失败，乙股票股份就回复至 25 美元左右，套利商每股将损失 15 美元。可见，套利商为在乙公司股票上赚取 10 美元的同时，要承担亏损 15 美元的巨大风险。套利商的另一风险是时间风险，收购达成的时间越长，套利商的年回报率越低。在上例中，如果收购在 3 个月后如期达成，套利商获得 20 美元的利润，不考虑利息成本和交易成本，它的年收益率为 $(20/80)\times(12/3)=100\%$。若收购 9 个月后才完成，套利商的年收益率就下降至 33.3%。

风险套利中的高风险使交易商在采用这种交易策略时十分谨慎，每笔交易之前都对相关公司和交易事项进行深入的调查研究，制定出周密的套利交易方案。不仅如此，套利商还得仔细评估被收购公司的真实价值，或称基础价值，这样套利商才能做到心中有数，清楚被收购公司的股票在收购落空后其底价为多少，测量出涉足风险套利潜在亏损的峰值，权衡是否值得冒险一搏。尽管存在高风险，仍然有许多投资银行热衷于此项业务，而且还通过高利率的短期拆借为套利融资。这是因为投资银行在这方面拥有丰富的经验和大量专业人员，可以使风险套利计划有较高的安全系数。另外，由于投资银行与证券交易所和客户的长期紧密合作，可以及时完整地了解到一些内幕消息，能够在市场变化之前迅速做出反应。美国法律严禁在收购兼并中充当收购与反收购顾问的投资银行从事该项并购的风险套利。如果某投资银行有意向参与某项并购活动，它和隶属的交易商均不会从事相关的风险套利。美国的各大投资银行为了避免被指责和被嫌疑，一般在收购意向向公众宣布之后，才开始进行风险套利活动。

3. 无风险套利

无风险套利是指交易商在两个或两个以上不同的市场中，以不同价格同时进行同一种或同一组证券的交易，利用市场价格差异获利。就证券市场而言，不同市场包括国内不同的交易市场和国外不同的交易市场。严格地讲，无风险套利是一种无风险的金融活动，交易商观察不同市场上同一种证券的价格差异，在高价市场抛售标的的同时，在低价市场进行回补。由于买卖行为同时进行，其利润是可以确定的，没有时滞所带来的风险。无风险套利的不断进行，使不同市场上同一标的的价格趋于一致。

无风险套利要求交易者有敏锐的市场嗅觉和机会捕捉能力，因为不同市场间价格的失衡非常短暂，转瞬即逝，交易商必须对市场十分熟悉并随时掌握市场变化，才可能通过无风险套利获取利润。有时还可以根据买入相同效果的证券组合和某种证券之间的不同走势，而采取无风险套利的交易策略。

投资银行在采取这种交易策略时，还须考虑以下两个因素，即由于某些原因导致市场价格差异继续扩大而丧失的机会成本和国际市场套利时汇率变动造成的交易风险。

无风险套利主要包括空间套利和时间套利。

空间套利是最简单的一种套利方式，也称为地域套利。套利者利用同一时间内处于地域不同证券市场中某一证券的买者(高价)和卖者(低价)的报价差异，贱买贵卖锁定收益。空间套利机会可以产生于同一城市的两个交易商，也可以产生于不同国家的两个交易商，甚至可能是来自于同一个交易所内紧挨着的两个交易商，关键是这些交易商没有注意到彼此对某一证券报价的差异。

时间套利也称跨期套利，是通过证券的现货买进、期货卖出，或者现货卖出、期货买进的方法，从现货价格和期货价格的差异中谋求利润的套利方式。

5.3 证券自营业务的风险防范规避与监管

与经纪商不同的是，投资银行从事证券的自营业务不得受托代客买卖。由于自营业务中，投资银行是以本身的账户进行买卖交易，属于证券交易的主体之一，所有证券的价格风险也须由投资银行自行承担。

5.3.1 做市商的风险形成

投资银行担任做市商也要承担相对的成本和风险，这主要体现在四个方面：第一，直接交易成本。例如，处理投资者买卖订单的成本、清算成本、通信费用、场地与设备成本等。第二，存货成本。做市商在按照其报价价格买进或卖出证券时，必然会产生(或需要)

拥有一定数量的证券库存，这样才能保证交易的连续性。存货成本包括两个方面：一是存货的管理成本，即做市商为保持一个最佳库存，而付出的管理努力；二是存货的风险成本，即做市商保持一定数量的存货可能导致的损失。一般地，库存越大，市场短期价格波动越大，做市商所承担的风险也就越大。为了降低存货成本，需要做市商对市场有卓越的判断能力，否则，如果做市商的报价大幅高于市场均衡时的出清价，做市商买入的证券数量就会超过卖出数量，它所持有的股票存量就会上升；而当做市商报价大幅低于市场均衡时的出清价，其卖出数量又会大大低于买入数量，导致存货不足，难以承担做市商责任。第三，流动性成本。分两个层次，一是存货的流动性成本，指由于存货市场的深度不够或市场的中断，造成做市商不能够或不能轻易地平盘的风险；二是做市商作为公司整体的流动性成本，即在结算日不能履行付款义务或支付保证金的风险。第四，不对称信息成本。做市商由于接受大量的买卖订单，因此，相对大多数投资者而言掌握有更多的订单流量信息，但有时个别投资者，如交易商，可能比做市商掌握了更充分的市场信息(私人信息)，此时做市商的报价比在那些信息公开后的市场价格可能偏高或偏低，因而投资者在做市商报出的价位上买进或卖出，将使做市商蒙受损失。据有关研究得出的估计数据表明，不对称信息和存货成本合起来通常可影响做市商的一半利润，有时甚至使做市商无利可图。

5.3.2 自营业务的风险形成

自营业务的风险主要来自于所经营证券的风险，而证券风险主要分为系统性风险和非系统性风险两大类。

1. 系统性风险

系统性风险是指由于某种全局性的因素引起的投资收益的可能变动，这种因素以同样的方式对所有股票的收益产生影响，这些因素包括社会、政治、经济等各个方面，由于这些因素来自企业外部，是企业无法控制和回避的，因此，又称为不可回避风险。这些共同的因素会对所有企业产生不同程度的影响，不能通过多样化投资组合而分散，因此，又称为不可分散风险。系统性风险主要包括市场风险、利率风险和购买力风险三种。

(1)市场风险，是指由于股票市场行情变动而引起的风险。股票行情变动受多种因素影响，但决定性的因素是经济周期的变动。经济周期是指社会经济阶段性的循环和波动，分为萧条—复苏—繁荣—衰退等阶段。经济周期的变化决定了企业的景气和效益，从根本上决定了股票行市的变动趋势。股票行情随经济周期的循环而起伏变化，总的趋势可分为看涨市场或称多头市场和看跌市场或称空头市场两大类型。在这两大变动趋势中，一个重要的特征是：在整个看涨行市中，几乎所有的股票价格都会上涨；在整个看跌行情中，几乎所有的股票价格都不可避免地有所下跌，只是下跌的程度不同而已。显然，市场风险是难以回避的，但是投资者在参与股票交易时，只要认清大局，选好股票，还是可以设法减轻市场风险的影响的。

(2)利率风险，是指市场利率变动引起股票投资收益变动的风险。市场利率的变化会引起股票价格变动，再由股票价格变动影响股票收益的确定性。利率与股票价格呈反向变化，即利率提高，股票价格水平下降；利率下降，股票价格水平上涨。无论是普通股票还是优先股票都会遭受利率风险，股票价格对利率变动是极其敏感的，其中优先股因其股息率固定而受利率风险影响较大。对普通股来说，其股息和价格主要由公司经营状况和财务状况决定，而利率变动仅是影响公司经营和财务状况的部分因素，所以利率风险对普通股的影响相对小一些。

(3)购买力风险，又称通货膨胀风险，是由于通货膨胀、货币贬值给投资者带来实际收益水平下降的风险。通货膨胀是一种常见的经济现象，它存在于任何国家，只是不同国家通货膨胀率的高低不同而已。由于通货膨胀的存在，投资者必然存在着购买力风险。需要指出的是购买力风险对不同股票的影响是不同的，在通货膨胀不同阶段，对股票的影响也是不同的。购买力风险对不同股票的影响程度不同是因为公司的盈利水平要受多种因素影响，产品价格仅仅是其中的一个因素。在通货膨胀情况下，由于不同公司产品价格上涨幅度不同，上涨时间先后不同，对生产成本上升的消化能力不同，受国家有关政策控制程度不同等，所以，会出现在相同通货膨胀水平下，有的公司股息大幅增加，有的只有少量增加；有的股票价格上涨幅度大，有的只是小幅上涨；有的股票购买力风险大，有的则较小。一般来说，率先涨价产品、上游产品、热销或供不应求产品的公司股票购买力风险较小，国家进行价格控制的公用事业、下游产品等股票的购买力风险较大。在通货膨胀之初，企业消化生产费用上涨的能力较强，又能利用人们的货币幻觉提高产品价格，因而股票的购买力风险相对小些；当出现严重的通货膨胀时，各种商品价格轮番上涨，社会经济秩序紊乱，企业承受能力下降，此时即使股息增加，股价上涨也很难赶上物价上涨，普通股也很难抵挡购买力下降的风险。

2. 非系统性风险

非系统性风险是指只对某个行业或个别公司的股票产生影响的风险，它通常是由某一特殊的因素引起的，与整个股票市场的价格不存在系统的、全面的联系，而只对个别或少数股票的收益产生影响。这种风险往往可以通过分散投资来抵消，如投资者持有多种股票，当某些股票价格下跌、收益减少时，另一些股票可能价格正好上升，收益增加，这样就使风险相互抵消，平均收益不致下降。非系统性风险是可以抵消或避免的，因此，又称为可分散风险或可避免风险。非系统性风险主要来源于企业风险，包括经营风险、财务风险、信用风险和道德风险。

(1)经营风险，是指由于公司经营状况变化而引起盈利水平改变，从而产生投资者预期收益下降的风险。经营风险可能是由公司经营决策失误、产品质量下降、成本上升等内部因素引起的，也可能由其他公司以外的客观因素引起，如政府产业政策的调整、竞争对手的实力变化使公司处于相对劣势地位等，但经营风险主要来自公司内部的决策失误或管理不善。

经营风险随着企业经营状况的变化而变化，经营状况不佳，竞争能力不强，经营风险就较大。因此，经营风险在一定程度上可以看做企业经营状况的函数，而公司经营状况又集中表现于盈利水平的变化，因而经营风险主要是通过盈利变化产生影响的，并且对不同股票的影响程度有所不同。经营风险是普通股的主要风险，公司盈利的变化既会影响普通股票的股息收入，又会影响股票价格，当公司盈利增加时，股息派发增加，股票价格上涨；当公司盈利减少时，股息减少，股价下降。经营风险对优先股的影响要小些，因为大多数优先股是累积优先股，当公司盈利下降时，只要企业不是特别困难，优先股股东仍能得到固定股息。优先股票的价格也会随公司盈利的增减而呈同方向变化，但变动的幅度较小，因为优先股的股息是固定的，盈利水平的变化对其价格的影响有限。

（2）财务风险，是指企业因采取不同的融资方式而带来的风险。企业财务风险的大小取决于企业资本结构。对于股份公司来说，公司经营中所需的资本一般来自发行股票和债务两个方面，如果公司资本总量中债务比重过大，债务的利息负担过重，或是公司的资本收益率低于利息率，就会使股东的可分配盈利减少，股息下降，从而使股票的财务风险增大。实际上公司以债务方式融资所产生的财务杠杆效应犹如一把双刃剑，当负债所产生的收益率大于债息率时，债务融资会给股东带来收益增长的效应，反之，就会产生收益减少的财务风险。

（3）信用风险，又称违约风险，是指股票发行人不能按期支付股息而使投资者遭受损失的风险。股票信用风险是在发行人的财务状况不佳时出现的违约和破产的可能性，它主要受股票发行人的经营能力、盈利水平、事业稳定程度及规模大小等因素影响。尽管股票没有还本要求，普通股股息也不固定，但其仍有信用风险，不仅优先股股息有缓付或少付甚至不付的可能，而且若公司不能按期支付股息或发放红利，立即就会影响普通股票的市场价格，更不用说当公司破产时，该公司股票价格会接近于零，无信用可言。

（4）道德风险，是指因企业在其所公布的报表或资料中弄虚作假，隐瞒或欺骗投资者而带来的风险。道德风险是比其他类型的风险更为危险的风险，一旦发生就将引起股价的剧烈波动，投资者往往会因此而遭受严重的损失。所以，投资者在购买股票时，必须对道德风险予以足够的重视。

5.3.3 自营业务的风险防范

防范自营业务风险的措施主要有以下几点。

（1）合理确定自营资金数量。现在投资银行的主要利润来源于二级市场，资金量过小，利润额就相对较小，但资金量过大，风险的控制难度也相对较大。把握这个度的大原则有两条：一是尽力而为；二是量力而行。所谓尽力而为就是最大限度地发挥资金优势，最大限度地调动主观能动性，使投资收益最大化；量力而行是指自营资金量一般不超过通行财务杠杆标准许可最大量的八九成。一般而言，自营盘子实行三三制较为妥当，即自有资金、委托资产、拆借资金各 1/3；而自有资金又一般是注册资金或实收资本的 60%～75%，而 80%是个值得充分注意的警戒线。对于一个注册资本为 10 亿元的投资银行而言，18 亿～22 亿元的自营盘子较为稳妥。

（2）自营资金的合理配置。在确定了自营盘子总量之后，下一个关键的问题就是资金的配置。投资组合和专项项目间的资金分配可能以三七开或四六开为宜。当然，这因投资银行经营的稳健性程度不同而不同；同时，随着证券市场逐步趋于成熟，投资组合所占的资金份额将呈现逐步扩大的趋势。

（3）建立集中领导、科学决策、分级管理、及时反馈的自营决策机制和有序、高效、规范的运作机制，切实防范和控制自营风险和政策风险。

（4）组织投资决策委员会和风险控制委员会，对自营业务的决策和操作过程进行及时的风险监控和预警。

（5）充分发挥资金、财务、稽核部门对自营业务的监督作用。

5.3.4　自营业务的风险规避

自营业务的风险管理措施和传统的避险方法并无不同，首先是确认风险，其次是衡量风险的大小并予以量化，最后是以不同的避险工具规避风险。

1. 风险的衡量

表 5-1 为自营业务，包括非系统风险和系统风险在内的各种分组分项风险监测指标及预警值。

表 5-1　自营业务的各种分组分项风险监测指标及预警值

风险类型	变量序号	监测指标	预警值/%
信用风险 $R_1(x)$	x_1	代理融资额/总资产	50
	x_2	并构融资额/资本金	40
流动性风险 $R_2(x)$	x_3	自营投资额/总资产	25
	x_4	自营股票余额/资本	30
	x_5	自营债券余额/资本	50
	x_6	长期投资余额/资本	30
资本风险 $R_3(x)$	x_7	核心资本/风险加权资产	4
	x_8	总资本/风险加权资产	8
市场风险 $R_4(x)$	x_9	利率变动率(上升率)	50
	x_{10}	汇率变动率	10
	x_{11}	市盈率	4 500
	x_{12}	GDP 增长率变动率(下降率)	10
⋮	⋮	⋮	⋮
其他风险	x_n	…	…

我们设投资银行自营业务的金融风险(或称金融风险度)为 F，且记 $X=(X_1, X_2, \cdots, X_n)_t$，并进一步假定 F 是 X 的连续函数。则有 $F(X)=F(X_1, X_2, \cdots, X_n)$。其中，$\boldsymbol{A}=(a_{i,j})_{n\times n}$ 为二次项系数矩阵，它是一个对称阵；$\boldsymbol{B}_t=(b_1, b_2, \cdots, b_n)$ 为一次项的系数向量。系数矩阵 $\boldsymbol{A}$ 和系数向量 $\boldsymbol{B}$ 可运用高等数学的方法求出。

投资银行有关职能部门可根据在所监测到的变量指标数据基础上计算自营业务金融风险的大小，并在风险超过一定值时，发出预警信号。为使预警更具有实用性，我们可区分出轻警、中警、重警信号，其界限分别为 F_1、F_2、F_3，以便投资银行能及时、合理、有效地处置和应对(表 5-2)。

表 5-2　风险预警的度量及其对应的处置措施

风险值区间	警度	处置
$F(X)<F_1$	无警	稳健运行
$F_1<F(X)<F_2$	轻警	加大监控力度
$F_2<F(X)<F_3$	中警	进一步加大监控力度，且采取必要的预防措施
$F_3<F(X)$	重警	停业整顿，采取全方位紧急应对措施

表 5-2 中，三个程度依次递进的临界值 F_1、F_2、F_3 的数量值，可参考该投资银行历史上直接的实践经验，金融市场及投资银行乃至整个金融体系的发育程度，审慎确定。

风险衡量结束后，接下来的重要任务就是避险工作。下面介绍几种能有效规避投资风险的操作思路或技巧，以供参考。

2. 风险回避

对风险采取回避策略是最常用的一种防范方法，主要有四种方式。

方式一：在实际操作中，投资者可以运用风险系数，即贝塔(β)系数这个概念，以达到在不同的市场趋势中规避风险、获得收益的目的，或者通过β系数来判断投资所冒的风险与其收益是否相当。β系数是一个价格变化弹性系数，β值反映了一种股票对于市场的依赖程度。β系数的计算方法为

$$\beta_i = \frac{\mathrm{Cov}(R_i, R_m)}{\mathrm{Var}(R_m)}$$

其中，$\mathrm{Cov}(R_i, R_m)$表示第i中证券报酬率与市场投资组合报酬率间的共同变数；$\mathrm{Var}(R_m)$表示市场投资组合报酬率的变异数。

一般来讲，如果$\beta_i>1$，则表明该股票相对于市场更为活跃，这时，若股市处于上升阶段，那么该股票价格将以更大幅度上升；若股市处于下降阶段，那么该股票价格将以更大幅度下降。如果$\beta_i<1$，则表明该股票的活跃程度弱于整个股市，这时，若股市处于上升阶段，那么该股票价格将以较小的幅度上升；若股市处于下降阶段，那么该股票价格将以较小的幅度下降。对大多数挂牌上市的公司来说，β_i值可以根据历史统计数据和经验概率用数理统计方法测定，也可以从有关机构或资料库中获取。通常，真正有意义的自营业务所持有多样化股票投资组合的β_p系数不是组成该投资组合的各种股票的β_i系数的简单平均值，而是一个综合加权平均计算的β_p值。

$$\beta_p = \sum_{i=1}^{n} \omega_i \beta_i$$

其中，β_p为投资组合的贝塔系数；ω_i为第i种证券的持有比例；β_i为第i种证券的贝塔系数。

因此，对投资者来说，当整个股票市场看涨时，应增大自己整个投资组合的β_p系数，即投资者可以通过更换股票的办法来增加β_i系数高的股票在投资组合中的比例，以获取较大的收益；当市场看跌时，应降低β_p系数，即投资者可以考虑通过增加β_i系数低的股票的比重来获利。正确把握β_p系数与市场趋势的关系，将有助于投资者避免或减少投资风险，获取最大的投资收益。

例如，某自营商持有价值2亿元的证券，投资组合β_p为1.25，S&P500指数期货合约每份500个单位，市场价格为420元，此时，该自营商为达到避险的目的应当出售多少份合约?

合约价值=市场价格×每份合约单位数=420元×500=21万元

避险金额=证券价值×避险比率(β_p)=2亿元×1.25=2.5亿元

所需合约数=避险金额/合约价值=2.5亿元/21万元=1 190.48份

但如果自营商的风险管理策略并不是完全避险，则计算时用的避险比率不完全等于β_p，必须再乘以目标避险比率。

方式二：在实际交易中，投资者应加强自我约束，避免过度交易，限制每一交易标的的风险。其一，是确定每一投资股票的最大损失额，即止损点。这是所有投资风险控制对

策中最直接、最有效的手段，它可以保证投资者在合理的损失范围内退出市场。投资风险最终通过投资者所持有的股票价格的波动给投资者造成损失，这在股票持有期间是一种账面损失，如果投资者进行止损交易，这种账面损失将转化为一定限度内的实际损失，如果投资者听任账面损失扩大而不采取止损措施的话，这种账面损失将不断扩大，最终可能会给投资者造成更大程度的实际损失，因此，适时的止损是在股票市场上避免更大风险的有效办法。其二，是让可承受的风险与总资金或保证金的一定比例相等，在交易中不要透支，以避免因市场波动而带来的超出自己承受能力的巨大损失。

方式三：扬长避短、趋利避害的债务互换策略，两个或多个债务人利用各自不同的相对优势，通过金融中介机构互相交换所需支付债务的本息的币种或利率种类与水准。主要的互换业务有货币互换和利率互换两种。例如，一个金融企业甲可以在同业拆借市场上融通相对低利率的浮动利率贷款，却要将资金投入一个长期项目；而另一个金融企业乙可以在资本市场上融通相对较高的固定利率资金，而资金的投入却是作为周转资金。这样两个企业可以进行一次利率互换，由甲企业承担乙企业的固定利率，乙企业支付甲企业的浮动利率。通过这种互换，双方都可以做到使资金的来源和用途与期限相匹配，减少风险。

方式四：资产结构短期化的策略，即缩短资产的平均期限或提高短期资产的比重。缩短资产期限的好处是有利于增强流动性以应付信用风险，有利于利用利率敏感性来调整资产负债以处理市场风险。短期化策略避免了持有长期性资产所特有的一系列风险。

3. 风险分散

一般来说，自营者无法控制总体市场行为，因此，也就无法控制股票市场上所有股票共有的风险，但是通过投资对象多样化，即尽可能地选择多种多样、彼此相关性较弱、最好是完全不相关甚至负相关的资产进行搭配，使高风险资产的风险向低风险资产扩散，以降低整个资产组合的风险程度。

所谓投资对象多样化就是指通过增加股票的品种、类别来降低投资总体风险的方法。投资对象的多样化选择要以对各种股票的特殊风险的分析为前提，最有效的多样化策略是选择在价格变动上相互间存在负相关关系的股票。至少，多样化的基础是要尽量避免选择正向相关的股票，如果所选择的股票组合中的个股价格存在很强的正向相关关系，那么，多样化将无法取得预期效果。例如，将一份投资分摊于汽车工业股票和轮胎工业股票，那么从分散风险的角度看，这是一种不合理的投资组合。高效的多样化投资组合，必须符合在预期风险一定的条件下，使期望的收益最大；或在一定的可接受的期望收益率条件下，使预期风险最小。在确定投资组合时，要以现代资产组合理论为指导，通过适当的股票组合来实现风险和收益的理想结合。对特定的股票市场而言，系统性风险表现为所有股票价格总水平的波动，非系统性风险表现为个别股票价格的独立波动。从理论上讲，如果投资组合包括了股票市场上所有的股票，那么，对投资者而言就几乎不存在非系统性风险了。然而，在实践中，多样化程度要有一个合理的界限，不能过高，否则将影响组合投资的收益率。

自营业务的风险分散策略一般有两种，即随机分散策略和有效分散策略。随机分散策略，就是单纯依靠资产组合中每种资产数量的增加来分散风险，但每种资产的选择是随机性的，并不依据它们的风险—收益特征及它们之间的相关性来进行合理组合。有效分散策略，就是运用资产组合理论和有关模型对各种资产的选择进行分析，根据其各自的风险—

收益特性和相互之间的相关性以组成在一定风险水平上期望收益最高，或者在一定期望收益水平上风险最小的有效组合。

4. 风险转移

如果分散之后仍有足够大的风险存在，则采取风险转移的策略是十分必要的。风险转移亦称风险转嫁，即利用某些合法的交易方式和业务手段，将风险尽可能地转移到别人手里。如果没有将风险全部转移出去，投资银行仍要承担未转移部分的风险损益。

有两种交易手段可以达到转移风险的目的。

手段一：期货交易(futures)，即当前达成成交合约并按当前的价格水平指定在以后某个时间结算的方式。例如，自营商持有资产组合由 A、B、C 三种股票构成，其中 A 股票市场价值为 4 000 万元，β_a 为 0.9；B 股票市场价值是 5 000 万元，β_b 为 1.2，C 股票市场价值为 6 000 万元，β_c 为 1.4。前一天股指收盘价是 450.88 元，股指期货收盘价则是 452.70 元。而自营商认为 S&P500 指数会下挫，从而会利用期货交易对该 15 000 万股股票资产进行保值。由于期货市场与现货市场价格变动的一致性，因此自营商的价格风险就全部转移给了期货交易的卖方。假如股指下跌到 421.00 元，自营商的保值结果如下：

$$\beta_p = \sum_{i=1}^{n} \omega_i \beta_i$$
$$= (4\,000 \times 0.9 \div 15\,000) + (5\,000 \times 1.2 \div 15\,000) + (6\,000 \times 1.4 \div 15\,000)$$
$$= 1.2$$

期货合约总价值＝股指收盘价×期货合约单位数

＝450.88×500

＝225 440(万份)

卖出期货合约数＝期货总价值/期货指数点×每点乘数×β 系数

＝150 000 000÷225 440×1.2

＝798(份)

如果自营商不购买期货，那么 S&P500 指数下挫的话，它将陷入亏损的不利境界。

手段二：期权交易。期货合约选择权(option on futures contracts)简称期权，是指交易双方按约定的价格水平(称为敲定价格)就将来某个时间决定是否买卖某种证券的选择权达成的交易契约。如果期权买方付给卖方一笔费用(称为权利金)，获得在有效期或约定日按商定价格购买该证券的权利，这就叫做看涨期权；相反，若是期权买方获得卖出该证券的权利，则为看跌期权。如果未来价格出现了不利于投资银行的变化，投资银行可以使用期权，将全部的损失转移给期权的买方。

期权交易与期货交易的相同点在于期货和期权交易一旦达成，投资银行的价格风险就全部转移出去了。不同点在于，一旦价格朝着有利于投资银行的方向变动时，投资银行如果购买期权，则可以放弃执行期权，而获得价格变动的好处；如果购买期货，无论价格如何变动，都不可能从中获益，只能用于避险。

某种股票的现行市场价格为每股 60 元，投资者手中持有这种股票，并对这种股票在未来几个月内的价格走势持乐观态度，认为即使股价不会大幅上扬，但也绝对不会下跌，因此，采用出售看跌期权的策略来使股票资产的价值增值。

在期权市场上，投资者选择出售协定价格为 55 元的看跌期权，期限为 3 个月，每股期权费为 2.25 元，出售一份期权合约可获得期权费收入 225 元。其盈亏如图 5-4 所示。

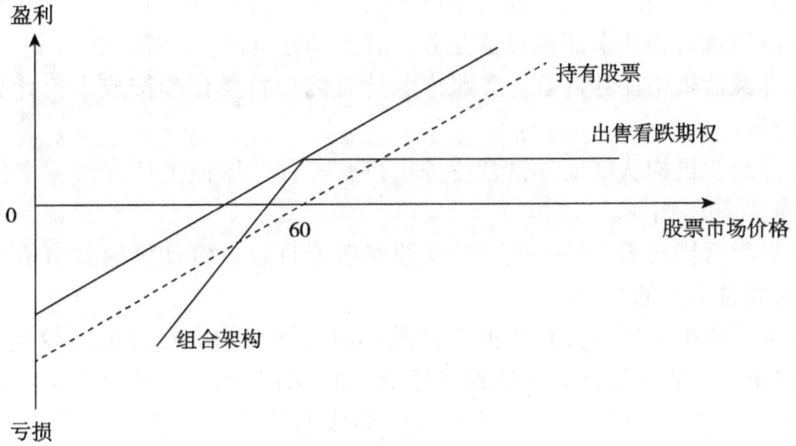

图 5-4　期权的盈亏

5. 风险消缩

如果风险难以转嫁，则尽可能地在本身经营中消除或减小风险的策略就显得十分必要。对此，可运用的交易手段主要有两种。

手段一：①套期保值(hedging)，即在发生一笔即期或远期交易的时候，同时做一笔远期或即期的同额相反交易。这样在汇率、利率等的变动一旦同预期相左时，可以使得益和损失相互抵消。这一交易手段主要运用于投资银行自身与客户进行交易时，在自身的资产负债结构上出现风险敞口后，为避免这种风险，投资银行采取套期保值。投资银行之所以可以利用这一策略，在于同业间存在着这种调节各公司间风险敞口的市场。②调换转移(switch)，即在进行某项业务的时候，可分别在期限、证券种类、发行地点或交易对象某一方面，做一笔方向相反的业务。价值金额上可以是对应的，也可以是不对应的。通过这种逆向式策略来缩小风险。

手段二：风险补偿。因为无论如何防范，风险损失总是可能发生的，因此，需要一种补偿策略。风险补偿的途径有：①将风险报酬打入价格之中，即在一般的投资报酬率和货币贬值率因素之外，再加进风险报酬因素。这样的价格若能成交，风险损失即使形成也不必担心，因为已经预先得到补偿。尽管个别资产的实际损失可能大于风险报酬，但由于其他资产不一定有实际损失或损失程度较小，它们的风险收益可以抵消个别损失。②采取预备性的补偿措施，即订立抵押条款，抵押价值宜略高于被抵押的资产价值。类似的做法设有担保条款，要求有足够的现金担保。③采取保险的方式进行风险补偿，即投资银行以自己的风险资产为保险标的向保险公司投保。如果在规定的有效期内银行资产因投保项下的风险发生而遭到价值损失，可以从保险公司得到补偿。

5.3.5　自营业务的风险监管

当今世界上几乎所有的国家对投资银行从事证券自营业务都设置严格的监管标准。现以美国的相关法规为例说明对自营业务的风险监管措施。

1. 从事自营业务的资格

(1)证券经营机构的负债总额与净资产之比不得超过10∶1。

(2)证券经营机构从事证券自营业务，其流动性资产占净资产的比例不得低于50%。

(3)证券经营机构证券自营业务账户上持有的权益类证券按成本价计算的总金额，不得超过其净资产的80%。

(4)证券经营机构从事证券自营业务，持有一种非国债类证券按成本价计算的总金额不得超过净资产的20%。

(5)证券经营机构买入任一上市公司股票按当日收盘价计算的总市值不得超过该上市公司已流通股总市值的20%。

(6)证券经营机构证券自营业务出现盈利时，该机构应按月就其盈利提取5%的自营买卖损失准备金，直至累计总额达到其净资本的5%为止。上述自营买卖损失准备金除用于弥补证券自营买卖损失之外，只能用于形成非股票类高流动性资产，不得用做其他用途。

(7)证券经营机构从事证券自营业务，应当保持风险意识，贯彻稳健经营方针，防范各种风险因素，制定证券自营风险控制和每日风险自查制度，在内部设立专门机构和人员对风险状况进行检查。

2. 违禁行为

(1)将自营业务与代理业务混合操作。

(2)以自营账户为他人或以他人名义为自己买卖证券。

(3)委托其他证券经营机构代为买卖证券。

(4)证监会认定的其他违反自营业务管理规定的行为。

3. 其他规定

(1)上市公司或其关联公司持有证券经营机构10%以上的股份时，该证券经营机构不得自营买卖该上市公司的股票。

(2)证券经营机构从事证券自营业务，应将买进或卖出的证券逐笔交由证券交易所指定的登记清算机构办理交割，不得以当日卖出或买进的同种证券抵消。

(3)证券经营机构从事证券自营业务，应当建立和完善内部监控机制，认真贯彻执行国家有关政策和法规，始终保持遵规守法意识，防范和制止公司内部各种内幕交易、操纵市场、欺诈客户行为的发生。

➤本章小结

(1)自营业务是投资银行在二级市场上的另一项重要内容，是指投资银行运用自有资金和依法筹集的资金，通过自己的账户为本机构买卖上市证券及中国证监会认定的其他证券的行为。由于投资银行的自营业务存在巨大的风险，各国对投资银行进行自营业务有严格的要求；只有当投资银行达到一定标准之后，方可以申请开展自营业务。

(2)投资银行的自营业务可分为两类，即做市业务与自营交易业务。就做市商而言，国际上存在两种交易制度：一是报价驱动制度，二是指令驱动制度；就自营交易商而言，投资银行的自营业务分为场内自营交易业务和场外自营交易业务。为了避免损失，投资银行需要根据市场情况和相关证券的特点采取不同的交易策略。自营业务的操作依据其目标可以分为投机和套利两大类。

(3)由于自营业务中投资银行是以本身的账户进行买卖交易，属于证券交易的主体之一，所以证券的价格风险也须由投资银行自行承担。做市商的风险形成主要是直接交易成本、存货成本、流动性成本。自营业务的风险主要来自于所经营证券的风险，而证券风险主要分为系统性风险和非系统性风险；其中系统性风险包括市场风险、利率风险和购买力风险；而非系统性风险包括经营风险、财务风险、信用风险和道德风险。为了避免损失和取得理想的盈利，投资银行在其自营业务中必须加强自营风险的防范和管理；同时，为了保护其他投资者的利益，国家应设置相应的法规制度对投资银行的证券自营业务实施监管。

➢【案例】

一、案例介绍

1997 年 2 月起，河北国际信托投资公司(以下简称河北国投)用“常俊香”的名义开立自营账户，并使用了 300 个股东账户申购新股 61 次，盈利 2 190 万元。申购资金来源于公司历年积存未分配利润 1 600 万元、省政府增拨改公司资本金 8 500 万元、营业部运营资金 5 000 万元和短期挪用代理企业债券发行款项 25 000 万元。上述行为，违反了《证券经营机构证券自营业务管理办法》第 14 条第 2 项所述不得“以自营账户为他人或以他人名义为自己买卖证券的”规定，构成《股票发行与交易管理暂行条例》第 74 条第 10 项所述“其他非法从事股票发行、交易及其相关活动的行为”。

该公司所属中山路证券营业部以内部职工名义共开立 11 个账户用于股票自营买卖，所用资金全部为挪用客户保证金，最高挪用金额为 530 万元，共获利 25.3 万元。

中国证监会根据《股票发行与交易管理暂行条例》第 71、74 条的规定决定做出处罚。

(1)没收河北国投非法所得 2 215.3 万元，并罚款 100 万元；责令该公司在 1 个月内对其中山路证券营业部进行整顿，并将整顿结果上报我会。

(2)对河北国投总经理程某、证券部副经理王某、证券部原经理赵某处以警告；建议河北国投撤销中山路证券营业部副经理李某和张某的职务。

二、案例分析

《中华人民共和国证券法》第 134 条第 1 款规定：“证券公司自营业务必须以自己的名义进行，不得假借他人名义或以个人的名义进行。”

《中华人民共和国证券法》第 191 条规定：“综合类证券公司违反本法规定，假借他人名义或者以个人名义从事自营业务的，责令改正，没收违法所得，并处以违法所得 1 倍以上 5 倍以下罚款；情节严重的，停止其自营业务。”

证券公司假借他人的名义或者以个人的名义从事自营业务，不仅有碍股民了解真实情况，不利于证券监管部门的监管，而且也会由此侵犯到其他证券公司、股民和社会的利益，容易引发社会不安定因素。《中华人民共和国证券法》这一规定，对于规范证券市场秩序、保障证券活动的正常进行，具有重要的意义。

本条规定的违法行为，是指综合类证券公司违反证券法的规定，假借他人名义或者以个人的名义从事自营业务的行为。

（一）违法行为的客观特征

从事自营业务，是综合类证券公司经营证券业务的范围之一。《中华人民共和国证券法》规定，证券公司从事这项业务，必须以自己的名义进行，不得假借他人的名义或者使用个人的名义，否则构成违法。本行为之所以构成违法，不是因为证券公司经营自营业务本身，而是因为证券公司没有以真实的名义经营这种自营业务。根据《中华人民共和国证券法》规定，综合类证券公司是有权经营自营业务的，但必须以真名进行，这样可以使股民和其他证券机构、监督管理机构了解真正的信息，避免误导或者造成他人的经济损失和证券市场的混乱。本条规定的违法行为包括两种方式。

（1）假借他人的名义经营自营业务。从立法原意上看，假借他人的名义，是指假借其他单位或者个人的名义，这些单位和个人有的可能是真实的，有的可能是虚构的，有的可能是与被假借名义者通了气，有的可能没有通气，但不论何种情况，都不影响假借的定义。

（2）以个人的名义经营自营业务。如果说假借他人的名义经营自营业务中的“他人”有可能是虚构的话，那么本行为中的“个人”应该是以真实为基础的，虽然也不能排除化名的可能性。

本条规定的违法行为是证券公司的违法行为，是一种单位的行为，单位的行为也要通过单位中的个人实施，但由于这种假借他人行为的隐蔽性，决定了实施这类行为的参与者不会太多，一般为证券公司的决策者和从事自营业务工作的人员。

（二）违法行为的主体

本违法行为的主体是法人单位，即综合类证券公司。这类公司经营的业务范围包括：证券经纪业务、证券自营业务、证券承销业务和经国务院证券管理机构核定的其他证券业务。综合类证券公司自营业务必须以自己的名义进行，不得假借他人的名义或者以个人的名义进行。

（三）违法行为的主观特征

这里分析的违法行为心理，不是违法证券公司成员的心理，而是证券公司实施违法行为的群体意志，具体是指该证券公司的决策者或者多数决策者通过以他人名义或者个人名义经营自营业务的主观意志。决策者们应该知道，本证券公司以他人名义或者个人名义从事自营业务的行为是违背《中华人民共和国证券法》的，是证券活动中的违法行为。由于这一行为是在秘密或者半秘密状态下实施的，因此，了解该行为全部内幕的人，在证券公司中也是少数，甚至一些证券公司次要决策、领导人员也不一定全部了解详情。但是两类人员必须了解实情，一类是证券公司的主要决策者或者领导人，另一类是具体的业务经营者。

（四）对河北国投公司的违法处罚

根据上述关于利用个人账户违法买卖股票行为的构成要件，河北国投公司的行为显然已经符合违法的构成要件。因此，证监会对其做出诸如上述的处罚决定是正确的，完全体现了法律的公正性。

➤思考题

1. 什么是证券自营业务？有哪些种类？

2. 从事证券自营业务的条件是什么?
3. 证券自营业务的特点及原则是什么?
4. 证券自营业务中做市商和自营商的运营方式分别是什么?
5. 证券自营业务的交易策略有哪些? 如何投机和套利?
6. 证券自营业务的风险是如何形成的?
7. 怎样对证券自营业务的风险进行防范?
8. 怎样对证券自营业务的风险进行规避?
9. 怎样对证券自营业务的风险进行监管?

第 6 章

投资银行的企业并购业务

6.1 企业并购的种类和方式

6.1.1 企业并购的种类

企业并购(mergers and acquisitions，M&A)是企业之间的兼并与收购的统称。企业并购作为企业资产的重新组合，无论采用何种方式，其结果必然是在市场机制的作用之下，资源向高效企业的重新配置。

1. 兼并

兼并，是指两家或更多的独立企业依照法定程序合并成一家企业的行为。其特点是兼并必然带来交易单方乃至所有交易各方独立法人地位的丧失。兼并具体可分为以下两种类型。

(1)吸收合并，是指在两家或两家以上的企业合并中，其中一家企业吸收了其他企业而成为存续企业的合并形式，即 $A+B(+C+D+\cdots)=A$。合并中，存续企业仍保留其独立法人地位，并获得被吸收企业的资产和债权，承担其债务，而被吸收企业丧失其独立法人地位。

(2)新设合并，是指两家或两家以上的企业通过合并同时丧失独立法人地位，另成立一家新企业的行为，即 $A+B(+C+D+\cdots)=Z$。新企业将获得所有合并企业的资产和债权，并承担债务，各企业为了抵抗共同的竞争对手，实现相互的资源共享，获取规模效益等共同利益合并在一起。

2. 收购

收购，是指一家企业按照法定程序用现金、债权或股票购买其他企业的全部或部分产权的行为。收购不同与兼并，并不会必然的导致被收购方独立法人地位的丧失，企业实际控制权的转移是收购行为关注的焦点。根据交易标的物的不同，收购可分为以下两种类型。

(1)收购资产，是指一家企业收购其他企业的部分或全部资产，以达到控制该企业的目的。

(2)收购股权，是指一家企业直接或间接收购其他企业的部分或全部股权，以达到控制该企业的目的。

收购资产与收购股权的区别在于，前者仅是一般性的资产购买行为，收购方无须承担被收购企业债务；而后者中收购方在完成收购行为后将成为被收购企业的股东，因而也要根据其持股比例承担相应的被收购企业的权利和义务，包括现有和或有债务。

企业的兼并与收购之所以常常以并购而总称为企业并购，二者之间毕竟还存在一定的共同点，表现在：①基本动因相似，都是增强企业实力的外部扩张途径；②都以企业产权为交易对象。然而，兼并与收购也有不同点。第一，兼并必然以交易一方或多方的独立法人地位丧失为结果；而收购中被收购方仍以法人实体存在。第二，兼并中兼并方获得被兼并方的全部业务与资产，并承担全部债务；而收购中收购方仅仅或为被收购企业的新股东，以收购出资的股本为限享有权利和承担义务。

6.1.2　企业并购的方式

按照不同的标准，企业并购可以分为以下方式。

1. 按并购双方关系划分为横向并购、纵向并购和混合并购

(1)横向并购，是指同一行业中两家或两家以上具有竞争关系的、从事相同或相似业务或生产相同或相似产品的企业间的并购。这种并购的目的在于扩大生产规模，实现规模经济，减少竞争对手，扩大市场份额，获得垄断地位，影响乃至控制目标市场，消除地域及国界、文化的限制，迅速进入新市场。横向并购由于限制竞争，构成垄断，易受各国《反垄断法》的制约。

(2)纵向并购，是指同一种产业中在生产工艺或经营销售环节上相互衔接、前后关联、互为上下游关系的企业间的并购。纵向并购又可以分为前向并购与后向并购。前向并购是指，生产经营中后一环节的企业对前一环节的企业的并购，即生产商对其用户的并购；后向并购是指，生产经营中前一环节的企业对后一环节的企业的并购，即对供应商的并购。纵向并购的目的在于控制某产业生产与销售的全过程，缩短生产周期，加速生产流程，节省交易费用，组织产业化生产，实现纵向一体化。

(3)混合并购，是指处于不同产业领域，产品属于不同市场，在生产和职能上没有特别联系的两家或多家企业之间的并购。并购各方既非竞争对手，又非现实或潜在中的客户或供应商关系。混合并购的目的在于通过分散投资，多元化发展降低企业经营的风险；进入更具增长潜力和利润率较高的领域。混合并购由于行业跨度较大，对企业的管理水平有着较高的要求。

2. 按并购的支付方式划分为承担债务式并购、现金购买式并购和股份交易式并购

(1)承担债务式并购。当并购中目标企业资不抵债或资债相抵的情况下，并购方通过承担目标企业全部或部分债务，取得对目标企业的所有权与控制权。

(2)现金购买式并购。又可以分为两种情况：一是现金购买资产，即并购方用现金购买目标企业的全部资产，使其成为除现金外没有持续经营物质基础的空壳企业，不得不从

法律意义上消失；二是现金购买股权，即并购方用现金购买目标公司的股票或股权，取得大部分或全部股本，达到并购目标。

(3)股份交易式并购。也可以分为两种情况：一是以股权换股权，即并购方向目标企业股东定向发行本公司股票，换取目标企业的大部分或全部股票，使目标企业成为并购方的控股公司，或者解散并入并购方，从而达到并购的目标；二是以股权换资产，即并购方向目标企业发行本公司股票，以换取目标企业全部资产，使其成为除现金外没有持续经营物质基础的空壳企业，不得不从法律意义上消失。

3. 按并购的操作方式划分为直接并购与间接并购

(1)直接并购，就是由并购方直接出面，向目标企业提出并购要求，并在履行各项法定手续的基础上完成的并购。直接并购又分为向前并购和反向并购两种，即前者是指并购完成后，并购方为存续企业，而目标企业的独立法人地位不存在的并购；而后者是指并购完成后，目标企业为存续企业，而并购方的独立法人地位不存在的并购。与此同时，原并购方股东成为并购后的存续企业的大股东。

向前并购和反向并购只是一项并购活动所采用的不同的操作手法，其实质是相同的，都是以并购方股东取得并购后存续企业的控制权为目标。具体采用哪种方式，取决于并购时的实际情况，从会计处理、公司商誉、税负水平等方面加以权衡。

(2)间接并购，是指并购方不直接出面收购，而是先设立一家子公司或控股公司，再以这家子公司或控股公司的名义并购目标公司。间接并购又可分为三角并购与反三角并购两种。其中，三角并购是指并购方先设立一家子公司或控股公司，再用这家子公司或控股公司的名义兼并目标企业。在并购完成后，由于并购方没有直接出面，因而对目标企业的债务不承担责任，由其设立的子公司或控股公司承担。并购方对于子公司或控股公司的投资是象征性的。子公司与控股公司设立的目的完全是为了收购目标企业而非经营，因而又称为空壳公司。采用三角并购，可以规避并购所带来的不确定性风险，一旦并购失败或目标企业存在隐性债务，只会对子公司或控股公司造成损害，并购方本身却成功规避了风险。此外，采用三角并购，可以规避并购方股东表决的繁杂手续，作为母公司，并购方的董事会可直接决定子公司的并购事宜，决策高效迅速。而反三角并购是指并购方先设立一家子公司或控股公司，然后在这家子公司或控股公司与目标企业之间进行反向并购操作，最终达到并购方的股东成为并购后存续企业的控股股东的目标。

4. 按并购方的意愿善恶划分为善意并购和敌意并购

(1)善意并购，被形象地称做“白衣骑士”(white knight)，是指并购双方通过共同友好协商，在并购价格、并购后资本结构、人员安排等方面相关事宜上达成一致，签订并购协议，并经双方董事会批准完成并购。在善意并购中，由于目标企业的配合，并购方可以更充分的了解目标企业的各方面信息，从而降低了并购行为的风险与成本，避免了因目标企业抗拒带来的额外支出。但是，目标企业的合作是建立在并购方在价格、人事等各方面对目标公司原控股股东或管理层做出让步的基础之上。

(2)敌意并购，又被形象地称做“黑衣骑士”(black knight)，是指并购方在目标企业控股股东或管理层不知情或反对的情况下采取非协商性手段对目标企业强行并购的行为。在敌意并购中，由于并购方无法从目标企业那里获得其内部运营、财务状况等第一手资料，因而难以对目标企业准确估价，增加了并购中的不确定性风险。同时，目标企业往往会采用种种反并购策略，这也为并购的完成造成了障碍，增加了并购成本。当然，在敌意并购中，由于并购方完全处于主动地位，无须被动权衡各方利益，因而可以快节奏、短时间的完成并购，有效控制并购成本和进度。

6.2　企业并购的动因和流程

6.2.1　企业并购的动因

在市场经济条件下，企业的使命就是在市场竞争的客观条件下长期的实现股东财富的最大化。作为一种企业外部扩张的手段，企业并购的根本动因也就在于此。具体来看，企业并购的动因分为以下三大类。

1. 获得经营协同效应

由于在生产、管理、营销等各方面的互补性，两个或两个以上的企业在并购后会产生规模经济，提高经营效率和盈利水平，这就是企业并购所产生的经营协同效应。

用“1＋1＞2”这一算式可以简明地表现出并购所带来的规模经济和协同效应，具体来看，这一效果产生来源于以下方面。

(1)生产上的协同效应。通过并购，企业可以集中对所拥有的各种资源进行优化配置，使资源得到最优化利用；企业可以对下属各工厂进行统一管理，消除重复投资，集中研发力量，加快产品更新；企业可以提高总产量达到最佳规模的需求；企业可以在较大的范围内实现生产分工，达到专业化生产的需求。

(2)管理上的协同效应。拥有高效管理团队的企业可以通过并购管理效率低下的企业，充分发挥其管理团队的能量，提高并购后整体企业的管理水平，实现经营效益的增长。此外，通过并购，企业还可以减少管理层次，收编并购前各个企业的同类管理部门，裁减冗员，节省管理费用。

(3)购销上的协同效应。通过并购，企业可以在经营规模扩大的基础上在同供应商的交易中拥有更大优势，获得更稳定的原材料来源和更低的价格折扣。在营销中，企业可以在并购后将不同的产品和服务利用同一营销渠道销售，共享其品牌及其他无形资产，节约了营销费用，加快了市场扩张步伐。

2. 获得财务协同效应

企业并购后，由于规模的扩大和组织结构的变化，还会给并购后的企业带来财务方面的诸多好处，这就是企业并购的财务协同效应。

(1)合理避税效应。合理避税是促成许多企业并购行为的重要动因。一些国家的税法对不同的资产适用不同的税率，股息收入、营业收益、资本收益的税率也各不相同，这就使企业通过并购行为及相应的财务处理，利用这些规定达到合理避税的目标成为可能。

特别是税法中一般均包含亏损递延条款，即如果一家企业在一年中出现亏损，该企业不但可以免缴当年的所得税，其亏损还可以向后递延，抵消今后几年的盈余，企业根据抵消后的盈余缴纳所得税。税法中的这一条款使盈利企业可以通过并购亏损企业，将利润在两个企业间摊薄，从而大量减少纳税。

(2)提高财务杠杆能力。并购后，随着企业规模的扩大，企业的举债能力也大幅提高，尤其是在并购目标是上市公司的情况下，企业可以依靠自身在规模、知名度、信用额度上的大幅提升更加充分的利用财务杠杆，获得比并购前各单个企业更强的负债融资能力。

(3)获得直接融资平台。从证券市场上发行股票和债券是企业融资的重要渠道，但各国证券市场均对企业上市和发行证券设置了较为严格的限制条款。为了规避公司上市严格的审查和较长的等待时间，企业可以通过并购已上市的公司达到"曲线救国"的效果，跨越准入"门槛"。这种并购被形象的称为"买壳"交易。在"买壳"交易中，作为并购目标的"壳"公司往往经营不善，亏损严重。除了上市资格这一"壳"资源外再无任何实质性的价值，并购方通过股权置换或承担债务的方式取得对"壳"公司的控股权，再通过一系列运作将自身的实质性经营资产和业务"装"入"壳"公司，从而实现间接上市的目的，待条件成熟，即可发行证券募集资金。

3. 发展战略价值

在激烈竞争的市场经济中，企业要想在竞争中取得优势，就必须根据自身特点及市场竞争状况制定合理的发展战略并加以贯彻。在现实中，企业并购作为企业的一种外部扩张方式，是实现企业发展战略的一种重要而普遍的手段。与内部积累扩张方式相比，企业通过外部并购方式实现发展战略的速度更快、效率更高。具体来说，企业并购可以在以下几个方面对企业的发展起到作用。

(1)提升市场势力。市场势力集中体现出企业在市场竞争中对市场的控制能力和对竞争对手的影响力。只有提升自己的市场势力，企业才能在竞争中处于优势地位。市场势力大小主要由企业所占有的市场份额体现。市场份额的扩大可以使企业获得某种形式的垄断地位，这种垄断可以为企业带来垄断利润和竞争优势。并购，特别是横向并购，是企业减少竞争对手，提高市场占有率，获得垄断地位，增强市场势力的主要手段。

(2)跨越行业、地域壁垒。相对于内部积累扩张方式，采用企业并购作为扩张方式的优势在这一方面得到明显体现。企业在进入新行业时，经常会面临诸多阻碍因素，一是现有企业的激烈反应，排挤新加入者。若以小规模进入，面临成本劣势，新建企业难以立足。二是某些行业(如钢铁、冶金等)具有资产高度专业性，规模效益明显，固定资产占总资产比例大等特点，造成新进入企业存在巨大的资金和建设周期压力。三是产品差异使用户从一种产品转向购买新进入者的产品时，必须支付高额的转置成本，导致新进入者难以占领市场。如果企业采用并购的方式扩张，将有效的跨越这些行业壁垒，实现高效而迅速的扩张。

虽然目前自由贸易已经在国际上成为大势，但种种关税及非关税壁垒依然对各国企业的国际化发展战略产生着巨大的影响。为了规避这些关税和非关税壁垒对直接出口的限制，很多企业往往通过并购别国同类企业，直接在别国境内市场生产产品的方式实现跨国扩张。即使在一国之内，某些行业出于自身特点的限制也会在发展上受制于空间距离。例如，水泥企业，因为水泥产品在运输上的特点，其辐射半径局限在500千米之内。对这些行业来说，并购其他地区的同类企业是实现发展的最优选择。

(3)实现多元化经营。企业通过并购在经营上相关程度低的不同行业中的企业，可以有效避免由于专业化生产单一产品所造成的经营风险。每一种行业的经济波动在周期、幅度等方面各不相同，实现跨行业的多元化经营可以分散和抵消各自行业的特有风险。例如，一个周期变动较大的企业(如房地产企业)通过并购一个周期稳定的企业(如酒店)，可以有效消除房地产行业现金流大起大落所带来的风险。混合并购是实现多元化经营的主要途径。

(4)获得专门资产。这里所指的专门资产，既包括土地、矿产、生产设备等有形资产，也包括品牌、专业人员、专利、高新技术、营销和采购渠道等无形资产。由于这些资产在客观上的自然稀缺性或者需要较长的研发和培养时间，因而企业在依靠自身积累扩张时，往往由于无法获得这些资产而难以实现发展战略。而通过并购拥有上述专门资产的企业，企业可以顺利突破缺少专门资产的阻碍，实现发展战略蓝图。

6.2.2　企业并购的流程

企业并购是一项复杂的经济活动，往往经历相当长的过程。一般来讲，企业并购的完成需要经过以下基本的环节。

1. 并购方做自我评估

一个企业想要对另外的企业实施并购，必须先对自身的并购能力做出客观评价，这是企业并购的第一阶段。在这一阶段中，并购方对其自身进行评估，其评估的内容包括：①并购方自身的发展战略和经营需要；②国内外宏观经济背景，与并购方发展战略相关的地区经济形势；③并购方目前所处的产业和其发展战略中意向进入的产业的发展趋势，所面临的机遇与挑战；④并购方自身资金实力和融资能力及并购后期望达到的各项财务指标；⑤并购方与目标企业所在的国家或地区针对并购交易的法律法规。

2. 确定并购目标

通过自我评估程序确定了对目标企业的具体要求之后，下一步的工作就是要按照这些要求寻找符合标准的并购目标。在这一环节中，并购企业必须对市场做认真分析，对预选的目标企业进行仔细的比较和筛选，以确定对自己最有力的目标企业。

3. 联系确定并购交易中涉及的专业性中介机构

并购工作专业性极强，同时各国法律对并购中各种程序和文件都有严格规定，因此，为了顺利完成并购事宜，还需要借助一些专业性中介机构的支持。这些机构包括会计师事务所、审计师事务所、律师事务所、资产评估师事务所等。

4. 尽职调查

确定目标企业之后，并购方需要对目标企业进行详细的尽职调查，从而摸清并购目标企业在财务、法律、管理层、员工、薪酬等方面真实、详细的信息，以最大限度规避由于并购方处在信息劣势而带来的风险。

5. 分析目标企业信息，提出并购方案

在尽职调查所获得的目标企业信息基础上，企业则需要聘请投资银行及其他专业性机构对这些信息进行深入分析，确定是否并购目标企业，如确定并购则应在分析的基础上拿出详细的并购方案。

6. 与目标企业谈判，敲定并购方案，达成并购协议

如果并购属于善意并购，那么并购方在做好准备工作之后将开始与目标企业大股东或

管理层正式谈判协商并购事宜(如属于敌意并购，则并购方将直接实施并购方案)。双方将就并购方提出的并购方案广泛交换意见，反复磋商，讨价还价，直至达成共识，敲定最终并购方案，签订并购协议书。在协议书中，应明确并购推进时间表、并购价格、支付工具、双方在进行并购期间的权利义务、并购后目标企业各方面的具体安排、违约责任等各项条款。

7. 执行并购协议，实施并购方案，完成并购或终止并购

这是并购活动中最后的，也是最关键的步骤。通常情况下，经过精心、周密的前期工作，并购方和投资银行已为实施并购做好了充分准备，这时只需按照并购方案有条不紊的推进即可。但有时客观情况会出现意料之外的变化，这时就需要并购方和投资银行随机应变，采取适当措施，以避免损失，完成并购。

6.3 投资银行在企业并购中的作用

企业并购是一项复杂而综合的工作。一方面，企业并购涉及的范围非常广泛，涵盖了财务、管理、法律、技术等各个领域。在每个领域之下，还包括更多的细分的方面，如在财务领域中包括资产评估、财务审计、融资安排等。另一方面，企业并购中的每项工作都具有很强的专业性，依靠企业自身的力量往往无法完成。出于以上两方面原因，企业在进行并购时需要依靠专家的指导与帮助，而投资银行是充当这一角色的最佳人选。

投资银行作为金融市场的核心，掌握了各种企业、政府部门及各专业性机构的广泛信息，拥有灵活的操作技巧、丰富的专业知识和娴熟的运作经验。经过近百年来的发展，企业并购已成为发达国家投资银行事实上的核心业务。具体来看，投资银行在经济活动中所扮演的金融中介、金融专家、资金和信用提供者三个角色在企业并购流程的各个环节均可得以体现，其重要作用尤其表现在并购活动的整体策划与组织实施、对目标企业价值的准确估计、帮助并购方筹集并购资金和协助被并购方制定并实施反并购措施四个方面。

下面本书将以并购业务的整个业务流程为主线，具体介绍投资银行在各个具体业务环节中发挥的作用。

6.3.1 投资银行在善意并购中的作用

1. 并购方的自我评估阶段

投资银行在这一阶段主要扮演金融专家的角色，运用自身在技术、经验、人才、信息等方面的显著优势，协助并购方进行自我评估。结合并购方实际，明确其对目标企业的具体要求，包括目标企业的行业、规模、财务状况、技术水平、管理水平、地理位置等，确定并购的最佳时机、找到并购资金的来源，为以后的工作打下基础。

2. 确定并购目标企业阶段

通过自我评估程序之后，下一环节则是寻找符合标准的并购目标企业。投资银行具有丰富的信息资源，其并购部门长期致力于收集可能发生的并购交易信息，特别是一些非公开的内部信息。此外，投资银行内部的专业人士还将对收集来的目标信息进行分析和预测。因此，投资银行在信息和经验方面的优势将帮助并购方在获得大量企业信息的基础上

进行甄别与筛选，并最终确定目标企业，进而制订初步的并购计划和并购时间表。

3. 联系中介机构阶段

在这一阶段，投资银行要帮助并购方选择、确定各类事务所这些专业性机构，并当仁不让地充当召集人的角色，在以后的工作中协调、组织这些机构开展工作。

4. 尽职调查阶段

在尽职调查阶段，投资银行要帮助并购方列出所需要的各类信息的详细目录，并作为并购方的代表组织会计师、审计师、律师、资产评估师等专业人员分别从其专业角度审查目标企业，获得相关资料和文件。有时并购目标企业会要求对并购方进行对等的尽职调查，这时投资银行还要帮助并购方按照对方的要求准备相应的资料和文件。

5. 策划并购方案阶段

在这一阶段投资银行的重要工作是帮助并购企业策划并购方案，关键要帮助企业估算目标企业价值并确定并购价格。并购价格是关系到并购双方能否达成一致和并购交易能否顺利达成的决定性因素。最终的并购价格无疑要由并购双方谈判确定，但在谈判之前，投资银行应帮助并购方估计目标企业的价值，从而才能在谈判中合理出价。若并购方出价太低，则对目标企业所有者不具吸引力，并购难以达成；若并购方出价太高，则并购方利益受损。

为了准确估算目标企业价值和确定并购价格，投资银行需要综合从宏观经济形势、目标企业所处行业、产品、市场占有率、财务、商誉等各个角度综合考虑。确定并购价格的方法很多，国际通用的方法有以下几种。

1)净资产账面价值法

账面价值是指资产负债表上总资产减去负债的剩余部分，即企业的净资产或所有者权益。使用账面价值法对企业进行估价就是以会计的历史成本原则为计量依据估计企业价值。

我们知道，资产负债表集中反映了企业在特定时点的价值状况，资产负债表上企业的净资产就是企业的账面价值，它是采用净资产账面价值法估算企业价值的基础。考虑到账面价值难以全面充分体现企业的实际价值，因此，在实际应用中，一般都以目标公司的净资产为基础，根据目标企业的经营状况、所处行业、成长性、资产项目中各类资产所占比例、负债项目中各类负债所占比例等具体情况确定一定的调整系数，进而确定目标企业价值。

目标企业价值＝目标企业净资产×(1＋调整系数)×拟收购的股份比例

＝目标企业每股净资产×(1＋调整系数)×拟收购的股份数量

由于净资产账面价值法是以目标企业在会计意义上的历史账面价值为主要依据估计目标企业实际价值，受会计资料本身局限性的制约，具有时效性差、同其他同类企业缺乏可比性、容易忽视某些决定性因素等缺点。虽然加入调整系数力求使估计价值更接近真实，但这种方法一般只适用于有形资产庞大、流动资产所占比例大的目标企业，如采用这种方法估量目标企业价值，则投资银行的主要作用就体现在确定合理的调整系数。

2)现金流量贴现法

现金流量贴现法的基本原理，就是企业的价值是由其未来所能带来的收益所决定，所有未来收益的现值之和就是企业的当期价值。投资银行通过对目标企业资产负债表、损益表、现金流量表的历史财务数据进行分析，找出其经营状况、财务收支、现金流量的变动趋势，编制出目标公司未来若干年度现金流量预算表，然后用现值法确定目标企业的价值。

表 6-1 是假设公司 A 计划收购目标公司 B，对目标公司 B 被收购以后列出的资本预算表，表中第一行(除表头外，以下同)的数据是目标公司销售收入的测算值，当前年度销售收入是 1 亿元，预计在未来的 5 年内销售收入的增长率为 20%；第二行的数据反映的是为实现第一行各年的销售收入对总资本的需求额，具体表现为流动资金净额与固定资产净值之和，设目标公司每年总资本的需求额是当年销售收入的 50%；第三行的数据是需要增加的投资，每年的新增投资额为下一年总资本需求额与当年总资本需求额之差；第四行的数据为税前利润，按当年销售收入的 20%计算；第五行的数据反映在公司所得税税率为 40%时，目标公司 B 应缴的公司所得税额；第六行的数据是税后利润；第七行的数据为净现金流量，由各年税后利润减去当年的新增投资，即表中第六行数据减第三行数据求得。

表 6-1 目标公司 B 资本预算表(单位：万元)

项目 \ 年度	0	1	2	3	4	5	∞
销售收入	10 000	12 000	14 400	17 280	20 736	24 883	24 883
总资本需求额	5 000	6 000	7 200	8 640	10 368	12 442	12 442
新增投资	1 000	1 200	1 440	1 728	2 074	0	0
税前利润	2 000	2 400	2 880	3 456	4 147	4 977	4 977
所得税(税率 40%)	800	960	1 152	1 382	1 659	1 991	1 991
税后利润	1 200	1 440	1 728	2 074	2 489	2 986	2 986
净现金流量	200	240	288	346	415	2 986	2 986

将表 6-1 中目标公司 B 未来各年的净现金流量按收购方(公司 A)的资金成本率进行折扣，得出的净现金流量现值和就是目标公司 B 的评估值。若兼并收购公司 A 的加权平均资金成本为 10%，则目标公司的价值可用以下公式计算。

$$\mathrm{PVT}=\mathrm{NCF}_1/(1+k)+\mathrm{NCF}_2/(1+k)^2+\cdots+\mathrm{NCF}_n/(1+k)^n+\mathrm{NCF}_{n+1}/(1+k)^{n+1}$$

$$\begin{aligned}\mathrm{PVT}&=240\div(1+10\%)+288\div(1+10\%)^2+346\div(1+10\%)^3+415\div(1+10\%)^4\\&\quad+2\,986\div(1+10\%)^5\\&=240\div1.10+288\div1.21+346\div1.331+415\div1.464\,1+2\,986\div0.10\times1.61\\&=218.18+238.02+259.95+283.47+1\,854.66=2\,854.28(\text{万元})\end{aligned}$$

计算结果显示目标公司 B 目前的价值为 2 854.28 万元，意味着兼并收购公司 A 在其资金成本为 10%的情况下，出价不能高于该水平。上式中的前 4 项是目标公司 B 未来前 4 年净现金流量的折现值，从第 5 年起到永久，目标公司 B 的净现金流量在每年 2 986 万元的水平上维持不变，可视为终身年金，先按收购公司的资金成本率 10%折算成未来第 4 年末的价值，再折算为当前价值 2 854.28 万元，可视为公司 A 在并购公司 B，经营 4 年，并在第 4 年年末退出公司 B 的最低退出价。

现金流量贴现法的原理基于一般财务常识，并不复杂，其关键点在于实际操作。如何准确估计未来现金流量和确定平均资金成本，是现金流量贴现法能否准确估计目标企业价值的核心。这需要对宏观经济形势、行业和产品前景、管理能力等影响并购各方面因素的深入研究和准确预测，以及丰富的并购运作经验，是对投资银行能力的综合考验。

3)比较价值法

比较价值法一般用来估计上市公司的价值，其基本思路就是以市场为依据，选择与目标公司在规模、主要产品、经营时间、市场环境及发展趋势等方面相类似的几家上市公司组成一个样本公司群体，通过计算出样本公司群体中各公司股权的市场价值与其他相关指标的比率及其平均值，参照目标公司相应指标，来推断目标公司股东权益市场价值的方法。这种方法既不考虑过往的历史财务数据，也不考虑未来目标公司的现金流量，完全根据当时的市场状况确定目标公司价值。

比较价值法的整体思路类似于会计处理中的公允价值准则。具体做法为：一是选择与目标公司具有较高可比性的样本公司；二是计算出样本中各公司的股权市场价值与相关指标的比率及平均值；三是根据所计算出的样本公司比率的平均值，结合目标公司的相应指标推测出目标公司股权的市场价值(表 6-2 和表 6-3)。

表 6-2　样本公司比率

比率＼样本公司	A	B	C	平均值
股权市价/销售收入	1.2	1.0	0.8	1.0
股权市价/股权账面价值	1.3	1.2	2.0	1.5
股权市价/净收入(P/E)	20	15	25	20

表 6-3　目标公司股权市价的评估值

目标公司相应指标		样本公司相关比率平均值		目标公司股权市价/万元
指标	单位值	比率	平均值	
销售收入	10 000	股权市价/销售收入	1.0	10 000
股权账面价值	6 000	股权市价/股权账面价值	1.5	9 000
净收入	500	股权市价/净收入(P/E)	20	10 000
平均值	—	—	—	9 666.67

设目标公司为 W，若根据分析发现上市公司 A、B、C 与目标公司 W 有较强的可比性。假定目标公司 W 目前的年销售收入为 1 亿元，股东权益账面价值为 6 000 万元，税后净收入为 500 万元。选择股权市价与销售收入的比率、股权市价与股权账面价值的比率，股权市价与净收入的比率进行计算。根据比较价值法计算，可将目标公司价值估计为 9 666.67 万元。

由于证券市场总是处在波动之中，按照样本公司股票当期价格确定的目标公司价值难免高估或低估，投资银行需要准确判断当前证券市场形势，对所估计价值进行适当调整以尽量回归真实价值。

确定目标企业价值的方法有很多，各有优势和不足之处。具体选择哪种方法，要视目标企业的实际情况而定。在实践中还可以将各种方法交叉使用，从多个角度评估目标企业价值。

6. 筹资和支付资金阶段

为完成一项并购而需要的资金数额往往是非常巨大的，投资银行在并购交易中所扮演的一个重要角色就是充当并购方的融资顾问，选择最适合的资金来源。一般而言，并购资金主要来自以下几个方面：①并购方自有资金；②金融机构贷款；③股票融资；④债券融资。投资银行将帮助并购方确定以上一项或几项作为并购资金来源，并设计好具体的融资方案，待并购协议签订后付诸实施。

投资银行应在充分考虑以上因素的基础上，帮助并购方选择切实可行的意向支付方式，为谈判做好充分的准备。为实现并购交易，并购方可以有多种支付方式，具体选择哪一种，取决于以下因素：①目标企业股东要求；②并购方股东要求；③法律法规要求；④税收因素。不同支付方式所面临的税负相差很大，如选择普通股支付要比选择现金支付节省所得税支出；⑤证券市场行情，如证券市场行情低迷，则目标企业股东将更愿意接受现金支付，反之，则更愿意接受证券支付。

7. 谈判阶段

一般情况下，并购交易的双方均会聘请投资银行作为代理人进行谈判。投资银行应采用适当的谈判技巧和策略，在必要时积极同其他专业性机构合作，维护代理人的利益，力促并购协议的达成。

8. 敲定并购方案阶段

如果并购属于善意并购，那么并购方在做好准备工作之后将开始与目标企业大股东或管理层正式谈判协商并购事宜(如属敌意并购，则并购方将直接实施并购方案)。双方将就并购方提出的并购方案广泛交换意见，反复磋商，讨价还价，直至达成共识，敲定最终并购方案，签订并购协议书。在协议书中，应明确并购推进时间表、并购价格、支付工具、双方在并购进行期间的权利义务、并购后目标企业各方面的具体安排、违约责任等各项条款。

9. 执行并购协议，实施并购方案，完成并购或终止并购阶段

这是并购活动中最后的，也是最关键的步骤。通常情况下，经过精心、周密的前期工作，并购方和投资银行已为实施并购做好了充分准备，这时只需按照并购方案有条不紊的推进即可。但有时客观情况会出现意料之外的变化，这时就需要并购方和投资银行随机应变，采取适当措施，避免损失，完成并购。这对投资银行的能力和素质提出了相当高的要求。

10. 并购后对目标企业的安排阶段

并购方案中一般要对并购后目标企业各方面的安排做出规划。这些安排包括：①收购款项的支付进度；②并购后目标企业的经营方向和发展战略；③并购后目标企业的组织架构和运行机制；④并购后目标公司董事会、监事会、独立董事的人员构成；⑤并购后目标企业管理层的人员组成；⑥并购后目标企业的员工安排、薪酬机制及退休金计划。

投资银行要帮助并购方对并购后目标企业的各方面具体安排做出合理规划，以求最大限度地避免并购后不同企业文化的碰撞及由于并购所导致的人才流失和无形资产的损失。

6.3.2　投资银行在杠杆收购中的作用

投资银行作为并购方融资顾问的作用在杠杆收购(leverage buyout，LBO)中得到了充分的表现。所谓杠杆收购，是指并购方通过向金融机构大量举债或发行高利率、高风险债券的方式筹集并购所需资金，而这些债务的还本付息以目标企业的资产或未来现金流作为担保的收购。杠杆收购的实质是并购方通过举债获得目标企业产权，并以目标企业所产生的现金流量偿还债务的并购方式。由于这种方式通过增加并购方的财务杠杆使并购方达到了“小鱼吃大鱼”的目的，因而被称做杠杆收购。

杠杆收购从本质上讲是一种融资行为，其成功的关键在于选择融资方式与设计融资结构。投资银行的作用也就集中体现在这里。具体来说，投资银行首先会帮助并购方从金融机构获得一笔过渡性贷款(有时这笔过渡性贷款由投资银行自己提供给并购方)，并购方利用这笔贷款购买目标公司股权。当并购方取得对目标公司的控制权后，再安排目标公司发行大量债券筹款用以偿还贷款。由于发行债券时目标公司负债比率过高，导致债券信用评级很低，具有高风险、高利率的特征，因而被称做“垃圾债券”(junk bond)，也就是信用等级在高收益风险的投资级以下(从 BB 级到 CCC 级)的债券。协助并购方设计和组织发行“垃圾债券”是投资银行作用的最集中体现。

在实务操作中，买方常常先设立一家完全以并购为目的的“纸上公司”(paper company)作为收购主体，该公司的资本结构，即过渡性贷款加自有资金。在收购完成后，利用公司法中关于公司合并的规定，将“纸上公司”同目标公司合并，使两公司负债叠加后实际由目标公司承担。目标公司进而通过“垃圾债券”等方式融资还贷款。

按债权方对目标公司资产请求权的先后顺序，用于杠杆收购的资金来源呈现出一种倒金字塔形结构。其最高层是具有资产优先请求权的金融机构贷款，也被称做高级债务(senior debt)。这类贷款通常以目标企业的资产作为抵押，约占收购资金总量的 60%。中间层是主要由“垃圾债券”组成的夹层债务或附属债务(subordinated debt)，约占收购资金总量的 30%左右；塔基才是并购方自身投入的股权资本，仅占收购资金总量的 10%左右。由此可见，并购方以非常低的比例投入取得了对远远超过投入资金规模的目标企业的控制权。

杠杆收购可以说是 20 世纪 80 年代美国投资银行业的一项伟大创举，它直接引发了 80 年代中后期的第 4 次并购浪潮。在杠杆收购中，投资银行全方位综合发挥了证券发行、企业并购、金融创新、财务顾问、融资顾问等多重功能，充分体现了投资银行金融市场核心的地位与作用。

6.3.3　投资银行在敌意并购中的作用

在现实的企业并购中，相当大一部分属于敌意并购。当一家公司成为被并购的目标而又不愿意接受并购条件时，往往会请求投资银行帮助其设计相应的反并购策略，“兵来将挡，水来土掩”击退敌意并购方的进攻。反收购策略的作用具体体现在并购活动的最后这一阶段，但其策划与实施则往往要未雨绸缪。

投资银行在企业反并购中主要从以下三个方面入手发挥作用。

1. 整顿

目标企业之所以成为并购方下手的对象，其主要原因往往在于自身存在着某些致命的缺陷或弱点，使对方有机可乘。这类企业一般具有以下特点：①股价偏离公司实际价值或潜在价值较大；②财务杠杆偏低；③资产流动性较强，有较多资产以现金和有价证券形式存在；④有相对于现时股价的良好现金流；⑤有可供出售的不影响现金流的资产；⑥企业管理层和主要股东间意见分歧。因此，要避免被收购的命运，目标企业就要在投资银行的帮助下纠正自身在股权结构、财务结构、管理结构等方面的缺陷，消除并购方可资利用的空隙。

2. 预防

预防是指目标企业在投资银行的协助下事先采取措施，尽量减少自身被并购的可能性与吸引力的行为。主要从以下几个方面采取反并购措施。

(1)尽量增加自身可掌控的股权。掌控的股权越多，对企业的控制力就越大，就越不容易被其他企业兼并。具体来说，目标企业大股东可以采取以下的措施：①自身增持股份；②使友好关联企业或下属子公司持有股份，有时甚至可以直接让投资银行持有股份；③员工持股使股权向企业内部集中。通过这些措施，目标企业大股东可以增加自身掌控的股权，避免被并购的命运。

(2)管理层防卫。对目标企业的敌意并购，其实质是产权市场表达对目标企业管理层不满的一种"用脚投票"的方式。因此，目标企业管理层往往会采用各种策略提高并购方的并购成本，使对方望而却步。常用的手法有以下三个：①"金降落伞"，是指目标企业董事会通过以下决议，"一旦被并购，且董事、高层管理者被解职时，被解职者可领到巨额退休金"。②"银降落伞"，是指规定目标企业一旦被并购，且董事以下高层管理者被解职时，被解职者可领到略逊于"金降落伞"的巨额同类保证金。③"锡降落伞"，是指规定目标企业一旦被并购，一般员工如果是被解雇，将根据工龄长短领取相应遣散费用。

(3)保持公司控制权。目标企业可在公司章程中加入以下条款，增加并购方接收本企业的难度，使其即使获得对本企业的控股地位，也难以获得对本企业的控制权。条款有：①董事会轮选制，规定每次董事会换届只能改选一部分董事。这样要更换现有董事会全部成员必须经历相当长的时期，使得并购方无法在短期内控制目标企业。②超级多数条款，是指规定当企业面临并购时，赞同并购的股东必须占到绝大多数，从而加大了并购的难度。③限制性表决条款，是指在股东大会上限制大股东的表决权，规定大股东投票不能超过一定数量或比例，从而削弱并购方对目标企业的控制权。

(4)"毒丸"策略，是指目标企业自我破坏，从而使自身失去对并购方吸引力的策略，也称"焦土政策"。包括以下策略：①向本企业股东发行"毒丸"权证，规定当发生敌意并购时，持有这种权证的股东可凭证以优惠价(通常是市场价的50%)认购目标企业的股票。从而达到稀释敌意并购方股权比例的目的。②重新确定债务偿还时间，是指目标企业与债权人达成协议，一旦目标企业被敌意并购，则债权人有权要求立即清偿债务。从而使敌意并购方在并购后面临立即偿债的难题，迫使其放弃并购行为。

(5)"白衣骑士"策略，是指目标企业与友好企业事先达成协议，一旦目标企业遭遇敌意并购者的进攻，则友好企业有权以优惠价格认购目标企业股票，使敌意并购方难以获得足够股份以控制目标企业，友好企业则被称做“白衣骑士”。

3. 反抗

反抗是指目标企业在投资银行的协助下，在敌意并购行为发生时采取的阻碍并购行为，反抗策略一般有以下几种。

(1)出售“皇冠明珠”。目标企业之所以成为被并购的对象，原因可能是由于其拥有并购方感兴趣的资产。这些被称做“皇冠明珠”的资产包括：①品牌；②专利技术；③土地；④设备；⑤矿产开采权；⑥特许经营权；⑦营销网络；⑧专业技术人员等。如果目标企业无力阻挡敌意并购方的进攻，则可以采用出售“皇冠明珠”的手段使并购方失去对本企业的兴趣而放弃并购。

(2)“小鱼吃虾米”，是指目标企业通过购入收购方不愿拥有的或可能受反垄断法律禁止拥有的资产以达到阻止其并购本企业的效果。

(3)寻求司法庇护，是指目标企业向法庭、司法部或反垄断委员会等机构提出指控，控告收购方行为违反了诸如《反垄断法》、信息披露原则等规定。这样做进可以利用法律阻止敌意并购方的进攻，退可以为自己争取到布置反并购行动的时间。

(4)股票回购，是指目标企业以高于敌意并购方要约价格的价格回购本企业股票，从而减少股票流通量并提高股价，增加并购方并购的难度。

(5)反收购，是指目标企业在遭遇敌意并购时，直接反收购敌意并购方的股权，这样进可以迫使敌意并购方退而防守，挫败其并购企图，退可以即使在被并购的情况下，因持有对方部分股权而分享部分利益。

反并购策略的成功实施，能够有效提升并购方并购成本、降低目标企业价值或增大并购方获得控制权的难度，并购方往往被迫放弃并购的企图。在这其中，不同的投资银行分属于并购方和目标企业两大阵营，出谋划策、斗智斗勇、各显神通，大大丰富了企业并购的内涵与外延。

➤本章小结

(1)企业并购是兼并和收购的合称。兼并，或称合并，是指两家或更多的独立企业依照法定程序合并成一家企业的行为，其特点是兼并必然带来交易单方乃至所有交易各方独立法人地位的丧失。收购，是指一家企业按照法定程序用现金、债权或股票购买其他企业的全部或部分产权的行为。收购不同于兼并，并不会必然的导致被收购方独立法人地位的丧失，企业实际控制权的转移是收购行为关注的焦点。

(2)并购按并购中各方的产品与行业关系可划分为横向并购、纵向并购、混合并购；按并购的支付方式可分为承担债务式并购、股份交易式并购、现金购买式并购；按并购的操作方式可分为直接并购、间接并购；按并购双方是否友好协商可分为善意并购、敌意并购。

(3)企业并购的内在动因是期望得到经营和财务上的协同效应。经营协同效应是指由于在生产、管理、营销等各方面的互补性，两个或两个以上的企业在并购后会产生规模经济，提高经营效率和盈利水平。具体而言经营协同效应包括购销上的协同效应、生产上的协同效应和管理上的协同效应。财务协同效应是指企业并购后，由于规模的扩大和组织结构的变化，给并购后的企业带来财务方面的诸多好处。具体而言财务协同效应包括合理避税效应、提高财务杠杆、获得直接融资平台。另外，企业并购作为企业的一种外部扩张方式，是实现企业发展战略的一种重要而普遍的手段。具体来说，企业并购可以帮助企业提升市场势力、跨越行业地域壁垒、实现多元化经营、获得专门资产。

(4)投资银行在企业并购中的作用集中体现在并购活动的整体策划与组织实施、对目标企业价值的准确估计和帮助并购方筹集并购资金三个方面。这三方面的作用分别在企业并购的各个流程中得到具体体现。企业并购的流程基本上可分为并购方的自我评估、确定并购目标、联系确定并购交易中涉及的其他专业性机构、尽职调查、分析目标企业信息提出并购方案、与目标企业谈判达成并购协议、执行并购协议完成并购等几个阶段。投资银行在各个阶段都发挥了巨大作用。

(5)为准确估算目标企业价值，投资银行需要从宏观经济形势、目标企业所处行业、产品、市场占有率、财务、商誉等各个角度综合考虑。具体方法有净资产账面价值法、现金流量贴现法、比较价值法等，这些方法各有其优势和不足，具体选择哪种方法要视目标企业的实际情况而定。在实践中还可以将各种方法交叉使用，从多个角度评估目标企业价值。

(6)投资银行作为并购方融资顾问的作用在杠杆收购中得到了充分的表现。所谓杠杆收购，是指并购方通过向金融机构大量举债或发行高利率、高风险债券的方式筹集并购所需资金，而这些债务的还本付息以目标企业的资产或未来现金流作为担保的购物。杠杆收购的实质是并购方通过举债获得目标企业产权，并以目标企业所产生的现金流量偿还债务的并购方式，其成功的关键在于选择融资方式与设计融资结构。投资银行的作用也就集中体现在这里。

(7)在现实的企业并购中，相当大一部分属于敌意并购。当一家公司成为被并购的目标而又不愿意接受并购条件时，往往会请求投资银行帮助其设计相应的反并购策略。反并购策略可分为整顿、预防和反抗三大类，具体包括“金降落伞”、超级多数条款、“毒丸”策略、“白衣骑士”策略、出售“皇冠明珠”、“小鱼吃虾米”、反收购、股票回购等手段。

➤【案例 6-1】

一、案例介绍

1. 引言

20 世纪 80 年代初，香港船王包玉刚在香港证券市场上斥巨资收购了九龙仓，从而“弃舟登陆”，为以后陆上产业的发展打下基础。时隔十多年，在中国证券市场也发生了一起引起广泛关注的“登陆”案件，1997 年 5 月 27 日，中国远洋运输集团(以下简称中运集团)旗下的中远置业发展有限公司(以下简称中运置业)以协议方式受让了占上海众城实业股份有限公司(以下简称众城实业)总股本 28.37%的发起人法人股，成为该上市公司的第一大股东。众城实业后来改名为中远发展。这一并购重组案例是上海房地产业的第一起“买壳上市”案，同时为大中型国企利用证券市场发展壮大自己探索了一条新道路。中远置业后来又分别从上海陆家嘴金融贸易区开发股份有限公司和中房上海房地产开发总公司协议受让共 39.67%的股权，这样中远置业共持有众城实业 68.37%的股权，成为众城实业绝对控股方。中远置业增持股份是有着其深远的战略考虑意义，是在中远置业对众城实业资产重组工作已取得明显绩效基础上所做的战略性投资行动。中远置业-众城实业资产重组案例是近年来中国资本市场上比较精彩和具有影响力的经典力作之一。

2. 公司背景介绍

1)中远集团

中远集团，成立于 1961 年，是我国名列前茅的战略性特大型国有跨国企业，其资产总值约 1 500 多亿元。1993 年，国家以中国远洋运输公司为核心母体组成企业集团，在国家 56 家特大型国有集团公司中排名第 5。其下属企业主要有中国外轮代理集团公司、中国船舶燃料供应总公司及其广州、大连、上海、青岛、天津、厦门、蛇口远洋运输全资子公司。目前中远的集装箱运输能力居世界第 4 位，散货船队运输能力排名高居世界第一。

中远集团在取得辉煌成就的同时，其业务发展也开始面临激烈的竞争和挑战。虽然中国经济和对外贸易的快速增长为海运业提供了良好的市场机遇，但是随着海运市场的对外开放，中远集团面临激烈的市场竞争。这种竞争自 1995 年国际主要海运公司将其干线班轮直接停靠上海、盐田等中国港口后体现得更加明显，并导致了中远集团在集装箱运输市场份额的下降和 1996 年经营效益的滑坡。

为了克服在竞争中遇到的困难，中远集团提出了下海—登陆—上天的新发展战略，将公司从航运企业向综合性物流企业方面过渡，并着重将房地产产业作为集团多元化拓展的重点。

中远置业是中远集团于 1997 年 3 月 27 日刚成立的大型控股公司，注册资本 3.2 亿元，中远置业在这资收购中是收购主体，避免了产生主体上的混淆与不清。但应明白的是，作为全资子公司的中远置业，它的行动实际上均是在中远集团这个强大后台授意下进行的。

2)众城实业

众城实业是于 1991 年 10 月 28 日在浦东地区成立的第一批股份制企业之一。公司于 1991 年发行人民币普通股，1993 年 4 月 7 日股票在上海证券交易所挂牌上市。众城实业是一家以房产开发、经营为主，集餐饮、娱乐、商贸为一体的实业公司。其在房地产和实业的投资在结构上比较单一，主要集中于开发高档涉外办公楼、外销房和大型娱乐所。

由于 1994 年以来我国房地产产业不景气导致了市场疲软及一些投资决策失误，众城实业外销房销售困难，经营业绩连续大幅度滑坡，从下面各年度财务指标可以看出：每股收益从 1994 年的 0.488 元、1995 年的 0.16 元，迅速降至 1996 年的 0.005 5 元。净资产收益率相应地从 28.45%降至 1995 年的 7.99%再降至 0.28%，年增长率为－89.38%和－90.08%，资产沉淀达 2 亿多元。在转让前，排名前 4 的股东分别是陆家嘴公司、上海国际信托投资公司、中国建设银行上海市分行第二营业部、中房上海房地产开发总公司，持股比例分别为 22.97%、16.70%、16.70%、16.70%。

表 6-4　1994～1997 年度众城实业主要财务指标

年份	1997	1996	1995	1994
总资产/万元	61 016.1	45 825.6	48 283.3	39 854.7
主营业务收入/万元	24 451.8	4 458.6	10 410.0	16 111.2
净利润/万元	10 448.5	93.4	2 669.7	6 512.6

续表

年份	1997	1996	1995	1994
每股收益/万元	0.48	0.005 5	0.16	0.488
净资产收益率/%	23.78	0.28	7.99	28.45
每股净资产/元	2.01	1.99	2.16	1.71
股东权益比例/%	72.01	73.09	75.45	57.44

3. 并购过程

1)未雨绸缪——制定多元化“登陆”战略

中远登陆战略形成的外部动因是市场竞争日趋激烈，以多元化战略分解风险，内部需求是市场份额下降、经济效益滑坡的中远集团需要新的增长点，并建立桥头堡。

2)随风而起——抓住机遇

政策机遇是1997年中央和地方各级政府对上市公司的资产重组给予极大支持，市场机遇是众多在竞争中陷入困境的上市公司，客观上为中远集团的收购案提供了“壳”。

3)水到渠成——实现并购

(1)借助外脑寻找并购目标。中远集团从1996年就着手收购国内的上市公司并与上海亚洲商务投资咨询公司合作。亚洲商务投资咨询公司作为收购方的财务顾问，和中远集团共同确定了收购方式和收购对象。

(2)成立中远置业。为避免产生收购主体上的混淆与不清，中远集团于1997年3月27日刚成立了大型控股公司——中远置业，注册资本3.2亿元，从而明确了收购主体。

(3)克服阻力收购众城实业部分股份——获得经营权。在最初有部分股东不愿出售其股份的情况下，1997年5月27日，中远置业一次性受让众城实业发起人国有法人股共4 834.426 5万股，中远置业持有众城实业28.7%的股份，成为其第一大股东。

④精心运作——终获绝对控股权。中远置业完成部分收购后，使众城实业业绩明显提高的同时大造声势获得社会认同，进而以更优惠的价格于1997年10月，分别与上海陆家嘴金融贸易区开发股份有限公司和中房上海房地产开发总公司签署协议，一次性受让总共占众城实业总股本39.67%的发起人法人股。至此中远置业共持有众城实业68.37%的股权，成为其绝对控股方。

4)妙笔生花——众城实业获得新生

资产重组使众城实业获得新生，通过剥离不良资产 、盘活存量资产 、注入优良资产的运作及管理优化，在1998年2月9日，众城实业率先披露了1997年的年度报告摘要，该公司以0.48元的每股收益和23.78%的净资产收益率，向证券市场交出了一份出色的答卷。

二、案例分析

1. 市场环境

(1)证券市场规模扩大，存量资金增加，在融资功能进一步强化的同时，优化配置资源的功能也开始明显，证券市场将成为国有资产战略性重组的渠道，上市公司间及非上市公司同上市公司间的股权收购不断涌现。

(2)在上市实行审批制下，上市额度是稀缺资源，尤其是房地产类公司上市受到国家严格的限制。

(3)企业之间出现两极分化。随着市场对企业的制约性因素日益加强，一些上市公司在竞争中落伍了，陷入经营的困境，另一些企业在竞争中实力加强，客观上有通过证券市场实现外部增长及进行战略发展的要求。另外，政府为了更充分的利用“壳”资源，同时提高证券市场的质量和减少风险，鼓励一些有实力的大企业集团收购兼并这些上市公司。

2. 并购目的

中远花巨资买“壳”是一次战略举动，注重的是长期效应，是其战略布局重要的一招，其最主要的目的是在上海抢占“桥头堡”，为其业务转至上海并进行扩张做好准备。上海不仅是国际贸易和金融中心，而且还日益成为国际航运中心，近年来上海港国际集装箱运输发展迅速。因此，作为中远的战略部署，中远必须在上海寻找一个“桥头堡”，并且成为以后在上海开展货运、仓储的基地。中远建立“桥头堡”的方式有两种，第一种是“造堡”，即自己在上海申请土地建造大楼，这种方式涉及的审批程序多、工期长、投入大；第二种便是“买堡”，即在证券市场上购买一家上市公司。第二种方式具有很大的好处，因为这样一方面可以迅速建立“桥头堡”，另一方面又可以得到一只“壳”，进行重组后可以源源不断地筹集资金。这可谓“一箭双雕”。另外，收购上市公司还可以迅速提高中远的名气，为其节约了大量广告费用及以上市公司的形式来评估其在长期发展过程中被低估的资产，达到内部资源的优化配置。

3. 目标选择

通常来说，被并购的目标公司应具备以下特点：①有一定的标志性、独特性；②行业上有一定的相关性；③负担较轻。而众城实业可以说是一个标准的目标公司，其相应的特点列示如下。

(1)众城实业总股本为 1.68 亿元股，规模适中。

(2)众城实业地处上海陆家嘴金融贸易区繁华地段，这对中远集团实施“登陆”战略，落户浦东具有重要的意义。众城实业投资 2 亿元在陆家嘴金融贸易区建造的众城大厦是浦东新区首幢落成的高档涉外写字楼，这符合中远在上海登陆的形象和需要。若中远在陆家嘴再建一幢同等规格的写字楼，撇开批地中涉及的烦琐审批手续以及造楼所花工期不谈，就成本而言，造价恐怕都不止 3 亿元，而收购众城即使达到 50%的比例也不过 3 亿元左右。在时间和成本上中远都非常划算。

(3)众城实业作为我国首批股份制改造企业之一，曾具有良好的投资价值和市场形象，尽管近几年业绩连续滑坡，但仍有潜在的价值可挖掘。

(4)众城实业属于房地产类，与中远集团陆上产业发展规则——“九五”期间在房地产投资 60 亿元的发展目标相符。若收购成功，则可以有效地探索、以房地产业外部增长为外部突破口的新型增长道路。

(5)众城实业资产结构单一，人员比较少，并且其目前的负债比率低(只有百分之二十几)，这有利于收购后的重组和公司整合。

4. 并购战略

从中远收购众城实业看，众城实业 1996 年和 1997 年净资产分别为 1.99 元和 2.01 元，而收购价为 3 元和 3.79 元，所以我们认为是按市价法作为定价方式的。

从收购过程讲，中远实行了“两步走”战略。

第一步，斥资 1.45 亿元，以 3 元/股的价格，受让了 28.7%股权，成为第一大股东。

这样做有几个好处：①既使中远成为众城实业第一大股东，也避免了按规定收购比例超过30%要发出全面收购要约的麻烦，使得尽快控股目标得以顺利实现。②由于部分股东不愿出售股份，暂时搁置，尽快实现控股。③如果一次花巨资绝对控股后发现被收购企业内部存在一些事先未能预料并且难以解决的问题使得收购整合工作非常难开展时，想要撤回投资将面临巨大的风险和经济损失。④从宣传效果看，一次性绝对控股的宣传和影响效果远远比不上分两步实现绝对控股的宣传的效果好。

第二步，斥资2.53亿元，以3.79元/股的价格，使控股权达到68.37%，实现了绝对控股。这样做有几大好处：①绝对控股使中远置业在众城实业中的决策和实施效率大大提高，从而不排斥利用这一上市公司载体，实施进一步重大战略举措的可能。②不使利益被其他股东分享，中远置业为此买"壳"上市及后续资产重组运作已投入大量资金，按股比例的提高可使其充分享受因众城实业业绩大幅改善所带来的综合收益。③由于众城实业基本面已明显好转，如现在不及时增持股份，则随着众城实业业绩增长其股权的成本会相应提高。④条件成熟时，参照国际惯例，中远置业还可以开展更高层次的股权运作，为众城实业引进新的战略合作伙伴。

5. 并购后的整合

中远在成功控股众城实业后，实行了以下整合措施。

(1)调整投资经营结构，改变公司投资经营结构单一的现状。积极拓展新的市场领域、适时调整经营发展战略，逐步使公司目前单一的房地产开发经营投资经营结构，向国民经济主产业、基础产业和新兴产业为主的多元化结构转变。

(2)注入优质资产，将运输、仓储、贸易等优质资产注入，并将公司的行业类别由房地产改为综合，并更名为"中远发展"，将中远的品牌无形资产注入。

(3)盘活众城大厦、众城商厦、众城公寓存量资产，利用中远集团极为广泛的海内外客户网络关系积极寻求合适买家，力争使沉淀资产由烫山芋变成金娃娃。盘活众城花苑，使其缓建；与上海远洋广场置业发展有限公司共同合作成立上海众城花苑房产开发有限公司，进而实现合作开发。

(4)剥离不良资产，中远房地产公司和中远酒店物业管理公司联手买下众城大酒店和众城俱乐部，上海众城超市公司转让给上海远洋船舶供应公司。

6. 案例评价

1)成功的收购，双赢的结果

1998年2月9日，众城实业率先披露了1997年的年度报告摘要，该公司以0.48元的每股收益和23.78%的净资产收益率，向证券市场交出了一份出色的答卷。与上年相比，该公司1997年实现主营业务收入2.45亿元，完成净利润1.04亿元，增幅分别高达436%和11 087%。

1998年3月公司正式更名中远发展(600641)，目前总股本36 786万元，流通股本9 906万股，公司主营实业投资、资产经营、房地产开发及国内贸易等，具备房地产开发企业二级资质。经营业绩连续2年高增长，1999年每股收益0.84元，2000年在进行10送4股的方案后，每股收益仍达0.76元，同时2000年实现净利润同比增幅达27%。

2)合理配置资源、协调发展

众城实业相对中远集团来说是小企业，但它所拥有的黄金地段、高档楼宇、上市公司的“壳”等资源正是中远所急需的，这样双方通过资本的纽带实现了紧密型合作，资源配置功能得以充分体现。这样的合作无疑对双方都是有利的，能够起到 1+1>2 的综合绩效。

3)制度创新

在管理整合过程中，中远一方面注意把国企一些规范的规章制度和人事约束等优势因素引入众城实业；另一方面，中远又注意保留众城实业作为股份制上市公司的体制优越性，那就是规范的财务管理和审计要求，透明的重大决策和信息批露制度要求，对股东权益负责和对市场负责的要求，服从证券市场监管规则的要求等。双方的管理优势相结合，从而使体制得以创新，企业焕发出勃勃的生命力。

4)专业顾问的作用

企业并购，特别是交易规模较大的并购案例的圆满完成需要一些优秀的中介机构共同合作完成。这些中介机构包括财务顾问公司、会计师事务所、资产评估机构、律师事务所等，其中最为关键和重要的是并购财务顾问公司。上海亚洲商务投资咨询公司作为本次并购的财务顾问，主要提供了以下服务：选择合适的收购时机、选择合适的收购对象、设计最优的收购方案、参与收购主要谈判进程等。

（以上案例资料来源于华夏管理传播网 www.huaxiamanage.com，有改动）

➤【案例 6-2】

一、案例背景

1985 年年末，A 公司的资产负债表显示，该公司有流动资产 400 万美元，应计折旧固定资产 1 200 万美元，非应计固定资产折旧 200 万美元，应计折旧资产已折旧完毕，但还处在良好的可用状态下，这些资产的重置成本为 1 000 万美元，公司有流动负债 50 万美元，长期债务 250 万美元，以及普通股权益 200 万美元，发行在外的普通股有 100 万股，其资产负债表如表 6-5 所示。

表 6-5　1985 年 A 公司的资产负债表(单位：百万美元)

资产	金额	负债和权益	金额
流动资产	4.00	流动负债	50
现金	0.20	应付票据	50
有价证券	1.55	—	—
存货	1.75	—	—
应收账款	0.50	长期负债	2.50
固定资产	2.00	权益	3.00
应计折旧资产	12.00	普通	1.50
减：累计折旧	12.00	保留收益	1.50
净值	0	—	—
非应计折旧资产	2.00	—	—
总资产	6.00	总负债和权益	6.00

当时，公司的销售非常稳定，收入也很少波动，1985 年公司的每股净收益是 0.69 美

元，公司股票售价为 8 美元，市盈率 11.6 倍。公司的经理人员曾建议董事会增加债务杠杆，但遭到董事会的反对。为了保存饭碗，经理人员也不愿更多指责董事会的保守，但经营人员相信，如果能从过分保守的董事会解放出来，他们会做得更好。1985 年年末，出于对有人要接管公司的传闻做出反映，经理人员找到一家投资银行，希望将公司私有化。按照投资银行的建议，经理人员组织了一家空壳公司 B 作为法律实体来收购 A 公司(表 6-6)。

表 6-6　1985 年 A 公司损益表(单位：百万美元)

项目	金额
销售收入	15.00
销售成本	8.00
毛利	7.00
销售及管理费用	5.50
折旧前营业收益	1.50
折旧	0
营业收益	1.50
利息费用	0.35
税前收益	1.05
税金	0.42
税后净收益	0.63
现金流=税后净收益+折旧=0.63	—

二、案例经过

在投资银行的帮助下，B 公司以每股 12 美元的价格收购 A 公司的全部股票，最终，收购成功。其收购所用资金共计划 1 200 万美元(100 万×12 美元)，其资金来源是：500 万美元来自于有担保的商业银行贷款，成本是 12%；400 万美元出自出售“垃圾债券”筹集，成本是 18%；投资银行出资 120 万美元，占有 40%的权益；经理人员集团补齐所缺的 180 万美元，经理人员对投资银行保留了一项购买选择权，即有权在 5 年之后买回投资银行的股份，使投资银行获得年复利 40%的回报。

取得控制权后，B 公司将收购资产的折旧基数上调为 1 000 万美元，新的所有者马上将他们的办公室迁往便宜的地区，并采取步骤减少公司的固定费用，其效果是每年减少了 150 万美元的销售及管理费用。管理部门还使自己处于可以退还 A 公司前些年所付税款的地位，为此，公司决定对其应计折旧资产实行加速折旧，以增加现金流。公司前 4 年的现金流全部用来偿还债务。偿还高息“垃圾债券”，第 5 年的现金流一部分用来偿还债务，将债务调整到收购前的水平。第 6 年的收益的 80%可以用来支付股息。B 公司在收购后第 5 年及第 6 年的预测损益表如表 6-7 所示。

表 6-7　B 公司损益表(单位：百万美元)

项目	1986 年	1987 年	1988 年	1989 年	1990 年	1991 年
销售收入	15.00	15.00	15.00	15.00	15.00	15.00
销售成本	8.00	8.00	8.00	8.00	8.00	8.00
毛利	7.00	7.00	7.00	7.00	7.00	7.00
销售及管理费用	4.00	4.00	4.00	4.00	4.00	4.00

续表

项目	1986 年	1987 年	1988 年	1989 年	1990 年	1991 年
折旧前的营业利润	3.00	3.00	3.00	3.00	3.00	3.00
折旧	2.50	2.50	2.25	2.00	0.75	0.00
营业利润	0.50	0.50	0.75	1.00	2.25	3.00
利息开支	1.67	1.35	0.99	0.72	0.56	0.35
税前收益	1.17	0.85	0.24	0.28	1.69	2.65
税前收益	1.17	0.85	0.24	0.28	1.69	2.65
税金(40%)	0.47	0.34	0.10	0.11	0.68	1.06
税后收益	0.70	0.51	0.14	0.17	1.01	1.59
股息和红利现金流	0.00	0.00	0.00	0.00	0.00	1.27
所欠债务	1.80	1.99	2.11	2.17	1.76	1.59
短期(10%)	0.50	0.50	0.50	0.50	0.50	0.50
长期银行债(12%)	7.50	7.50	5.60	3.43	2.50	2.50
债券(18%)	2.20	0.21	0.00	0.00	0.00	0.00
累计保留收益	0.70	1.21	1.35	1.18	0.17	0.15

到了第 5 年年末，经理人员行使选择权，以约定的 645 万美元的价格买回了投资银行在公司的权益，经理人员随即在二板市场将手中的权益以 1991 年盈利的 15 倍价格出售，使公司再度公有化。

三、案例分析

广义而言，本次收购有直接参与和间接参与者，间接参与者有商业银行和长期债券持有人及投资银行，他们在本次收购中获得的收益分别是利率为 12%的贷款利息和债息率为 18%的债券债息；投资银行获得了年复利为 40%共约 645(即 120×1.45=174)万美元的收益。而收购公司 A 公司获得的收益计算如下：以 1991 年收益的 15 倍出售权益 100 万股的毛收入为 1.59×15×100=2 385(万美元)，扣除发行成本 160 万美元后，其净收益为 2 225 万美元，相当于年收益(按复利计算)为 54%。

从本案例中可知，本次杠杆收购收益来源于以下几方面。

(1)来源于目标公司固定资产。原目标公司固定资产虽已折旧完毕，但仍处在完好状态，其重置价值为 1 000 万美元，后来收购公司通过加速折旧获得其价值。

(2)来源于杠杆收购后私有化后的管理成本降低。收购公司完成收购后，每年降低管理成本及费用 150 万美元。

(3)来源于目标公司价值被低估。目标公司在被收购前的股票市盈率为 11.6 倍，而收购方 5 年后再次将公司公有化时的市盈率为 15 倍。

(4)来源于收购后公司经过收购方的重整，其收益也较原目标公司有很大幅度的提高，从原来每股收益 0.63 元，提高到每股收益 1.59 元。

➤思考题

1. 试述企业并购的含义。
2. 试述兼并与收购的共同点与不同点。
3. 试述并购的基本类型及其划分标准。

4. 试述企业并购的基本动因。
5. 试述企业并购包括哪些基本程序。
6. 试述投资银行在企业并购中的基本作用包括哪几方面。
7. 估计企业价值的基本方法都有哪些？试述其各自的基本原理。
8. 试述杠杆收购的概念、流程、融资工具和资金来源的结构。
9. 投资银行在协助企业实施反并购时的作用体现在哪些方面？有哪些具体策略？

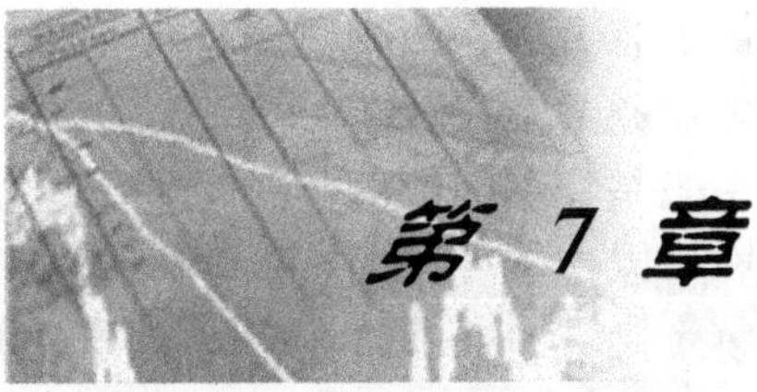

第 7 章

投资银行的资产管理业务

资产管理是资本市场业务中的一个重要组成部分，并越来越成为投资银行业务中不可分割的一部分。资产管理业务是投资银行在传统业务基础上发展起来的，是投资银行接受客户委托，在严格遵循客户委托意愿的前提下，对客户资产进行有效的管理与运营，在保全客户委托资产的基础上，实现其资产增值的新型证券业务。它所体现的关系是金融资产的所有权与经营权的分离及其专业化运用，是一种委托代理关系。在较为成熟的证券市场，投资者大都愿意委托专业人士管理自己的财产。投资者将自己的资金交给训练有素的专业人员进行管理，避免了因专业知识和投资经验不足而可能引起的风险，对整个证券市场有一定的稳定作用。

目前，资产管理业务已经成为投资银行的一项核心业务，它以其庞大的市场规模、带动相关业务发展的能力，而受到投资银行的高度重视。

7.1 资产管理业务的起源与发展

7.1.1 资产管理业务的发展背景和趋势

投资银行发展资产管理业务，既是投资银行在经历了承销、代理和自营业务迅速发展后，进一步拓宽业务渠道、增强盈利能力的需要，同时也是证券市场发展到一定阶段后，其专业分工增强和更广泛的投资人参与的必然结果。在证券市场趋于成熟后，公司的发行需求趋于相对稳定，这就制约了投资银行发行承销业务的发展；经纪业务的技术含量相对较低，进入壁垒小，投资银行之间的竞争相当激烈，加上网上交易的快速发展，佣金下调的压力不断加大；自营业务的发展则受到市场走势、自有资金及融资规模等方面的限制，因此，仅仅依靠传统主业投资银行难以做到持续、高速发展，这就促使投资银行不断进行业务创新，寻找新的利润增长点。而随着经济的发展，社会财富的不断增加，为闲置的财富保值、增值的要求不断增强。然而对普通投资者而言，由于缺乏专业知识，通过投资成功实现保值、增值的可能性不大，因而希望委托专业机构来管理。投资银行长期从事自营业务，积累了丰富的经验，为委托资产的保值、增值提供了有力的保障。资产管理业务的供给与需求有效地结合在一起，促进了投资银行资产管理业务的发展。

这种资产以委托代理方式进行管理的范围和深度，一般是随着经济的金融化发展而发展的，经济的金融化程度越高，金融资产的多元化越发展，以信托关系进行的资产管理的范围和深度越大。随着资产管理的社会需求日益增长，要求进行专业化资产管理的资产规模就会更大，因此，资产管理对投资银行来说越来越成为一项重要的业务，其委托佣金也越来越成为投资银行收入的重要来源。资产管理的主要对象，虽然一般是货币、证券等金融资产，但资产管理的范围，也可以延伸到非金融性的实物资产。在理论上，资产管理可以涵盖一切形式的资产，包括现金资产、证券资产、股权资产、债权资产和实物资产。

值得注意的是，在投资基金盛行的情况下，投资银行的资产管理仍有如此规模，可见投资银行本身的优势和特点，使其资产管理业务与其他机构的资产管理业务相比具有一些独有的特征：①投资银行资产管理业务的受托资产主要投资于各种有价证券。国外投资银行的资产管理人往往将托管资产的绝大部分用于证券市场的投资，而且资产管理人不仅投资于证券市场上已有的股票、债券，还针对所托管资金的特性设计出新的投资工具(如各类基金和金融衍生工具)。②投资银行的受托资产主要是现金和国债。由于投资银行的资产管理业务主要是在证券一级市场和二级市场进行操作，因而需要运用货币进行投资。与基金的利益分配机制不同，投资银行的资产管理业务一般不以提取管理费的方式来进行利益分配，而大多数是采取利润分成方式。③投资银行的资产管理业务与本公司其他业务之间相互关联。投资银行在从事其他业务过程中积累了丰富的经验、信息和资源，这些都在客户来源、资金投向、运作经验等方面为资产管理的开展提供了资源和便利。投资银行各项业务之间的相互关联，使投资银行的资产管理业务与其他机构的资产管理业务相比具有较大的规模经济优势。④投资银行资产管理业务可以利用本公司雄厚的研究咨询力量。投资银行一般都有一支力量雄厚的研究队伍和经验丰富的咨询人员，这些咨询人员为资产管理业务提供了良好的支撑和服务功能，使资产管理业务得以更好地控制风险、提高收益。

在资产管理纯粹的委托代理关系中，由委托代理契约对资产使用目的和条件的约定，委托人和代理人的市场风险都能得到有效的控制。因为在这种契约关系中，资产所有者作为资产的委托人，投资银行作为委托人的执行者，双方都必须把风险规定在自己能够承受的范围以内。所以，从这个角度看，无论是对资产委托人，还是对资产管理人，资产管理业务都是一种低风险的业务。与此同时，资产管理业务可以带动投资银行承销业务、交易业务、利息和佣金等的大幅度增长。资产管理业务不仅可以辐射投资银行的其他业务，与其他业务具有高度的关联性，而且，它还是其他各项业务的总龙头，因此，投资银行完全能够以资产管理业务为龙头总揽各项业务，对其进行整合，使各项业务形成一个有机的系统。

正是因为资产管理业务有着上述的各项优势，国际大型投资银行都把发展资产管理业务放到战略高度，美林、高盛等国际大型投资银行都设有专门的个人、机构资产管理部门，办理单独开户的资产管理业务，而资产管理业务也不负所望，对投资银行业务和利润的贡献能力不断提高。

成功的资产管理可以建立投资银行与客户之间的良好关系，对公司进行自我宣传、争取客户有着积极作用，从而带动投资银行其他业务，如承销业务、经纪业务的发展，并提升投资银行的品牌价值。正因为如此，委托管理资产规模的大小已成为评价投资银行实力和信誉的重要指标。

7.1.2　资产管理业务在国外的发展现状

机构投资者是国外从事资产管理的主要力量。2000年美国前25家最大的机构投资者中，基金公司占8家，管理资产规模34 458亿美元，占比32.82%；资产管理公司占8家，管理资产规模33 957亿美元，占比32.32%；大型券商占9家，管理资产规模36 633亿美元，占比34.86%。美国主流资产管理服务主要分为两大类，即面向散户的共同投资基金和以机构投资者为主要客户的单独账户管理服务。与单独账户管理相关的服务机构的业务分工高度专业化，相互合作，构成一个庞大的服务体系。服务机构之间复杂的制约关系形成了稳固的行业约束机制，客观上促进了资产管理市场的发展和规范。

2005年前后，美林和摩根斯坦利添惠的管理资产规模远远超过了它们的总资产规模。美林证券于1976年成立美林资产管理公司，同时经营个人及机构资产管理业务，先后推出现金管理账户(cash management account，CMA)、货币市场基金(money market fund，MMF)、包管账户(wrap account)及财务基金(financial foundation)等创新金融产品以便更有效地进行资产管理。现金管理账户，功能类似于现在的银证通，成功地解决了现金资产流动性与营利性之间的矛盾。货币市场基金，以短期公司债券为主要投资对象，在获得短期金融市场收益的同时，还可以进行自由流通。包管账户在美国颇受投资者欢迎，分为顾客包管和互助基金包管。前者以富裕阶层为主要服务对象，后者以一般投资者为服务对象。财务基金，作为美林的新产品将保险推销员、银行、律师或注册会计师所完成的服务综合在一起，并免费向客户提供理财咨询建议。美林还推行“优等家庭”策略，与534 000个拥有25万～500万美元流动资产的“优等家庭”建立业务往来，虽然仅占其顾客总数的20%，却创造了80%的管理费收入。1997年3月，美林将原来的私人客户部分成美国私人客户部、国际私人客户部和资产管理部，以加强个人资产管理业务。1996年、1997年美林还分别兼并了尚酷公司和亚马逊公司与总部在英国的永星资产管理公司，使美林集团管理下的资产规模在1997年达到4 460亿美元，超过了摩根斯坦利添惠公司，其资产管理业务达到世界水平。截至1997年年底美林在全球共有900多万个人与机构客户，在世界各地有800多个办事处，雇佣15 300名个人财务顾问和机构投资客户主任(包括见习主任)。

摩根斯坦利过去一向以华尔街的“白鞋”而著称，只注重与公司和机构大客户打交道，1997年2月，摩根斯坦利与拥有庞大的、以散户为中心的证券经纪网络迪恩·威特合并，旨在加强个人资产管理业务。迪恩·威特在全美拥有361个办事处和8 500多名专职经纪人，由此带来规模可观的个人资产管理业务的目标客户，并提升个人资产管理服务能力。

高盛公司也将私人理财作为其资金管理的一个重心，其特色在于专门和一些有钱的个人和家庭打交道，个人客户投资必须在500万美元以上。1996年高盛公司收购了英国摩利(Morley)基金管理公司，其中共管理着250亿美元的养老金。随后管理着50亿美元的自由资产管理公司也加盟高盛。通过美林、摩根斯坦利、高盛三大投资银行在资产管理业务上的角逐就清晰地表明，资产管理业务已经成为决定投资银行核心竞争力的一个重要因素。

总结国外资产委托管理业务的经验可知，提供个性化服务是资产委托管理业务创新的根本所在。实际上，美国各投资银行的投资产品目录基本上都是相同的。一种产品在一家投资银行推出后，如果比较成功，马上会吸引其他投资银行跟进。唯一的区别就是研究实力和优化能力的不同，一家投资银行的研究实力和动态的优化能力难以被其他投资银行模仿，研究实力和优化能力的差异决定了各证券公司在资产管理中的竞争能力。

另外，在西方其他国家的主要金融机构业务中，资产管理业务也是增长最快的单项业务。德意志银行 2002 年前三季度资产管理业务收入 24 亿马克，比上年同期增长 14.3%，相当于同期利息业务总收入的 42%；汇丰银行 2002 年上半年管理的资产增量为 51 亿美元。截至 2002 年 6 月 30 日，由汇丰资产管理公司(汇丰集团属下的负责全球资产管理业务的子公司)管理的资产已达 1 400 亿美元。可以预测，国际机构间的资产管理业务竞争必将日趋激烈。

7.2 资产管理业务的种类和特点

7.2.1 资产管理业务的种类划分

在资产管理业务的发展过程中，由于资产管理受托人面对委托人的规模、要求、委托资产形态及资产管理组织形式等的不同，出现了多种不同的资产管理业务类型。

(1)按照资产管理业务的组织形态不同可将资产管理业务分为私募基金、公募基金和资产信托三种类型。其各自的特点为：公募基金采用公开募集方式，面向广大公众，尤其以中小投资者居多；对信息披露要求非常严格，需披露投资目标，并定期披露投资组合；政府对公募基金实行严格监管；基金管理人按基金净值提取一定比例的管理费作为运作经费和报酬。私募基金采取非公开募集方式，面向少数特定的投资者；对信息披露的要求不严格，基金管理人可以利用一切可操作的金融工具和组合，牟取超额回报；政府对私募基金的监管相对较弱；基金管理人按基金净值提取一定比例的管理费作为运作经费和报酬，也可以参与利润分成。资产信托采取非公开募集方式，以资产信托契约为纽带，面向个别大资金投资者；投资者与管理人的联系比较密切，管理人行为受投资者影响较大；政府监管较弱；受托人参与利润分成。

(2)按照服务方式的不同，可以将资产管理业务分为个人专户资产管理和集合型资产管理两种类型。其中个人专户管理委托人资产必须达到一定规模，一般至少在 1 000 万元以上；受托人为单个委托人设置专门账户，实施一对一的个性化服务；委托人对受托人行为的影响较大；基本不需要进行信息披露；利益分配方式较为灵活。集合型管理对委托人资产限制相对较弱，如公募型基金基本没有资金限制下限，私募型基金一般在 100 万元以上；受托人为多个委托人设置一个账户，实现一对多服务；受托人的参与程度相对较低；根据集合程度和募集方式的不同，需要相应的信息披露；利益分配一般采取提取管理费或者利润分成的方式。

(3)按照利益分配机制的不同，可以将资产管理业务分为完全代理型资产管理和风险共担型资产管理两种类型。完全代理型受托人只负责对委托资产的管理与运作，而不对委托人资产的收益做出保证，委托资产的收益与损失完全由委托人承担；委托人承担相对较大的风险；受托人向委托人收取管理费用，再根据委托资产的经营业绩提取适当的业绩报酬；对管理人资本规模和投资技巧的要求较高；受托人行为的自由度相对较低。风险共担型受托人对委托人资产的年收益做出适当的许诺；超出保证收益率部分的收益由受托人单独享有或与委托人共同分享；受托人承受较大的风险；对受托人资本规模和投资技巧的要求比完全代理型低；受托人行为的自由度相对较低。

(4)按照管理的托管资产形态的不同，可以将资产管理业务分为货币资金管理、有价证券管理、各类基金管理、其他资产管理四种类型。这四种类型的区别如下：货币资金管理以货币资金(主要是现金)为委托资产，主要投资于股票、债券及衍生工具等品种，利益分配多以提取管理费和利润分成为主。有价证券管理以股票、债券(主要是国债券)等有价证券为委托资产；受托人通过回购、二级市场运作等方法实现资产增值；利益分配主要采取给予委托人保底收益加利润分成或者给予委托人固定收益的方式。各类基金管理包括投资基金、养老基金、保险基金和各类基金会。投资银行除了自身充当基金发起人，募集基金并安排基金投资之外，还受托管理其他基金，赚取基金投资收益和管理费及佣金。其他资产管理以各种固定资产、不动产等为委托资产；受托人通过投资、抵押融资等方法实现资产增值；利益分配主要采取给予委托人保底收益的方式。

7.2.2　资产管理业务的内容

1. 货币资金管理

货币资金管理包括现金管理和账户管理两部分，是成熟的证券市场上投资银行同商业银行相互竞争时，为客户提供的一种创新服务，具体是指投资银行将已有的收付款、账户资产、信息和咨询服务、投融资等金融产品和服务整体打包，为不同类型的客户提供符合其个性需求的货币资金管理方案。

企业在日常生产经营活动中为防备及应对各种支付活动而不得不持有大量现金资产，但这些现金资产并非马上就得支付，甚至有一部分现金资产根本就未发挥支付功能，而仅仅是预防性持有。企业持有这些现金资产，虽然提高了资产的流动性，但同时却丧失了这些现金资产在其他途径的获利机会，即存在机会成本的问题。为了解决企业在日常经营中因不得不持有大量现金资产面产生的流动性和营利性之间的矛盾，即让企业在能够保持其金融资产足够的流动性的前提下，将企业因持有现金资产而带来的机会成本损失降低到最低限度，即通过现金管理，使企业从留取的现金中获取较大的资产收益。现金管理服务为企业提供了一条不需要任何额外资本的获利生财之道，也给投资银行等金融机构增加了新的收入来源。在发达国家，如果企业接受现金管理的总金额为1亿美元，那么企业1年可以多获得100万美元的收入。当然，投资银行也根据现金管理服务的绩效获取相应的管理费收入。如今，现金管理业务已经在发达国家广为推开。

货币资金管理的通常做法是由一家投资银行对企业有关的财务统计数据进行分析和预测，利用电脑建立有关的数学模型，确定企业日常经营活动中应保留的最佳现金存量；制订有关的现金收支计划，对企业财务收支实行动态管理，通过收账业务、减少短期债务等手段，尽可能增加企业闲余资金(可用现金)的余额。在上述基础上，投资银行为企业建立一种最佳现金流动性组合。该流动性组合能够在保证企业主营业务需要资金时，立即将组合中的资产变现，并使组合在风险一定的情况下实现收益最大化。在构造实际的投资组合前，投资银行要为企业制定现金组合管理的指标。这些指标通常包括：从流动性、安全性和收益性配比的角度出发，企业资金可以投资于货币市场上的哪些金融工具；在每一种金融工具上投入的资金比例限度；现金组合的期限和范围；是否可以投资于欧洲货币金融工具和外国金融工具；是否可以运用期货和期权等衍生金融产品作为交易工具；所投资的金融工具的信用风险限制；是否可以进行卖空证券交易或回购证券交易；等等。投资银行和企业在协同决定上述指标时，主要考虑的因素包括预期中的企业现金流量状况、企业流动性资产的规模、企业对不稳定收入的承受能力、最终的投资范围、企业现金头寸的性质和管理目的等。

例如，在某些行业，如汽车公司和食品包装公司，它们的现金流量带有明显的季节特征，全年高低落差大、不稳定、难以预测，因此，投资银行在为这类公司进行现金管理时，所构建的投资组合要求有较高的流动性和更短的期限，这样，只有少数期限短而且信用级别高的金融工具，如国债等，符合上述要求。又如，有一家公司刚刚筹集到一大笔资金，并且将要按照既定的投资计划分配这笔资金，这种情况下，这家客户公司的现金流就有了较高的预测性。在这一背景下，投资银行为其进行现金管理时，可以构建流动性比前例低得多的投资组合，其中所采用的金融工具收益较高、期限较长，如可以容纳期限为六个月至一年，具有一定风险的投资工具。

2. 投资理财管理

投资理财管理包括两方面，一是为筹资者提供财务顾问和为投资者提供投资顾问或咨询，其主要形式是主要为客户提供各类投资信息和分析，此项业务范围不断延伸，派生出代客理财等新形式。代客理财是投资银行作为代理人，以独立账户募集和管理委托资金，投资于证券市场股票、基金、债券、期货等金融工具的组合，实现受托资金收益优化的中介业务。二是代客理财的受托人一般是具有专业水准的金融机构，受托人较为广泛，包括政府、企业、社会团体及个人等。随着投资银行业务和市场的细分，一些小型投资银行和专业人士广泛开展各种理财顾问业务，表现出了极大的灵活性和活力。

投资理财管理的内容包括为客户提供有关资产管理、负债管理、风险管理、流动性管理、投资组合设计等多种服务。投资银行为客户进行宏观经济分析、行业分析、公司分析和市场分析，帮助投资项目策划和提供投资方案，与客户开立共同账户合作投资，接受全权委托代客理财；等等。由于资本市场的发展和金融工具的复杂化，客户对于专业化理财意见的需求日益增加，加之投资银行在人才、信息和技术等方面具有极大优势，因而顾问和咨询业务逐渐成为投资银行的重要创收业务。

从性质上讲，规范的投资理财业务具体体现的应该是一种委托代理关系，投资银行依靠专业投资知识充当资金与金融产品的中介来获取相对稳定的收益。在国际成熟资本市场中，投资银行是作为金融服务机构，主要为各类投资者提供金融服务，而非投资主体，这与我国证券公司以自有资本直接进行证券投资，谋求自营收入有着很大区别。虽然一些理财品种也由投资银行与客户共同承担风险、分享收益，但其风险的大小和性质毕竟不同于用自身资金去博弈的自营。所以，比起自营来说，投资理财应当属于典型的低风险业务，是投资银行稳定的利润增长新来源。

另外，在国外一些大的投资银行，投资理财业务有的是由专门的研究机构去做，也有的是渗透于各项投资银行业务当中。在更多的情况下，由于投资理财及顾问咨询业务属于投资银行零售业务，通常单个业务规模并不大，往往由众多的中小中介机构来承担。这些机构开展业务比较灵活，业务拓展往往取决于个人能力和客户关系，客观上活跃了市场，并对专业投资银行起着有益的补充作用。

3. 有价证券管理

投资银行是开展有价证券管理业务的主体。投资银行代理客户进行股票买卖取得佣金收入本身就是为客户进行股票资产管理；另外，投资银行开展的委托理财业务是更高层面的委托资产管理业务，其核心客户是有传统业务的上市公司，使用的投资工具主要是股票和在交易所交易的债券，一般采用设立资产管理部的方式进行管理。对于投资银行而言，证券资产管理业务不仅在其利润结构中占据越来越大的比重，还能提高投资银行综合服务能力，密切投资银行与机构客户的业务关联性，提高投资银行核心竞争力。

国债管理是有价证券管理的一个主要品种和业务。国债是一种几乎没有风险的固定收益证券，但其收益率相对较低。为了克服这一矛盾，客户常常将其拥有的国债委托给投资银行管理。在委托期间，投资银行凭借自己强大的信息和研究优势进行现券买卖、国债回购，或者以包括股票在内的投资组合方式进行运作以获取最大收益。委托期满时，有的客户除了得到应得的利润外，还要求归还与期初面额相等的国债。这种资产管理方式对投资银行来说，有一定的难度，但在实际中存在着巨大的市场潜力。

4. 基金资产管理

基金资产管理是在基金投资目标和投资原则指导下，按照一定的投资规则和程序，把基金资产分散投资到有价证券、不动产、实业和实物等资产中，获取投资收益的活动。在这一活动中，对各种综合知识，如会计、信息技术、工程技术、投资技巧、金融工具和资本市场等要求非常高。而投资银行作为基金的发起人，发起和设立基金，在对筹资活动进行管理的同时，也对基金资产进行投资管理。另一基金资产管理的情况是投资银行接受基金发起人的委托，担任基金管理人。投资银行作为基金管理人的主要职责是：与委托人签订委托契约，并按协定的条款进行管理；通过专业的资产管理活动，构造投资组合，以实现资产的保值和增值；定期编制和公布基金的有关财务报告；接受委托人、基金主管机构的监督。

7.2.3　资产管理业务的特点

1. 受托资产的多样性

一般情况下，基金公司作为受益人，其从受益人处获得的委托资产只能是现金资产，但投资银行接受客户委托管理的资产，不仅有现金资产，还包括股票、债券及其他有价证券；另外，当代投资银行资产管理业务范围越来越广，甚至包括各种固定资产、不动产、家庭遗产等。

2. 业务营运的代理性

在投资银行资产管理业务中，投资银行与客户之间是一种委托—受托关系，客户是资产的所有者，与投资银行签订协议后，委托投资银行代为管理资产；投资银行作为资产管理人，仅享有资产的经营权，只能在委托人的意愿与授权范围内行使资产管理的职能。在这种委托代理关系中，由于委托代理契约对资产使用目的和条件有约定，因而委托人和代理人的市场风险都能得到有效控制。因为在这种契约关系中，资产所有者作为资产的委托人和投资银行作为委托人的执行者，双方都必须把风险规定在自己所能承受的水平之下。

3. 投资操作的自主性

在资产管理业务中，投资银行投资行为的自主性因客户主张的收益分配方式不同而不同。就目前投资银行在资产管理业务中的权限大小来看，存在较大的差异，其授权范围大至全权委托(即从投资决策到具体的操作完全由投资银行决定，投资银行不必事先通知委托人并征得其认可或同意)，小到单纯执行客户的买卖指令。这与资产委托方主张的收益分配方式密切相关。当客户要求固定回报时，一般不会对投资银行的投资对象、时间、价格等进行干预，投资银行的投资行为具有完全的自主性，因此，可将此时的资产管理业务界定为受托方的借贷行为；但部分委托方由于对某家或某类上市公司非常熟悉，部分情况下甚至是自己公司，在这种情况下，投资银行在投资品种、时间段等的选择上，可能不具有自主性。

4. 资产管理的个性化

投资银行对管理资产一般设立专户甚至有专门的部门实施管理。专户管理是指资产管理人对每个客户分别设立账户，并对其客户资产分别设立专户进行营运与管理。客户委托投资银行管理的资产各色各样，对投资银行管理资产的要求千差万别，赋予投资银行的权利也不尽相同。投资银行对各个客户的资产管理只能采用个性化管理，根据客户的个性化需求，设立专户进行资产的运作。在这种管理方式下，委托人只将其资产的运营与管理权让渡于投资银行，委托人仍拥有该资产的占有权，并适时对其资产的管理状况进行监控，这为委托人资产的安全性与收益性提供了较为可靠的保证。

5. 外部监管的困难性

由于投资银行的资产管理业务从性质上讲属于表外业务，其管理的资产价值并不在投资银行的资产负债表上反映，因此，金融监管部门对投资银行资产管理业务的监管相当困难。另外，其困难性还表现在：一方面，各国在投资银行资产管理业务方面的相关法律、法规不够完善；另一方面是资产管理业务较自营业务更具隐蔽性，只要委托方与受托方不因利益纠纷而主张权利，取证将相当困难。正是由于资产管理业务具有上述特点，国际上对投资银行资产管理业务的营运和操作都有较为严格的规定。

7.3 资产管理业务的营运与管理

7.3.1 资产管理业务的操作步骤

1. 审查申请

这是投资银行资产管理业务的第一环节。在这一环节中，投资银行要审查客户申请，要求其提供相应的文件，并结合有关的法律限制决定是否接受其委托。委托人可以是个人，也可以是机构。个人委托人应具有完全的民事行为能力，机构委托人必须设立合法并有效存续，对其所委托的资产具有合法所有权，一般还必须达到受托人要求的一定数额。一些按法规规定不得进入证券市场的资金不得用于资产委托管理。

2. 签订协议

经过审查合格后，投资银行将与客户签订资产委托管理协议。协议中将对委托资金的数额、委托期限、收益分配、双方权利义务等做出具体规定。

3. 管理运作

在客户资金或证券(及其他托管资产)到位后，投资银行便可以开始按照协议规定运作托管资产。通常情况下，投资银行都通过建立专门的附属机构来管理投资者委托的资产。投资银行在资产管理过程中，应该做到专户管理、单独核算，不得挪用客户资金，不得骗取客户收益。同时，投资银行还应该遵守法律上的有关限制，防范投资风险。

4. 返本付酬

这是资产管理业务的最后环节，即委托期满后，投资银行将按照资产委托管理协议要求，在扣除受托人应得的管理费和报酬后，将托管资产的本金和收益返还给委托人。

7.3.2　资产管理业务的营运章程

投资银行资产管理业务的营运章程，即资产委托人和资产管理人所订立的资产管理契约，它是规范资产管理行为、保障委托人和受托人权益的重要法律文件。投资银行的全部资产管理行为都应当在资产管理契约的指导下实施。

资产管理契约的基本框架和内容包括如下部分。

1. 前言

在资产管理契约的前言部分中应该注明：订立资产管理契约的目的是为了明确资产管理当事人的权利义务关系，保障资产管理业务的顺利实施。

订立资产管理契约的基本原则应包括：①合法性原则。资产管理契约的基本精神与所有条款必须符合《中华人民共和国证券法》、《中华人民共和国公司法》及其他相关法律法规的根本精神及相关条款。②保护委托人利益原则。委托人是资产管理业务中的核心力量，只有保护委托人的利益才能从根本上保护受托人的利益，保障资产管理业务的健康发展。③防范风险原则。委托人参与资产管理的一个重要原因就是委托人自身不谙证券投资，无法控制风险。因此，有效防范风险将是管理人吸引委托人参与资产管理、保障自身业务发展的重要原则。

2. 资产管理的当事人

在资产管理契约中必须明确参与资产管理业务的各方当事人。一般情况下，资产管理业务的当事人为资产委托人和资产管理人，但必要时也会出现资产托管人。在契约的这部分需要详细注明资产委托人、资产管理人及资产托管人的名称、住所、性质。如果当事人是法人，则还应该注明其法定代表人姓名，并简要介绍其基本状况。

3. 资产管理的基本状况

详细阐述某项资产管理的具体状况需要从资产管理的类型、委托人性质、委托资产的种类、价值及估价方式和资产管理的有效期限这几个方面加以说明。由于不同的资产管理类型将决定资产管理当事人不同的权利义务关系，因此，必须明确资产管理的类型。而确定委托资产的初始价值则是进行收益分配的基础。如果委托资产是现金，双方的估价不会有任何争议。但如果委托资产是股票、债券、银行定期存单等流动性的金融资产，则需要确定一个合理的价值评估方式并在资产管理契约中予以明确。对于可流通的股票，通常可以以资产管理契约签订日的前一段时间内(建议为一个月)的平均每日收市价来确定。债券既可以前一个交易日的收市价来确定价值，也可以未来收益贴现法来确定。而银行存单一般以贴现方式来确定其价值。当然上述方式仅作为参考，不排除在实际操作中，受托人为了争取客户而采取对委托人较为有利的价值确认方式。资产管理的有效期限将是资产管理人判断该项资产管理业务风险的重要依据。国外资产管理业务中管理人将契约时效低于一年的资产管理视为风险较大的业务，并采取较为稳健的投资策略。

4. 委托资产的托管

资产管理的当事人通常只有资产委托人和资产管理人两方。这时，投资银行或资产管理公司充当了资产托管人和资产管理人的双重角色。但有时资产规模较大的委托人，特别是一些社会公益性的基金，会从资产安全性的角度出发，要求由第三方的银行、信托投资公司、保险公司或投资银行来充当专门的资产托管人，监督资产管理人的行为。当第三方的资产托管人加盟资产管理业务之后，不仅会由于收取托管费用而提高资产管理的运作成本，而且参与资产管理业务当事人间的关系也可能发生微妙的变化。在只有资产委托人和资产管理人两方参与的资产管理业务中，当事人双方是一种信托关系；而一旦有托管人加盟以后，资产委托人和资产托管人之间可以理解为委托关系，而资产托管人和资产管理人之间则形成了一种信托关系。

5. 投资策略和投资组合的确定

确定委托资产的投资策略和投资组合的过程，也就是体现管理人独特的投资风格和委托人个性化需求的过程，这一过程建立在双方相互协商的基础上。如果委托人喜欢追逐高收益，同时具有较强的风险承受能力时，可以将委托资产的投资组合确定为风险偏好型；如果委托人更看重管理人对于投资风险的控制，那么投资组合就应该确定为保守型。激进型的投资组合，通常是由管理人主动选择高风险高收益率的投资品种，确立投资比重；如果要建立保守型的投资组合，管理人通常会主动选择风险适度的投资品种，拟定稳健的投资比例。

6. 资产管理中各当事人的权利和义务

资产管理业务当事人的权利和义务分为基本的权利义务和个性化的权利义务两个层面。

受托人的基本权利：要求管理人根据自己的意愿对委托资产进行运作；充分了解管理人资产运作状况及委托资产净值变化情况；享受委托资产的投资收益。基本义务，将委托资产信用托付给资产管理人进行运作；向资产管理人支付管理费用及适当的业绩提成；承担委托资产的投资损失。

管理人的基本权利：运用委托资产进行投资；按规定收取资产管理费用；按规定享受业绩提成。基本义务，保管(或者委托他人保管)并管理；向资产委托人支付收益；向资产委托人公开资产管理的情况。

7. 委托资产净值的评估

资产管理程序一旦启动，管理人就必须逐日对委托资产净值进行评估确定。其目的主要是：为了及时定期地向委托人公开委托资产的经营管理状况，作为提取管理费用的依据。为了提高委托资产净值评估的公信力，在年中、年末及资产管理契约到期之后，资产管理人应该委托专业的审计事务所对委托资产净值进行评估，并对以往记录进行审核。通常情况下，对委托资产净值的计算原则如下。

已上市流通的有价证券以该证券评估日的收市价格来计算，如果该证券当日没有交易，则以最近一个交易日的收市价来计算；未上市的股票应以买入成本价来计算；派发的红利、股息、利息以实际获得值来计算；未上市的债券及银行存款以本金加上应收利息来计算；委托资产净值中应扣除各种费用。

以上计算原则实际上就是现有的契约封闭型证券投资基金的净值评估方式。这种净值评估方式存在一定的缺陷，其最明显之处就是没有考虑有价证券的变现对资产净值的影响，而这一缺陷的存在无形中增加了委托人的费用负担。解决这个问题，可以采取对委托资产中的有价证券部分提取“变现风险损失准备”以冲抵委托资产净值的方法。具体提取方式包括总量提取法、分类提取法两种。总量提取法是指确定一个固定变现风险损失准备比率，并以此比例对所有的有价证券的市值提取变现风险损失准备金；分类提取法是指对不同种类的有价证券按照不同的“变现风险损失准备”比率，提取“变现风险损失准备”。在操作中，对于市场价格与价值较为统一的债券品种应该少提甚至不提“变现风险损失准备”；对于股票，则应该根据所持股票占流通盘的比重来确定具体比例。原则上，对于所持股票占流通股票比重低于1%的股票可以不提取变现损失；对于持股1%以上的品种应该根据累进原则计提“变现风险损失准备”。

8. 资产管理的费用与税收

资产管理业务中管理费用的产生主要来自于对资产管理实际耗费的补偿和管理人合理的预期收益。管理费用的征收原则是采取确定固定费率，逐日计算，定期提取。

每日管理费用＝前一日的委托资产净值×(管理费率÷当年的天数)

在提取管理费用之外，管理人不得再向委托人增加任何其他的费用。管理费率的高低主要取决于资产管理类型、投资技巧程度、承担的风险及是否提取业绩报酬等。原则上，集合型的费率要低于个体型，采取激进性投资策略部分委托资产的管理费率要高于实施被动化指数性投资的部分。至于资产管理的税收问题，则不必考虑过多。这是因为目前我国个人投资者的资本性收益享受免税优惠，对于机构投资者来说只需缴纳企业所得税。参照西方国家的经验，在资产管理业务发展的初期阶段及从培育机构投资者的角度出发，资产管理理应享受税收的优惠。

9. 资产管理收益的分配

资产管理收益分配的原则，主要取决于资产管理业务的类型。集合型资产管理由于存续的时间较长，委托人数量、委托资产规模不确定，因而适宜采取定期分红的制度。而对于个体型资产管理而言，一对一的合作形式使得委托人是否提取已实现的投资收益的选择余地要大一些。风险共担型资产管理由于资产管理人承担了较大的经营压力，所以理应提取较高比例的业绩提成。原则上，管理人可以享受超过保证收益率部分利润的50%～100%。而在完全代理型资产管理中，业绩提成和管理费率大致呈反向变化的关系，因此，管理人的实际收益水平应该维持在稳定的水平。

10. 资产管理的信息披露

资产管理业务的信息披露主要是指资产管理人向委托人进行财务公开与操作公开。任何类型的资产管理的信息披露都应该包括以下两条基本内容：①随时向委托人公布最近一日资产管理的投资组合；②随时向委托人提供最近一日委托资产的净值、盈亏情况与持有证券的变动情况。

与基金管理的信息披露相比，资产管理业务的信息披露在时间上强调的是随时性而不是定期性，披露对象是委托人而非社会公众。在集合型资产管理中，由于委托人及委托资产数量和规模可能是不固定的，因而管理人应该及时公布委托人与委托资产增减变动的数量与时间，并且每隔半年编制详细的资产管理业务报告向委托人公开。此外，为了完善资产管理服务，管理人还应该根据委托人的要求提供被投资证券的基本状况及关于宏观背景和市场走势方面的分析报告。

11. 资产管理契约的修改、终止和委托资产的清算

资产管理契约的修改主要包括管理人变更和契约条款修改两方面内容。当管理人的自身状况发生了重大变化，无法继续履行契约规定的应尽义务时，从保护委托人利益的角度出发，委托人有权利要求更换管理人。原则上，新的资产管理人应该无条件地承担原管理人的义务，将资产管理契约执行到底。导致契约条款修改的主要原因是国家政策和市场环境发生重大变化而导致部分契约条款无法执行。当出现以下情况之一时，资产委托人从保护自身利益的角度出发可以与受托人提前解除委托管理关系：①委托资产出现严重亏损（具体比例由双方协商确定）；②资产管理人出现解散、依法被撤销、破产等不可抗力情况；③管理人被中国证监会撤销资产管理业务资格；④管理人严重违反资产管理契约。

资产管理契约一旦被提前解除或者到期，委托资产也将进入清算程序。整个清算过程大致分为资产评估、变现和分配三个阶段。如果是个体型的资产管理，委托资产的所有权自始至终都归于一位委托人所有，委托人可以自行决定是否将委托资产全部变现，因而清算工作重点在于确定一个评估的时点，理论上，应该以契约解除日或者到期日作为资产评估的基准日。而在集合型的资产管理中，由于契约条款各不相同，委托人参与的时间有先有后，因此清算工作较为烦琐。为了避免不必要的纠纷，委托资产在清算时应该全部变现。分配程序首先应该偿还委托人的初始委托资产，其次根据管理人和不同委托人订立的不同契约来分配委托资产的增值部分。

12. 争议的解决方案

在资产委托人和资产管理人之间，不可避免地会产生利益冲突和其他纠纷，这就需要当事人在签署资产管理协议时，必须对于可能发生的冲突事先注明处理办法。在纠纷发生后，原则上双方应该本着互让互利的精神协商解决；如果不能协商解决，则指定一家仲裁机构调解和仲裁，或者通过法律诉讼的方法来解决。

7.3.3 资产管理业务的行为规范

资产管理业务的健康发展，离不开健全的法律对其经营行为的监督和规范。美国是资产管理业务最发达的国家，也是相关法律和监管体系较为完善的国家。美国关于资产管理的规范，比较早的法律有《1934 年证券交易法》、《1940 年投资顾问法》、《1940 年投资公

司法》、《1970 年投资者保护法》等，也有相关的条款对资产管理及投资公司的交易行为做出规范。日本涉及资产管理的法律主要有《证券交易法》、《证券交易法执行细则》、《信托法》、《证券投资信托法》等，其中《证券投资信托法》对资产管理公司(委托和受托公司)的主体资格、投资限制、信息披露、从业人员资格等都做出了详细规定，是一部比较详尽的关于资产管理的法典。此外，韩国等都在信托类法规中对资产管理和代客理财业务做出了明确的规范。

各个国家和地区关于资产管理业务的法律规范虽然由于市场环境的差异各有不同，但归纳起来主要有事前防范和事后弥补两个方面。

1. 事前防范及其主要措施

事前防范是通过法律规定禁止的行为规范。虽然投资者与管理者在理论上和契约中处于平等地位，但管理人作为主要机构在与投资者的交易中实际上处于优势地位。为平衡双方的权利义务，各个国家和地区的相关法律规范对资产管理公司的一些行为进行了约束。

(1)关于信息披露和透明度。美国《1940 年投资公司法》第 64 款 b(1)规定："投资公司(资产管理人)每半年都必须向证券交易委员会和投资者递交书面报告，详尽说明所持证券的风险状况。"同时在第 44 款信息披露规则里规定："投资公司向证券交易委员会递交的所有注册信息申请报告或其他文件都必须公开发布。"日本的《证券投资信托法》在第 20 条规定："(资产管理公司)须依大藏省规定，于信托财产的每一决算的最终日，就该信托财产制作运用报告，以供与该信托财产有关的收益人利用。"中国台湾地区"信托法"第 31 条规定："受托人就各信托，应分别造具账簿，载明各信托事务处理之状况。受托人除应于接受信托时做成信托财产目录外，每年至少定期一次做成信托财产目录，并编制收支计算表，送交委托人及受益人。"在第 32 条中还补充道：委托人、受益人或其他利害关系人"于必要时"有权要求"阅览、抄录或影印前条之文书"。

(2)关于资产管理受托人的尽责条款和法律约束。中国台湾地区"信托法"在第 23 条和第 24 条中规定："受托人因管理不当导致信托财产发生损害或违反信托本旨处分信托财产时，委托人、受益人或其他受托人得请求以金钱赔偿信托财产所受损害或回复原状，并得请求减免报酬。""受托人应将信托财产与其自有财产及其他信托财产分别管理。信托财产为金钱者，得以分别记账方式为之。"中国台湾地区"信托法"第 6 条还明确规定："信托行为有害于委托人之债权人权利者，债权人得申请法院撤销之。"

(3)关于保护委托人权益条款。美国《1940 年投资公司法》第 57 款规定："投资公司若改变投资方针，必须获得大部分股东或基金持有者的表决通过……"第 13 款 a(2)也规定："除非由大多数股东投票表决通过，投资公司不得以借款、发行证券或其他方式融资，也不得买卖固定资产或其他实物商品。"我国台湾地区"信托法"第 15 条规定："信托财产之管理方法，得经委托人、受托人及受益人之同意变更。"韩国《证券投资信托法》第 26 条规定："受托会社应将受托财产与自有财产或其他信托财产分别管理。而且受托会社不得为自有财产而利用受托的信托财产。"

(4)关于资产管理业务的外部监督。美国《1934 年证券交易法》第 17 条(b)规定："证券交易委员会或对应管理机构在认为对公众利益、保护投资者目的为必要的情况下，其代表可以随时对从事证券交易业务的已注册代理商的所有记录做合理的定期、特殊的检查。"美国《1940 年投资公司法》第 29 款关于定期或非定期财务报告规定："投资公司必须向证券交易委员会按时递交季报、中报、年报，详细说明公司的资产状况和经营情况。”日本的《证券投资信托法》则规定：“（证券投资信托）公司欲另行经营信托契约以外的业务时，必须取得大藏大臣的同意。”以限制资产管理公司在兼营其他业务时损害投资者利益。韩国在《证券投资信托法》中也明文规定，作为资产管理人的“委托会社不得兼营其他业务”，除非得到财政部长官的特别许可。中国台湾地区“信托法”规定了“信托检察制度”：“信托监察人执行职务，应以善良管理人之注意为之。”信托监察人执行监督职能，应贯彻半数通过原则，以实现监督的透明性和公正性。而且监察人的聘任及辞职都得“经指定或选任之人同意或法院之许可”。日本在该项业务的协调和监督方面，自律组织（即证券投资信托协会）发挥了很大作用。

（5）关于资产管理公司法人责任及公司变更的条件特别是针对管理人变更后的义务延续。中国台湾地区“信托法”规定：“受托人变更时，信托财产视为于原委托人任务终了时，转移于新委托人。共同受托人中之一人任务终了时，信托财产归属于其他受托人。”“受托人变更时，由新受托人承受原受托人因信托行为对受益人所承担之债务。前项情形，原受托人因处理信托事务负担之债务，债权人亦得于新受托人继受之信托财产限度内，请求新受托人履行。”如果资产管理公司在运营过程中涉及诉讼纠纷，则“对于信托财产之强制执行，于受托人变更时，债权人仍得依原执行名义，以新受托人为债务人，开始或继续强制执行”。

（6）关于从业人员的行为约束方。中国台湾地区“信托法”规定：“受托人除信托行为另有约定外，非经委托人及受益人之同意，不得辞任。但有不得已之事由时，得申请法院许可其辞任。”“受托人违背其职责或有其他重大事由时，法院得应委托人或受益人之申请将其解任。”日本的《证券投资信托法》不但规范受托人的行为，同时对委托人假借资产管理为手段进行关联交易行为也有明文禁令：“委托公司不得指示受托公司以信托财产取得公司本身或主要股东所持有的有价证券，或者作为信托财产而持有的有价证券向前述的人卖出或贷出”。

2. 事后弥补及其主要措施

与事前防范相对应，事后的损失弥补主要体现在对中小投资者的损失补偿制度上，主要有风险准备金制度和保险制度两种。

（1）风险准备金制度。日本《证券交易法》对证券公司规定了三种准备金：①买卖损失准备金，用于补偿证券买卖损失额超过收益额的差额。②收益准备金，相当于《中华人民共和国公司法》中的盈余公积金，用于公司弥补亏损和发展；③交易责任准备金，用于补偿证券买卖及其他交易的事故而产生的损失。日本证券公司合作组织还集资成立了委托保管证券补偿金和股票价格变动准备金，前者补偿有价证券托管过程中造成的损失；后者包括单位型准备金和追加型准备金，单位型准备金是为了提高股票价格的稳定性，防止受托资产大幅度跌价而积累的准备金。

（2）保险制度。1970 年，美国根据《1970 年证券投资保护法》成立了一家非营利的政府机构——证券投资者保护公司（Securities Investor Protection Corporation，SIPC），为证券经纪商和自营商的顾客提供保险服务，每个顾客购买证券在 50 万美元以上都可以参加保险，保证顾客在证券公司失去偿还能力时得到赔偿。该法还规定，投资人可以将自己在经纪公司户头上用于从事证券投资的账款进行投保，最高法定保险金额为 5 万美元。

➤本章小结

(1)资产管理业务就是投资银行接受客户委托，在严格遵循客户委托意愿的前提下，对客户资产进行有效的管理与运营，在保全客户委托资产的基础上，实现其资产增值的新型业务。资产管理业务有其自身的发展背景：经济的金融化程度越高，金融资产的多元化越发展，以信托关系进行的资产管理的范围和深度就越大；随着资产管理的社会需求日益增长，要求进行专业化资产管理的资产规模就会越大。因此，资产管理对投资银行来说越来越成为一项重要的业务，其委托佣金也将越来越成为投资银行收入的重要来源。

(2)按不同划分方法可将资产管理业务分为不同的多种类型：按资产管理业务的组织形态不同可分为私募基金、公募基金和资产信托三种类型；按托管资产形态的不同可分为货币资金管理、有价证券管理、投资基金管理和其他资产管理四种类型；按服务方式的不同可分为个人专户资产管理和集合型资产管理两种类型；按利益分配机制的不同可分为完全代理型资产管理和风险共担型资产管理两种类型。资产管理业务的特点有四个，分别是受托资产的多样性、业务营运的代理性、投资操作的自主性、资产管理的个性化和外部监管的困难性。

(3)投资银行资产管理业务的操作步骤可分为审查申请、签订协议、管理运作和返本付酬四个环节。投资银行对其委托资产的营运应在资产管理契约的指导下实施，其经营行为应接受国家相关法律制度的规范和约束。各国关于资产管理业务的法律规范虽然由于市场环境的差异各有不同，但归纳起来主要有事前防范和事后弥补两个方面。严守经营行为规范是资产管理业务健康发展的前提和基础。

➤【案例】

一、案例介绍

上诉人赵一(化名，一审原告)诉称：2002 年 7 月 17 日，与上诉人某证券公司上海营业部(以下简称营业部)签订《证券交易委托协议书》。次日，赵一又与营业部签订了《代理国债投资协议》，委托资产金额为 1 000 万元，代理期限为一年。同日，赵一与营业部还签订了《代理国债投资补充协议》，约定营业部确保赵一资金的保值、增值，确保委托资金年收益率达 10.5%。同日，赵一交付营业部 1 000 万元的本票，并全部存入赵一的资金账户。协议约定期满后，营业部未按协议约定支付投资资金本息。赵一讨要未果，遂以营业部以及证券公司为共同被告诉至法院。

一审法院查明：赵一在营业部资金账户内的资金在 2002 年 9 月 3 日至 2003 年 6 月 30 日用于股票买卖，但两被告未提交能够证明股票买卖系赵一行为的证据。被告营业部及证券公司辩称，赵一采用了柜面委托、自助委托等方式进行了股票委托，1 000 万元资金实际进入的是赵一的资金账户，被赵一自己用于买卖股票。

一审法院认为，营业部未按协议约定进行国债投资，违反了协议约定。因约定投资国债期限已至，营业部应将赵一交其投资的资金返还给赵一，但赵一与营业部约定的国债投资年收益率达到 10.5%，超出正常国债投资收益，且营业部未实际进行约定的国债投资行为，不存在国债投资盈利，故赵一要求营业部按约定支付收益 105 万元的诉讼请求，不予支持。营业部系证券公司设立的非独立法人分支机构，其虽具有一定民事责任行为，但是证券公司作为营业部的开办单位仍应对营业部不能还款部分承担还款义务。两被告认为赵一采用了柜台委托、自助委托等方式进行了股票交易，而根据《证券交易委托协议书》约定，除柜面委托外，凡是采用授权代理人委托、自助委托、可视电话委托、网上委托的需另行与营业部签订相关协议，但营业部未与赵一签订任何关于柜面委托以外其他任何交易形式的协议，也未能提交股票买卖行为系赵一的证据，故两被告辩称赵一未将国债投资资金付至营业部账户，相关资金实际用于自己买卖股票的辩称意见不能成立，依据《中华人民共和国合同法》第60条、107条的规定，判决：①营业部归还赵一国债投资款人民币1 000万元并支付相应利息；②证券公司对营业部不能清偿上述判决的债务承担还款责任。

一审判决后，赵一与营业部均不服提出上诉。其中赵一对一审判决中关于利息的计算部分不服，请求改判。营业部的上诉理由是：赵一的交易后果应由其本人承担，买入的股票也归其所有，原一审法院判决营业部返还赵一投资本金1 000万元以及利息，赵一还可取回在其名下的股票和资金账户内的资金，明显对营业部不公。

二审法院认为围绕本案有两个争议焦点：其一，赵一账户内的股票交易行为是否是赵一本人的行为；其二，原审关于利息的判决是否适当。关于第一点，二审法院认为，从审理查明的事实看，赵一账户内出现多个在沪深两市的股票，而赵一仅有沪市股东账户；而且，虽然赵一资金账户内股票是利用密码操作的，但由于股票账户非属于赵一，赵一又从未与营业部签订自助委托协议，也未委托他人操作股票，因此没有证据证明赵一在自己的证券账户内通过自助委托购买了股票，赵一对其资金账户内股票不应承担任何责任。至于营业部将赵一交付的资金存入赵一在营业部的资金账户内，没有存入营业部银行账户，系营业部依其意志的处分行为，并不能据此证明赵一与营业部履行的是《证券交易委托协议书》，而非《代理国债投资协议》。况且双方无论履行的是哪个协议，无论营业部将资金存入赵一资金账户还是自己银行账户，均有义务保证赵一交付资金的安全。至于第二个争议焦点，二审法院认为，双方约定的收益率超出正常国债收益，且经查实营业部未实际投资，不存在国债投资盈利，故对于赵一要求按协议约定支付收益的请求难以支持。赵一将款项交营业部后，未进行证券交易，按照有关证券法规，营业部应当支付相应的利息，故此原审法院判决按照存款利率支付利息并无不当。综上，二审法院认为，两上诉人的上诉理由均不能成立，做出了维持一审的判决。

二、案例分析

综观本案，赵一与营业部之间存在两种民事法律关系：第一，委托营业部代理证券买卖，从证券公司业务的角度说属于证券经纪业务；第二，委托国债投资，从证券公司业务角度说属于其资产管理业务。

1. 本案的案由是证券交易代理合同纠纷还是委托理财合同纠纷

本案中尽管赵一与营业部签订《证券交易委托协议书》在先，但双方发生争议的起因、原告赵一诉请、双方争议的焦点、法院判决要求营业部返还投资款但不支持投资收益等实体问题均是围绕着国债投资委托理财而展开。

2. 营业部能否进行客户资产管理

依据我国《中华人民共和国证券法》的规定，我国综合类证券公司可以经营的业务包括经纪业务、自营业务、承销业务及经国务院证券监管机构核定的其他业务。此后，中国证监会先后颁布《关于规范证券公司受托投资管理业务的通知》、《证券公司客户资产管理业务试行办法》(以下简称《施行办法》)等规范，允许符合一定条件的综合类证券公司经营资产管理业务。从上述规定不难发现，证券公司从事资产管理业务必须建立专门的业务部门来进行，也就是说，证券公司的自营业务、经纪业务、资产管理业务之间应当设立防火墙，从机构设置上在人员、财务、账户上应当严格分开，不得将受托管理资产义务与自营业务和经纪业务混合操作。证券公司应当保证受托投资资产和其自有资产、委托人资产及其他委托人资产的相互独立，应分别设立账户，独立核算，分账管理。从内部业务设置角度，证券公司营业部从事的业务应当仅仅限于经纪业务。本案中营业部先后与赵一签订《证券交易委托协议书》及《代理国债投资协议》，将经纪业务与资产管理业务混合操作，这是不符合有关规定的，营业部从事资产管理业务属于违规行为。此案对于证券公司来说具有很大的警示作用，一定要建立健全内部风险控制机制，各类业务之间应有明确的界定和隔离，不要混合操作。

3. 代理国债投资协议的效力问题

本案中法院的审判认可了该国债投资协议的效力，但对于补充协议中约定的投资收益认为过高而不予以支持，且营业部未能实际履行合同因此判决其返还投资款本息，所依据的《中华人民共和国合同法》第60条是有关当事人应当按照约定全面履行自己义务的规定；第107条是有关当事人一方违约应当承担违约责任的规定。根据对有关证券公司业务管理的法律法规规定，个人认为法院对该《代理国债投资协议》效力的认定以及法律适用上值得商榷，个人认为该《代理国债投资协议》应认定为无效，而返还本息的法律依据应当是《中华人民共和国合同法》第58条有关合同被认定为无效的处理，也就是说个人同意本案的处理结果，但理由值得商榷。

从证券公司经营的四类业务应当由专门机构分别开展及相互之间不得混合操作的规定，个人认为营业部作为主体是无权与赵一签订代理国债投资协议的，况且在此之前营业部已与赵一建立了代理证券买卖的经纪业务关系。此外，该合同约定的投资收益条款为固定收益，也违反了“不得向客户做出保证其资产本金不受损失或者取得最低收益的承诺”的规定。因此，将该合同认定为无效比较妥当，依据无效合同的处理规定，得出返还本息的判决结果。反观法院虽认定该协议有效，但对于投资收益一概不予以支持似乎存在矛盾之处，因为法院如果认为10.5%过高超出正常投资收益率，那么应该就只能就超出部分而不予支持，而不应是一概驳回；如果是因营业部未从事国债投资，则更说不过去，因为既然已经约定了固定收益条款，则无论市场好坏、无论受托人是否做此项业务，均应按照约定的条款执行，因为资金是存在机会成本的，否则对委托人是不公平的。

4. 赵一资金账户上股票的归属

从查明的事实看，可以知道赵一资金账户中串联了多个股东账户，营业部也违反了一个股东账户应该相对应设立一个资金账户的规范性操作，由于其违规行为，正如其抗辩所称的，其将面临需返还赵一1 000万元的本息责任，而同时赵一还可将其名下的股票抛售，取出资金的不利局面。根据这种情况，个人认为，假定赵一名下股票系营业部自己操作，根据购股款是否由赵一出资(从判决书上未反映出赵一名下股票是由1 000万元所购买还是之前账户内另外有资金)，可得出两种处理：其一，如果赵一存入营业部的仅仅只有一笔1 000万元，那么法院既然已判决赵一对其名下股票不承担任何责任，那么其也不应享有任何权利，否则则构成不当得利，营业部可将股票抛出资金归营业部；其二，如果赵一之前还另外存入资金，则他对其名下股票享有当然所有权。

➢思考题

1. 资产管理业务的发展背景及趋势是什么？
2. 简述国外投资银行资产管理业务的发展现状。
3. 简述资产管理业务的种类和内容。
4. 资产管理业务的特点有哪些？
5. 资产管理业务的营运步骤有哪几个环节？
6. 简要回答资产管理契约的内容由哪几部分构成？
7. 简述投资银行资产管理业务的行为规范。

第 8 章

投资银行的风险投资业务

8.1 风险投资概述

8.1.1 风险投资的定义和发展历史

1. 风险投资的定义

风险投资(venture capital investments)，也称创业投资。根据全美风险投资协会的定义，风险投资是由职业金融家投入到新兴的、迅速发展的、有巨大竞争潜力的企业(特别是中小型企业)中的一种股权资本投资方式。而经济合作与发展组织(Organization for Economic Co-operation and Development，OECD)的定义则更为宽泛，即凡是以高科技与知识为基础，生产与经营技术密集的创新产品或服务的投资，都可视为风险投资。参考以上对风险投资的理解，我们可以给出风险投资的准确定义：风险投资是指专业投资机构通过科学评估和严格筛选，向有潜在发展前景的新创或市值被低估的公司、项目、产品注入权益资本，并运用科学管理方式增加风险资本的附加值，经过一段时间之后，再通过上市、兼并或其他股权转让方式撤出投资，取得高额投资回报的一种投资方式。

风险投资方以获得红利或出售股权获取利益为目的，其特色在于甘冒风险来追求较大的投资报酬，并将回收资金循环投入类似高风险事业。为了顺利完成风险投资的整个过程，投资方需要筹组风险投资公司、招募专业经理人，从事投资机会评估并协助被投资事业的经营与管理，促使投资收益早早实现，降低整体投资风险。风险投资方在风险投资中不仅仅只是投入资金，而且还要运用他们长期积累的经验、知识和信息网络帮助企业管理人员更好地经营企业。因为这是一种主动的投资方式，所以由风险资本支持而发展起来的公司成长速度远高于普通同类公司。通过将增值后的企业以上市、并购等形式出售，风险投资方得到高额的投资回报。风险投资是一种高风险与高收益机会并存的投资，它的对象主要是那些力图开辟新的技术领域以获取超高额利润但又缺乏大量资金的企业。鉴于风险投资的高风险性，单个项目的投资成功率相对较低，风险投资方一般采取组合模式以分散风险。

2. 风险投资的发展历史

风险投资业的发展可以被追溯到中世纪，在这一时期，商人、贵族、职员形成合作伙伴关系经营贸易航运。这些伙伴关系逐渐变得机构化了，成为现代银行体系的前兆。然而，通过这种伙伴关系所集中的资本量不足以为其在新世界开发资源不断增长中提供资金，于是在 16 世纪，合资公司成为资本资源联合经营的一个普通手段。向目标公司注资的合资者，其行为就具有风险投资的雏形。

现代风险投资的起源可以追溯到 19 世纪末期，当时美国一些私人银行通过对钢铁、石油和铁路等新兴行业进行投资，从而获得了高回报。1946 年，美国哈佛大学教授乔治·多威特和一批新英格兰地区的企业家成立了第一家具有现代意义的风险投资公司——美国研究发展公司(AR&D)，开创了现代风险投资业的先河。但是由于当时条件的限制，风险投资在 20 世纪 50 年代以前的发展比较缓慢，真正兴起是从 20 世纪 70 年代后半期开始的。1973 年随着大量小型合伙制风险投资公司的出现，全美风险投资协会宣告成立，为美国风险投资业的蓬勃发展注入了新的活力。目前，美国的风险投资机构已接近 2 000 家，投资规模高达 600 多亿美元，每年约有 10 000 个高科技项目得到风险资本的支持。

风险投资在美国兴起之后，很快在世界范围内产生了巨大影响。1945 年，英国诞生了全欧洲第一家风险投资公司——工商金融公司。但英国风险投资业起步虽早，发展却很缓慢，直至 20 世纪 80 年代英国政府采取了一系列鼓励风险投资业发展的政策和措施后，风险投资业在英国才得以迅速发展。其他一些国家，如加拿大、法国、德国的风险投资业随着新技术的发展和政府管制的放松，也在 80 年代有了相当程度的发展。日本作为亚洲的经济领头羊，其风险投资业也开展得如火如荼。到 1996 年，日本的风险投资机构就有 100 多家，投资额高达 150 亿日元以上。但与美国不同的是，日本的风险投资机构中有相当一部分是由政府成立的，这些投资机构也大多不是从事股权投资，而是向高技术产业或中小企业提供无息贷款或贷款担保。

8.1.2 风险投资的特征和作用

1. 风险投资的特征

既然风险投资也是一种投资活动，它与一般的投资活动自然具有一些相同的共性。但是，由于它是特定的风险投资，因此又具有与一般投资活动不同的特性。

(1)风险投资对象多为高新技术企业。风险投资目的主要为了开发新技术、新产品，投资对象是那些风险大，但潜在效益也高的掌握着最新技术的企业。高科技产业是当今世界经济发展的火车头，发展很快。当代高、精、尖产品无一不是高科技成果的结晶。风险投资就是为了支持这种创新产业而产生的，当今世界的风险投资几乎就是高科技产业投资的代名词。高科技产业具有知识密集、技术密集和人才密集的特点，与之相应，风险投资行业也是知识密集、技术密集、人才密集的行业。

(2)风险投资对象多为处于初创或未成熟时期的中小企业。高科技产业和产品都是建立在全新的科学研究成果和新技术应用的基础上，是前所未有的事业，具有很大的不确定性；此外，一项新的科研成果转化为一种新产品，中间要经过工艺技术研究、产品试制、中间试验和扩大生产、上市销售等很多环节，每一个环节都有失败的风险。但是，依靠风险投资建立起来的高新技术企业生产的产品，成本低、效益高、性能好、附加值高、市场竞争能力强，企业一旦成功，其投资利润率远远高于传统产业和产品。

(3)风险投资在期限上具有长期性特点。将一项科学研究成果转化为新技术产品，要经历研究开发、产品试制、正式生产、扩大生产到盈利规模、进一步扩大生产和销售等阶段，到企业股票上市、股价上升时风险投资机构才能收回风险投资并获得投资利润。这一过程少则需要 3～5 年，多则要 7～10 年。因此，风险投资相对而言是一种长期性投资，风险投资方并不要求风险企业在短期内(如两三年内)有任何的偿还或分红，这是风险投资与借贷等融资方式的重要区别。

(4)风险投资本身具有过渡性与定期性。风险资本只是辅助风险企业成长的资本，通常来说在投资之初它就已计划好了撤出时间，一般为 3～7 年。尽管企业成功上市或并购之后持有其有价证券的风险较小，但风险投资方一般并不眷恋于此。在撤出资金后，他们将把套现获得的本利投入到新一轮的风险投资中。

(5)风险投资以权益资本的形式为主，无担保性。风险企业拥有的宝贵财产通常是智慧与技术，通常没有足够可供担保的实物资产。由于借贷融资需要偿还本利，上市筹资风险企业又过于年轻，因此，难以以传统方式进行融资。而风险投资正好弥补了这一资金缺口，它以权益资本或准权益资本的方式注入资金，通常占被投资企业股权的 15%～20%，从而使风险企业得以安心长期发展。

(6)风险投资属于高风险、高收益业务。风险投资单项投资成功率低、单项投资回报率高，综合投资回报率高。风险投资项目的成功率非常低，一般来说，每 10 项投资有 2 项是彻底失败的，投资全部损失；有 3 项是部分损失，有 3 项是不赢不亏的，只有 2 项是能够成功的。不过一旦成功的话投资就会给风险投资机构带来丰厚的回报。它不但足以弥补其他失败项目的亏损，还能有丰厚的综合投资回报率。一般而言，风险投资方退出投资时至少能够获得原始投资额 5～7 倍的利润和资本升值。

(7)投资决策建立在高度专业化和程序化的基础之上。由于风险企业及行业的风险状况、盈利前景等处于一个很不明朗的阶段，信息匮乏，导致资金寻求者对资金供给者有十分严重的逆向选择行为。因此，风险投资方必须对投资项目进行广泛、深入而又仔细的调查筛选。整个调查筛选过程必须高度专业化和程序化，这样才能在最大限度上规避由于处在信息劣势带来的风险。

(8)风险投资方一般积极参与被投资企业的经营管理，提供增值服务。由于风险资本没有任何担保，而风险企业的管理运作也并没有达到制度化，因此风险投资方必须积极介入风险企业的运作管理，对投资进行监督。一旦发现潜在的危险，迅速采取相应的补救措施，以防止损失的发生。风险投资方通过密切监督，对风险企业的各种情况都比较了解，加上自身的丰富经验，既可以较早地觉察到企业运行的潜在问题，降低企业的运行风险，又可以成为风险企业重要的咨询顾问，为企业的发展战略、重大经营决策等提出意见。有关研究表明，由于风险投资方介入管理，风险企业的企业价值增大，得到风险资本支持的企业要比没有得到风险资本的相似企业表现得更为出色。风险企业公开上市以后，其股票也更加受人关注。由于风险投资方的努力增加了风险企业的价值，它被称之为风险投资方的附加价值。这些附加价值服务是风险企业获得成功的关键之一。

(9)风险资本通过在风险企业发展到一定程度后退出获利。当被投资企业增值后，风险投资方会通过上市、收购兼并或其他股权转让方式撤出资本，实现其投资的超额回报。风险投资方一般并不要求风险企业在足够长的期限之前分发股利或偿还利息。相反，他们采取零利润率方式，着眼于企业的长期增值，在适当的时候通过出售所持风险企业股份撤出投资，以资本增值的方式实现获利。

2. 风险投资的作用

风险投资在培育企业成长，促进一国乃至全球技术、管理创新和科技、经济发展中都起着十分重要的作用。它可以推动科技成果尽快转化为生产力，促进技术的创新，促进管理和制度的创新，是促进技术创新和增强国际竞争力的重要因素。

科学技术的飞速进步、科学技术与经济的一体化，以及科学技术的国际化趋势，构成了当代科学技术发展的主要特征。国家经济的竞争力取决于该国经济的创新能力及技术成果，特别是高新技术能否成功地转化为商品并最终形成产业，这一点不仅得到世界各国广泛的认同，而且体现在许多国家的基本国策中。

然而，高新科技的开发与研究需要大量的经费支持，单纯依靠科研机构自己的力量难以筹集足够的发展经费，并且高新技术项目由于其巨大的风险，也难以获得常规金融融资模式的支持。采用国家投资方式开发高新技术也有其难以回避的弊端——距离市场较远，难以使科学技术顺利实现产业化。

风险投资的出现较好地解决了这一问题。风险投资将社会上闲散的资金聚合起来，形成了巨大的资金量，能够满足研究开发高新科学技术的需要；风险投资通过严格而周密的筛选过程和分散投资的组合战略有效地化解了投资中的非系统风险；风险投资机构还可以为被投资公司提供高水平的咨询、顾问等服务，帮助缺乏经验的风险企业顺利实现发展和壮大。风险投资的发展历史表明，它是促进技术创新、增强国际竞争力的一个必不可少的重要因素，必将在今后的科技和经济发展中发挥更大的作用。

8.1.3 风险投资的要素构成

风险投资资本、风险投资主体、风险投资期限、风险投资目的和风险投资方式构成了风险投资的五大要素。

1. 风险投资资本

风险投资资本是指由专业投资人提供给快速成长并且具有很大升值潜力的新兴公司的一种资本，简称风险资本。在通常情况下，由于被投资企业的财务状况不能满足投资人短期内抽回资金的需要，因而无法从传统的融资渠道获得所需资金，这时风险资本便通过购买股权、提供贷款或二者兼用的方式进入这些企业。1995 年，仅美国风险投资公司运作的资金总额就高达 435 亿美元，比 1985 年的 196 亿美元增加了 122%。

风险资本的来源因时因国而异。在美国，1978 年全部风险资本中首先个人和家庭资金占 32%；其次是国外资金，占 18%；再次是保险公司资金、年金和大产业公司资金，分别占 16%、15%和 10%。到了 1988 年，年金比重迅速上升，占了全部风险资本的 46%；最后是国外资金、捐赠和公共基金及大公司产业资金，分别占 14%、12%和 11%；个人和家庭资金占的比重大幅下降，只占到了 8%。

与美国不同，欧洲国家的风险资本主要来源于银行、保险公司和年金，分别占全部风险资本的 31%、14%和 13%，其中，银行是欧洲风险资本最主要的来源，而个人和家庭资金只占到 2%。而在日本，风险资本首先来源于金融机构和大公司资金，分别占 36%和 37%；其次是国外资金和证券公司资金，各占 10%；而个人与家庭资金只占到 7%。

按投资方式分，风险资本分为直接投资资金和担保资金两类。前者以购买股权的方式进入被投资企业，多为私人资本；而后者以提供融资担保的方式对被投资企业进行扶助，并且多为政府资金。

2. 风险投资主体

风险投资主体是指风险投资过程中的投资实体，包括风险资本的提供者——风险投资者，风险资本的运作者——风险投资机构，风险资本的使用者——风险企业三个方面。

1)风险投资者

风险投资者是指提供风险资本的出资人，是向其他企业投资的企业家，他们拥有所投入资本的所有权，其投资目的不是为了控股、获得企业所有权或是为了经营企业，而是要通过投资和提供增值服务把被投资企业做大，然后通过上市、兼并或其他方式退出，在产权流动中实现投资回报。他们的投资意向是建立在自己丰富的实践经验和准确的判断力上的，是经过深思熟虑才得以确定的。以美国的情况为例，风险投资者主要包括以下四种。

一是个人风险投资者。总投资额在 200 亿美元左右，其中相当一部分投到早期风险企业。

二是机构风险投资者。包括养老准备金、大学后备基金等。各种非获利基金会，这些机构风险投资者传统上相当保守，主要投资于债券和高红利股票，这一方面是因为政府出于谨慎考虑所制定的法规限制，另一方面是因为人们一般认为投资于新兴企业风险过高，难于监控。但自 1979 年以后，风险投资可能带来的丰厚回报促使政府放松了这方面的管制，如允许将 2%～5%的养老基金投资于新兴企业，于是这些机构风险投资者成了风险投资的主要来源之一。为了减轻这些机构风险投资者的风险顾虑，风险投资公司常采用利润分享和投资限制协议等方式及有限合伙制组织形式控制风险。

三是大公司风险投资者。出于战略考虑，大公司常投资与自身的战略利益有关的风险企业，以合资或联营的方式注资。

四是私募证券基金。私募证券基金通常将一部分资金投资接近成熟的风险企业，以期得到高额回报。

2)风险投资机构

风险投资体系中最核心的机构是风险投资机构，即风险投资公司或风险投资基金，它们是连接资金来源与资金运用的金融中介，是风险投资最直接的参与者和实际操作者，同时也最直接地承受风险、分享收益。在发达资本市场，风险投资机构的最适当人选无疑是投资银行。

在风险投资市场上，一方面是寻找具有巨大增长潜力的投资机会，另一方面是寻求高回报、不怕高风险的投资资本。风险投资机构的职责是发现二者的需求，并使机会与资本联系起来。在风险投资这种特殊的金融方式下，资金从投资者流入风险投资机构，通过风险投资机构流入风险企业。这时，风险投资创造了决定其成败的两个结合：风险资本与增长机会(通常是高科技企业)相结合，风险投资家和风险企业家相结合。风险资本和增长机会的结合是外部结合，而风险投资家和风险企业家的结合是内部结合，是风险投资成败的关键。风险投资要达到预期收益，这两个结合缺一不可。

一般情况下，风险投资机构的核心作用在于解决好下述问题：首先，要为风险企业(项目)提供直接的资金支持，并通过风险企业的迅速成长使投资者获取收益。因此，风险投资公司一般会作为风险投资的发起者和投资工作的枢纽，负责风险投资的运营，并参与所投资的风险企业(项目)的管理和决策；其次，风险投资机构一般需要有能力分析和做出对风险企业的投资决策，并在投资之后监测风险企业并参与管理；最后，风险投资机构要对投资者负责，使不同类型投资者的利益得到保护。

由于风险投资机构在风险投资体系中的关键作用，风险投资机构要由一些具备特定专业知识和管理经验的人组成，同时其所有权结构要提供一种机制，使得投资者与提供专业知识管理技能的人得到合理的相应回报，并各自承担相应的风险。为适应风险投资体系的这种要求，经过国外几十年的发展和选择，目前，在西方发达国家形成了以下几类风险投资主体的组织方式。

(1)有限合伙制(limited partnership)。美国的风险投资机构在经历了几十年的沉浮之后，这种特殊类型的合伙制成为目前机构形式的主流。在这种有限合伙制风险投资机构中，有两种合伙人，即有限合伙人(limited partner)和主要合伙人(general partner)。这种合伙制的主要出资者称为有限合伙人，有限合伙人通常负责提供风险投资所需要的主要资金，但不负责具体经营；而主要经营管理者称为主要合伙人，主要合伙人作为风险投资机构的专业管理人员，统管投资机构的业务，同时也要对机构投入一定量的资金。由于主要合伙人付出了艰辛的劳动，将从有限合伙人的净收益中按10%～30%的比例提取报酬。这种合作通常是有期限的，一般是7～10年，其长度主要取决于公司投资的生命周期和主要合伙人的意愿。

主要合伙人对经营承担无限责任，但出资比例很低(一般为总投资的1%)，而取得的回报很高(总利润的20%加管理费)。有限合伙人承担有限责任，一方面用合同条款对主要合伙人进行约束，另一方面进入董事会对重大决策施加影响。美国的私人投资者往往扮演主要合伙人的角色，其操作方式则一般为先注册一个有限责任公司，私人投资者以股东身份控制该公司，再以该公司作为主要合伙人来发起风险投资机构；有限合伙人则往往是各类机构投资者，包括养老基金、保险公司、共同基金以至银行等，也包括个人投资者。合伙经营这种所有权结构靠精心设计的各类合同来保证，是一个相当精巧的机构设计方案。

合伙人的集资有两种形式，一种是基金制，即大家将资金集中到一起，形成一个有限合伙制的基金。另一种是承诺制，即有限合伙人承诺提供一定数量的资金，但起初并不注入全部资金，只提供必要的机构运营经费，待有了合适的项目，再按主要合伙人的要求提供必要资金，并直接将资金汇入指定银行，而主要合伙人则无须直接管理资金。这种方法对有限合伙人和主要合伙人都十分有益，对有限合伙人来讲，可以降低风险；对主要合伙人来讲，省去了平时确保基金保值、增值的压力。所以，后一种形式已被越来越多的有限合伙制风险投资公司所采用。

(2)公司制(corporate)，指按照股份有限公司或者有限责任公司形式设立的风险投资机构。这类机构依照《中华人民共和国公司法》设立，在架构上等同于普通公司，都设有股东大会、董事会、监事会及经理层。风险资本提供者成为公司股东，依照出资额的多少承担有限责任，通过“用手投票”或“用脚投票”的方式监督和控制经理人员。经理人员一般由专业管理人员充当。

公司制是风险投资机构最早采用的组织形式，然而这种方式对于风险投资这样一个特殊行业却存在一些不可弥补的缺陷。首先，这种机制难以对经理层起到有效的激励作用，由于各国公司法对经理人员的股票期权问题都做出了慎重规定，因而在公司制中经理人的报酬明显不如有限合伙制中的普通合伙人，这样导致的业绩与报酬的不平衡使得风险投资机构难以有效激励管理人员，从而难以保证风险投资的高效运行。其次，在公司制中，公司本身是所得税的纳税主体，难以实现有效避税，这使得风险投资者投资积极性不高，造成了风险投资机构筹集资金的困难。而有限合伙制则不同，美国风险投资机构之所以经常采用有限合伙制，在很大程度上是因为养老基金、大学和慈善机构等投资者为免税实体，这一结构保证了它们的免税地位。目前，采用公司制的风险投资机构越来越少。

3)风险投资对象/风险企业

风险投资的最终回报来源于风险投资的对象——风险企业。对风险企业的选择首先取决于风险企业所在的产业领域。据调查，世界上的风险资本大都投向了软件、通信、医疗保健和生物技术等高新技术产业领域。在不同的国家和不同的时期，风险投资的主要领域也略有差异，但都是集中在高科技的范围内。以美国为例，1992年投向电脑和软件业的投资占总投资的27%；医疗保健产业占总投资的17%；通信产业占总投资的14%；生物科技产业占总投资的10%。其次，风险投资方要认真考察风险企业所具有的投资价值，如独特的技术专利、先进的生产、经营方式等，分析风险企业是否具有良好的发展前景。最后，风险投资方在选择风险企业时，实际也是在选择创业企业家。创业企业家的人格特点、知识结构、经营理念等各方面特点也是决定风险企业能否发展壮大的决定性因素，因而也就成为风险投资方考察的重点。

3. 风险投资目的

风险投资虽然是一种股权投资，但投资的目的并不是为了获得企业的所有权，不是为了控股，更不是为了经营企业，而是通过投资和提供增值服务把投资企业做大，然后通过首次公开发行、兼并收购或其他方式退出，在产权流动中实现投资回报。

4. 风险投资期限

由于风险投资方的目的是在风险企业发展壮大后，在产权流动中实现投资回报，因而他们最终将寻求渠道将投资撤出，以实现增值。风险资本从投入被投资企业起到撤出投资为止所间隔的时间长短就称为风险投资的投资期限。作为股权投资的一种，风险投资的期限一般较长。其中，创业期风险投资通常在7～10年内进入成熟期，而后续投资大多只有几年的期限。较长的投资期限使得风险投资方为了规避投资风险必须和被投资企业紧密合作，共同运用自己的专业知识和技巧，为风险企业出策出力，实现风险企业的发展壮大。

5. 风险投资方式

风险投资方式是指风险投资家所采取的资本运作方式。从投资性质看，风险投资的有以下三种主要方式：一是直接投资，即风险投资方直接向风险企业投资并成为其股东。二是提供贷款或贷款担保。三是提供一部分贷款或担保资金，同时投入一部分风险资本购买被投资企业的股权。无论是哪种投资方式，风险投资人一般都附带提供增值服务。

风险投资还有两种不同的进入方式。第一种是将风险资本分期分批投入被投资企业，这种情况比较常见，既可以降低投资风险，又有利于加速资金周转；第二种是一次性投入，这种方式不常见，一次投入后，很难也不愿提供后续资金支持。

8.2 风险投资业务运作流程

根据前述风险投资机构的特点和要求，可以看出风险投资机构在风险投资中发挥着至关重要的核心作用，是联结风险投资企业与资本市场的桥梁。同时，风险投资高风险、高收益的特征也对风险投资机构的能力提出了很高的要求，风险投资机构不仅要有广泛的信息来源，同时还要有超强的分析能力和管理技能。作为金融市场的核心，投资银行当仁不让地成为担任风险投资机构角色的最佳人选，有时甚至一肩双挑，同时扮演风险投资机构和投资者的双重角色，以其自有资本直接投入风险企业。从多年来的发展实践看，风险投资已经成为美国投资银行的重要业务之一。

作为风险投资运作的核心，风险投资机构运作一项风险投资的基本流程，首先是从投资人那里筹集一笔以权益形式存在的资金，其次以掌握部分股权的形式对一些具有成长性的企业进行投资，当风险企业经过营运、管理获得成功后，风险投资机构再安排其股份从风险企业中退出。从风险投资机构角度来看，风险投资的运作过程包括投资对象的筛选和确定、风险企业的经营和管理及风险投资的资本退出三个基本阶段。

8.2.1 风险投资对象的筛选和确定

选择什么样的项目或企业作为投资对象是风险投资家最为关心的问题。投资机会可以来源于风险投资机构自行寻找、企业家自荐或第三人推荐。这一阶段工作包括以下主要环节。

1. 初步筛选

在这一阶段，风险投资机构在大量风险投资对象信息的基础上，将根据企业家提供的商业计划书，对项目进行初次审查，将所有信息走马观花地浏览一遍，用很短的时间决定在这件事情上花时间是否值得。初步筛选将会淘汰掉99%的项目或企业，只留下1%左右的项目或企业，在以后的工作环节进行详细的调查与评估。

2. 尽职调查和专业评估

经过筛选阶段的备选企业(项目)还需进行深入、复杂且耗时的尽职调查和专业评估，以验证风险企业(项目)所提交材料的准确性，发掘可能遗漏的重要信息，并对收集到的信息加以详细地分析与评估，评估结果将决定是否投资、如何投资及投资多少。此环节由风险投资机构亲自或委托投资顾问专家进行，评估小组中通常包括会计师和律师。

尽职调查和专业评估环节大约需要六至十周的时间。在此期间，风险投资机构需要与潜在的客户接触、向技术专家咨询并与管理队伍举行几轮会谈，认真细致地对企业现状、成功前景及其经营团队展开调查，详细研究和考察产品市场、人员素质及经济核算等。具体来看，调查与评估的内容有以下几个方面。

(1)风险企业经理层(创业者)。需要从各个不同角度对该创业者或创业者队伍进行考察。具体问题包括主要管理人员简历和学历水平，其是否具有持续奋斗的禀赋，是否非常熟悉产品的目标市场，是否具有很强的综合管理能力、技术能力和市场开拓能力，内部是否团结等。风险投资机构期望的管理队伍是由一批具有高度成就欲的人所组成，他们都是各自领域内的专家高手，如工程、市场、销售和研究开发等领域。

(2)技术。一般而言，一个成功的风险企业必须要具有先进性和排他性的技术。投资机构要判断风险企业(项目)中技术是否首创、其市场前景或产业化的可能性如何、采用该技术之后的新产品是否可靠等。通常情况下，许多风险投资机构会选择他们熟悉的领域进行投资。

(3)产品。风险企业的产品最好是市场上独一无二或远远优胜于其他同类产品的产品。通常风险投资机构感兴趣的都是有申请专利潜质或是已申请了专利的产品。具体内容包括产品的名称、特性、产品现在所处的阶段(若处于开发阶段，需确定何时可以完成开发)、产品的实用性、产品有何革新、产品所填补的市场空白、产品在生产过程中的复杂性、产品所符合的标准、是否获得专利等。

(4)市场。任何一项技术或产品如果没有广阔的市场前景，其潜在的增值能力就是有限的。因此，风险投资机构需要从以下几个方面了解市场的具体情况：目标细分市场的容量、特点；主要竞争对手及其市场份额；产品进入市场的适当时机；产品或其替代品预期的市场价格；预期的分销渠道和预期的利润状况；准备使用的市场策略及手段；未来 3～5 年目标市场的发展情况；等等。一般而言，风险企业所开发的产品应该具有非常广阔的市场前景和非常迅速的市场开拓速度，预期能够使风险投资在 5～10 年至少能获得 10 倍的回报。

(5)管理。需要特别指出的是，风险企业(项目)的管理状况对风险投资是否成功是至关重要的。管理是企业的灵魂。风险投资机构宁可选择一流管理、二流技术的风险企业，也不选那种技术领先、管理混乱的企业。

(6)财务。风险投资机构需要极为谨慎地为风险企业计算财务预算，这是决定风险投资是否可行的又一关键环节。常常是要计划预算 3～5 年或 8 年甚至更长的时间。需要估算一个新起步的企业由亏损转盈利所需的总资本，还需要知道这个企业大概要花多少年时间才可由亏转盈，评估至 10 年后的企业收入和利润，从而判断风险投资的投资收益目标是否能够达到。

应当指出的是，风险投资机构对风险企业(项目)的评估是理性与灵感的结合。其理性分析与一般的商业分析大同小异，如市场分析、成本核算的方法及经营计划的内容等。所不同的是灵感在风险投资中占有一定比重，如对技术的把握和对人的评价。

3. 投资决策

通过尽职调查和专业评估环节，风险投资机构尽可能地了解了风险企业(项目)的信息，并从多个角度对风险企业(项目)是否具有投资价值做出了评估。接下来，风险投资机构就要在这些信息和评估结果的基础上做出是否投资的决策。风险投资决策应遵从以下原则，即风险投资的三大定律。

(1)决不选取超过两个风险以上的企业。风险投资常见的风险包括五个，即研究发展风险、生产产品风险、市场风险、管理风险和成长风险。若一个企业有两个或两个以上的风险，一般就不应该投资。

(2)$V=P\times S\times E$。其中，V 代表投资价值；P 代表产品的市场需求大小；S 代表产品、服务或技术的独特性与可行性；E 代表管理队伍(企业家)的素质。在选择风险企业时通常要选 V 值最高的项目。如果定义 P、S、E 有效的比值系统是 0～3，那么 V 值应在0～27。一般而言，在这样的系统中只有 V 值达到 20 以上，风险企业(项目)才具有投资价值。

(3)投资 P 值最大的项目，即在风险和收益相同的情况下，风险投资方更愿意投资产品市场更大的风险企业。

4. 交易条款构思与谈判

一旦做出了投资的决策，风险投资机构下一步的工作就是要确定同风险企业(项目)的交易条款。交易谈判是协调风险投资机构和风险企业(项目)双方的不同需求而对交易结构进行的谈判。在谈判中风险投资机构主要考虑相对于投资的风险赚取合理的回报、对风险企业产生足够的影响、在任何情况下都要保证投资顺利撤出等方面；而创业者(即风险投资人)更关心对风险企业的领导权和企业未来的发展前景。

风险投资机构与创业者谈判的主要内容包括：①金融工具的种类、组合及资本结构；②交易定价；③确定企业控制权、对未来融资的要求、管理的介入和资金撤出方式的安排等内容。通常创业者会得到一个条款清单，概括出涉及的内容，这个过程可能要持续几个月。

5. 签订投资和约

只要事实清楚，一致同意交易条件和细节，双方就可以签订最终交易文件。一旦最后的协议签订完成，创业者便能得到资金，以继续实现其经营计划中拟定的目标。在多数协议中，还包括退出计划，即简单概括出风险投资家如何撤出其资金及当遇到预算、重大事件和其他目标没有实现的情况，将如何处理。

8.2.2 风险投资的管理和监控

风险投资机构有别于传统金融机构的最重要特征之一便在于其具有在投资之后介入风险企业经营管理的意愿。投资生效后，风险投资机构便拥有了风险企业股份，并在其董事会中占有席位，这就为风险投资机构参与风险企业管理提供了依据与保障。风险投资机构对风险企业进行管理和监控的主要工作有两项。

首先，风险投资机构扮演了管理咨询专家的角色，通过提供专业性建议的方式帮助风险企业提高管理能力。具体工作包括定期与创业者接触以跟踪了解经营情况、定期审查会计师事务所提交的财务分析报告、帮助风险企业设计经理层收入结构、帮助风险企业制定发展战略；等等。风险投资机构通常聚集着大量企业管理专家或与这些专家有着广泛的联系，因而可以在经营管理的各个方面，特别是财务、营销两方面对风险企业提供强有力的支持。当然，在必要时风险投资机构也会突破咨询专家的角色，直接撤换和任命经理层人员。

其次，与金融机构关系密切的风险投资机构，还在帮助风险企业寻找追加融资方面发挥了重要作用。风险投资机构往往拥有丰富的金融市场运作经验，掌握着大量资金来源，拥有巨大的能量。风险投资机构的参与管理可以使风险企业从获得外部资金来源到最终上市的一系列金融过程变得更加便利。

如果风险企业陷入困境，风险投资机构有时不得不着手干预或完全接管。它可能不得不聘请其他的能人取代原来的管理班子，或者亲自管理风险企业。

8.2.3　风险投资的资本退出

风险投资的特点是阶段性投资，风险投资机构真正感兴趣的并不是控制它们所投资的风险企业或获得分红，而是在于超常规的股权投资收益。因此，风险投资的游戏规则中对资本变现的通道有特殊的要求，回收资金是风险投资运作的重要环节。风险投资机构会研究判断最佳转出方式的可行性和困难性，如果它们对转出的方式毫无把握，它们是不会轻易做出投资决定的。

资本的倍增效益和退出通道取决于对企业资源整合的质量。风险投资的目标是收回投资资本并把盈利中的大部分反馈给出资者，作为投资中介，经过3～8年的运作，当被投资企业达到一定程度的成功之后，投资机构就开始想方设法获得货币收益。

风险投资机构为了防止资金被锁定，一般在投资合约条款中意向性规定资金的退出时间和方式。风险投资机构资金退出的方式及时机选择，取决于投资机构整个投资组合收益的最大化，而不追求个别项目的现金流入最大化。风险资本退出的主要方式有以下三种。

(1)风险企业股票公开上市。这无疑是最佳方式，因为对于风险投资机构来说，这种方式的营利性最强；对于风险企业创业者来说，这种方式能够使企业的控制权不至于旁落，并且还获得了持续性的融资渠道。但这种方式也是最烦琐、难度最大的方式。

(2)风险投资机构将其所持有的股份出售。风险投资机构将其所持有的股份出售是指风险投资机构将其持有的风险企业股票转让给第三方，完全退出风险企业。这种方式能够使风险投资机构快速变现，因而很受其欢迎。但对于风险企业创业者来说，第三方的进入通常意味着企业独立性的失去，因而不欢迎这种做法。

(3)风险企业回购投资机构所持股份。当风险企业发展到一定程度之后，风险企业的创业者积累了一定的财富和经验，希望并且能够自主控制风险企业。这时，风险投资机构可以和风险企业创业者达成股份回购协议，将手中持有的风险企业股份转让给风险创业者。在这种方式下，风险创业者获得了对风险企业的完全控制，而风险投资机构的获利虽然比不上上市方式，但时间短、费用少、手续简便，短平快的实现了资金的退出与增值，符合风险投资机构加快资金流动性的投资原则，也是一种不错的退出方式。然而，由于风险创业者的财力一般比较有限，因此，这种方式只适用于投资额较小的创业投资。

分析以上方式不难看出，在股票交易所公开上市无疑是最能兼顾各方利益也最富营利性的退出方式，理所当然地成为了风险投资机构的首选。然而由于传统交易所烦琐、严格的上市条件的制约，风险企业一般难以达到上市标准，在股票交易所上市非常困难。为了解决这一难题，为风险投资提供有效的退出方式，一些国家专门设立了转让小企业股票的交易所(二板市场)，如加拿大的温哥华交易所和美国的丹佛交易所。美国的大多数风险投资支持的上市企业首先在NASDAQ或OTCBB等柜台交易市场上交易，英国的未上市证券市场(USM)也发挥着相同的作用。

8.3 投资银行在风险投资业务中的作用

根据一个风险企业从初创到成熟各个阶段的不同特点，可以将其具体分为种子期、初创期、成长期、成熟期。在每一个阶段中，投资银行会根据企业的不同需要，在风险投资机构这一核心角色的基础上，还可综合扮演投资人、并购中介、上市承销商等多重角色，共同发挥管理风险投资运营及帮助风险资本退出的作用。

8.3.1 投资银行在风险企业种子期的作用

风险投资对于企业至关重要。在风险企业的种子期阶段，风险企业由于仅有产品构想，未见产品原型，所以难以确定产品在技术上、商业上的可行性，企业的前景始终笼罩在巨大的风险之中。企业应当在种子期内突破技术上的难关，将构想中的产品开发出来，取得雏形产品。否则，夭折就是它唯一的“前途”。

据统计，风险企业在种子期的失败率超过了 70%。在这样的情况下，风险企业很难通过银行等方式获得融资。因此，投资银行在这一阶段的主要作用是扮演风险企业融资顾问的角色，帮助风险企业联系风险投资者获得资金，也可自己向风险企业提供种子资金。

1. 风险企业在种子期的主要工作

风险企业在种子期的主要工作是产品的研发。这里的研究开发工作，并非指基础研究，而是指新产品的发明者或风险企业的创业者验证发明创造及创意的可行性的研究，即运用基础研究、应用研究的成果，为实用化而进行的对产品、工艺、设备的研究，研究开发的成果是样品、样机，或者是较为完整的生产工艺和工业生产方案。在种子期结束时，如果能达到以下几个目标，就可以说种子期的工作是非常令人满意的。

(1)开发出的有应用前景的成果能够获得专利。

(2)与竞争对手相比，所开发出来的产品的技术水平较高，竞争对手难以很快模仿、追随，这使风险企业容易在一定时期内获得垄断利润。

(3)能够基本形成发展规模经济所需要的核心能力中的高技术支撑点，这是决定风险企业有无发展潜力、发展后劲的重要因素之一。

(4)开发出来的技术、产品有广泛的用途，可以生产一系列的产品。这为风险企业获得尽可能大的潜在市场打下了基础。

值得指出的是，在探讨风险投资时，我们应树立这样一种观点：尽管风险投资经常是从某种高新技术产品出发来做出投资决策的，但风险投资不仅仅是培育一种或一类产品，更重要的是在培育一个企业。确切点说，风险投资是从风险企业的成长中获利，而不是从某种产品的发展中获利。

2. 风险投资在种子期面临的风险

风险投资各阶段所面临的风险有所不同。其中种子期面临的风险主要是技术风险和资金风险。

(1)技术风险。主要表现在两方面：一是技术成功的不确定。新技术、新产品能否按预定目标开发出来则无法确定。二是技术完善的不确定。新技术、新产品能否在现有的技术条件下很快完善起来。

(2)资金风险，是指企业因得不到资金支持而无法生存下去的风险。该风险与技术风险紧密相连，它在一定程度上从属于技术风险。因为风险投资家总是根据技术开发的进展，分期分批地投入风险资金。通常，风险投资家不会让风险企业无限期地研制下去，他们会为企业设定一个达到技术标准的最后期限。如果届时技术标准仍未达到，企业就必须关门。

3. 投资银行在种子期的主要作用

由于种子期的风险企业具有风险大、成功率低的特点，大部分的“种子”都被现实无情地淘汰掉了。因而，投资银行风险资金的投放必须十分慎重，采用广撒网，分散投资的方式消化风险，以投资组合 10%～15%的资金比例投入企业。当然，分散投资不应该是盲目的，应该根据风险企业在所处行业、地区、技术水平等方面的不同深入分析，按照投资组合原则分布投资。同时，还应在管理方面向风险企业尽力提供帮助。

8.3.2 投资银行在风险企业初创期的作用

进入初创期，企业已掌握了新产品的样品、样机或较为完善的生产工艺路线和工业生产方案，但还需要在许多方面进行完善，尤其需要在与市场相结合的过程中加以完善，使新产品成为市场乐于接受的定型产品，为工业化生产和应用做好准备。这一阶段的投资主要用于形成生产能力和开拓市场，由于需要的资金较大——是种子期所需资金的 10 倍以上，而且风险企业没有以往的经营记录，投资风险仍然比较大。

据测算，约有 30%的风险企业在初创期败下阵来。因此，风险企业从以稳健经营著称的银行那里取得贷款的可能性很小，更不可能从资本市场上直接融资。而这正是风险投资一展拳脚的时候。投资银行在这一阶段不仅充当融资顾问，还要担任管理顾问的角色。

1. 风险企业在初创期的主要工作

风险企业在初创期的主要工作是中试。中试是一个在放大生产的基础上，进行反复设计、试验、评估的过程。它利用生产经营的“微”系统进行技术试验、生产试验和市场营销试验，使技术与生产、市场相互调适，产生中试结果，在较大程度上消除应用新技术所带来的在生产方面和市场方面的种种不确定性。这是新产品由刚研制出来到能够成批量生产，并被市场接受的一个必不可少的过渡性阶段。它需要解决两个问题。

(1)产品与市场的关系。此时，风险企业要制造出小批量的产品，送给客户试用并同时试销。然后，根据市场反馈回来的信息，对产品、生产工艺进行改进，以使产品满足市场的需要。只有这样，新产品才有可能得到消费者的认可。

(2)产品与生产的关系。适销对路的产品要能够大量生产出来，才有机会占领市场，在初创期早期，风险企业的制造方法、生产工艺都很不稳定，需要反复多次的试验、调试，不断解决生产中出现的各类问题，才能提高产品的生产效率。

2. 风险企业在初创期所面临的风险

初创期的风险企业仍将面对不同风险的挑战。这里主要有三种风险：一是技术风险；二是市场风险；三是资金风险。

(1)技术风险。其包括两方面：首先是新产品生产的不确定性。新产品的生产往往会受到工艺能力、材料供应、零部件配套及设备供应能力的影响。一旦它们达不到生产的要求，风险企业的生产计划、市场开拓就会因此而受阻。其次是新产品技术效果的不确定性。风险企业在开发、生产新产品的过程中，难以事先预料产品的技术效果。尤其是那些需要较长时间才能显示出来的效果，更让创业者对产品能否达到消费者和社会的要求难以确定。最后，有些产品在使用过程中会暴露出较大的副作用，如对人体的伤害，对环境的污染，对生态平衡的破坏等。如果风险企业不能从技术上克服造成副作用的因素，那么，风险企业的这个产品差不多就失败了。因为它会受到来自政府方面的限制或有关方面的反对。这一点在生物行业中体现得尤其明显。

(2)市场风险。在初创期，风险企业的新产品开始真正面对市场。只有那些能够赢得市场的产品，才能获得继续发展的机会。风险企业所面临的市场风险体现在以下几方面。

首先，市场对新产品接受的不确定性。对一项新产品，特别是那些尚未有市场基础的产品，消费者有一个熟悉的过程。市场最终能否接受新产品，以及接受的容量有多大，是很难加以估计的。

其次，市场对新产品接受时间的不确定性。即便新产品是能够被市场所接受的，其推出的时间与诱导出真正需求的时间之间还会有一个时滞。由于市场千变万化，时滞越长，产品所承受的压力就越大。

再次，新产品市场扩散速度的不确定性。估计过分悲观，风险企业容易错过大好的发展机会；而估计过分乐观，也会导致风险企业陷入困境。

最后，新产品市场竞争力的不确定性。处于初创期的企业还是小企业，而它们开发的高新技术产品往往要面对激烈的市场竞争。风险企业的产品能否经得起竞争，能夺得多大的市场份额，也是未知数。

(3)资金风险。与种子期的资金风险极为相似，其大小主要依附于前述两大风险。只要技术完善、市场开发按计划顺利展开，自然会有风险资金送上门来。

3. 投资银行在初创期的主要作用

投资银行在这一阶段考察的重点将是风险企业业务计划的可行性、产品功能及市场竞争能力。如果认为整体可行，则可将15%～20%投资组合的资金比例投入初创期的风险企业。此外，投资银行还应在中试结果的基础上帮助风险企业制定发展战略规划，弥补企业创业者在市场经验和管理水平上的不足，明确企业的市场、财务和经营目标及实现期限。

8.3.3 投资银行在风险企业成长期的作用

经受了初创期的考验后，风险企业在生产、销售、服务方面基本上有了成功的把握。新产品的设计和制造方法已定型，风险企业具备了批量生产的能力。这时，风险企业的主要工作就是要大力开拓国内、国际市场，牢固树立起企业的品牌形象，确立企业在业界的主导地位。另外，由于高新技术产品更新换代的速度快，企业应在提高产品质量、降低成本的同时，着手研究开发第二代产品，以保证风险企业的持续发展。

1. 风险企业在成长期的主要工作

风险企业成长期的主要工作是市场开拓。此处的市场开拓，主要是指资金市场和商品市场的开拓。

(1)资金市场的开拓。进入成长期意味着企业要经历一个从业务到自身规模都飞速扩张的过程。企业为了扩充设备，拓展产品市场，从而在竞争中脱颖而出，需要大量的资金支持，所需资金是初创期的 10 倍以上。但这时的风险企业距离上市还很遥远，因此，风险投资依然是风险企业所能够利用的最现实的资金来源。根据日本 1995 年的调查，美国风险投资公司及风险投资基金的资金约有 50%投向处于成长期的风险企业。当然，尽管此时企业急需资金，但其筹资地位却已从被动转变为主动。风险企业可以从自己的利益、需要出发，确定合理的财务杠杆比例，采取种类较多的融资组合。但是，风险企业的“自由”会受到一定的限制，如那些在种子期、初创期投入资金的风险投资机构常常都有优先提供追加投资的权利。这一点经常也是前期风险投资机构答应投入资金的条件之一，在合约中一般都列有明确的条款。

(2)商品市场的开拓。成长期是风险企业逐步将自己的市场开拓策略付诸实施的阶段。这时企业的产品虽然已经定型并形成了生产能力，但比较完善的销售渠道还未建立，企业的品牌形象也需进一步巩固。因此，企业在成长期需要扩大生产能力，组起自己的销售队伍，大力开拓市场。

2. 风险企业在成长期所面临的风险

有机会进入成长期的风险企业，与种子期、初创期相比，其发展前景大都比较明朗，影响企业发展的各种不确定因素大为减少，风险也随之降低。在这一快速成长阶段中，风险企业会面临较为特别的管理方面的风险——增长转型期问题，即风险企业的管理能力跟不上企业快速膨胀而带来的风险。它是快速增长的风险企业常常遇到的问题之一。不少风险企业克服重重困难，发展到成长期，满以为成功在望，高额回报唾手可得，没想到大意失荆州，栽倒在自己企业的内部管理上。增长转型期问题之所以成为风险企业的特有风险，有两个原因：一是高新技术产业具有收益大、见效快的特点。因此，风险企业的增长速度都比较快，有时甚至达到 300%～500%的惊人速度。而风险企业组织结构的调整、管理人员的扩充却需要一定的时间。这就会在许多问题上出现“心有余而力不足”的现象。二是风险企业的创业者们大多是技术背景出身，对企业管理、财务和法律事务所知不多。他们习惯于将精力、工作重点放在技术创新上，而忽视了企业在组织管理方面应根据风险企业的发展阶段，不断进行调整。

以上两个原因是客观存在的，要真正解决增长转型期问题，使风险企业健康地发展下去，需要在以下方面下工夫。首先，创业者们必须转变观念，应该认识到必须采用现代企业的管理模式，才能使企业良好地运作。应该学会充分信任下属员工，将自己的主要精力放在重大决策和处理难题上。其次，风险企业应适时地将工作重点由工程技术转为经营管理。最后，应采取各种措施保证企业人才的稳定和储备。对那些企业需要的高级管理人才或是掌握关键技术的特殊人才，更应采取特殊政策稳住他们。

3. 投资银行在风险企业成长期的主要作用

在这一阶段，投资银行主要考察风险企业的市场扩张能力、管理计划能力等。如果认为项目可行，则应以 25%～30%的投资组合资金比例投入企业。在管理上，投资银行需要投入更多精力，帮助企业建立有效的内部治理结构，使风险企业管理能够跟上业务的发展速度。在这一阶段，投资银行也可以寻求以二板市场上市、风险企业回购股份和转让股份给第三方等方式退出资金。

8.3.4 投资银行在风险企业成熟期的作用

在这一时期，风险企业经营进入平稳时期，一方面，企业经营步入正轨，产品市场较为稳定，企业内部机制走向健全，风险企业创业者已经可以较为自如的独立管理企业；另一方面，这时企业所需的资金数量已不是风险投资所能满足，因此，寻求上市机会成为风险投资机构和风险企业共同的目标。

在这一阶段，投资银行可以利用自身在金融市场上的强大能量，帮助风险企业实现证券公募，同时达到自身退出风险企业的目标；在风险企业由于难以达到上市要求或其他原因无法上市时，投资银行可以运用自身的企业并购业务，协助风险投资者寻找并购方，完成风险资本退出。

➢本章小结

(1)风险投资是投资银行的创新型业务之一，是指专业投资机构通过科学评估和严格筛选，向有潜在发展前景的新创或市值被低估的公司、项目、产品注入权益资本，并运用科学管理方式增加风险资本的附加值，经过一段时间之后再通过上市、兼并或其他股权转让方式撤出投资，取得高额投资回报的一种投资方式。随着科学技术的不断发展和产业结构升级的不断深化，风险投资在各国的经济发展中发挥着越来越重要的作用。

(2)风险投资的特征充分体现在投资对象、投资实际、投资期限、投资性质、投资形式、投资风险特征、投资获利方式及投资后对投资项目或企业的管理等各个方面；风险投资的作用体现在其聚合闲散资金满足科研需要、推动科技成果尽快转化为生产力、提供高水平的咨询、帮助风险企业成长、促进一国乃至全球技术、管理创新和科技、经济发展等方面；风险投资资本、风险投资主体、风险投资期限、风险投资目的和风险投资方式构成了风险投资的五大要素。

(3)风险投资的运作过程包括投资对象的筛选和确定、风险企业的经营和管理及风险投资的退出三个基本阶段。在每个阶段风险投资机构都要做大量细致、复杂的工作，这是获得一项风险投资成功的必要条件。

(4)一项风险投资的生命周期可分为种子期、初创期、成长期、成熟期四个阶段；风险企业在每个阶段的主要工作和风险各不相同；而投资银行在风险投资生命周期四个阶段中的作用主要体现在其对风险企业和风险资本的投资与管理策略上。

➢【案例 8-1】

一、案例介绍

在本案例中，企业家 Didier Moretti 与风险资本家 Promod Haque 和 Jos Henkens 共同构想要研发一种软件系统(Annuncio 软件)，他们成功合作发起建立了一家公司，并把这个想法付诸实践。以下是对这个过程的具体描述。

1. 背景介绍

Haque 是 Norwest Venture Partners(一个风险投资企业，以下简称 Norwest)的投资

决策人员(合伙人之一)。Haque曾经投资过一家名为Cambio Systems Moretti的公司并曾经担任过该公司转型期间的首席执行官(chief executive officer，CEO)。自此，Haque与Moretti有了合作的基础。尽管Cambio Systems最终没有成功，但Haque对Moretti的能力彼此已经有了深刻的印象。同时，Henkens对Cambio Systems也比较熟悉，于是对Moretti的作为也有较深的印象，尽管他的先进技术创投(Advanced Technology Ventures，ATV)并没有投资于Cambio Systems。此外，Norwest与ATV在此前已经共同合作投资过。

2. 产品构想

Moretti、Haque和Henkens三人都对逐渐为人们所知的“营销自动化”领域有着强烈的兴趣，这是最后一块尚未被诸如美国的Peoplesoft公司或德国的SAP公司等业界巨头统治的、有待开发的软件领域。这种软件的设计目的，是帮助营销经理策划一次销售攻势，并能够立即知道所策划的攻势是否起了作用。尽管此种类型的软件已有其他存在形式，但Annuncio公司的设计理念是要开发运作于网络上的软件。网络的使用将大为加快系统的反应速度，而且运作成本也将大为降低。

Haque对这个领域的现状十分熟悉。他已经研究过几例“营销自动化”初创期的融资申请，但都因种种原因而未能最终投资。Haque开始与Moretti联系，而此时Moretti已经开始与Henkens接触商谈类似的想法。由于具有共同的兴趣，三人决定共商大计。

3. 具体过程

为能更好地研究计划的细节，并制订出一个预算方案，Moretti干脆住进了ATV办公室大厅尽头的一间小办公室里，并在那里工作。

他们首先需要解决的是新公司的管理人员问题。企业家与风险资本家双方都十分关心的一个重大问题是寻找另一个共同创建者，由他来担任公司的副总裁并专门负责工程技术问题。但目前的情况对风险资本家也十分有利，如Haque所言：“在管理小组关键人员的选择上，我们拥有施加影响的机会。”通过风险投资业内的一位朋友，Moretti找到了Maurizio Gianola。Gianola是开创“文档成像”和“工作流量”类软件的先驱，他一直是Extensity公司的工程技术副总裁。Extensity是一家经由网络来控制公司成本的软件设计公司。Haque认为，Gianola正是新公司所需要的人。但是，Gianola只有在风险资本家把资金投入公司，并考虑了投资者将占有公司多大股权份额等问题之后，才会离开原来的工作岗位。

接下来，双方开始谈判：首先需要解决的问题是，应当为管理小组成员与雇员预留多少公司股权份额，即公司雇员的股票期权问题。Henkens坦言：“Moretti和Gianola是能给人以深刻印象的出色的经理人员。但我们仍需要增加在营销、销售和客户支持等方面的管理力量。而且，我们只有放弃相当的股本权益份额，才能吸引到高质量的管理人员。”

其次需要解决的另一个问题是，新公司在达到盈亏平衡点之前需要投入多少资金。这实质上就是风险资本家对公司投资所要付出的价格。第一个提议是风险资本家需投入300多万美元，占有整个公司40%的股份；这意味着公司的整体估价，包括公司创建者的血汗钱，大约在800万美元。后来，Henkens要求加大风险资本家的股权份额。于是，Moretti马上进行了一次市场调查。根据调查结果，Moretti不同意Henkens的要求。于是，三个人就这个问题展开了一场谈判。

双方都有各自的王牌。从 Moretti 方面来说，他可以寻找别的风险投资者，在这样一个风险资本相对充裕的年代，Moretti 获得一个较高公司估价的希望自然不会太小。但 Haque 也早已知道，虽然 Moretti 曾与 Peoplesoft 和 Vantive 的主要经理谈过话，提出 Annuncio 的概念并进行过试探，看看这些巨人是否也会介入此领域，但却没有得到同意的答复。根据风险资本家的经验与社交联系，他们要得到这样的信息并不困难。例如，Haque 就曾担任过有着高速增长经历的软件公司(Tivoli 系统公司及 Forte 软件公司)的董事。而他的搭档 George Still Jr 和 Kevin Hall 则各自在 Peoplesoft 和 Vantive 公司担任着董事。

他们的谈判在"拉锯战"式地进行着。Moretti 是一个非常厚道，但又很会说话的人，他总是清楚地知道他想要的是什么。虽然他确实是一个强有力的谈判者，但同时 Moretti 也坚信迅速进入市场是非常关键的，而且与投资者建立良好和愉快的合作关系最终比起如何精确的分割公司来说要重要得多。他的观点是："我的目标就是经营一家成功的公司。你们可以自己想想到底是想拥有一个 100 万美元公司的 100%，还是宁愿拥有一家 1 亿美元公司的 1%。我追求的是后者。"最后双方都做了一点小让步，20%的公司股份被预留下来作为雇员的股票选择权。

解决了雇员的公司股票选择权问题之后，仍有其他一些棘手的问题有待谈判解决。一个是股票选择权的行使期限问题。通常，一个拥有选择权的雇员可以在四年内行使其权益，而且每年购买四分之一。另一个问题是董事会的构成问题。最终，他们决定让 Moretti 和 Andre Touma(由 Oracle 公司的 CEO 亲手提升的一名前公司经理)，这两位风险资本家，以及双方都认可的另一位成员等五人组成董事会。这样，董事会的构成与风险资本家们的投资情况对应了起来：接近大多数，但并非全盘控制。

大家一致同意首轮投资 325 万美元，其中包括其他私募投资者投入的 25 万美元，他们是风险资本家的共同投资伙伴。ATV 和 Norwest 则分摊了投资的绝大部分。

基于这个定价，三个人又进一步确定了一个投资条款清单。这份文件送到律师手中，由他最终制定出一份正式的投资协议书。到 1997 年 10 月，约定的资金就已经存到 Annuncio 的银行户头上了。

4. 首轮融资过后

两名融资者最初几个月的大部分时间都用于招募管理小组人员。这比他们预料的要慢一些，困难是源于要吸引到一流人才。

1998 年 7 月，Moretti 与 Haque 和 Henkens 又一次进行协商，结果毫不费力地约定了第二轮 350 万美元的投资。这一轮距上一次不到 1 年。两个融资者放弃了更多的股权份额，但公司的估价同时也更高了。Moretti 估计 1999 年或许还会进行新一轮的融资。

Annuncio 按计划设计着他的产品，并于 1998 年秋天发布了测试版。Moretti 正在用股权、鲜花和热烈的欢迎来吸引着潜在的求职者。他声称：他们已面试了 300 多个求职者，最终只雇佣了一个零头，即目前 Annuncio 的 25 名雇员。"显然我们是很挑剔的，特别是在早期。但如果你想将你的事业做好，你必须非常、非常的挑剔。"

二、案例分析

根据以上背景情况，我们可以总结出风险投资过程的几个重要要点。

(1)市场因素是风险资本家考察投资项目的首要因素。报告正文曾经指出，风险资本家在投资决策流程中主要从管理、产品、市场与财务四个方面来考察项目的投资前景。而市场特征是风险资本家考虑的首要因素。这主要有以下两个原因。

首先，风险投资作为成熟市场经济中的一种投资行为，它的运作要遵循市场规则，其投资对象也要符合市场供求情况。因此，当风险资本家选择投资项目时，考虑的是市场因素。

其次，风险资本家长期专业化经营于特定的行业领域，他一般只考虑该领域中的投资建议。这样，对于以上四种因素来说，管理、产品与财务都因不同项目而各有不同的特点，唯独市场是相对稳定的。从项目的管理因素来看，风险资本家一般需要与企业家会面交流之后才能做出判断；从产品与技术来看，需要由企业家对其进行讲解、演示才能形成形象与深刻的看法；从财务因素来看，需要通过了解项目，对风险企业做出公司估价，并与企业家商讨完主要融资条件之后才能有结论，而由于风险资本家对有关的市场极为熟悉，他能够根据投资建议书的信息，甚至直接凭借其经验，就可以相对容易地对市场的构成、容量、竞争与需求等做出直观判断。因此，风险资本家考察一个投资项目时会本能地判断其市场因素。

在本案例中，风险资本家与企业家双方都对营销自动化领域有着强烈的兴趣，这种兴趣的背后实际上是他们对这一潜在产品良好的市场机会的认同。正是基于这种"共同兴趣"，他们才开始了这一投资过程。

(2)风险资本家要求企业家拥有完整的管理小组，鉴于此，他们将积极协助企业家招募合适人选。报告正文曾经指出，多数风险资本家都会把投资项目的管理视作最重要的因素。他们认为，一流的创意加上二流的人才不一定能成功；但二流的创意加上一流的人才却更容易成功。因此，管理是使一家公司获得成功的最重要的独特因素。对于具体的投资建议，风险资本家要求的是一个杰出的企业家及一个综合全才的，有能力把企业家的设想变为现实的管理小组。如果管理小组不完整，风险资本家就会要求企业家做出向外招募补全的计划。在实践中，特别对于初创期的投资项目来说，管理小组大多不完整。因此，风险资本家一般都会积极协助企业家去寻觅、招募有才能的合适人选。这对于风险资本家来说，既有优势，又有好处。其优势在于，风险资本家长期工作于同一个行业之中，丰富的经历与广泛的接触，使其更易于发现合适的人选。其好处在于，按照风险资本家的意愿寻找来的高级管理人员，相对于企业家的原有伙伴，一般更为符合风险资本家的要求。

在本案例中，Moretti、Haque和Henkens三人共商大计之后，因为新公司当时只有Moretti一人，所以首先要解决的问题就是要寻找另一个共同创建者。这是双方都十分关心的一个重大问题；同时，这对于风险资本家也十分有利，因为"在管理小组关键人员的选择上，我们拥有施加影响的机会。"终于，通过风险投资业内的接触，他们找到了Gianola。由于双方对Gianola都十分满意，投资程序才得以继续进行下去。

当然，要求管理小组完整，并不是说要求风险企业在融资的时候就已经拥有了所有合适的技术、工程、管理、财政与市场人员，而是要求在融资的时候，企业就已经拥有了在当前发展阶段上所需要的有关人才。例如，在本案例中，由于新公司刚建立，直到下一次融资之前将仍处于产品开发阶段，它并不需要招募市场人员。但当日后公司要将其产品推向市场而寻求新一轮融资时，负责市场的管理小组成员的选择将会成为风险资本家对项目的考察重点。

(3)用股权份额来吸引高级管理人员。如前所述，投资项目的管理因素是决定项目成败的重要因素之一，而且必须落实到风险企业的管理小组成员身上。因此，在寻找合适管理人员的同时，还要解决如何吸引这些管理人员的问题。一般来说，获得成功说明具备能力。只有拥有良好业绩的成功人士才会成为风险资本家物色的对象。但是，一方面，这些成功人士通常已经拥有一个良好的工作职位；另一方面，风险企业极具风险，管理人员除了要为其花费大量的精力以外，还面临着企业失败的巨大风险。因此，要吸引成功人士离开其原有岗位而加盟风险企业，必须把其利益与公司利益紧密结合起来，使得企业在获得成功的同时，这些成功人士也将获得巨额回报。给予公司股权份额，使其成为公司股东，是达到这一目标的主要方法。正是有鉴于此，为未来的管理人员预留多少股权份额就成为风险投资决策过程中的一个重点考虑问题。

在本案例中，找到了另一位共同创建者 Gianola 之后，投融资双方要讨论的第二个问题就是"应当为管理小组成员与雇员预留多少公司股权份额，即公司雇员的股票期权问题"。例如，Henkens 所言："我们仍需要增加……管理力量。而且，我们只有放弃相当的股本权益份额，才能吸引到高质量的管理人员。"而 Gianola 也只有在知道投资者将占有公司多大股权份额之后(这将影响到他能够获得多少公司份额)，才会正式加盟新公司。最终，多达 20%的公司股份被预留了下来，作为雇员的股票选择权。

(4)投融资双方是一种长期合作关系，因此当产生分歧时，应以大局为重，在必要时双方要能做出适当的让步和调整。在风险资本家做出初步投资承诺之后，投融资双方的共同目标是达成交易；而在投资过后，风险资本家需要对项目进行多年的监督与扶助，双方的共同目标是使公司的价值最大化，这也正是风险投资与其他融资方式相比的一个显著差异。可以说，风险投资中的投融资双方是一种长期合作关系，其合作从投资决策阶段就开始，并将贯穿整个投资过程之中，直到最终撤出投资为止。但是在投资决策过程中，双方必然会对一些投资条件存在意见分歧，就此而展开谈判十分常见。

不过，双方应当保持合作态度而不是对立，因为建立一个长期的融洽关系对双方更有利。在本案例中，双方在公司估价的问题上存在分歧，并且各方都有自己的砝码。但是，本着合作的精神，双方最终都做了一点小让步。例如，Moretti"坚信迅速进入市场是非常关键的，而且与投资者建立良好和愉快的合作关系最终比起如何精确的分割公司来说要重要得多"。他认为，他"宁愿拥有一家 1 亿美元公司的 1%"而不仅只是"拥有一个 100 万美元公司的 100%"。

尽管 Moretti 和 Gianola 是公司的融资者，但他们只是公司的小股东，风险资本家才是公司的大股东。作为公司董事或经理，他们也是公司的雇员，风险资本家是可以通过股东大会或董事会将他们二人解雇的。因此，这个谈判必须非常小心地进行，以保护他们的利益，促使他们努力工作。

资料来源：慧聪网．一个软件项目的融资过程．http://www.info.biz.hc360.com/2004/10/21074625023.shtml，2004-03-09

➤【案例 8-2】

一、案例背景

转换科技公司(Transition Technology Inc.，TTI)在1987年年初开始寻求风险资本，直到212天后终于获得了3i风险投资公司(以下简称3i)等提供的300万美元的风险资本。这是一个比较常规的风险投资过程，但其中的曲折历程也颇耐人寻味。

二、案例过程

下面，我们对TTI公司寻求风险投资的过程进行详细介绍。

第1天，3i的副董事长汤姆·斯达克(Tom Stark)曾于20世纪70年代初与阿尔伯特·里贝(Albert Libbey)一同共事。汤姆从阿尔伯特处得知有一家叫TTI的新创公司正准备寻求第一次的风险资本融资。于是，汤姆主动打电话联系TTI的董事长华特(Walter)。华特向汤姆简单介绍了TTI寻求风险资本的意图，并告诉他预计需要的资金额。汤姆对华特的想法颇感兴趣，并表示了愿意合作的意向。华特告诉汤姆，他需要2～6周的时间来准备投资建议书。

第50天，TTI的投资建议书送达3i，投资建议书的内容摘要涉及以下内容。

通过适宜的技术改进使以下这些目标成为可能——改善工业输入/输出产品性能，降低工业输入/输出系统造价20%～40%；设计出一套能与多种工业自动计算机配套的工业输入/输出系统。企业发展目标为5年内营业收入超过3 000万美元；税前收益达17%～20%，税后利润达8%～11%；在工业自动化计算机输入/输出市场处于主导地位。

第57天，在波士顿，3i在其每周例行工作会议上讨论TTI项目。汤姆认为，这是一个非常好的机会，3i应当认真考虑TTI的投资建议，与会者同意汤姆的意见。接下来，汤姆需要确定投资建议中哪些内容是关键之处，并需要进行大量的研究。他也开始考虑寻找其他会对TTI感兴趣的风险投资基金。

如果3i向TTI提供所需的全部资金，并采取最简单的直接投资，那么，3i将处于控股地位；但3i向来不愿意控制所投资的公司。而且，3i与TTI都希望组成一个小型的辛迪加，这既可以为TTI的后续阶段融资带来更多的后备资源，也可以带来更多的经验与商业联系以协助公司发展壮大。华特继续寻找其他基金，汤姆也在考虑他所认识的、并能够加入此项目的其他风险投资基金。

第72天，汤姆第一次参观TTI，并与其3个创建者深入地讨论该投资建议。TTI的创建者们曾一同在另外一家公司共事2年，他们的技能是互补的。这个3人小组可以出色地完成设计、制造与销售产品的整个流程。尽管由于公司仍处于初建阶段，还没有完整的实物产品可供演示，但是他们成功地演示了产品的其中一个重要部件——电波——频率链路模块。

第74天，汤姆写了一份长达4页的信，描述TTI创建者及其计划产品以及营销计划，然后附上预测的资金平衡表、收入与现金流报告以及可能投资回报的计算结果，并分别寄给了3i在伦敦、英格兰等地的熟悉这方面知识的分支机构，同时，他们也向其他熟悉工业自动化或相关领域的同事寄了这些资料。希望他们能够凭借他们丰富的经验与网络知识，协助汤姆完成对TTI的调查评估。

第77天，汤姆与华特会面并讨论了融资的一些具体细节，包括：华特需要的资金额，而不是汤姆能够提供的资金额是多少？华特在投资建议书中所列数字的可信度如何？华特如何估价其公司？华特正在接触的投资者有哪些，他们的反应如何？根据华特的回答以及其他讨论结果，汤姆初步决定分阶段投资，这样有利于减少风险投资企业的初始投入，但必须保证公司有足够的资金以展示其具有制造产品的能力。

第 86 天，汤姆与华特再次会面，一方面，围绕着融资规模与开展公司业务所需要的最少资金量继续讨论。投资建议书中所述的融资总额为 275 万美元，但只要 150 万美元就足够让公司运转直到产品开发进入 Beta 测试阶段。另一方面，对公司的估价问题成为双方讨论的焦点。华特作为所有者之一，对 TTI 的估价较高；而汤姆对 TTI 也有一个估价。显然，汤姆的估价低于华特的。为此，两人又进行了多次的磋商。

第 94 天，从伦敦发来的 Newport、Beach 的报告认为，TTI 的产品有一个潜在良好市场，但接下来又从雷丁与英格兰传来了 TTI 产品存在竞争者。汤姆把这些情况告诉了华特。

第 109 天，完成了主要交易问题的谈判之后，汤姆整理出一份详细材料。首轮投资是 150 万美元。汤姆向 3i 的法律顾问罗佩斯(Ropes)和格瑞(Gray)送去了一份投资条款清单草案和一份预想的资本结构说明书。投资条款清单是 3i 的初步投资承诺，其中包含了交易的关键条件。

第 111 天，投资条款清单送达 TTI，双方很快就达成了协议。

第 112 天，直到目前为止，3i 仍然是唯一一家对 TTI 感兴趣的投资者。虽然也有几家风险投资企业对 TTI 进行了考察，但都没有产生投资的兴趣。华特的一个名叫罗伯·瓦什曼(Rube Wasserman)的顾问，不断帮助他接触更多的风险投资企业。

第 113 天，北大西洋创投基金(North Atlantic Venture Fund，NAVF)表示愿意向 TTI 投资。汤姆与 NAVF 的一位合伙人格力高利·彼特(Gregory Peter)会面，讨论格力高利还需要哪些信息以开展他的调查评估工作以及他们如何确保 TTI 能达到预定目标。

其讨论的内容主要包括以下方面：竞争者的存在是否影响 TTI 有一个足够大的市场，以保证 TTI 能够按照预测的利润卖出预测数量的产品；TTI 能否最终生产出产品，并在行业中保持主导地位；TTI 的创建者们能否对潜在的机会或问题做出有效的反应。

汤姆与格力高利都有自己的一套信息源，而且重合之处并不多，所以两人对需要集中处理的问题与信息共享达成了共识。

第 115 天，汤姆完成了一份内部投资计划书，其主要内容包括融资要求与建议，其具体投资计划如表 8-1 所示。

表 8-1 内部投资计划(单位：美元)

投资支出	资金来源
运作费用与流动资金：450 000	自有资金来源：750 000
产品开发：850 000	其他风险投资企业：750 000
资本支出：200 000	
投资支出合计：1 500 000	资金来源合计：1 500 000

以每股 20 美元的价格购买 A 系列可转换优先股 37 500 股，3i 的总投资额为 75 万美元，

占TTI公司股份的19.5%。每股A系列优先股可按1∶1的比例转换成普通股。A系列优先股拥有正常的投票权、反稀释保障以及共同证券登记权利。建议中有首轮150万美元风险资本应当足够支撑TTI完成其输入/输出模块以及其与IBM个人电脑和DEC Macrovax的计算机接口的开发与推广。预计在首轮融资后的14个月左右，该公司需要第二轮融资，以应付流动资金增加的需要。首轮融资应当证明产品有足够的市场接受程度与可行性。

第121天，汤姆的投资计划书在3i董事会上得到通过，3i承诺在有其他风险企业同时投入不低于75万美元的前提下对TTI进行投资。

第122天，汤姆送给NAVF的格力高利一份投资条款清单。

第135天，投资条款清单与调查评估记录被送往另一家风险投资企业——Hambro International Venture Fund(Hambro)。

第138天，黑色星期一，华尔街股市危机。在接下来的几天里，汤姆忙于应付打来的电话。汤姆所投资的多家公司都怀疑股市的暴跌，是否意味着对自己公司的估价过高 。华特也打来电话，但他关心的是3i对其承诺的投资是否依然有效，汤姆对此做了肯定的答复。

第148天，华特与罗伯会面。到目前为止，仍然只有3i和NAVF承诺对TTI投资，但此时已有10多家风险投资企业对TTI进行了考察，并表示了其投资的兴趣。

第155天，汤姆与TTI的创建者讨论融资进程，他们重新评估了潜在的投资者及其投资的可能性。

第161天，汤姆与罗伯会面，讨论为什么还是没有其他的风险投资企业对TTI做出投资承诺并分析其原因，但并没有找到原因。他们决定继续接触潜在的投资者。但此时，两人开始对他们所做的判断产生了怀疑。

第186天，汤姆向Aegis Fund Limited Partnership (Aegis)送去一份投资条款清单。

第188天，突然间，投资者对TTI产生的投资兴趣大增，汤姆收到了两份各100万美元的初步投资承诺。此时，TTI的投资承诺总额已经超过300万美元。

第190天，又有一份75万美元的投资承诺。

第193天，汤姆接到了更多投资者打来电话，表示愿意对TTI投资。

第194天，汤姆与华特讨论总共需要的风险资本总额。决定按原计划的股票价格接受不超过300万美元的融资。

第195天，投资者开始协商如何把总风险资本供给额降至300万美元 。

第211天，TTI收到了所有的300万美元风险资本，其中包括：3i投资70万美元，NAVF投资40万美元，Aegis投资90万美元，Hambro投资100万美元。华特和他的TTI终于可以开展其计划业务了。

三、案例启示

在本案例中，TTI公司经过漫长的融资道路，终于在其开始寻求风险资本后的第211天得到了其所需要的风险资本。在其与风险投资企业接触的过程中，以及风险投资企业3i在寻求其合作伙伴过程中，我们可以得到以下几点启示。

(1)风险企业在寻求风险资本时，企业自身的发展潜力及其市场应变能力是关键。我们可以从本案例中看到，TTI公司之所以能够受到风险投资企业3i公司的青睐，其主要原因就是该公司拥有的高科技产品及其潜在的市场。3i的副董事长汤姆十分注重这一点，他对TTI公司的产品及其市场潜力进行大量的分析调查，当发现TTI公司的产品有市场竞争对手时，更是对其未来在该产品的市场的主导地位能否维持进行了可行性分析。这一点在NAVF决定向TTI投资时也有表现。这些都充分说明风险投资企业对风险企业投资时最关心的是风险企业的自身发展潜力及其市场应变能力。

(2)风险投资过程是风险企业寻求风险投资企业的过程，也是风险投资企业寻求风险企业的过程。在本案例中，我们还可以看到，一方面是风险企业的董事长华特在寻找风险资本，另一方面是风险投资企业3i的副董事长汤姆在寻求风险投资企业。在风险企业寻求风险资本时，风险企业需要向投资方提供一个全面反映其产品特点、市场潜力及资金需要量等内容的投资建议书，风险投资企业在获得风险企业提供的投资建议书后。一方面需要对投资建议书的可信度进行核实，另一方面，风险投资企业需要根据自己的能力及风险企业的需要提出一个投资议案。当一家风险投资企业不能完全提供风险企业发展所需要的资金时，风险企业和风险投资企业可以共同寻找更多的风险投资企业，以实现风险企业对风险资本的需求及风险投资企业的投资可能。可见，风险投资过程并非是融资者单一寻找投资者，而是双方都在寻求合作伙伴。

(3)风险投资是多家风险资本融合在一起的投资。由于风险投资的风险通常都较大，而且在风险企业发展的过程中，每个阶段的风险大小都不一样，所以，大部分的风险投资都是由多家风险投资公司共同分阶段对风险企业进行注资。在本案例中，我们可以清楚地看到，TTI公司之所以在其寻求资本很长时间后，才得到相应的资金，有一个重要原因是在寻求其他的风险投资企业时，用了较长的时间。

➢思考题

1. 试述风险投资的定义。
2. 风险投资有哪些主要特征?
3. 风险投资的主要作用是什么?
4. 风险投资的要素有哪些?
5. 风险投资的主体包括哪几方面?各有什么内容?
6. 风险投资机构的组织形式有哪几种，各有什么优点和缺点?
7. 风险投资运作流程的具体环节可分为哪几个阶段?
8. 风险资本的退出方式有哪些?
9. 风险投资的生命周期包括哪几个阶段?
10. 风险企业在每个生命周期阶段的主要工作和面临的风险各是什么?
11. 投资银行在风险投资全程发挥哪些主要作用?

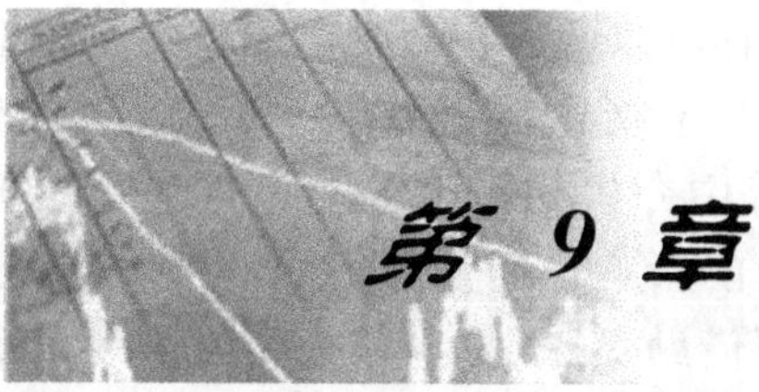

第 9 章

投资银行的资产证券化业务

资产证券化是指将缺乏流动性但具有未来现金流入的资产经过一定的组合后转变成为证券，据以融通资金的技术和过程，如抵押贷款的证券化、应收账款的证券化和消费信贷的证券化等。具体讲，进行资产转化的公司称为资产证券发起人。发起人将持有的各种流动性较差的金融资产，如住房抵押贷款、信用卡应收款等，分类整理为一批资产组合，出售给特定的交易组织，即金融资产的买方(主要是投资银行)，再由特定的交易组织以买下的金融资产为担保发行资产支持证券，用于收回购买资金。这一系列过程就称为资产证券化。

9.1 资产证券化及其种类

9.1.1 资产证券化的起源

资产证券化是一种很重要的金融创新工具，它最初源于 19 世纪 20～30 年代的美国，为了解决住宅按揭贷款的流动性问题，最先出现的是按揭贷款转达手证。到了 20 世纪 70 年代末，美国的住房金融制度受到联邦法律的严格限制，地区性储蓄和信贷协会等储蓄机构只能依靠其所在地居民的储蓄存款向个人提供住房抵押贷款，这种政策规定不仅制约了住房金融业务的发展，而且产生很大的信用风险，严重影响了储蓄协会的经营。为了获得经营所需的资金来源，转嫁利率风险，美国三大抵押贷款机构：政府国民抵押协会、联邦国民抵押协会和联邦住房贷款抵押公司，以及其他一些从事住房抵押的金融机构，纷纷将其所持有的住房抵押贷款按期限长短、利率等进行组合，以此作为担保发行证券获得了新的资金来源，从而也实现和开创了住房抵押贷款的证券化。在 1983 年的 6 月份，瑞士信贷第一波士顿公司和所罗门兄弟公司创造出了非单一结构的按揭贷款担保债券(collateralized mortgage obligation，CMO)以满足那些潜在按揭贷款投资者的需要，获得了极大的成功。之后，这种金融工具被推广应用到各种贷款、分期付款合同、应收款上面，形成了种类繁多的资产抵押担保证券(asset backed securities，ABS)，并迅速向全球扩展，成为当今国际资本市场中发展最快、最具活力的金融产品。它可以通过在金融市场上的运作把沉淀的资产变为可流动的资产，实现套现，因而既是为原始权益人提供的一种新型融资工具，也是为投资者提供的一种新型投资工具。而银行等中介机构作为金融世界的重要枢纽，不可避免地受到这种极具发展潜力的金融创新工具的影响：商业银行可利用 ABS 技术调整资产负债结构，化解不良资产；而投资银行则可借助 ABS 技术开拓新的市场，培育新的利润增长点，两者相得益彰。这为在亚洲金融危机中风雨飘摇的银行业注入了新的生机与活力。

随着证券化技术的不断提高，证券化被迅速、广泛地运用于非抵押债权资产中，先是汽车贷款的证券化，后是企业应收账款的证券化。到 20 世纪末，资产证券化已遍及租金、版权专利费、信用卡应收账款、消费品分期付款等领域。进入 21 世纪初，资产证券化开始在国际金融市场被广泛采用，目前已成为一种全球化的现象。

9.1.2 资产证券化的种类

资产证券化的一般性定义是指使储蓄者与借款者通过金融市场得以部分地或全部地匹配的一个过程或工具，它实际上是在强调资产证券化是一种以市场为基础的信用中介。由此定义我们可以将资产证券化分为两种：一种是通过在资本市场上发行证券来举债，这就意味着借款人可以向市场上的投资者直接筹资，而不用向银行申请贷款或透支。另一种是将原始权益人(如商业银行、财务公司等)所拥有的流动性较差，但质量较好、收益稳定的资产，通过一定的汇集组合成资产池，并配以适当的信用增级手段，重新分割成可以在金融市场上流通、信用等级较高的证券的技术和过程。这也就是我们日常所谈的资产证券化的实际含义。

资产证券化过程发行的证券实质上是资产证券化融资的一种信用工具，特设机构一般根据资产组合的特征，设计相应的信用工具。在国外的资产证券化融资活动中，所创造的资产证券的种类较多，以美国的资产证券为例，其可以分为以下几种类型。

(1)按照资产证券抵押品所有权是否转移，资产证券可分为转手证券(pass-through)和转付证券(pay-through)。

转手证券和转付证券是资产担保的两种基本形式。在转手证券中，担保品的所有权随证券的发行而转移，成为投资者共有的财产，由信托公司或专门公司代为管理，因而这些放款收回的本息，也就成为投资者的共同现金收入，即由发行者转递给信托机构，再转递给投资者，故命名转手证券。

在转付证券中，担保品的所有权由特设机构拥有，对投资者的支付也不必与相关担保品的现金流直接挂钩。

(2)按照资产证券持有者获得偿付的时间划分，资产证券可分为权益均等证券、优先/次级结构债券、多级次债券和本息分离债券

权益均等证券是指可以同时、等额获得一组资产组合权益的一类资产证券，如转手证券就是一种权益均等证券。

优先/次级结构债券是以一组资产组合发行的债券被分为 A、B 两种债券，A 债券是高级债券，对资产组合的现金流有优先权；B 债券为次级债券，拥有次等权利，只有当 A 债券的持有者得到完全支付的情况下，B 债券的本息才能得到支付。次级债券所占的比例

一般较低，一般由原始权益人持有，但也可以卖给第三者。这种结构证券的设计是建立在借款人的违约是不可避免上的，通过结构证券卖者将风险留给自己，保护投资者的利益，吸引投资者，提高资产证券的信用级别。

多级次债券是指以同一组资产组合发行的债券被分为三个或三个以上层次，终级债券的本金利息最后支付，其他级次的本金按序支付、利息是定期支付。例如，针对一组资产组合发行四级债券：前三级债券 A、B、C 在发行日开始以所载票面利率支付利息，最后一级是应付债券 Z，它是一种应计利息累积债券，它在其他级别的债券的利息被偿付之前不能定期地获得利息。债券本金的偿付按顺序进行，即所有本金的支付首先用于最短期限的 A 债券；当 A 债券完全偿付完毕后，所有本金的支付又转向下一个最短期限的 B 债券；一旦 B 债券全部被清偿后，所有本金用于支付 C 债券；Z 债券的债权要求最后被清偿。

本息分离债券是指以同一资产组合发行的债券本金和利息分离，其本金和利息的支付各不相同的一类资产证券。本息分离债券具体包括以下几种形式：①本金相同、利息不同，如 A、B 两种证券的持有者收到的本金是相同的，但 A 的利息占全部利息的 1/3，而 B 占全部利息的 2/3。②本金和利息都不相等，如 A、B 债券的持有者得到的本金分别为 99%和 1%，而 A 债券的利率为 5%，B 债券的利率为 6.5%。③本息完全分开支付的债券，在这一结构中能得到所有利息的债券称做 IO(interest only)债券，能得到所有本金的债券称为 PO(principal only)债券。

PO 和 IO 债券是本息分离债券的极端形式。它们的发行是建立在其对投资者和发行人都有益的基础上的，发行人能通过分割债券得到比只发行一种债券更多的收入，投资者能够获得较大的收益。因为 PO 债券以低于面值的价格出售，投资者收益的大小取决于预付的速度，预付的速度越快，投资者的收益越高。例如，有一 PO 债券，其由期限为 30 年的抵押借款为担保，债券的出售价格 17.5 万元，债券的面值为 40 万元，投资者的收益为 22.5 万元。如果借款人立即还款，投资者就将获得巨大收益；反之，如果 30 年到期时还款，投资者的收益就将非常小。借款人是否加速还款，取决于利率的波动情况，若利率下降，则提前或加速还款；否则，会推迟还款。IO 债券没有面值，与 PO 债券相比，IO 债券的投资者希望不发生提前或加速还款的情况，因为提前或加速还款会减少偿还的本金，导致利息收益下降。所以，IO 债券的持有者对利率的期望与 PO 债券的持有者对利率的期望是相反的，本息分离债券也就适应了不同投资者的需求。

9.2 资产证券化的运作

9.2.1 资产证券化的运作程序

资产证券化融资是将一定的资产经过重新分类、组合并转化成证券出售给投资者，从而实现融通资金的目的。这是一个涉及面较广、技术比较复杂的过程，其主要步骤如下。

1. 确定资产证券化目标

资产证券化的第一步是由资产的原始权益人确定哪些资产应予证券化，或者说应将哪些资产转让或出售。原始权益人首先应分析自身所有资产的结构情况，明确可证券化的资产数量和类型；其次，根据自身经营的资金需要、风险管理的需要，确定证券化资产的具体内容；最后，将这些资产汇集形成一个资产组合或资产池。

2. 资产的出售转让或资产的购买接收

原始权益人将拟证券化的资产出售转让是资产证券化的第二步，也是很重要的一个环节，应注意的是，资产的出售转让并不是出售转让给投资者，而是转让出售给一个特设的机构。这一环节的目的是通过真实销售达到破产隔离的目的。真实销售的主要标准是，在资产出售后，当原始权益人破产时，该资产不作为法定财产参与清算。破产隔离就是在资产买卖合同中明确规定，一旦原始权益人发生破产清算，资产池不列入清算范围，使投资者不会受到原始权益人的信用风险的影响。破产隔离要求当原始权益人破产清算时，证券化资产的权益不作为清算财产，证券化资产所产生的收入现金流仍按交易契约的规定支付给投资者，达到保护投资者的目的。实现破产隔离取决于两个主要因素：证券化资产的真实销售和交易结构中设有购买证券化资产的机构，即特设机构。

3. 设计资产证券

以资产池的权益作为保证发行证券，就是将资产组合转化成为资产证券或资产支撑证券。将缺乏流动性的资产转化成可流通转让的证券，这是资产证券化融资活动中技术性最强的一项工作，其由特设机构组织完成。特设机构对接收或购买的资产，应根据其类型、期限、利率及行业特征、地理特征进行分类组合，并结合投资者的偏好设计出相应的证券，如有的投资者偏好短期证券；有的投资者抗御风险的能力强，偏好长期证券，这样特设机构可以以同一资产池的权益，设计出多层次的证券。

4. 信用增级

为吸引更多资产证券的投资者，改善发行条件，必须采取一定措施，如提供强有力的担保，以提高资产证券的信用等级，即信用增级。信用增级方法，除了提供担保外，还可以通过改变资产证券的结构来实现。

5. 信用评级

为了保证资产证券的发行成功，还需要聘请信用评级机构，对资产证券的信用等级进行评级。只有经过有资格、有威望的信用评级机构进行了信用评级的证券才能吸引投资者。

6. 资产证券的发行

资产证券的发行，一般由证券承销商负责向投资者出售。发售资产证券所得款项，应用于支付购买资产的价款。

7. 向投资者支付资产证券的本金和利息

在已发行的资产证券到期时，投资银行负责给资产证券的投资人(机构)偿还资产证券的本金和利息，至此，资产证券化全过程结束。

9.2.2 资产证券化的运作主体

资产证券化是由一个特殊的交易结构组成的，其运行主体包括：原始权益人、特设机构、受托管理人、服务人、证券承销商、信用评级机构、担保人、投资者和专业服务机构等。各主体在融资中扮演着不同的角色，各司其职，起着相互联系、相互制约的作用。但在实际操作过程中，有时几个主体的职责可能会由同一参与者承担。

1. 原始权益人

原始权益人也称发起人、资产出售人，是资产证券化的发动主体，是被证券化资产的原所有者，是融资活动中的资金需求者。其职责是选择拟证券化的资产并捆绑组合、组成资产池，然后将其出售或作为资产证券的担保品。商业银行、企业、保险公司等都可以作为资产的出售人或资产证券化的发动主体。在实际操作中，原始权益人也可以充当服务人，行使其职责。

2. 特设机构

特设机构是在资产证券化融资中收购原始权益人的资产，并将收购的资产重新组合转化成为证券，然后发行出售给投资者的中介公司，如资产管理公司，重组信托公司等。特设机构的特殊性表现在：它是为资产证券化而特别或专门设立的，其任务较单一，就是收购资产；同时，它在法律上具有独立的地位，由于业务受到较严格的限制，本身不易破产，是一个“不破产”公司。特设机构作为原始权益人与投资者的中介机构，是资产证券化融资结构中的最独特组织。

特设机构可以由原始权益人出资设立，也可以由原始权益人以外的其他人出资设立；可以由国家设立，也可以由民间组织设立。特设机构可以永续存在，也可以随证券化过程而存在，即随资产证券化而成立，随资产证券本金利息的支付完毕而解散。特设机构可以在原始权益人所在地注册组建，也可以在其他管辖区注册组建，关键是看注册所在地是否有税收上的优惠或法律监管上的障碍。

特设机构在法律上具有独立的地位，但它实际近乎一个空壳公司。它本身并不拥有职员和厂房设施，只拥有名义上的资产和权益。在正常情况下，其资产是委托原始权益人进行管理，因为这些资产原本属于原始权益人所有，原始权益人具有管理这些资产的便利、经验和能力；资产证券的设计、发行由证券承销商或投资银行代理；其权益是委托服务人进行管理。服务人管理特设机构的权益，也就是作为投资人的代表持有资产证券的全部权益，管理资产证券的收入现金流，并分配给投资者。当特设机构出现违约时，服务人将代表投资者采取必要的法律行为，保护投资者的利益。

特设机构均是单一目的或经营业务单一的实体，其资本化程度低，资金全部来自发行证券的收入。为了维护投资者的利益，特设机构的活动在法律上受到较严格的限制：①不能建立任何子公司；②不能自聘任何工作人员；③非常有限的开支（如年度商业登记费等）；④除证券化业务外，不能形成任何其他类型的资产；⑤除承担证券化所形成的债务以外，不能发生任何其他债务；⑥在履行支付投资者本息义务之前，不能分配红利。

3. 受托管理人

受托管理人是指在资产证券化活动中受其他有关当事人的委托行使其职责的金融机构，如信托公司。它是原始权益人与特设机构的中介，也是投资者、服务人、信用提高机构与特设机构的中介。其职责包括：代表特设机构从原始权益人处购买资产，向投资者发行证书。当债务人归还贷款或账款本金和利息时，服务人把收入存入特设机构的账户，由受托管理机构把它们转给投资者。如果款项没有马上转给投资者，受托管理机构有责任对款项进行再投资。受托管理机构也应负责确定服务人提供给投资人的各种报告是否真实、公允，并把这些报告转给投资者。当服务人被取消或不能履行其职责时，受托管理机构应该能够取代服务人担当其职责。

4. 服务人

服务人也称资产池管理公司。服务人在资产证券化活动中的作用是负责收取债务人到期的本金和利息，负责催收追讨逾期的应收款项，并将收回的款项存入特设机构的账户，交给受托管理机构分配。服务人通常由原始权益人或者其附属机构充当，或者由指定的机构来承担。服务人也向受托管理人和投资者提供有关资产组合的月份或年度报告，这些报告详细说明收入和支出的资金来源和本金余额。

5. 证券承销商

在资产证券化活动中，证券承销商起着很重要的作用，这表现在两个方面：代办发行资产证券和设计融资方案。

资产证券的发行分为公募发行和私募发行。无论何种发行方式，证券承销商都具有有效促销，确保发行成功的作用。在公募发行方式下，证券承销商作为包销人，从特设机构那里买断资产证券，然后再出售给投资者，并从中获得差价收入；如果采取私募方式发行资产证券，证券承销商并不买断资产证券，而是作为资产证券的销售代理人，收取佣金或代理费。

在资产证券化融资结构的设计工作中，证券承销商还扮演着融资顾问的角色。资产证券化融资是技术性较强的金融工程，从某种程度上说，融资顾问本身的经验和技能水平的高低决定着证券化方案能否最终取得成功。担任融资顾问的条件包括：具有丰富的谈判经验和技巧，能够准确地了解证券化项目发起人的目标和具体要求，熟悉有关的政治、经济和法律法规环境。同时，证券承销商还应同信用评级机构，信用增级机构及受托管理人合作，设计一个能够在最大限度上保护各方利益、为各方所接受的融资方案。

证券承销商无论在资产证券化融资活动中承担什么样的任务，都必须和特设机构等一起策划、组织证券化融资结构的设计和资产证券的交易，以使其符合相关法律法规、会计和税收等方面的要求，实现融资者希望达到的目的。

6. 信用评级机构

信用评级机构是指评定企业资信等级和评估证券风险的专门组织。在资产证券化融资活动中，其既要对拟证券化的资产进行评估，也要对拟发行的资产证券进行评级。通过对拟证券化资产的评估，为资产证券化的信用增级提供依据；通过对拟发行的资产证券的评级，为投资者提供投资决策依据。

7. 担保人

在资产证券化融资活动中，为了保护投资者的利益，也为了降低资产证券的发行成本，提高资产证券发行的成功率，达到预期的证券化效果，特别需要有额外的信用支撑。对资产证券提供担保就是一种额外的信用支撑，它是降低资产证券发行风险的有效方法。为了发挥担保的作用，充当担保人的机构不仅要符合承担担保的资格，而且要具有较高的信用等级。由于对资产证券的担保，有利于提高资产证券的信用等级，所以资产证券化融资的担保人，也就是资产证券的信用增级机构。

8. 投资者

投资者是资产证券的购买者，是资产证券的权益人，是资产证券化融资活动中的资金供给者。它们可以是法人投资者，也可以是个人投资者；可以是国内投资者，也可以是国外投资者。

9. 专业服务机构

专业服务机构是指为资产证券化融资提供各类业务指导、充当顾问的机构，如会计师事务所、律师事务所、投资银行等。

9.2.3　资产证券的设计与发行

1. 资产池的组成

资产池是指拟证券化的资产组合，或者是拟出售转让的一组资产。从原始权益人证券化的动机来看，一项资产是否通过证券化而出售，主要取决于资产证券化融资的成本和收益，只有收益大于成本，才适合采取资产证券化融资。在资产证券化初期，证券化的资产主要限于住房抵押贷款。这类资产的信用特征简单、还款条件明确、担保程度高，因而转化的资产证券出售时评估费用低、信用增级费用低、融资成本较低，易于证券化。随着资产证券化技术的提高，资产证券化融资市场在迅速发展扩大。但是，并非所有的资产都可以证券化。从已有的证券化融资实例来看，有些资产适合证券化，有些不适合资产证券化。

从国外资产证券化的经验看，可证券化的资产应具有以下特征：①能在未来产生可预测的稳定的现金流；②持续一定时期的低违约率、低损失率的历史记录；③本息的偿还分摊于整个资产的存续期间；④金融资产的债务人具有广泛的地域和人口统计分布；⑤原所有者已持有该资产一段时间，有良好的信用记录；⑥金融资产的抵押物有较高的变现价值或它对债务人的效用很高；⑦金融资产具有标准化、高质量的合同条款。

不利于金融资产进行证券化的属性有：①服务者经验缺乏或财力单薄；②资产组合中资产的数量较小或金额最大的资产所占的比例过高；③本金到期一次偿付；④付款时间不确定或付款间隔时间过长；⑤金融资产的债务人有修改合同条款的权利。

此外，资产证券化还会受到一个国家的会计处理、法律问题，如税务处理的限制，因此各国可证券化资产的范围存在较大的差别。到目前为止，在北美、欧洲等市场上可证券化的资产种类最多，它们包括：居民住房抵押贷款、私人资产抵押贷款、汽车销售贷款、其他各类个人消费贷款、学生贷款；商业房地产抵押贷款、各类工商企业贷款；信用卡应收款、转账卡应收款；计算机租赁、办公设备租赁、汽车租赁、飞机租赁；交易应收款(制造商和销售商)；人寿、健康保险单；航空公司机票收入、公园门票收入、俱乐部会费收入、公共事业费收入；石油/天然气储备、矿藏储备、林地；各种有价证券组合；等等。

2. 资产的出售

资产的出售是指对拟证券化资产的转让，包括银行贷款的出售和应收账款的出售。这里主要介绍贷款的出售。银行贷款出售的形式主要有三种：参与、转让和债务更新。

(1)参与。参与通常适用于这样一种情况，卖者(原始权益人)希望借款人和买者之间保持一定的距离，不希望买者有直接与借款人接触的权利，以此来保护卖者与借款人的关系，保证客户不流失。同时，这种方式也可以使借款人与其不愿接触的买者隔离开来，保护借款人生产经营方面的商业秘密和财务信息。

参与一般是以贷款出售契约或参与证的形式实现的，这种契约或参与证并不改变银行与借款人之间契约的合法性。按照契约或参与证的规定，买者通常对借款人没有直接的要求权，他必须依赖卖者收集支付和提供信息；同时，买者对贷款出售银行也没有追索权，如果借款人不能将所借款项的本息支付给银行，那么银行确实也就不能将该款项支付给买者。

随着资产证券化市场的发展，参与形式的贷款出售，演变出多种做法：一是隐蔽的参与，在这种方式下，债权人不向借款人披露贷款被出售的情况，因为披露信息会造成不必要的管理负担。这种做法仅限于短期贷款，买者的动机只是寻觅有收益率的投资。二是具有投票权的参与，即贷款的买者被允许在特别的情况下有影响力、有否决卖方行为的权利，如在所欠本金的减少、利率的变化、期限的延长和抵押品的释放等方面发表意见。这是买者寻求尽可能多地对信用的控制，以实现自我保护。但这种"有影响力"的参与，不会动摇银行对借款权益的控制权。三是带成本分担条款的参与，即买者同意按比例承担贷款人为收回逾期支付款项而发生的合理性成本。四是具有对抵押品处置权的参与。五是保留代理作用的参与，是指在贷款出售中，如果与贷款相关的权利移交给买者后，卖者对借款人职责的执行将会受到妨碍，这样卖者可能要求购回任何买者的这些权利的全部或部分。当然，买者也可以否决卖者的这种要求。

(2)转让，即通过一定的法律手续把待转让资产项下的债权转让给买方，作为转让对象的资产要由有关法律认可并具备可转让性质。资产权利的转让要以书面形式通知资产债务人，无资产转让书面通知，资产债务人享有终止债务支付的法定权利。

卖者在贷款协议下的权利和义务的转让，可通过借款人同意使用单独的转让协议或者买者在贷款文件上代替卖者成为签名者的背书形式而实现。通过转让，买者确认卖者在贷款协议下的权利和义务，从而与借款人直接接触。

在某些情况下也使用介于参与和转让之间的交易协议，而将卖者的权利和义务转让给买者，却不可撤销地指定卖者为处理借款人关系的独家代理人。在这种情况下，卖者实际上已转移了贷款，但仍然是买者与借款人之间的收集支付和提供信息的中介。

(3)债务更新，即先行终止卖方与借款人之间的债务合约，再由买方与借款人按原合约的还款条件签订一份新的合约来替换原来的债务合约，从而将卖方与借款人之间的债权债务关系转换为买方与借款人之间的债权债务关系。

3. 资产的真实出售

资产出售的形式较多，在资产证券化融资中无论采取何种形式，资产的出售均要达到真实销售的要求，以防范融资中的原始权益人的破产风险。判断真实出售的主要标准是出售后的资产在原始权益人(或卖方)破产时不作为法定财产参与清算，在实际操作中这取决于各国有关方面的解释和法庭判例。例如，在美国，财务会计标准规定，实现真实销售应满足以下条件：卖方必须放弃对未来经济利益的控制，卖方必须有能力合理估计出在附有追索条款下，其应承担的义务；除非附有追索权条款，否则买方不能将资产退还给卖方。在英国，实现真实销售的条件是：卖方不得在特设机构的资本中占有任何权益，不得控制特设机构；特设机构的名称不得含有卖方(或原始权益人)的名称；卖方不承担特设机构的任何费用支出；卖方不得拥有回购已出让资产的选择权。

4. 资产证券的发行定价

资产证券化的核心是集合一系列性质、期限等相同，并可产生稳定现金流的资产，进行不同的组合，以其为担保发行证券，实现融通资金的目的。所以，资产证券的设计和定价是特设机构在资产证券化业务中的重要工作内容和关键环节。

资产证券的发行定价一般都由证券承销商代理。发行价格可以是平价发行、折价发行或溢价发行。

资产证券的发行规模是由资产池中可用的高级资产的金额确定的。可用的高级资产额的计算式如下：

可用的高级资产额＝(资产池中资产总额－不合格资产)×可用高级资产比例

其中，可用高级资产比例由信用评级机构根据经验值确定。

9.3　投资银行在资产证券化业务中的作用

西方国家和地区参与资产证券化业务交易的中介机构有两类：一是政府支持机构，二是投资银行。在资产证券化业务发展的初期，美国没有设立在房地产抵押二级市场上将住宅抵押贷款予以证券化的专门机构，但设立了联邦清偿信托公司，从1992年起对其接管的储存协会等金融机构的资产进行证券化。此外，法国1988年设立的类似证券化中介的公共信贷机构。中国香港财政司在1996年7月成立的香港按揭证券有限公司，都是政府支持机构。投资银行的资产证券化业务是指投资银行作为受托人或发行人将拟证券化的资产转换为资产担保证券并向投资者发售的活动。20世纪90年代以后，资产证券化开始迅猛发展，投资银行将其作为自己的一项主营业务，逐步成为了银行贷款债权证券化交易的主体。据统计，1993年1月1日至1994年3月24日，美林、摩根斯坦利、高盛、瑞士信贷第一波士顿、雷曼兄弟、瑞士银行、华宝、UBS、怡富、野村10家国际主要投资银行参与的国际股票与债券发行量占同期市场发行总量的33.7%，而据国际清算银行的季度报告，目前国际债券发行者70%为金融机构，其中将贷款等债权资产证券化的资产抵押债券占40%。

投资银行在资产证券化中业务的作用主要有以下几方面。

1. 投资银行作为发行人参与资产证券化交易

资产证券化运作方式，是商业银行等放款机构作为发起人将拟证券化的贷款等债权资产出售给投资银行，并转移财产所有权及其他相关权利，该金融资产要从放款机构的资产负债表中移出。投资银行以信托的名义持有监管债权资产权，以自己为发行人对购入的贷款权重新组合，再以该债权资产组合为担保向投资者，主要是机构投资者发售受益凭证，每张受益凭证代表在被证券化的债权组合中持有一定比例的所有权和收益权。受益凭证不是投资银行的负债，不在其资产负债表上反映。随受益凭证的发售，被证券化的债权资产有追索权的转归投资者所有，故称过手证券。但发起人作为服务人要负责向借款人收回被证券化贷款的本金和利息，并将这部分现金流入量存入由投资银行监管的收款账户，这部分现金流入量先由投资银行按规定用来向投资者得支付受益凭证的本利，剩余部分作为服务费支付给发起人。发起人向投资银行支付信托，向信用担保人支付信用担保费。

美国部分投资银行近几年通过购买由联邦清偿信托公司接管的1989～1992年面临清偿问题的金融机构的不良资产，包括各种"垃圾债券"及非正常贷款，对其证券化后转售给投资者，套取现金并推动储贷协会等金融机构的债权重组。投资银行发行过手证券的最大优点是可以将银行风险呆滞资产转移，对银行的债权重组产生积极影响：一是可以将中长期贷款短期化，增强银行债权资产的流动性与安全性；二是可以加速银行贷款的周转，在保持一定贷款规模的同时，减少对存款的依赖，可以少交存款准备金和少付利息，在国外还可以少缴存款保险金，降低银行融资成本；三是可以拓展银行中间金融服务，增加金融服务手续费收入，收缩银行资产，提高银行资产利润率；四是净风险资产转移，可以提高银行资本充足率和流动比率，满足《中华人民共和国商业银行法》第39条对资产负债比例管理的要求和巴塞尔协定的有关要求。这种结构形成对我国国有商业银行的债权重组具有特别借鉴意义。

2. 投资银行作为受托人参与抵押贷款担保债券

抵押贷款形式的债权证券化交易中介方式是由商业银行以自己为发行人，将拟证券化的抵押贷款债权等资产及有关凭证向投资银行抵押，再由投资银行作为受托人对商业银行的贷款债权重新组合，并以该债权组合为担保发行抵押贷款担保债券。抵押贷款债权组合的价值超过所发行的债券的价值，超额部分作为超额抵押，同时发行人还要以信用证、保险单等形式向第三者购买信用担保。抵押贷款担保债券是商业银行的负债，被证券化的贷款债权仍归商业银行所有，二者都要在商业银行的资产负债表中反映。抵押贷款组合产生的现金流不被指定用于偿付证券的本息而是作为抵押担保，抵押债券一般每季度、半年或一年付息一次，本金到期偿还。投资银行不承担抵押债券发行责任，只是充当受托人控制抵押品并代付债券本息，当债券到期发行机构不能清偿债券本息时，经法院裁定后由投资银行将抵押品转交债权人或拍卖后抵债，投资银行可获信托服务费。

1997年4月，日本政府解除对商用不动产证券化禁令，拟采取的不动产证券化方式之一就是由专门从事债权证券化的特别目的公司(SPC)发行公司债券卖给投资人，称为SPC方式。由投资银行发行的抵押贷款担保债券，虽然可以提高银行的流动比率，但不能将风险资产转移，不利于提高银行资本充足率，还会提高贷款余额占存款余额的比率及资产负债率。因此，德国、瑞士等国官方对银行债权资产证券化不予支持，认为构成资产债表内证券化的资产业务会增加银行负债，影响银行清偿力。这种债权证券化结构形式不太适合中国国有商业银行债权重组的要求。

3. 投资银行作为受托人和担保人参与转付债券

形式的债权证券化交易转付债券与抵押贷款担保债券有许多类似之处：发行人是商业银行等放款机构；投资银行作为受托人对拟证券的发行也由一组抵押贷款做担保；转付债券也被视为放款机构的负债。被证券化的贷款债权没有从放款机构的资产负债表上移出。转付债券与抵押贷款担保债券的区别：作为抵押的担保债券组合产生的现金流被指定用于偿还转付债券的本息；投资银行作为担保人要保证按期向转付债券投资者转付抵押贷款组合产生的本息。转付债券实际上是一种包括多级不同期限债券的复合债券。转付债券目前在美国住宅抵押融资中占有重要地位，它通常以住宅抵押贷款组合产生的现金流入量做担保，由投资银行同时发行包括 3～4 级期限不同的债券。第 1 级债券到期日最短，一般为 5 年，第 2 级到期日一般为 12 年，第 3 级一般为 20 年。投资银行以抵押贷款组合产生的现金流量为资金来源，在对各级债券持有人支付利息的同时，只对其中的某 1 组债券的持有人偿还本金，在付清第 1 级债券本金后再付第 2 级债券本金，最后付第 3 级债券本金。

目前在美国发行的转付债券的衍生形式之一叫“抵押贷款责任”(CMO)，包括 3～6 级以上不同期限的债券。转付债券可供不同投资者选择期限不同的各级债券进行投资，由于上级债券本金付清之前，次级债券本金不变，也便于次级债券投资者将债券再做转让。转付债券虽然也可以提高银行流动比率，但难以将风险呆滞资产转移，所以也不太适合我国国有商业银行债权的重组需要。

➤本章小结

(1)资产证券化是一种重要的金融衍生工具，具体是将缺乏流动性但具有未来现金流入的资产经过一定的组合后转变成证券，并据此融通资金的技术和过程。证券化资产可以是抵押贷款、应收账款、信用卡及各种债务类证券等。资产证券又具体可分为转手证券和转付证券、收益均等证券和分级收益证券、单一资产证券和复合资产证券、初级证券和衍生证券；其中，衍生证券还可以划分为多种形式。进入 21 世纪初，资产证券化开始在国际金融市场被广泛采用，目前已成为一种全球化的现象。

(2)资产证券化的运作程序包括如下主要步骤：确定资产证券化目标、资产的出售转让或资产的购买接收、设计资产证券、信用增级、信用评级、资产证券的发行、向投资者支付资产证券的本金和利息。其运行主体包括：原始权益人、特设机构、受托管理人、服务人、证券承销商、信用评级机构、担保人、投资者和专业服务机构等。各主体在融资中扮演着不同的角色，各司其职，起着相互联系、相互制约的作用。

(3)投资银行在资产证券化业务中的作用主要有以下方面：①投资银行作为发行人参与资产证券化交易；②投资银行作为受托人参与抵押贷款担保债券；③投资银行作为受托人和担保人参与转付债券。通过参与资产证券化过程，投资银行既可以投资自有资金赚取资金差价收益，又可以服务者和管理者的角色赚取相应的佣金管理费。近一二十年来，西方国家的大型投资银行已经将资产证券化发展成为了一项主营业务。

➤【案例】

一、案例背景

中国国际海运集装箱集团股份有限公司(以下简称中集集团)2000 年上半年与荷兰银行合作，成功签署 3 年总金额为 8 000 万美元的应收账款证券化融资项目协议。这被称为“中国第一家真正意义上的资产证券化融资”，也是中国首个应收账款证券化的实例，在当时引起了巨大反响，成为了中国企业资产证券化的典型案例。

中集集团是一家为全球市场提供现代化交通运输装备和服务的企业集团，主要经营集装箱、道路运输车辆、能源、化工及食品装备、海洋工程、机场设备等装备的制造和服务。中集集团初创于 1980 年 1 月，最初由中国香港招商局和丹麦宝隆洋行合资组建，1987 年中远集团加进来，1993 年公司改组并于 1994 年在深圳 A、B 两市上市。截至 2007 年，中集集团总资产 403.92 亿元、净资产 175.42 亿元，销售额 487.61 亿元，净利润

31.65亿元。在中国及北美、欧洲、亚洲、大洋洲等拥有100余家全资及控股子公司，员工超过60 000人，初步形成跨国公司运营格局。

2000年3月，中集集团与荷兰银行在深圳签署了总金额为8 000万美元的应收账款证券化项目协议。此次协议有效期限为3年。在3年内，凡中集集团发生的应收账款，都可以出售给由荷兰银行管理的资产购买公司，由该公司在国际商业票据市场上多次公开发行商业票据，总发行金额不超过8 000万美元。在此期间，荷兰银行将发行票据所得资金支付给中集集团。中集集团的债务人则将应付款项交给约定的信托人，由该信托人履行收款人职责。而商业票据的投资者可以获得高出伦敦同业拆借市场利息率1%的利息。

二、项目的参与主体与操作过程

(1)原始权益及信用增级机构，即中集集团。它与荷兰银行合作，采用以优质应收账款做支持来发行商业票据的ABCP方案，以较高的稳定和较低的融资成本在国际市场融资。中集集团采用的内部信用增级方式，即当资产池产生的现金流量不足以支付到期本息时，中集集团负有补足清偿的责任。

(2)发起人及海外SPV(特殊目的载体)是荷兰银行。荷兰银行的海外SPV账户将中集集团的应收账款出售给一家荷兰银行管理的资产购买公司(即投资银行性质的金融机构)，该资产购买公司在商业票据市场上向投资者发行商业票据，并将获得的资金支付到SPV，SPV则再支付给中集集团。

(3)专门服务机构为TAPCO公司。由TAPCO公司在商业票据市场上向投资者发行商业票据，获得资金后，再间接付至中集集团的专用账户。

(4)信用评级机构为美国的标准普尔和穆迪评级公司。两家信用评级机构给出了最高的级别，这是这次资产证券化成功进行的重要条件。

(5)中国的政策机构，即中国外汇管理局。中集集团进行资产证券化之前，必须先向国家外汇管理局申请，同样还须咨询国内外的律师关于应收账款这种资产能否买卖，能否卖到海外市场等问题。最终中集集团得到了国家外汇管理局的大力支持。

整个资产证券化运作过程如下。

(1)组建资金池。中集集团首先要把上亿美元的应收账款进行设计安排，结合荷兰银行提出的标准，挑选优良的应收账款组合成一个资金池，其次交给信用评级公司评级。

(2)信用评级。中集集团委托两家国际知名的评级机构：标准普尔和穆迪，得到了A1+(标准普尔指标)和P1(穆迪指标)的分数，这是短期融资信用最高的级别(正是凭着优秀的级别，这笔资产才得以注入荷兰银行旗下的资产购买公司TAPCO建立的大资金池)。

(3)中集集团向所有客户说明ABCP(资产支持商业票据)融资方式的付款要求，令其应付款项在某一日付至荷兰银行的海外SPV账户。中集集团仍然履行和承担所有针对客户的义务和责任。

(4)SPV再将全部应收账款出售给TAPCO公司(一家由荷兰银行管理的资产购买公司，在国际票据市场上享有良好声誉，其大资金池汇集的几千亿美元的资产，更是经过严格评级的优良资产)，根据应收款的信用等级、质量和现金流等内容确定所发行证券的价格。

(5)由TAPCO公司在商业票据市场上向投资者发行商业票据。

(6)TAPCO从商业票据市场上获得资金并付给SPV，SPV又将资金付至中集集团所设经国家外汇管理局批准的专用账户。

资产证券化项目完成后，中集集团只需花两周时间，就可获得本应 138 天才能收回的现金。作为服务方荷兰银行可收取 200 多万美元的费用。

三、案例分析

(一)中集集团通过资产证券化获得的好处

1. 优化财务指标

资产证券化通过对企业未来资产的提前套现，能有效地改善公司财务指标，从而增强企业的融资能力。主要表现在以下方面。

(1)降低负债率。由于应收账款卖出后可以直接从资产负债表上撇除，则可以优化资产负债结构。若以 1999 年年底数据测算，在发行 8 000 万美元商业票据后，集团负债率可以直接从 67.4%降至 63.8%，降低 3.6%。

(2)加速应收账款的回收。从中集集团 1999 年中期的资产结构看总共 1 646 亿元应收账款中，有将近 7 亿元要进行证券化，盘活比例达 43%。从时间上看，这次应收账款证券化项目完成后，中集集团只需花 14 天的时间，就可获得本应 138 天才能收回的现金。

(3)提高流动性比率。只要可以将应收账款进行抵押发行票据，中集集团就敢于进行大胆销售，甚至采取赊销，这可大大加快生产和销售。这也会使应收账款和流动资产大大增加从而提高流动比率。1999 年年末，中集的流动性比率为 1.14。2000 年中期，这一比率达到了 1.31，提高了 0.17。

2. 降低融资成本

将企业的应收账款作为资产卖出，其信用评级只需单独考量应收账款资产的状况。经过包装后，中集集团应收账款资产信用等级达到了国际资产证券化的最高评级，中集集团所获得的 3 年期 8 000 万美元应收账款付出的总成本为 LIBOR+85BPS，比同期银团贷款低 100 多个 BPS(LIBOR 是伦敦金融同业拆借利率，BPS 是衡量资金成本的单位)。

企业的融资成本包括一定的发行票据折扣、一定的发行和结算费用，票据利息还有中介费用(作为服务方的荷兰银行可收取 200 多万美元的费用)。因此证券化只有具有一定规模才能有效降低资金成本。

3. 不影响所有者权益

相对于股权融资来说，中集集团通过资产证券化融资有不分散股权和控制权的好处。公司既募集到了大量资金，又不使所有者权益发生变动。这种筹资方式对企业的大股东非常有利。

4. 降低风险

相比较发行企业债券的直接融资方式，资产证券化融资不会形成追索权，因而可以分散风险。该方式通过金融创新带来一个中间层 SPV 公司和 TAPCO 公司，将公司风险和国家风险与应收账款的风险隔离开来。也就是说，投资者在评判风险时，主要考虑的是中集集团应收账款，即客户的风险，与中集集团和中国国情无关。而基础资产又均来自国际知名的船运公司和租赁公司，资产的优良性基本不受中集集团本身风险的影响。

5. 有利于融入国际市场

中集集团实行应收账款证券化跨入国际资本市场，以国际成熟的融资工具在国际资本市场融资，对提高公司知名度也有极大意义。如果其他公司能够通过国际资本市场实行应收账款证券化，对这些公司开拓国际市场，朝国际化企业的方向发展也有积极作用。

(二)中集集团资产证券化对宏观经济的贡献

资产证券化的完整体系包括多环节的交易过程，涉及多个参与主体。这种结构特征为融资者在全球范围内寻求最优的地域组合提供了极大的便利，即可以在不同的国家和地区选择最适合的参与者，完成最经济的交易过程。

(1)对外，为国际资本市场注入活力。国际资本市场是一个自由化的市场，投资品的类型、数量、价格等一切参数指标均由资本供求双方决定。由于1998年亚洲金融危机的冲击，国际投资者一方面希望分享新兴国家市场的经济利益，另一方面更加重视投资的安全性和流动性。应收账款的资产证券化恰恰在安全性和流动性两个方面与这一趋势吻合。

(2)对内，引进外资，符合我国当时的开放政策。应收账款资产证券化的国际运作是将流动性差的国内金融资产在国际市场上置换出流动性强的资金，它不仅仅具有引进外资的功能，而且不以出让产权、出让市场为代价。

(三)投资银行在资产证券化过程中的地位与获益

1. 荷兰银行的地位

荷兰银行在中集集团资产证券化的过程中充当了中介，将融资方(中集集团)和投资方(商业票据的投资者)联系在一起。它扮演着发起人、SPV和TAPCO三个角色。在整个运作过程中，大部分工作都是由荷兰银行完成的，包括组建资金池、构建SPV、发行商业票据、回收资金等。充当中介的荷兰银行实际上是资产证券化活动的主体。

2. 荷兰银行从中获得的好处

荷兰银行在此次资产证券化中仅服务费就直接获利200多万美元。资产证券化使非流动的资产具有了流动性，增强了借款能力，提高了资产质量和运作效率，同时也提高了资本利用率，不仅改善了企业的资产负债结构，同时也改善了荷兰银行的资产负债结构。对荷兰银行而言，更为重要的是，资产证券化的过程可以降低自身的金融风险，提高资本营运能力，提高贷款组合的质量，并且将原来集中于金融中介机构的风险转化为众多市场参与者共同承担的风险。

(四)成功的原因

(1)应收账款质量高。从中集集团应收账款的债务方看，中集集团有一批高质量的国际化客户群，客户以上是属于国际经合组织成员国，不少客户本身又是荷兰银行等投资机构的合作伙伴。这有效地保证了中集集团的应收账款的质量，使得中集集团经营多年来没有出现过一笔坏账。应收账款的期限也是一个重要因素。一般来说，银行较容易接受半年之内的应收账款，中集集团的应收账款基本上是120多天的期限，其良好的流动性也为中集集团应收账款证券化的成功奠定了基础。

(2)信用评级高。信用评级在资产证券化过程中有着非常重要的影响。一方面，投资者决策主要依赖于信用评级机构的信用评级；另一方面，信用评级对资产支持证券发行人影响重大，只有取得信用评级，才能发行相应的资产支持证券，并且信用评级影响发行人的筹资成本。一般来讲，信用评级越高，筹资成本越低。在中集集团资产证券化的信用评级中，标普和穆迪都给了其最高的级别。

(3)投资银行及专门服务机构具有较高信誉。荷兰银行在世界排名第16位，资产总额

4 599.94 亿美元，一级资本额 178.17 美元，资本回报 26%，资产回报 0.93%，无不良贷款。荷兰银行管理的 TAPCO 公司在国际票据市场上享有良好的声誉，其大资金池汇集的几千亿美元的资产，更是经过严格评级的优良资产。商业票据的发行方具有较高的信誉度会增加资产证券化的成功机率，并降低融资成本。

(五)不足之处

(1)没有做到特殊载体的破产隔离，仍存在破产风险。中集集团在出售证券化资产后仍然承担着对客户的清偿责任，与资产相关的风险没有实现转移。中集集团的经营发生重大变化时，该资产池中现金流量势必受到影响，资产支持证券的信用级别会受到很大的冲击。

(2)内部信用增级方式增加了财务风险。信用增级不但保证投资者免受资产质量风险损失，还可以大大降低证券化结构风险，是提升资产证券投资级别的重要手段，也是资产证券能够交易成功、降低融资成本的重要保证。在本案例中，中集集团采用内部信用增级方式，这就增加了中集集团未来的财务风险，使中集集团未来的现金流量具有很大的不确定性。

四、案例启示

1. 在国内市场不完善的情况下，推广跨国资产证券化

中集集团资产证券化的一个重要特点是：通过荷兰银行在国际票据市场上公开发行商业票据，即以跨国资产证券化的方式，利用国际资本市场上的工具与模式进行融资。可以看到这样的融资方式与在国内进行单一形式的融资相比具有很大优势，因为国际资本市场较为成熟，可以高效且低成本地进行融资，同时也利用国际资本促进了国内经济发展。但要注意，并不是所有企业的各类资产都适合跨国资产证券化。跨国资产证券化的适宜资产包括三类：第一，离岸资产，即我国跨国经营企业在境外的子公司的金融资产；第二，有外币现金流的资产，如对外贸易和服务企业的应收账款；第三，国际上容易接受人民币现金流的资产，如向公众收费的大型基础设施、高速公路、港口、电厂等。

2. 积极发展国内资产证券化，在工商企业间推广资产证券化的融资方式

我国开展资产证券化已经有了一定基础，但是目前还处于探索阶段，成功在国内完成资产证券化的企业较少，不成熟、限制较多的资本市场不利于资产证券化的发展。从本案例可以看到，许多面临危机的中小型企业如果可以运用资产证券化将非流动资产变现，在较短的时间内获得资金，则可以避免破产的命运。不仅工商企业需要资产证券化融资，商业银行也需要利用资产证券化改善其非流动资产和不良资产过多而可能造成流动性风险的局面。因此在国内发展资产证券化迫在眉睫。

3. 优化资产证券化的基础资产

进行资产证券化如果不以优质的资产为基础，那么这种融资方式只会给市场带来巨大的风险。在案例分析中可以看到，成功的因素包括应收账款质量高和信用评级高，后者是前者的结果。正是因为高质量的基础资产对投资者收益的保障，此案例存在的财务风险才没有真实发生。如果基础资产质量较差，可能最终就会像美国次贷危机那样，整个资产证券化的链条断裂，给市场带来巨大的动荡。

4. 加强资产证券化过程中的风险防范

本案例还存在一些不足，这些不足可能会给企业带来巨大的风险。如果未做到彻底地

破产隔离可能会给企业带来倒闭的风险。从理论上来说，资产证券化应该做到完全地破产隔离，才能使风险转移。信用增级机构应该是独立于融资企业的机构，否则会加大未来现金流的不确定性带来的风险。除了对本案例中不足的改进外，由于受美国次贷危机的警示，资产证券化的风险防范措施还应该包括成立资产证券化财务风险防范基金。每个资产证券化的参与者及其后来证券投资者都要根据自己的收益提取一定比例的风险防范基金，交由资产证券化风险防范基金管理部门进行管理。例如，在某个资产证券化案例中，由于某些原因资产池中产生的现金流量不足以支付证券到期的本息时由该基金管理部门进行补足。因此可以防止资产证券化的失败，进而避免其导致相关财务风险。

➢思考题

1. 试述资产证券化的含义。
2. 资产证券化有哪几种类型?
3. 资产证券有哪些种类?
4. 资产证券化的运作有哪几个步骤?
5. 资产证券化的参与主体有哪些?
6. 投资银行在资产证券化业务过程中起哪些作用?
7. 投资银行在资产证券化业务运作中都做哪些工作?

第 10 章

投资银行的业务创新

10.1 投资银行业务创新的性质和特点

投资银行作为资本市场重要的媒介与组织者，自出现以来，始终在国际金融领域发挥着重要的作用。一体化的资本市场、先进的交易手段和令人眼花缭乱的金融衍生产品，使这个市场在孕育诸多获利机会的同时又充满着风险。在这个市场上，无论是筹资或投资都成为专门的学问，使投资银行的业务活动越来越专业化、技术化，投资银行本身也因此成为技术密集行业，并且随着市场的发展和技术的进步，无论是新产品的开发或是服务的个性化、现代化以及自我意识的更新都在进一步强化。

从不同的角度去界定创新的含义，便可得出各种不同的结论，这些都可以归结为人们认识和理解上的差异。下面将从当代投资银行业务经营的角度研究其创新的内涵和特点。

10.1.1 投资银行业务创新的性质界定

创新是指在相关环境中最先被使用单位或部门所认定的一种新的创造、新的思想、新的实践和新的发展。现代投资银行的业务创新是指现代投资银行基于对微观利益的追求在投资银行领域内建立“新的生产函数”，把各种金融要素进行新的组合，从而对投资银行经营理念、业务品种与工具、支付清算手段、组织形式与管理方法所进行的创造性变革活动及其所创造的新事物。

上述定义全面地给定了现代投资银行业务创新的主体、目的、本质及表现形式。首先，投资银行业务创新的主体是各类经营性投资银行机构，它们是所有创新活动的策划者、发动者，同时也是其创新的传播扩散者。其次，投资银行业务创新的目的主要是为了追逐利润，是为了盈利，无论是业务上的创新，还是转嫁风险、逃避管制的创新，都离不开这个终极目的。再次，投资银行业务创新的本质是投资银行及其行为的创造性变革，即对投资银行及其行业的要素进行重新组合，是引入“新的生产函数”。最后，投资银行业务创新的表现形式主要是营销理念、业务品种与工具、服务手段与管理方法的创新，属于微观主体层次的创新范畴，这也正是我们研究的对象。

10.1.2 投资银行业务创新的特点

1. 阶段性

广而言之，现代投资银行的业务创新并不仅仅指创新所引入的新的组合，即“新的生产函数”，而包括完成新组合或变革的整个过程。这个过程大致可以划分为初创、模仿、推广三个阶段。不同阶段影响投资银行创新的因素不同，作用与影响也不同；同时，投资银行业务创新过程中存在的时滞和非均匀性有着重要的意义。

需要说明的是，我们这里所分析的投资银行业务创新过程包括两个范围：一是世界范围，通常把一国的投资银行作为一个整体，以国家为创新主体来进行分析，如甲国进行了世界上独一无二的创新，被乙国模仿后，又推广到丙国这一过程；二是以国界为范围，对于每个国家来说，第一次创造或引进新事物都是创新，继之者是模仿，普遍采用者是推广，他们虽然都参与了创新过程，但处于不同阶段所做的贡献和发挥的作用是不一样的。

(1)初创阶段。创新过程的第一阶段是初次创新，即投资银行家通过对各种金融要素和资本要素进行的新组合或创造性变革，在世界范围内或国内第一次创造或引进新事物，其鲜明的特征具有新生性和质变性。这一阶段是投资银行业务创新的起始阶段，没有初始创新就不可能有后继的模仿与推广；初始创新不成功，也不会出现模仿和推广，所以创新阶段是最为关键的，但也是最为困难的。这一阶段的创新者不仅需要有见识，认识到创新所能带来的潜在收益和新的发展机会，而且需要有胆量、有魄力，敢于冒险，敢于首创。他们需要花费很大的成本和力气来进行创新，需要自己去探索一条全新的路径，因而他们是投资银行业创新的发动者，也是投资银行业发展的开拓者和先行者。

在起始的创新阶段，多种因素在此发挥作用，其中包括宏观经济运行和发展背景、投资银行家精神、社会金融发展阶段及金融深化的层次、金融运作的自由与管制程度、投资银行内竞争秩序(包括垄断状况)、投资银行业监管制度等。它们主要对进入创新阶段的顺利程度、创新阶段的活动内容和规模等发生影响。

在起始的创新阶段，还有一个重要作用因素，那就是投资银行及金融业的研究发明。这是指在投资银行产业发展过程中发现新的金融要素、新的活动领域、新的可利用技术。金融业的发明通常是由经济学家、金融及投资银行家、研究开发人员完成的，其途径主要是专业化的科学理论研究。金融业的发明主要出自于他们的研究成果，这一点在金融发展和发达阶段特别是现代金融产业发展中表现得尤为明显。熊彼特认为，发明与创新是两个不同的概念，并由两类不同的人来完成，发明通常是由科学家或理论研究者发现新事物；创新是由银行家和投资银行家应用或引进新事物。前者往往无法进行创新；后者往往无力从事发明，而一种新的发明只有被应用于金融和投资银行活动中才能成为创新，才能形成新的金融产业能力，才有实际价值。因此，从发明与创新的关系看，发明是创新的前提，没有发明，创新就难以成功；创新是发明的应用，没有创新，再好的发明也只能束之高阁而成为无用之物。这一论点的现实意义表明：在创新阶段，理论家与投资银行家亟须携手同行，二者的相互支持与密切合作可以活跃创新并提高成功率。各国的实践也证明，凡理论研究与实际部门紧密结合的国家和时期，金融和投资银行研究开发能力强，研究发明多，投资银行的发明应用率高，金融创新活跃，效果显著；反则反之。例如，20 世纪 50 年代以来，美国是金融和投资银行开发能力最强和创新贡献最大的国家，也是金融和投资银行创新最活跃的国家。

(2)模仿阶段。模仿是投资银行业务创新过程中不可或缺的一个阶段。模仿是实施一种模仿策略，就具体经营活动方式讲，是一种行业的经营活动方式模仿另一种行业的经营活动方式，即“拿来主义”的创新。模仿阶段紧接在创新阶段之后，这一阶段的突出特点，一是模仿者本身不再进行创新，而是依照创新者行事，应用其创新成果；二是距创新出现的时间最近；三是新事物的接受度很低，表现为早期接受者只占全体潜在接受者很小的百分比，即市场上只有少数的早期接受者。

(3)推广阶段。推广阶段是继模仿阶段之后大多数人接受并利用创新成果的时期。一般经过一定时间的模仿应用以后，新市场基本形成，新技术、新产品或新工具逐渐成熟，当新事物的接受度缓慢上升达到一定点以后，会突然加速，出现大批接受者，创新成果因此而被广泛应用。这一阶段距创新阶段出现的时间较晚，但接受度的增长较快，它与模仿阶段的差别只在数量上而不在性质上。因此，模仿与推广都是创新的传播过程，所不同的是推广阶段的传播速度快、接受面广、接受者多。

2. 多样性

多样性是指投资银行经营方式的多样化、机构的多元化，在业务方面改变其原始以承销、经纪、自营业务为主的观点，大力发展各种新型业务。新型业务包括本书前面所介绍的除了投资银行传统的三大业务以外的其他业务，各种业务的具体情况请参看各章节。

多样性还表现在，投资银行在其业务创新过程中所出现的金融工具、组织形式或管理方式、经营行为不断地变革，它并不创造全新的金融工具或经营形式，而只是在形式上、方法上、工具上有很大改变。

3. 时滞性

从采取行动到出现效果之间的时间距离通常被称做时滞。在投资银行业务创新过程中，同样存在着时滞效应，即某一创新出现以后，要经过一段时间才能产生其全部的效果与反应。创新时滞的长短主要与创新过程，特别是创新的传播度相关。然而，创新传播度只能延长或缩短时滞，却无法消除时滞效应。投资银行业务创新的时滞效应，一方面表现为效果显现的滞后性，即出现创新和取得效果是不同步的；另一方面表现在效果显现中的差异性，即创新过程中的不同阶段显现的效果往往是不一致的。

认识投资银行业务创新的时滞主要有两点意义：一是可以为判定创新效果提供理论依据。由于存在着创新效果显现的滞后性，不能指望每项创新都能收到立竿见影的效果，不能根据效果与行动是否同步来判定该项创新的优劣；同时，由于创新效果显现的差异性，不能完全按照初始阶段的效果来推断该项创新的全部效果与反应，而应充分考虑后续阶段可能出现的效果变异。二是对监管当局制定政策或实施监管有指导意义，当局一方面根据其传播度来估量效果的显现程度，在创新全过程的视野中判断某项创新的利弊，确定应采取何种政策措施及力度；另一方面，在采取行动时不要忽略判断的时间因素，考虑到其效果显现的滞后性和差异性，在政策措施上需要保持灵活的应变性，调整的主动性和及时性。

4. 非均匀性

投资银行业务创新的过程还表现出非均匀性的特点，这一特点主要是相对于历史过程而言的。在投资银行业务创新的历史过程中存在着明显的非均匀性。非均匀性的第一个表现是创新出现的时间分布不均匀，有史以来的投资银行业务创新并非均匀地分布于各个年代，而是在条件成熟时集中地出现于某个年代，形成一个创新高潮，各次高潮的顶点也不是在同一高度上，其高度取决于创新的活跃程度和传播度；各次高潮之间存在着间隔期，而每个间隔期也是不均匀的，在时间长河中间隔期有缩短的趋势，因此，投资银行创新有不连续的特点。认识并把握这种非均匀性有益于研究投资银行业发展的波动性及经济周期的变动。

非均匀性的第二个表现是创新能力的分布不均匀。不同的国家、同一国家内不同地区、不同投资银行机构的创新能力是不均匀的，其差别与资本发育的程度、经济证券化和金融化程度、投资银行机构的规模及业务能力等因素相关。承认这种非均匀性，选择适宜的种类量力而行地从事投资银行业务创新是十分必要的。例如，创新能力薄弱的国家或投资银行机构明智的选择当以吸纳性创新为主，若盲目地追求原创性的创新往往得不偿失。

非均匀性的第三个表现是各项创新的成果大小不均匀、影响力不同。有的投资银行创新成果具有重大价值和深远意义，足以影响甚至改变投资银行乃至整个金融发展及运作的轨迹，如资产证券化、证券交易电子化和网络化等，都属于这种重大的投资银行业务创新；而有的投资银行的创新技术虽然也有一定的实用价值，但其影响力小到可以忽略不计。这一点至少对于投资银行监管当局监控引导投资银行业创新是有意义的，在不可能对全部创新活动进行严密监管时，当局应该做出“抓大放小”的选择，对于重大的创新必须予以重点监管和及时引导。

10.2 投资银行业务创新的动因

10.2.1 获利性创新

作为创新主体的现代投资银行与其他创新主体一样，其业务经营的直接目标是为了获取利润的最大化。在证券市场内在规律作用下，投资银行的利润平均化倾向和利润率递减是不得不面对的现实，因而在激烈的竞争中，谁都想取得较别人更多的利润。投资银行除了争夺现有市场业务份额以外，更热衷于去开辟新市场，寻求新的利润来源，一旦预见到未来发展趋势或发现了潜在机会，它们就要进行大胆创新，通过创造新事物来获取或分享创新所带来的新利润，实现利润最大化目标。现代投资银行还通过创新降低交易成本，并由此实现利润最大化。交易成本理论告诉我们，“金融创新的支配因素是降低交易成本”，即交易成本的变化主要是交易成本的降低，正是现代投资银行创新的主要动因。其具体含义有两方面：①降低交易成本是投资银行创新的首要动机。交易成本的高低决定了投资银行业务及其所使用的金融工具的创新是否具有实际价值，尤其当管理当局为了给特定的企业融资提供优惠而制定法规和条例时，为企业融资提供了新的金融手段，有利于企业借助新的融资手段获得生产过程中所需要的资金；②投资银行的业务创新实质上是对科技进步导致交易成本降低的反应。不断地降低交易成本就会刺激现代投资银行的业务创新。由于降低成本的最终目的是为了增加收益，这从另外一个角度说明了现代投资银行业务创新的逐利动机。

10.2.2　避险、避管性创新

证券市场是一个高风险市场。投资银行这一证券市场行为主体所经营业务的高风险性，使得其在开展各项业务活动中保持必要的安全性，成为决定其生死存亡的大事。创新不能消除风险，而只能将风险进行转移。例如，对于证券承销商来说，他们承担了证券现货的价格风险，而通过有关金融衍生交易，可以使其综合头寸的风险有所降低。事实上，这种创新是将风险从风险回避者转移到风险中立者或风险偏好者的一方。

风险规避是投资银行业务创新的重要原因之一。在股票市场剧烈变化的情况下，各种股票指数期货或期权交易呈现较快的增长速度。然而，证券市场和证券行业所特有的高风险性及其对整个国民经济的影响力，引致了各国金融监管当局对这一行业的严密监管。而投资银行的业务创新正是这些创新主体为了寻求最大的利润，减轻外部对其产生的管制约束而采取的“自卫”行动。Silber 认为，金融业回避或摆脱内部和外部的制约是金融创新的根本原因。金融机构之所以发明种种新的金融工具、交易方式和服务种类、管理方法，其目的在于摆脱或回避其面临的种种内部和外部制约。内部制约指的是金融机构内部传统的增长率、流动资产比率、资本率等管理指标。外部制约指的是监管当局的种种管制和制约，以及金融市场上的一些约束。当经济形势的变化使这些内、外制约阻碍了金融机构实现其利润最大化的终极目标时，势必迫使它们探索新的金融工具、服务品种和管理方法，以此来回避内、外制约，增强其实力和竞争力。

现代投资银行作为金融业中的市场行为主体，也同样面临这两种金融约束。一是外部的管理控制，这种因外部条件变化而导致的金融创新要付出很大的代价，一方面，外部条件变化而产生的金融管制约束，使投资银行的效率降低，投资银行必须通过努力创新提高效率来弥补这部分损失；另一方面，金融管制约束使投资银行付出的机会成本越来越大。创新是对金融管制约束的反应，创新的代价与外部约束造成的机会成本增长是一致的。因此，投资银行通过逃避约束来尽量降低其机会成本增加所带来的损失。二是内部管理加强的约束，如前所述，投资银行业是高风险行业，为了确保资产运营的安全，避免经营风险，投资银行机构建立了一系列的资产负债管理制度及其他内部控制制度。这些规章制度，一方面确保了投资银行的运营稳定，另一方面形成了投资银行机构内部的金融约束，影响了效率。上述两方面中，外部条件变化而产生金融约束时，实行最优化管理和利润最大化目标的投资银行将会从机会成本角度和金融企业管理的影子价格和实际价格的区别来寻求最大限度地金融创新。这样，回避管制亦成为投资银行业务创新的一个重要动因，因此而出现的投资银行业务创新可以称为“避管性创新”。而内部条件变化所引致的各种创新仍属于“避险性创新”的范畴。

10.2.3　投机性创新

投机是为了获得某种预期收益而承受某种风险的交易，与规避风险相反，投机者的交易目的在于接受风险。

大量投机性交易的存在是投资银行发展的重要原因之一。正是因为投机的出现，投资银行交易才会充满活力。随着社会闲置资本的不断增加，一种以高风险、高收益为投资渠道的投机性资金正在日益扩大。

投机是基于对未来市场价格的预期而持有风险资产的交易行为。然而，当投机者的预测发生错误，他们会因此造成损失。一旦投机者重复出现错误，他终将要被逐出市场。这时投资银行的创新性工具、创新性经营方式就显得尤为重要。它既可以使投机者保持营利性，又可以熨平市场价格。

10.2.4 扩源性创新

市场经济进入证券经济时代以后，资本创造机制产生了新的质变。因为在进入证券经济以前，市场经济从总体上讲是处于信用经济时代。信用经济时代的资本创造机制是信用机制。这种创造机制尽管有效地突破了资本创造的利润生产能力约束，把资本创造转变为一种社会化的行为，从而扩大了整个经济的资本创造能力，推动了经济的更快增长。但是，这种资本创造机制存在着明显的功能性缺陷，即它只能为经济体系输入暂时的而非永久性的资本。其原因在于：信用始终是以偿还为条件的。因而尽管这种资本创造机制在一定时期内向经济体系注入了新的资本，但从最终结果看，这些资本还得还原于货币，实质上仅仅是一个增长了的货币额而不是持续停在实业经济体系中起作用的职能资本。

市场经济进入证券经济时代以后，资本的形成与流通以证券为载体而实现。证券作为资本的载体，其品种创新和发展及其流通的全部关系总和就构成了整个经济体系的资本创造机制，而投资银行则是这种资本创造机制的承担主体。在这里，投资银行的资本创造职能是通过一种极其简单的形式，即证券而发挥作用的。要创造资本，要完成财产向资本的转化，投资银行需要创造一种适合投资者与筹资者双方要求的证券商品，以这种特殊商品为载体而把货币转化为资本，由于这种商品不具有可逆性，一经售出，财产就完成向资本的转化，而且这是一种永恒的资本。很显然，以投资银行为承担主体的资本创造机制在两个方面扬弃了信用机制；一方面它创造永恒资本，这就是股票或者股权形式的资本；另一方面以债权资本扬弃贷款资本。债权资本与贷款资本虽然两者都是偿还性资本，是借贷资本的运动形式，但前者是标准化的交易单位，是直接的资本集中手段，而后者仅仅是货币资本向职能资本转化的形式，是间接的资本运用，两者在性质上和形式上存在根本性的不同。因此，以上两方面表明，投资银行的资本创造职能是商业银行资本创造职能的扬弃。

在现实经济运行中，证券商品的稀缺程度较之货币商品的稀缺程度要高得多。本来社会所能直接利用的货币商品和证券商品都不是自然资源而是社会金融资源，都是社会稀缺资源。然而，在从货币商品资源向证券商品资源转换过程中，由于各个方面的原因，证券商品资源就更加稀缺，供求矛盾更加突出。在社会既定的货币商品总量下，投资银行要把总量一定的货币商品通过自身的资本创造机制和创新功能转化为证券商品，就要不断创造设计出这种转化的手段、途径、方式和品种。因此，投资银行为扩大证券商品这一社会稀缺资源的来源就要不断进行创新，通过创造新型的投融资技术和交易方式、交易品种，开拓新型资本市场等可以引起资本总量增长的各种创新，扩大证券商品资源，即资本资源。

10.2.5 合作经营型创新

这种创新是投资银行利用其他金融机构的经营范围，以迂回交叉方式，绕开现行的金融管制，扩大经营的一种手段。在政府对金融行业的不同部门或地区实行差异性金融管制时，投资银行多实行迂回交叉的方式进行创新，它们或联营或代办，或与国外投资银行合作，把不能发展的业务，不能开拓的领域，转化为自己经营的项目或手段。

10.2.6 增强竞争优势的创新

随着世界经济全球化、一体化趋势的发展，投资银行的国际竞争日益加剧，金融自由化浪潮使得投资银行业的专业化分工日益被打破，投资银行业逐渐成为能提供综合服务的金融中介。在投资银行业与银行业交叉日益突出的情况下，一些投资银行设法推出新的金融工具，建立新的金融市场，获得提供新的金融服务方式的机会。

现代投资银行创新的成因，还可以从其他角度加以更详细的分析，如技术进步和技术创新的原因、竞争的原因、金融自由化的原因及世界经济全球化的原因等。但我们认为上述六个方面才是当今投资银行进行各种创新最根本的原因，其他推动和诱致投资银行创新的原因和因素都是从属于上述六个方面的，或者本身就属于投资银行创新的范围。当然，不同国家的不同历史时期和历史条件下的投资银行业务创新，其具体的动因可能不同，因为创新的动机和目的也并非完全一致。

10.3 投资银行业务创新的形式

投资银行的业务创新有多种形式，包括金融产品创新、服务理念创新、业务模式创新、技术手段创新、人才管理创新和风险管理创新等。投资银行通过上述各方面的创新，进而提高自身的业务竞争能力。

10.3.1 投资银行的金融产品创新

投资银行业务创新的核心就是金融产品创新，通过向市场提供创新产品而实现收益最大化的经营目标。多年来投资银行的发展实践充分表明，加快产品创新已经成为投资银行开展业务和提高竞争力的关键。

近年来，在自由竞争和金融自由化背景下，为了在激烈的市场竞争中求得发展，各国投资银行更加重视金融新产品的开发和创新，把开发新产品作为吸引客户、提高市场竞争力的一个重要手段，出现了投资银行新产品创新化的趋势，主要表现在以下几个方面。

1. 新型投融资工具不断涌现

投资银行在各个发展时期相继开发出了许多种类的新型投融资型工具，包括融资性票据，如欧洲票据、票据发行便利等；形式各异的融资性证券，如“垃圾债券”、浮动利率债券、抵押债券、零息债券、可转换债券及存托凭证、认股权证等。进入20世纪90年代以后，随着资产证券化成为投资银行的一项新业务，又相继出现了过手证券、资产支持型债券、中期债券、转换债券、附认股权证债券、附赠购债券证书的债券、抵押贷款责任证券及剥离证券等。这些新型金融工具的出现，一方面极大程度地方便了投融资者的投融资活动，另一方面最大限度地丰富了投资银行的业务经营，为投资银行带来了丰厚的证券承销收入。

2. 基金产品多种多样

近年来，投资银行自己开发和创造的基金产品种类也名目繁多，如对冲基金、套利基金、雨伞基金、杠杆基金、定期投资计划、定期退股计划等。这些新基金产品的出现，一方面给投资银行自身开发了更广阔的自营基金业务空间，另一方面也为投资银行开发基金代理业务提供了极大的市场，将进一步提高投资银行的竞争力。

3. 金融衍生产品令人应接不暇

20世纪70年代初期，投资银行陆续开发了诸如金融远期、金融期货、金融期权等金融衍生产品；其后又开发了金融互换产品；进入90年代，投资银行又将期权、期货、商品价格、债券、利率、汇率等各种要素组合起来，创造出了一系列新的金融衍生产品，如可转换浮动利率债券、石油派生票据、货币期权派生票据、互换期权、远期互换等。当巴林银行倒闭后，洛希尔银行发现美国资金市场上闲置的资金数目庞大，但其对资产安全性要求高，希望更好地分散风险。针对这种情况，洛希尔银行推出名为“五箭现金管理基金”的投资工具，结果吸引了大量资金。新的金融工具的广泛应用丰富了资金运用与周转的渠道和途径，帮助金融企业能够有效的规避和转移风险，从而使安全的混业经营成为可能。

4. 并购产品创新层出不穷

20世纪90年代以来，西方各国投资银行的企业购并业务不只是停留在参与企业策划和充当财务顾问阶段，而是更深层次地介入其中，为企业购并提供过桥贷款，发展“垃圾债券”，创立杠杆收购技术和各种反收购措施。目前在西方国家，一种新型的购并业务越来越受欢迎，如在企业购并过程中投资银行充当产权投资商的角色，自身成为购并交易主体，投资银行以兼并方的身份把目标企业买下，然后直接整体转让，或通过资产重组、包装上市，或分拆卖出，其目的是把购并交易作为一种投资，以赚取买卖差价，而不是去直接经营被购并企业。作为产权投资商开展企业购并业务，因为其业务的高回报，所以深受投资银行的青睐。

10.3.2 投资银行的服务理念创新

20世纪90年代以来，对投资银行来说是充满挑战的时代。国际直接投资的迅速增长，商业银行及其他金融机构对投资银行业务的渗透，技术进步和交易手段的革新等，都促进了投资银行业的竞争。任何一家投资银行要想在激烈的竞争中取胜，提供全方位的服务是最基本的方法和理念。事实上，投资银行也只有通过提供全方位的金融服务，才能巩固原有的客户，争取新的客户，以求得更大的生存和发展的空间。

这里以全球最大的投资银行之一美林集团为例，说明国际投资银行业服务理念的新变化。在激烈的市场竞争中，美林集团之所以能够稳固其地位，保持杰出的业绩，主要得益于其全方位的综合服务。美林集团为个人客户提供的服务包括资产管理、投资咨询、财务计划、个人退休计划、个人信贷账户等；对中小企业及雇员提供的服务包括资产管理、流动资金管理、贷款承诺、融资安排、资产评估、参与雇员股票购买计划、股权认购计划等；为大公司和机构(包括政府机构)客户提供的服务包括债券、股票、期权和衍生品种的安排和交易，参与收购兼并，充当财务顾问，帮助解决债务安排和私有化等问题。此外，美林集团还通过其附属公司和联营公司，为世界各地的客户提供投资、融资、保险等有关业务，充当经营证券、期权合约、商品及金融期货合约的经纪商和保险产品的分销商，其下属的美林政府证券公司、美林资金服务公司、美林衍生投资商品公司、美林资产管理公司、美林保险集团、美林人寿保险公司等为全球客户提供了高效、快捷、全方位的服务。

加强售后服务，建立良好信誉，成为当代投资银行业服务理念转变的基本准则。投资银行必须以客户为中心，从客户的利益出发，采取个性化服务、在线咨询、专家研讨会、合作调研、客户培训、财务顾问等灵活的服务方式，由专业人员长期为客户提供量身定做的一、二级市场一揽子专项服务。特别要以战略的眼光看待售后服务，彻底抛弃那种满足于直接的、眼前的利益，认为后续服务无利可图的观念，把售后服务作为投资银行业务全部过程的一个重要环节，把客户上市后的机制转换、规范经营、资产运作、财务顾问、信息披露、法规政策指导、投资咨询等都列作投资银行的长期服务项目，为客户提供长期的、广泛的高增值服务。通过跟踪服务，与客户建立长期的战略伙伴关系。

10.3.3　投资银行的业务模式创新

20 世纪末，世界顶级投资银行美林集团在其经纪业务活动中创立了客户理财报告制度，成为投资银行界业务模式创新的典范。

客户理财报告，是证券营业部内经纪代表在为每一位客户服务的经营理念下，主要是在对大中客户进行点对点、面对面的投资咨询服务时，提交客户供投资参考的书面报告。这一报告要求经纪代表充分考虑所服务的每一位客户的具体情况，帮助客户分析其自身条件、制订投资方案、跟踪市场行情、提出操作建议，并定期小结，以实现及时性、个性化、贯穿客户投资行为始终的智能化投资咨询服务。形成客户理财报告的过程及与此相关的考核、激励机制，即客户理财报告制度。客户理财报告制度作为智能化服务的一种具体表现，大大突破了传统经纪业务中亲情服务的模式，成为现代经纪业务的一种创新。

相对于完全意义上的经纪人制度而言，客户理财报告制度因其充分考虑了目前经纪业务的现实情况，从而更具可操作性。它避开了完全经纪人制度在法律法规等诸方面的疑虑，同时又着力解决目前经纪业务中存在的各种矛盾和弊端，致力于业内提升竞争层次，较好地解决了新旧经纪业务模式的接轨。

客户理财报告制度是为投资者提供个性化、智能化投资咨询服务的制度保证，提供了员工实现自身价值的机会、将业务开展与培养业务能力结合在一起，因此它是服务制度、激励制度和培训制度的创新，但更重要的是它提供了一种通向经纪人制度的途径。

另外，西方国家特别是美国的投资银行在自己的业务部门中都专门设立了市场研究部，设置专门的研究人员研究不同客户的需求结构和具体需要，通过广泛收集各种资料，从第一线捕捉客户需求的各种信息，掌握各类客户的需求变化动态，并据此设定与之相对应的创新服务方式，把金融服务活动扩展到人们生活的各个方面，满足不同客户的个性化需求。

10.3.4　投资银行的技术手段创新

1. 投资银行对金融工程技术的开发与应用

知识经济时代的到来，使得信息工程、生物工程和金融工程日益成为全球竞争的焦点和主要领域。金融工程作为一门独立学科，是金融创新发展到一定阶段的产物。最早提出金融工程一词的美国金融学教授约翰·芬纳蒂认为，“金融工程包括创新型金融工具与金融手段的设计、开发与实施，以及对金融问题给予创造性的解决”。英国金融工程学专家劳伦斯·格里茨从管理和规避风险的角度出发，提出“金融工程是应用金融工具，将现在的金融结构进行重组以获得人们所希望的结果”。

20世纪90年代以来，国际投资银行都把开发新产品作为提高市场竞争力的一个重要手段，通过不断进行新产品的开发、组合和创新，既扩大了投资银行的经营范围和影响，同时也为自身带来了巨大的效益。投资银行的创造性思维正是体现在不断开发应用和组合金融工具和手段上，这也正是投资银行在其业务创新活动过程中对金融工程技术的开发与应用。

以计算机为代表的技术进步，为金融工程在投资银行中的应用提供了技术支持。计算机与通信技术的飞速发展使金融变量变动加快，风险增加，对金融工程的需求也随之增加，而且加上以人工智能为代表的复杂计算能力的增强，使许多需要高精技术的金融创新的成功运用成为可能。同时，计算机技术、电子通信技术为金融市场的数据计算、信息处理、交割清算提供了极大的方便，降低了交易成本，提高了价格形成的速度与精确度以及金融市场的有效性。投资银行通过对现代各种先进的科学技术与金融工程技术的综合运用，既提高了投资银行的服务质量，又提高了服务的深度和广度，满足了客户个性化的需求，改善了对客户的承诺，从而促进客户群的建立和结构优化，进一步拓宽了自身的发展空间。

金融工程技术的实用性又在相当大的程度上推动了投资银行效率的提高，表现在：一方面金融工程开发设计出的新型金融工具相互之间在特性上混杂、交叉，打破了银行制度的专业化分工，使投资银行的业务种类、经营范围扩大，获取的收益大幅度提高。另一方面金融工程技术的实用使投资银行的组织结构和管理素质发生了根本性的变革，推动了投资银行形成合乎现代市场经济体制要求的金融组织模式和治理结构，使得投资银行经营效率和管理水平得到大幅度提升。

进入20世纪90年代后期，投资银行开始进入另一个层次业务方式的创新，通常是指金融机构通过对金融业务进行计算机化的经营管理，将计算机技术作为一种较早期的、较内部化的技术手段，着眼于自动化簿记、文字处理、文件管理、成本控制等。以电子金融这一崭新的服务方式为核心的创新发展给投资银行业务经营也带来了革命性的变化。

2. 投资银行业务中网络化的创新与应用

网络化是技术进步的结果。计算机和网络技术一经产生便在投资银行业获得了广泛和充分的运用，并使该行业的业态及投资银行的生存方式发生了根本性变化。

首先，互联网络克服了时空障碍，将全球市场有效联系在一起，使全天候交易成为现实。随着全球性互联网络的不断延伸和发展及网上标准的建立，功能齐全的网上证券交易市场应运而生，使得证券发行和交易能够在实体与虚拟两个空间里同时进行，交易活动非现场化已成为大趋势。

其次，电子技术改变了投资银行传统的业务手段，使其更加现代化。一般来讲，交易过程可以看成是供给者寻求合意的需求者，需求者寻找合意的供给者，最终签订和履行契约，实现产权的部分或者全部转让的过程。虽然，交易费用并没有确切的定义，但是广义的交易费用一般应包括三个项目：一是为了了解、确定交易对象而支付的信息费用，即搜寻费用。市场经济自由竞争的高效率不是自发的，而是通过交易双方有成本的搜寻实现的。二是为了获得交易的可能性而支付的费用，即交易双方为了使自己处于能够交易的环境和条件之中所支付的费用，即交易实施费用。三是产权转让的有关费用，即狭义的交易费用，如产权的界定，契约的谈判、拟定、实施及监督费用。通过对交易费用的细分可以清楚看到：网络经济中最常见的商业模式——电子商务(无论是企业—企业模式，还是企业—用户模式)和网上金融服务，都可以极大地降低第一类和第二类交易成本。目前，交易双方可以通过互联网，在极短的时间内以极小的费用在全球范围内搜索最理想的交易伙伴，并可以通过网上金融服务和四通八达的物流配送系统立刻实施这笔交易。虚拟的交易场所及零库存管理技术，都可以进一步降低实施交易的费用。据美国有关部门测算，同样一笔交易通过银行柜台交易成本为 1.02 美元，通过电话交易成本为 54 美分，而通过互联网只需 13 美分。可见，网络技术在金融业务中的应用大大降低了交易成本，提高了金融机构的竞争能力。

投资银行的主要业务在于证券市场，现代计算机、网络通信技术的广泛运用，给证券市场带来新的变化：计算机处理能力的提高和网络传输能力的加快，提高了信息交换效率；证券市场对信息的反应速度也有很大提高；同时网络使证券工作简化，认购效率提高，因而投资银行的人员构成、组织形式、管理方法和服务水平也随之发生变化。近些年来，投资银行的网络用户不断增加，投资者可通过网络买卖证券，全球证券信息共享已经成为现实，传统的区域性证券市场正在消失。据美国的一家研究机构证实，美林公司仅成功地将自己的传统型机构转化为网上证券经纪业务的革命性改造，就使得它们的交易成本在 3 年内下降了 90％。

➢本章小结

(1)投资银行的业务创新是指现代投资银行基于对微观利益的追求在投资银行领域内建立“新的生产函数”，是把各种金融要素进行新的组合，从而对投资银行经营理念、业务品种、交易工具、技术手段、服务方式与管理方法等所进行的创造性变革活动及其所创造的新事物；投资银行的业务创新同时具有阶段性、多样性、时滞性和非均匀性等特点。

(2)投资银行的业务创新有六个基本动因，即获利性创新，避险、避管性创新，投机性创新，扩源性创新，合作经营型创新和增强竞争优势的创新。

(3)投资银行的业务创新有多种形式，包括金融产品创新、服务理念创新、业务模式创新、技术手段创新等。投资银行通过上述各方面的创新，进而提高自身的业务竞争能力。

➢【案例】

在现代投资银行的业务创新活动中，通过行业文化建设来塑造高素质人才已经受到越来越多的投资银行的重视。下面介绍美国两家著名投资银行的行业文化和商业原则，以飨读者。

一、高盛公司的经营理念

(1)客户的利益是第一位的。经验表明，良好的服务是成功的基础。

(2)公司的资产就是人员、资金及声誉，它们有时会发生减损，但是声誉是最难恢复的。我们自觉遵循有关的法律法规及道德规范，持久的成功来源于对这一标准的不懈坚持。

(3)公司的目标是使股东获得最好的回报。聚揽资金和招募优秀员工的关键是收益。雇主、员工及股东的利益是一致的。

(4)公司坚持质量原则。工作中，事无论大小，皆高水准要求。面对繁杂的工作，我们坚持：不求最大，但求最好。

(5)公司坚持创新意识，以不懈的努力寻求解决客户问题的最佳途径。但过去的一些方法仍可作为最好的选择。我们引以自傲的是，我们在这一领域的实践活动和技术积累已居领先地位并成为这一行业的行为标准。

(6)公司努力去发现和任用优秀人才。业务可以上亿元规模增长，但用人却须逐一筛选。我们深知，在服务领域，没有最好的人，就没有最好的企业。

(7)公司提供给员工迅速发展的机会，让优秀人才的责任感不受羁绊。晋升考虑的是能力、表现及对公司成功的贡献，而不考虑他的种族、肤色、宗教、性别、年龄、国别、残疾及性倾向等。

(8)公司强调团队协作精神。我们鼓励个人创新，但团队的整体协作会产生最佳的效果。我们不允许任何的个人利益凌驾于公司和客户的利益之上。

(9)公司提倡员工的奉献精神和进取意识，这是我们成功的一个重要原因。

(10)公司关注规模和资产的扩张，我们希望自己足够强大以承担大的项目并吸引客户的注意。但同时我们也珍视小客户所带来的真诚、亲切和凝聚力。它同样会迅速推进成功。

(11)公司不断地努力预期客户新的需求，从而拓展我们的服务内涵以满足这一需求。我们深知世界不是不变的，自满意味着毁灭。

(12)公司坚持以信用原则为建立客户关系的基础，任何违犯信任原则或不适当及粗心的行为将是不可想象的。

(13)这一行业是高度竞争的，我们须不断拓展客户关系。尽管如此，我们将会是一个公平的竞争对手，决不允许诋损其他公司。

(14)正直、诚实是我们的业务核心，公司希望员工在工作和生活中保持高的道德水准。

二、美林公司的经营理念

下面这些是我们作为领导、同事、雇员和公民的角色原则。作为个体和组织，这些承诺引领我们的行为，并使公司具有世界一流的水准。当美林成长为更具多样性和全球性企业时，这些原则将进一步帮助规范我们自己：我们是谁，我们的信念是什么，我们对自己、对客户、对股东渴望什么。

作为一个框架，这些原则根植于历史和传统，并随我们的事业而发展。作为我们的团队信念，这些原则是一个深刻的框架体系。但问题是我们怎样在实践中体现这些原则？我们的这些原则将有助于我们创造一个以我们的价值观为基础的积极开放的环境。

美林公司的文化是我们的信念和思想的总汇，我们怎样工作，我们如何思考个体在群体中的位置，它也是我们对待客户、股东、同事、邻居及公众的原则，它表述了我们是什么样的公司。

(一) 客户是我们工作的驱动力

(1)理解客户并预期和回应客户的需求。

(2)以美林正直、诚实的原则实现客户的期望。

(3)分析客户需求和解决方案，以提供具有附加值的建议和指导。

(4)提供的产品和服务应具有广泛的内容和很高的质量，并易被客户接受。
(5)以诚信为原则，积极听取客户的反馈，发展和建立长期的客户关系。
(6)提供针对性和个性化服务。
(7)使用公司的技术，为不断变化的需求服务。
(8)通过团队协同工作，使我们的能力和资源全面满足客户要求。
(二)我们尊重每个人的品质，包括雇员、股东、客户和公众
(1)尊重每个人，无论他的水平和所处的环境。
(2)积极应对工作的压力，并在工作和个人生活中寻求平衡。
(3)创造一种环境，使不同背景的人最大地发挥潜能，平等地享受各种机遇。
(4)活跃一种气氛，使一切争论、意见、争执在信任和开放的环境中变得和谐。
(5)努力理解别人，倾听他们的心声，关注他人的感觉。
(6)花时间去解释方案并回答问题，针对性地解决问题。
(三)我们力求完美的团队服务，在客户的眼里美林只有一个
(1)在开放的气氛中沟通和分享信息。
(2)在工作中协作工作。
(3)以个性化的差异表现风格。
(4)分享成功的经验和失败的教训以增强团队工作效果。
(5)以独立、信赖、奉献和负责的精神帮助他人。
(6)承认个体的力量并奖励个体对团队的贡献。
(7)参加目标、标准等设立和沟通工作。
(8)在信任、尊重和平等的原则下铸造同事之间的关系。
(四)我们是负责任的公民，我们以此来提升雇员生活和工作的群体的质量
(1)遵循所有风俗、规范、法律。
(2)在团体中营造一种相互支持和鼓励的氛围。
(3)为他人倾注时间、才能和资源。
(4)对我们所处的环境负责任。
(五)我们的高贵品质：视公司的信誉为生命
(1)在我们事业的各个方面表现最高的个人水准和职业道德。
(2)诚实、坦荡。
(3)敢于面对错误，承担个人错误所带来的责任。
(4)以法律、法规的内涵和外延为准则开展实践活动。
(5)言行一致。

➤思考题

1. 投资银行业务创新的含义是什么？
2. 投资银行业务创新的动因有哪些？
3. 投资银行业务创新具有哪些特点？
4. 投资银行业务创新有哪些形式？各具什么作用？
5. 国际大投资银行的业务创新理念对我们有什么启示？

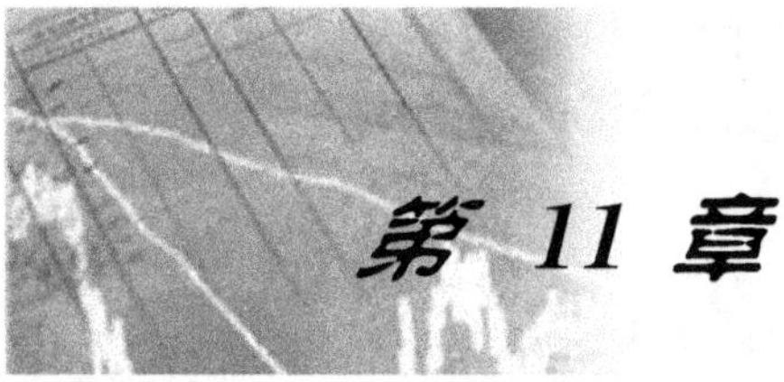

第 11 章

投资银行的风险管理与监管

11.1 现代风险管理理论的创立与发展

11.1.1 现代风险管理理论的创立

1. 资产组合管理理论

1952 年，哈里・马柯维茨发表题为《投资组合选择》的论文，这标志着现代投资组合理论的开端。其创立了被称为现代金融理论的核心和基石的现代资产组合管理理论(portfolio management theory，PMT)。该理论论证了风险管理者或投资者有效选择具有不同风险回报特征的风险资产，建立了符合投资者风险偏好的、能给投资者带来最大效益的资产组合的理论和技术，并为此提供了量化操作依据。马柯维茨用资产收益的期望值来度量预期收益、用资产收益的标准差来度量风险，将数学中期望与方差的概念引入金融资产组合中，对风险首次进行定量化研究，并引入了系统风险和非系统风险的概念，给出了在一定预期收益率水平下使投资风险达到最小化的最优投资组合的计算方法，改变了过去以常识和经验等定性的方法衡量风险的做法，被喻为"引发了华尔街的第一次革命"。

2. 资本资产定价理论

1963 年，马柯维茨的学生威廉・夏普提出简化的单指数模型，以解决标准投资组合模型应用于大规模市场面临的计算困难。在投资组合理论基础上，1964～1966 年夏普、林特和摩根三个人分别独立推导出资本资产定价模型(capital asset pricing model，CAPM)理论，研究发现所有投资者都遵循马柯维茨的资产选择，投资于相同的最优风险资产组合对资产价格的影响，即研究风险资产预期收益的预测方法，开创了现代资产定价理论的先河。该理论解决了马柯维茨的资产组合理论无法统一衡量不同资产在组合投资下的风险属性这一问题，提出以 β 系数作为在市场资产组合中比较不同证券风险属性的统一指标，反映资产对市场组合风险作用的大小。由于风险分散效应，基于 PMT 理论形成的市场资产组合只含有系统风险，其中资产 i 的期望收益 $E(R_i)$ 与系统风险间的关系为

$$E(R_i)=R_f+\beta[E(R_M)-R_f]$$

其中，R_f为无风险资产收益；$E(R_M)$为市场资产组合的期望收益；β 系数，可以根据历史资料，利用回归分析的方法得出。β 系数与资产对市场组合风险的形成作用正相关，与资产的市场价格成正比。

CAPM模型从理论上说明了风险(系统性风险)定价的基本原理，即投资回报与风险成正比的基本投资规律；在实践意义上，风险管理者可将所选择资产组合的风险价格$[E(R_p)-R_f]/\delta_p^2$与风险的市场价格$[E(R_M)-R_f]/\delta_M^2$相比较，结合自身的风险偏好来进行资产组合的选择和管理。

CAPM理论的主要局限性在于，其依赖于投资者实际上很难获得的市场资产组合(包括所有证券、不动产、外汇等)，以及该模型较多的严格假设条件，这使CAPM模型缺乏一定的现实性并难以验证。

3. 套利定价理论

1976年，美国经济学家罗斯(Stephen Ross)和罗尔(Richard Roll)针对CAPM模型的局限性，提出资产市场均衡定价模型，即套利定价理论(arbitrage pricing theory, APT)。该理论认为，市场均衡力量不是如CAPM理论所认定的来自于投资者对不同风险边际收益的比较，而是来自于投资者追逐无风险套利的动机。市场均衡价格，即无风险套利机会消失时的资产及资产组合的价格。无套利机会的市场均衡条件是

$$E_i=\lambda_0+\lambda_1\beta_{i1}+\lambda_2\beta_{i2}+\cdots+\lambda_n\beta_{in}$$

其中，E_i为资产 i 的预期收益；λ_0 为无风险资产的预期收益；λ_n 为 n 公共因子(如通货膨胀水平、利率等影响资产收益的因素)风险回报的期望值；β_{in}为资产预期收益变化对公共因子 n 的敏感系数。

APT理论的资产定价公式表明，投资者追逐无风险套利最终会通过市场对资产价格的调整使得各资产预期收益与其对各公共因子的敏感系数呈线性关系。APT理论较CAPM理论更清楚地指明了风险来自哪些方面(公共因子)。

11.1.2　现代风险管理理论的新发展

20世纪90年代，几起震惊世界的金融危机大案(如巴林银行、大和银行事件)，使金融业更加注重金融风险，同时显示出《巴塞尔协议》的不足，一些大的国际银行开始研究和建立自己的内部风险管理测量和资本配置模型。另外，随着世界各国金融机构对金融风险的重视，其对金融风险管理及其技术、软件的需求日益增长，出现了一大批专门提供风险管理服务的咨询公司和电脑软件公司，推动了风险管理技术和软件的不断更新和发展。针对世界金融业风险出现的新特点，即已不是单一的信用风险或市场风险，往往是信用风险和市场风险，甚至是操作风险等相互激发、共同作用，当代投资银行的业界经过积极实践和探索，发展起了一类新的风险管理模型——全面风险管理模型。

1. 市场风险管理理论

市场风险管理理论开发了一系列的市场风险测量模型，最著名的是Risk Metrics，由JP摩根银行开发，用于测量资产的市场风险价值(value at risk, VaR)。此外还发展了风险配置资本的方法，如风险调整的资本收益法(risk adjust return on capital, RAROC)。

VaR是指在正常的市场条件和给定的置信度内，用于评估、计量任何一种资产或证

券投资组合在既定时期内所面临的市场风险大小和可能遭受的潜在最大价值损失。通常，人们将风险定义为未来净收益的不确定性。这种不确定性常以不同的形式表现出来。人们一般将风险划分为四类，即经营风险、信用风险、流动性风险和市场风险。其中市场风险是指金融市场价格(包括股票价格、利率、汇率和大宗可交易商品的价格)的波动而引起的未来收益的不确定性。VaR 测定的便是市场风险。当金融机构和公司遭受市场风险时，管理当局希望通过一个简单的指标来反映其在特定的期间和特定的市场价格变动下其特有一定头寸的金融资产可能遭受的损失额，由此产生了 VaR。VaR 就是使用合理的金融理论和数理统计理论，定量的对给定资产所面临的市场风险给出全面的度量。

VaR 方法把一种资产(组合)的风险归纳起来用一个单一的指标来衡量，把风险管理中所涉及的主要方面——组合价值的潜在损失使用货币单位来表达。具体说，VaR 指“在一个给定的时期内，一个组合的价值的下跌，以一定的概率不会超过的水平是多少”。或者说“在某一特定的时期内，在给定的置信度下，给定的资产组合可能遭受的最大损失值。”

2. 信用风险管理理论

信用风险的测量模型主要是 JP 摩根的 Credit Metrics 模型——基于贷款违约率和风险等级转移矩阵的模型，瑞士信贷第一波士顿银行的 Credit Risk 模型——基于贷款违约率和违约率波动性的模型以及 KMV(Key Mediating Variables)模型和 McKinsey 公司的 McKinsey 模型。

(1)Credit Metrics 模型。Credit Metrics 由 JP 摩根公司和一些合作机构于 1997 年推出，是一种信用在险值(credit VaR)模型。信用在险值是指给定的信用风险期限内，在一定的置信水平下，信贷资产可能遭受的最大损失。因此，Credit Metrics 的关键在于估算给定时期内，单项贷款债券或其组合价值变化的预期概率分布。单一债券和债券组合的信用在险值不同，下面简单介绍一下单一债券的信用在险值。

单一债券的信用在险值：第一步是确定一个信用转移矩阵，Credit Metrics 认为除了违约外，信用等级的变化也会引起信贷资产潜在市场价值的变化。因此，除了需要估算违约的概率外，还必须评估各种初始信用等级的债券发行者的信用变化状况，这就构成了信用转移矩阵。第二步是确定远期折现率和违约回收率。远期折现率等于无风险利率加上特定的信用级别的信用价差。违约回收率则是指债券发行者违约时，债务人收回的部分占债券面值的百分比。第三步是根据第二步得出的参数估算债券在信用风险期末的远期价值(风险敞口)。在违约情况下，资产价值，即为债券面值与违约回收率的积：在非违约情况下，则按照相应的远期折现率对债券信用风险期外的所有现金流进行折现得出所有可能状态下债券的价值。计算公式为

$$V=a_1+a_2/(1+r_1+s_1)+a_3/(1+r_2+s_2)+\cdots+a_n/(1+r_{n-1}+s_{n-1})$$

其中，n 为债券的到期期限，假定大于 1 年；$a_i(i=1, 2, \cdots, n)$为第 i 年的现金流；r_i 为第 i 年的 1 年远期无风险利率；s_i为第 i 年的 1 年期远期信用价差。

第四步，将第一步得出的概率与第二步得出的信用风险期末的资产价值相结合，就得出了信贷牵产价值的远期概率分布。

第五步，计算信用在险值，$n\%$的信用在险值就等于贷款在各种状态下的均值减去第 n 个百分位的贷款价值，计算公式为

$$\text{VaR}=E(\gamma)-\gamma(n)$$

其中，$E(\gamma)$为资产价值的期望值；$\gamma(n)$为 $n\%$概率下的资产价值；$n\%$的 VaR 反映了在给定的信用风险期间，债券损失超过该值的可能性为 $n\%$，即损失小于该值的可信度为$(1-n)\%$。

(2)Credit Risk+模型。Credit Risk+模型仅仅考虑了违约风险，而没有考虑降级风险。假定：第一，对于一项贷款，在给定期间违约率不变；第二，对于众多的债务人，任何特定债务人的违约率非常小，并且在不同期间违约发生的数目彼此独立。所以，违约事件发生的概率分布近似服从标准泊松分布。

资产组合违约损失的概率分布通过三步计算。

第一步是计算违约事件的频率。由于违约事件发生的概率分布近似服从标准泊松分布，所以违约率的标准差近似等于均值的平方根，即 u(u 为平均违约率)。

第二步是计算损失的严重程度。当债务人违约时，相应的债权人遭受损失等于债务人所欠数量减去回收数量。每一个债务人的风险敞口要根据预期回收率进行调整。

第三步是计算资产组合违约损失的概率分布。为了得到完全分散化的资产组合损失的概率分布，损失(风险敞口，回收调整净值)被分为不同的档，每一档的风险敞口水平用一个数字近似表示。

在 Credit Risk+模型中，每一档都被视为一个独立的债券/贷款组合，j 档的期望损失(以 L 为单位衡量)。$\varepsilon_j=U_j\times u_j$，其中，$U_j$为$j$ 档的系统风险敞口(以 L 为单位衡量)；u_j为j 档的期望违约数目。因此，$u_j=\varepsilon_j/U_j$。

若以ε_A表示债务人 A 的期望损失(以 L 为单位)，即 $\varepsilon_A=\lambda_A/L$，则 ε_j是所有属于j档的债务人的期望损失ε_A的和，即

$$\varepsilon_j=\sum_{A:U_A=U_j}\varepsilon_A$$

所以 j 档每年期望违约数为

$$u_j=\frac{\delta_j}{U_j}=\sum_{A:U_A=U_j}\frac{\varepsilon_A}{U_j}=\sum_{A:U_A=U_j}\frac{\varepsilon_A}{U_A}$$

(3)KMV 模型。KMV 模型是将期权定价理论应用于贷款和债券估值而开发出的一种信用监控模型，它通过对上市公司股价波动的分析，来预测股权公开交易公司发生违约的可能性。KMV 模型的基本假设是：当公司的资产价值(股票市场价值+债务价值)低于一定水平时，公司就会对债权人和股东违约。这一水平对应的点就是违约触发点(default point，DPT)，即公司的资产价值等于负债价值时的点。

KMV 模型主要是利用预期违约率(expected default frequency，EDF)的值(范围为 0.02%～20%)来衡量企业目前市场价值降低到违约触发点水平以下的概率。计算上市公司预期违约率的步骤如下。

第一步：从公司股票的市场价值和股价的波动性及负债的账面价值中，估计出公司资产价值 V_A 及其波动性 σ_A。根据经典的 Black Scholes Merton 卖出期权估值模型和违约选择权的相似关系，可得到股权价值的解析解 V_E。

$$V_E=f(V_A,\sigma_A,K,c,r)$$

其中，K 为资本结构的杠杆比率；c 为长期债务的平均利息；r 为无风险利率。式中 K、

c、r 已知，V_E 可以通过股价和股数计算得到，但是一个方程无法求解 V_E 和 σ_A。所以要根据可观察的公司股权价值的波动性(σ_E)与不可观察的公司资产价值波动性之间的关系建立函数：

$$\sigma_E = h(\sigma_A)$$

在有了两个等式和两个未知量后，采用连续迭代法可计算出 V_A 和 σ_A。

第二步：根据公司的现值确定出公司的预期价值及根据负债计算出公司的违约触发点 DPT 及违约距离 DD。在违约触发点处，上市公司的资产价值正好能够抵偿其债务。KMV 公司根据大量违约的实证分析，发现违约发生最频繁的临界点处在公司价值大约等于流动负债加 50%的长期负债时。设：STD 为短期负债，LTD 为长期负债，则：DPT＝STD＋0.5LTD，表示位于资产价值概率分布均值与违约发生临界值之间的距离，它是用来衡量违约风险的指标，公式如下：

$$\mathrm{DD} = \frac{E(V_1) - \mathrm{DPT}}{\sigma_A}$$

第三步：确定违约距离 DD 与违约率 EDF 之间的映射关系。选取一定时期，将违约距离和预期违约率两者之间的关系映射起来。对于每一时段，基于一个大量的包括有违约公司样本的历史数据库，把违约数据拟合成一条平滑曲线来表示违约距离函数，以此来估计 EDF 值的大小。

3. 全面风险管理理论

全面风险管理(total risk management，TRM)要求在金融风险的识别、评估和控制中主要实现以下两方面要求：首先，要求风险管理系统综合考虑风险的概率、价格和偏好三要素，实现风险管理的客观量的计量与主体偏好的最优均衡。概率用来计量风险的可能性，价格是经济主体为规避风险而须支付的金额，偏好决定经济主体愿意承担或规避的风险份额。这三要素是风险辨识、评估和控制过程中的基本因素。全面的风险管理不仅要能计量面临风险的客观的量，还要考虑风险承担主体的偏好，这样才能实现风险管理的真正的最优均衡。其次，TRM 要求金融机构基于自己的整体目标对内部各风险管理部门、不同的风险管理方式进行整合。

米勒(Kent D. Miller)早在 1992 年就针对公司的国际业务提出全面风险管理的思想。全面风险管理的基本目标服务于金融机构的战略目标——价值最大化；在风险管理步骤上，全面风险管理要求金融机构首先全面分析所面临的风险因素，评估各种风险因素对金融机构价值的影响及风险控制的成本，其次确定需采取的各种风险管理方式，最后确定能够实现金融机构价值最大化的风险管理策略。主要有如下的模型。

(1)MAXIOM 软件公司建立的“风险监测”(risk monitor)模型，是一种最新的风险管理模型。它将几种风险计算方法，包括方差/协方差、蒙特卡罗模拟、历史模拟及多因子分析一体化，对所有市场、业务线及金融工具的风险提供一种可以持续、一致测量的方法，以测量、预估和控制全银行的信用与市场风险敞口，确定交易员、业务线、交易对手、国家的风险限额。

(2)Algorithnuc 公司的“风险观察”(risk watch)模型，也将两种风险一体化为一个模型。更特别的是，该模型在市场定价的基础之上又进一步开发出“未来定价”(mark to future)方法来为资产组合定价。这种方法将资产组合置于未来的一个或多个时点的情景中，根据风险要素对资产组合的影响，来确定资产组合的价格。这种定价方法可以更有效地在全银行内配置资本。

(3)Askari 公司开发的“风险账本”(risk book)模型综合为一个一致的分析结构。用一种一致的分析提供多种风险的视角。

(4)金融工程公司(Financial Engineering Associates，Inc.)，该公司在风险矩阵的基础之上改进了 VaR 技术，包括“风险价值增量”(VaR delta)。这一技术可以使用户确定新的交易将如何影响整个资产组合的 VaR，而不要求重新计算全银行的 VaR。这一技术还可以提供 VaR 成分分析，将风险矩阵对整个资产组合的 VaR 计算分解成用户特定的成分，并且可以提供风险矩阵未包括的客户数据。

(5)智商金融体系公司(IQ Financial Systems)创立的“风险智商”(risk IQ)是基于信孚银行的 RAROC 方法，并在该银行的指导下完成。这一体系提供的是对市场风险、信用风险、流动性风险的综合分析方法，并且它不仅可以用于单个、多个资产组合、个别交易，而且可以用于银行整体。

(6)网际测险公司(Measurisk Company)。这是美国第一家以网络为基础提供综合性风险测量服务的新机构。该公司提供的模型基于监管者的规定，对客户的基金在总体水平上的风险做出综合评估，包括市场、信用、流动性、清算、操作及法律六类风险。

11.2　投资银行对现代风险管理理论的运用

现代金融风险管理从 20 世纪 70 年代发展至今，已经从一门艺术发展成为严肃的科学，风险管理理论在整个金融理论中所居地位不断提高，著名经济学家默顿曾将其归为现代金融理论的三大支柱之一。在众多的风险管理理论模型中，尤以 VaR 运用得最为广泛，特别是自 90 年代以来，VaR 模型已成为金融界对市场风险进行综合度量的工具，许多金融机构、组织和法规制定者甚至将这种方法当做风险度量的一种标准来看待。

下面仅以 VaR 为例介绍投资银行如何运用现代风险管理理论对其风险进行管理。

11.2.1　VaR 模型的原理

1993 年，G30 集团在研究衍生品种基础上发表了《衍生产品的实践和规则》的报告，提出了度量市场风险的 VaR 模型，1994 年由 JP 摩根推出了计算 VaR 的 Risk Metric 市场风险计量模型，使 VaR 模型得以被广泛采用。VaR 模型与其他风险管理工具不同，它试图对投资组合的价值提供一种比较清晰的概率描述。

目前对 VaR 比较规范的定义是，在正常的市场条件下和给定的置信水平(confidence interval)上，以及在给定的持有期间内，某一投资组合预期可能发生的损失。换句话说，即在正常的市场条件下和给定的持有期内，该投资组合发生 VaR 值损失的概率仅仅是给定的概率水平(置信水平)。该方法衡量在险值的精度取决于以下一系列假定条件。

(1)资产价格变化为正态分布或其他分布。

(2)资产价格的当前变化与过去变化的相关程度。

(3)均值与标准差(波动率)的数值在一段时间内的稳定程度。

(4)两种或两种以上的价格变动之间的关系。

从统计的角度看，VaR 实际上是投资组合回报分布的一个百分位数，它和回报的期望值在原理上是一致的。正如投资组合回报的期望值实际上是对投资回报的分布的第 50 个百分位数(E 点)的预测值一样，在给定 99%的置信度上，VaR 实际上就是对投资组合回报分布的第 99 个百分位数(较低一侧)的预测值 W(图 11-1)。

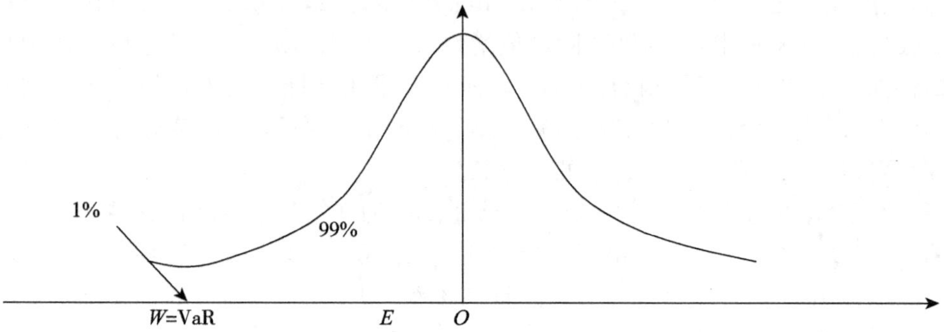

图 11-1　VaR 的实质

用公式表示，即为 Prob(X＜VaR)=α。其中，Prob 为概率(probability)；X 为某项资产的损失额；VaR 为可能的损失上限；α 为给定的概率，即置信度。例如，对于某个有价证券，根据 95%的置信度求得日 VaR 为 5 万元，则意味着在未来的 24 小时内我们有 95%的把握认为该证券的损失会在 5 万元以内，或者说损失超过 5 万元的概率只有 5%。

要确定一个金融机构或资产组合的 VaR 值或建立 VaR 模型，必须明确以下四个关键要素。

(1)持有期限(holding period)或计算损失的期间。它是衡量回报波动性和关联性的时间单位，如 1 天之内与 1 月之内可能发生的最大损失。持有期限应根据组合调整的速度来具体确定。调整较快的组合应选用较短的期限，如有些银行拥有的交易频繁的头寸；调整速度较慢的组合，如某些基金较长时间拥有的头寸，可选用 1 个月或更长的期限。在正常的市场波动条件下，期限的长短对在险值影响较大。

(2)置信度。它代表的是测量的可信程度，或者说是市场正常波动的度量，通常置信度设为 95%或 99%。如果给定置信度为 99%，则表示市场波动是发生在具有 99%置信度区间内，该测量具有 99%的可信程度。如果置信水平过低，损失超过 VaR 值的极端事件发生的概率过高，就会使 VaR 值失去意义；如果置信水平过高，超过 VaR 值的极端事件发生的概率可以得到降低，但统计样本中反映极端事件的数据也会越来越少，这会使得 VaR 值估计的准确性降低。VaR 的准确性和模型的有效性可通过返回测试(back testing)来检验。置信水平决定了返回检验的频率，如对于日回报率的 VaR 值，95%的置信水平意味着 20 个营业日进行一次返回检验。

(3)观察期间(observation period)。它是对给定持有期限回报的波动性和关联性考察的整体时间长度。观察期间的选择要在历史数据的可能性和市场发生结构性变化的危险之间进行权衡，以尽可能使历史数据比较接近现实或未来的情况。

(4)资产组合在持有期限内投资回报的概率分布，即概率密度函数(probability density function)。如果能拥有或根据历史数据直接估算出投资组合中所有金融工具的收益概率分布和整个组合收益的概率分布，就很容易求出相应的 VaR 值。但要获得金融工具的收益分布并不容易，所以投资组合的收益分布的推算就成为整个 VaR 方法中最困难的环节。目前解决办法就是将这些金融工具的收益转化为若干风险因子的收益，即能影响组合收益的各种市场风险因素，如利率、汇率、股票价格和商品价格等基础性金融变量的波动率及这些变量之间的相关性。通过把投资组合转化为风险因子的函数，再通过各种统计方法得到这些风险因子的收益概率分布，在此基础上求得整个组合收益分布从而得到组合的 VaR 值。下面具体介绍目前主要的三种推算组合风险因子收益的方法。

11.2.2 VaR 模型的运用方法

方差/协方差法、历史模拟法、蒙特卡罗模拟法是目前运用 VaR 模型获得组合风险因子收益分布的主要三种方法，从而决定了几种不同类型的 VaR，前者为参数模型，后两者为非参数模型。

1. *方差/协方差法*

我们假设风险因子的收益呈正态分布或对数正态分布，且投资组合价值变化与风险因子变动是成线性的。根据历史数据我们可以得到风险因子的收益分布的参数估计值(期望、方差、协方差)，通常集中于估计市场价格的标准差或波动率及市场价格间的相关性。在计算风险时需将给定的置信水平转化为标准差的倍数。一倍标准差相应于 84.10%的置信水平，两倍标准差相应于 97.7%的置信水平，反过来，95%的置信水平相应于 1.64 倍标准差，99%的置信水平相应于 2.33 倍标准差。

对一正态分布变量，由于不确定性与时间的平方根同步增长，标准差通常以年为基础计算，而我们假设以一天为时间水平，就需要对 VaR 测度的合适的水平期限按比例调整标准差。表 11-1 给出标准差为 100 基准点利率的不确定性随时间增长的情况。

表 11-1 标准差随时间增长的不确定性(年度利率标准差为 1%)

期限	天数/天	标准差倍数		
		1.00(84.10%)	1.64(95%)	2.33(99%)
1 天	1	0.06%	0.10%	0.15%
2 周	10	0.20%	0.33%	0.47%
1 个月	21	0.29%	0.48%	0.67%
3 个月	62.5	0.50%	0.82%	1.16%
6 个月	125	0.71%	1.16%	1.64%
9 个月	187.5	0.87%	1.42%	2.01%
1 年	250	1.00%	1.64%	2.33%

注：括号内为置信水平

下面以风险因子驱动和协方差法为例介绍 VaR 的计算。

(1)风险因子驱动法：假设市场价格的所有变化发生于交易日，即以天为时间水平，1 年中大约 250 个交易日。先需将年(250 天)标准差 1%(100 个利率基准点)转化为 1 天的标准差，我们将 1%乘以$\sqrt{1/250}$，约等于 0.06%。再将每天标准差乘以相应于 99%置信水平的标准差倍数 2.33，得到约为 0.15%，即每天 15 个基准点的利率变动幅度。假设一笔以浮动利率计息的 100 万美元贷款，其 VaR 值为 100 万美元×0.15%=1 500(美元)，即可能的最大损失。同样我们可以求出其他任一市场变量以天为时间水平的变动幅度，从而计算其对投资组合的价值影响。

不考虑风险因子间的相关性时，投资组合的 VaR 等于所有风险因子的单因子 VaR 绝对值之和。

(2)协方差法：单风险因子的 VaR 计算与因子驱动法一样，现在考虑多个风险因子间的相关性。

对于双风险因子，

$$\mathrm{VaR}_{\text{总}}=\sqrt{\mathrm{VaR}_1^2+\mathrm{VaR}_2^2+2\rho_{12}\times\mathrm{VaR}_1\times\mathrm{VaR}_2}$$

其中，ρ_{12} 为两个风险因子间的相关系数。

当风险因子数目增加，考虑使用矩阵符号来表述计算公式较为简洁。

$$\mathrm{VaR}_{\text{总}}=\sqrt{\boldsymbol{V}\times\boldsymbol{C}\times\boldsymbol{V}^{\mathrm{T}}}$$

其中，$\boldsymbol{V}$ 为 n 个单因子 VaR 的行向量；$\boldsymbol{C}$ 为每一因子间的 $n\times n$ 相关矩阵；T 为矩阵转置运算符号。

2. 历史模拟 VaR

在方差/协方差法中，我们假设风险因子是正态或对数正态分布的，但实际上市场数据分布并不像假设的那样接近于正态或对数正态分布。假定不是对市场数据建模，只是重放过去市场变动的形态，这一过程称为历史模拟。历史模拟法假定收益随时间独立同分布，以收益的历史数据样本的直方图作为对收益真实分布的估计，分布形式完全由数据决定，不会丢失和扭曲信息，然后用历史数据样本直方图的 P 分位数据作为对收益分布的 P 分位数波动的估计。它解决了对风险因子进行建模和参数估计的问题，同时可以拥有资产价值组合价值的完整分布，这是该方法的主要特征。

3. 蒙特卡罗模拟 VaR

蒙特卡罗模拟 VaR 利用一个模型，输入一随机变量集来产生从今天到计算 VaR 的持有期末所有风险因子变化的完整路径，每一路径给出了重估整个资产组合价值所需要的所有市场数据。而不像历史模拟 VaR 中那样，在风险因子中产生一系列历史变化数据。

两种模拟法都是非参数法，有一个共同的缺陷，那就是在价值收敛到一个数值之前需要大量的模拟或路径，工作量大。蒙特卡罗模拟在金融应用中更经常被用以作为研究工具而不是产品平台的一部分，而解析法，即方差/协方差法却更多地被各投资银行和其他金融机构广泛采用。

11.2.3 VaR 模型的优点及局限性

1. VaR 模型的优点

VaR 把对预期的未来损失大小与发生该损失的概率联系起来，所以与 β 值(只适用于股票价格风险)、持续期、凸性(仅适用于债务的利率风险)、Delta(仅适用于衍生金融工具)等指标而言，它的适用范围更加广泛；它用规范的统计技术来全面衡量风险，能够更客观、全面、准确地反映金融机构所处的风险状况，大大增加了风险管理的科学性；VaR 简明的表示出风险的大小，使用者即使没有任何专业背景也能使用 VaR 值来判断资产组合的风险状况，而且可以事前计算风险；风险价值法不仅用于计算单个金融产品的风险，还可计算全部投资组合乃至整个金融机构的整体风险。

2. VaR 模型的局限性

VaR 模型的局限性表现在以下方面。

(1)市场收益并不总是正态分布的。VaR 计算中的一个中心假设是市场收益回报为统计学意义上的正态分布，但现实中这一假设经常被打破。

(2)资产组合是非线性的，收益波动率并不总是一个常数。大部分 VaR 的计算都假定资产组合的价值变动是与市场价格变化严格成比例的，但如果组合中包含金融衍生产品，如期权则不成立，风险管理者也无法完全依靠历史的平均波动幅度来预测未来的走向，而现代金融机构经常会使用许多衍生产品套期保值。

(3)VaR 对数据的要求比较严格，对于那些交易频繁、市场流动性好的资产，市场数据容易获得的金融工具的风险衡量效果比较显著。同时它对历史数据的依赖性较强，但未来并不总能重复历史。

(4)VaR 主要适用于正常条件下的对于市场风险的衡量，在极端市场情况下则无能为力。所以压力测试成为对 VaR 方法的重要补充。

(5)按照最新发展的全面风险管理理论 3P 理论，风险的价格，即转移或对冲风险付出的代价(price)、风险的偏好(preference)、风险概率(probability)三个因素共同决定现代金融风险管理框架，但在 VaR 管理体系下受到重视的只是概率因素。

(6)使用 VaR 方法还存在模型风险，因为有三种不同的获得风险因子收益分布的方法，对同一资产可能得出不同的 VaR 值，使得其可靠性难以把握。

11.2.4　VaR 模型的几种补充方法

由于 VaR 存在上面所述的局限性，单凭历史数据或假定的统计参数和分布建立的统计预测模型不可能对风险管理者或投资者风险策略提供完全准确可靠的依据、参考，所以需要其他方法来弥补 VaR 的不足。这里简单介绍一下压力测试(stress testing)、情景分析(scenario analysis)、返回检验(back testing)三种补充方法。

1. 压力测试

压力测试是指将整个金融机构或投资组合置于某一特定的极端市场情况下(主观设想的)，如出现利率骤升或降 100 个基点、某一货币币值贬值 40%、股价暴跌 30%等极端异常的市场情况，然后测试该金融机构或投资组合在这些关键市场变量突变的压力下的表现情况来判断金融机构或投资组合承受意外风险的能力，从而可使投资决策者调整自己的风险偏好，但是这里有一个前提就是必须使测试者主观决定的市场变量与其他变量的相关性为零。由于压力测试只能说明极端异常事件的影响程度，而不能说明事件发生的可能性，这样就免除了模拟估计整个事件概率分布的烦琐，显得简单明了，但它也使风险决策者面对众多的压力测试结果难以分清主次，因而它只是对 VaR 法的一种补充，而不能替代 VaR 法。特别是在新兴市场国家中，压力测试更能体现它的真正价值。

2. 情景分析

情景分析与压力测试有许多相似之处，所不同的是，压力测试只是对市场中的一个或几个变量在短期内的异常变化进行假设分析，而情景分析假设的则是更广泛的投资环境的变化情况，包括政治、经济、军事、自然灾害等。也就是说，情景分析首先假设一个整体大环境的变化，其次推断出在这种特定环境下有关的市场变量如何变化，从而考察市场变量将会对投资组合或金融机构产生什么影响。这无疑表明，情景分析是从一种战略高度来分析可能面临的市场风险，它弥补了 VaR 和压力测试只注重短期情况分析的不足。该方法的关键在于对情景的合理设定，因而投资者应充分认识自己投资组合的特点，并对设定的情境进行深入细致的分析及由此对事态在给定时间内可能发展的严重程度和投资组合因此而可能遭受的损失进行合理的预测。

3. 返回检验

为了确保风险评估计量模型的质量和准确性，需经常对模型进行检验。返回检验就是一个评价公司的检验模型，特别是 VaR 模型的一种常用的计量检验方法。统计学上的检验是指将实际的数据输入到被检验的模型中去，然后检验该模型的预测值与现实结果是否相同的过程。这里既是指将实际的交易结果与模型生成的 VaR 值进行比较，以确认和检验 VaR 风险计量方法的可信度。但需要注意的是返回检验本身也存在是否可靠、有效的问题，为了避免检验出现统计意义上的第一类和第二类错误，必须注意以下几个因素。

第一，样本空间的大小。数据量的大小对检验非常重要，尤其是对小概率事件的检验需要更多的历史数据，如对 10 日 VaR 值的检验，10 年交易历史才能提供 250 个观测数据，所以返回检验一般选择日 VaR 值检验。

第二，置信水平的选定。置信水平越高，则意味着需要对可能性更小、更极端的事件进行检验。显然这种小概率事件的历史数据是稀少的，因而检验也就越困难。

第三，对投资收益概率分布的假设。由于一般情况下，VaR 模型假设投资收益呈正态分布，并且有稳定的期望和方差。但这与现实不完全符合，因此，对 VaR 的有效性进行检验的时候对这些有关分布的假设应该予以重新审视。

尽管 VaR 方法在衡量金融机构或投资组合的市场风险中存在一些不足，但这并不影响该方法成为当今金融领域最受欢迎、最被普遍接受的风险管理工具，特别是把 VaR 和它的几种补充方法结合起来使用，使我们的风险管理更具科学性、可靠性和前瞻性。

11.2.5 VaR 模型在投资银行风险管理中的具体应用

由于近年来受金融自由化、经济全球化的影响，金融产品不断创新，投资主体多元化、产品交易复杂化，使得投资银行在激烈的市场竞争中面临的风险也越来越大。如何预测、计量并规避风险，日益成为投资银行在决策时不得不首先考虑的问题。VaR 模型作为衡量评估市场风险的有效工具，被越来越多的金融监管当局、商业银行、投资银行和机构投资者所普遍认同和广泛接受。VaR 不仅用于市场风险的计量而且也可以用于金融机构的业绩评估，下面就从这两方面就 VaR 在投资银行中的应用做一简单介绍。

1. 投资银行运用 VaR 进行风险管理

【例 11-1】 假定某投资银行在 2013 年 5 月 24 日买入本年度 6 月份的国债期货合约，

按当日收盘价计算，该合约价值为 110 000 美元，要求风险管理人员采用 VaR 方法评估持有该合约的潜在风险损失，时间水平为天，置信度 99%。

VaR 通常是根据金融资产的收益率而非价格来计算的，假定根据历史数据模拟，该国债期货合约的收益率呈正态分布，分布参数均值和方差分别为 0.002 4% 和 0.605 074%，那么收益率由 99% 的概率落在均值的 2.33 个标准差内，即收益率最大波动幅度 2.33×0.006 050 74=1.41%，也就是说收益率每天潜在最大损失是 1.41%。那么该合约价值潜在的每天最大损失 VaR=110 000×1.41%=1 551(美元)。

在这里，VaR 值计算的关键在于，要通过具体的历史数据估算出收益率在未来一定时期内的均值和方差。

【例 11-2】 假设为现期交割，某投资银行买入 100 万德国马克并卖出 7 360 万日元，并假设美元对德国马克的绝对汇率的日标准差为 0.004 17，而美元对日元则为 0.000 072 9 (这里所有标准差都是以美元价格表示的汇率上计算的)。置信水平为 95%，相应的标准差倍数为 1.64，以天为时间水平，美元对德国马克和美元对日元汇率的相关系数为 0.063。现计算这笔交易的风险暴露的 VaR 值。

对德国马克头寸的单因子

$$\text{VaR}=1\,000\,000\times1.64\times0.00\,417\times\sqrt{1}=6\,838.8(\text{美元})$$

对日元头寸的单因子

$$\begin{aligned}\text{VaR}&=-73\,600\,000\times1.64\times0.0\,000\,729\times\sqrt{1}\\&=-8\,799.3(\text{美元})\end{aligned}$$

$$\text{VaR 总}=\sqrt{(6\,838.8-8\,799.3)\begin{bmatrix}1 & 0.063\\0.063 & 1\end{bmatrix}\begin{pmatrix}6\,838.8\\-8\,799.3\end{pmatrix}}=10\,798.8(\text{美元})$$

通过上面两个具体实例可以看出，运用 VaR 在投资风险评估时，简洁、方便而且实用，即使不具备专业知识的人也能够很好地掌握运用，这也是该方法在金融界特别是投资银行得到普遍认可的原因之一。

投资银行的风险控制管理方式主要有几个方面：资产风险控制、负债和本金风险控制及内部风险控制体系，投资银行利用 VaR 方法进行营运资金的管理，制定投资策略，通过对所持有资产风险值的评估和计量，调整风险偏好、改变投资组合以分散和规避市场风险。

具体讲，投资银行可按以下方式管理和检测其市场风险：建立一个交易组合，使其足以将市场风险分散；整个公司和每一个交易部门均有交易限额，并按交易区域分配到该区域交易部门和交易柜台；交易部门风险经理、柜台风险经理和市场风险部门都检测市场风险相对于限额的大小，将主要的市场头寸变化情况报告给高级管理人员。市场风险部门使用 VaR 与其他定性或定量风险测量工具，根据市场风险规律独立地检查公司的交易组合。高管人员使用 VaR 技术工具，可以协助其管理人员测算与其交易头寸相关的市场风险暴露头寸。同时通过 VaR 可以使资产与负债更加匹配，及时地补充资本金及合理分配资金使用。

2. 投资银行运用 VaR 进行业绩评估

VaR 的运用并不仅限于对市场风险的评估、计量，它还可以用于对金融机构或管理人员的业绩进行评估。由信孚银行创设的风险调整的资本收益法(risk adjusted return on capital，Raroc)，将收益与投资的潜在损失或 VaR 值的比值作为一种新的银行业绩衡量与资本配置方法，该方法以被许多金融机构包括投资银行所采用。使用这种方法的银行在对其资金使用进行决策的时候，不是以盈利的绝对水平作为评判基础，而是以该资金投资风险基础上的盈利贴现值作为依据。高收益必然面临高风险，在评价业绩时，不能单看其获得的收益，如果投资失败，也必然面临巨大损失，在险值将变为现实的亏损，所以应在收益与风险之间寻求一恰当能够的平衡。利用收益/VaR 比值来评估业绩会对管理人员产生审慎经营的激励，以避免过度从事高风险投资。如果交易员从事高风险的投资项目，那么即使利润再高，由于 VaR 值较高，Raroc 值不会很高，其业绩评价也就不会很高。实际上近几年出现的巴林银行倒闭、大和银行亏损和百富勤倒闭等事件中，都是由于对某一个人业绩评价不合理所致，即只考虑到某人的盈利水平，没有考虑到他在获得盈利的同时承担的风险是对其进一步重用的结果。Raroc 方法用于业绩评估，可以较真实地反映交易人员的经营业绩，并对其过度投机行为进行限制，有助于避免大额亏损现象的发生。

随着金融产品创新、金融理论不断发展及模型技术和系统能力的改善，VaR 模型也在不断改善，风险测量技术更加精确。为了更全面的实施全面风险管理体系，应将 VaR 与其补充方法及其他信用风险计量模型综合运用，如 JP 摩根 1997 年推出的 Credit Metrics 和著名风险管理公司 KMV 于 1995 年创立的预期违约频率模型 EDF 等，将市场风险、信用风险、操作风险等其他各类风险及包含这些风险的各种金融资产及组合、承担风险的业务单位纳入到统一的风险管理体系中去。许多大的金融机构、风险管理公司都在尝试建立一体化的风险量化软件。目前，投资银行应在用好 VaR 方法的基础上逐步完善风险管理。

11.3 投资银行的风险监管

投资银行的风险与其业务的特性密切相关，随着现代投资银行的业务呈现多样化、国际化、综合化及技术复杂化的趋势，投资银行的高风险特征越来越明显。从金融安全的角度考虑，政府和金融监管机构在对其他金融机构实施风险监管的同时，也应当充分重视对投资银行金融活动中的风险加强监管。

11.3.1 投资银行的风险种类

1. 市场风险

投资银行主动交易资产和负债(以及衍生产品)而不是持有它们用以长期投资、融资或规避风险时就会出现市场风险。市场风险是指一个或多个市场价格、利率、指标、波动率、相关性或其他市场因素(如流动性)水平的变化所导致投资银行某一头寸或组合损失的可能性。投资银行做市商，维持合适的头寸，利用利率敏感性金融工具进行交易，都要面对利率风险(如利率水平或波动率的变化、抵押贷款预付期长短和公司债券和新兴市场资信差异都可以带来风险)；在证券和证券衍生品市场做市商或维持该市场有关产品的一定的头寸，要面对该证券价格风险；在外汇和外汇期权市场做市商或维持外汇头寸，要面对外汇风险。大型投资银行以承销与中介收入的下降使其在证券与其他资产的交易中更积极更大胆，这也同时增加了投资银行的市场风险。引起市场风险的原因有：①利率、汇率、商品价格、股票价格及各种金融工具价格发生波动；②收益曲线发生变化；③市场流动性变化；④其他市场因素的变动等。

2. 信用风险

信用风险的产生，是由于投资银行持有的基础证券的承诺现金流量可能完全收到也可能不完全收到所引起的。如果投资银行所拥有的全部金融权利的本金到期如数返还，利息也按预定的预期支付，投资银行可以收回原先借出的本金加上利息收入。也就是说，它们不会面临信用风险。如果借款者违约，贷出本金和预期的利息两者都有风险。结果，许多由公司发行的投资银行持有的债券，许诺一个有限的或固定的上限收益，并采取以下形式表现出来：支付投资者利息有大的概率，下限风险有小的概率。比较典型的带有风险权衡的例子是由公司发行的固定收入债券和银行贷款。

信用风险一般产生于下列因素：市场、交割和本金支付。当某一业务伙伴对公司的债务超过公司对它的债务时，市场风险的各个组成部分，如绝对和相对价格的变动、收益曲线的变化、币值波动、市场流动性的变化都有可能引起信用风险。

3. 技术和营运风险

在20世纪80～90年代，银行、保险公司和投资公司为提高运营效率，对内部和外部的通信设备、计算机和先进的技术系统进行重点的投资开发。例如，针对批发业务开发了自动清算所(ACH)和像CHIPS这样的有线划拨支付网。事实上像花旗银行这样的全球性金融服务公司通过专用的卫星系统在80多个国家开展业务。提高技术的目的是降低成本，提高利润和扩大市场。如果技术投资不能产生预期的由规模经济或者范围经济带来的成本节约，就会出现技术风险。因为随着科技的进步，投资银行业务的迅猛发展，以及竞争的加剧，使现代投资银行对计算机技术和通信网络的依赖性加强，并且计算机犯罪又猖獗，所以如果这些现代化设施不能安全、正常地运行，就会给投资银行带来很大的风险。

投资银行面临非直接的与营运、事务、后勤等有关的风险，这些风险可归于营运风险。营运风险和技术风险有一定的相关性。当现存的技术发生故障或者办公支持系统瘫痪就会出现营运风险。在一个飞速发展和越来越全球化的环境中，当市场中的交易量、产品数目扩大、复杂程度提高时，发生这种风险的可能性呈上升趋势。这些风险包括：经营/结算风险、法律/文件风险、财务控制风险等。

4. 其他风险

其他风险主要包括政策性风险、法律道德风险及经济周期风险。

(1)政策性风险。因国家政策的变动造成市场环境的急速变化从而对投资银行的正常经营和管理所造成的风险即为政策性风险。各投资银行均存在政策性风险，如美国联邦储备局的加息，就使世界各地的证券公司蒙受因政策性变动而导致的压力。而且，在很多国家由于市场法规体系和市场监管体系尚不健全，政府通过政策变动来调控市场的现象经常发生，从而使投资银行的政策性风险具有概率较大和波动性较强的特征。政策性风险对于投资银行来说是一种最难防范的风险。

(2)法律道德风险。由于证券商过度包装上市公司，违反国家有关法律和政策，导致项目人员及公司受到处罚。过度包装甚至造假，可能是出于发行公司的压力，也可能是项目人员马虎，未做尽职调查，也可能是由于其他中介机构出具虚假材料而承销商未加核查。上述情况，参与其中的所有中介机构都须承担连带责任。项目相关人员违反职业道德、营私舞弊、中饱私囊，给公司造成损失。

(3)经济周期风险。市场经济内生的自发性调节作用会使宏观经济表现出繁荣、衰退、萧条、繁荣的周期性波动，这种波动首先反映在金融市场的价格、利率、汇率等信号上，进而影响金融市场上投资银行的经营活动，对投资银行而言这即为经济周期。因此，投资银行也要根据经济的周期性来调节自己的业务结构和投资组合，不可逆市而为，否则由此而带来的损失可能性将变成现实。

11.3.2 投资银行的风险监管目标

对投资银行的风险实施监管是为防止行业危机和金融市场失灵而设，具体目标有以下三个方面。

(1)维护投资银行体系的安全与稳定。监管者的任务是通过开业审查、日常监管、现场检查、非现场检查等措施，促使投资银行在法定范围内稳健经营，降低和防范风险，以提高投资银行体系的安全性和稳定性。

(2)促进投资银行行业开展公平竞争。监管并非压制，而是在保证安全与稳定的基础上促进公平竞争。监管一方面要保护投资银行的机会均等和地位平等，另一方面要防止和打破垄断，维持正常的金融秩序。

(3)保护投资者合法权益。投资者作为金融市场的出资者和参与者，是投资银行的服务对象。只有尊重投资者和保护其合法权益，才能使其建立信任和信心。投资者的信任和信心是金融市场与投资银行行业生存和发展的前提，当监管通过种种措施达成维护金融市场安全与稳定及促进公平竞争的目的时，投资者信心才能维持和巩固，投资银行行业才能发展，投资者的利益才有保障。因此，投资银行风险监管的三个目标是相互联系并且是内在统一的。

11.3.3 投资银行的风险监管原则

(1)依法监管原则(合法性原则)。依法监管原则指监管必须依据法律、符合法律，不得与法律相抵触。具体要求是，监管主体由法律确定，监管权力由法律授予，监管权力的行使必须依据和遵守法律，违反合法性原则的监管没有法律效力。投资银行业监管主体的产生由法律确立。在主体多元化的情况下，各监管主体的地位和职权范围由法律确定，同一主体不同部门或不同级别机构的职权由法律或者根据法律明确。监管主体必须在法律授权的范围内行使权力，逾越权限的监管行为是对监管对象权利的侵犯。监管主体行使权力不得有悖法律，其中不仅要符合实体法规定，而且还必须符合程序性规定。若监管主体行使权力时程序违法，其行为仍是无效的。在特定情况下，监管主体可以授权他人代行部分监管职权。由于监管事务十分庞杂，在一些技术性和操作性的烦琐事务中，监管主体难以独立承担职责，不得不求助于他人。但是，监管职权的委托和转授，须有法律依据，并依法定程序进行。

(2)合理性原则。在合法性前提下，投资银行行业监管主体拥有行使职权的自由性，即自由裁量权。自由裁量权是监管主体履行职责的需要，但由于较少受到法律的严格约束，常常出现滥用的情况。合理性原则是作为在实质上约束自由裁量权而提出的。合理性的基本要求是：监管行为的动因应符合监管目的，监管行为应建立在正当考虑的基础上，监管行为的内容应合乎情理。合理性原则的实质是要求监管主体行使职权时要符合常理(法律精神)。一般而言，在实施监管时，具有不正当动机、不相关考虑及不合理内容的决定，就是滥用自由裁量权的行为，它有悖法律精神。所谓不正当动机是指违背投资银行业监管宗旨的动机，如处于私利和其他利害关系的考虑，实行过严或过松的监管。不相关考虑是指实施监管行为时考虑了法律要求以外的条件。不合理内容是指监管行为的内容不合规律、政策、道德和常理。动机不正、考虑不相关及内容不合理在实践中往往是相互联系的，而动机正当、考虑相关及内容合理则共同构成对监管自由度的一种控制，是对监管主体自由裁量权的一种约束。

然而，对自由裁量权的约束必须适当，过度的限制等于取消自由裁量，而没有限制则易形成监管专横。因此，合理性原则是避免监管专横与自由裁量丧失的设计，其实质是要求监管行为符合法律精神。合理性原则既有利于保障被监管人的利益，又有利于保障自由裁量权的自由行使。监管行为违背被监管者的利益，即是违背了合理性原则。

(3)协调性原则。协调性原则要求监管行为应具有协调性，这种协调性主要包括：第一，不同监管主体之间的协调性。首先，不同监管主体之间的职责范围要明确合理划分，既不能冲突，又不能留有监管空白。其次，不同监管主体之间在执法时应加强协调，不得互相推诿或互相扯皮。第二，同一监管主体不同职能部门之间及上下级机构之间职责划分要合理明确，相互协调。第三，监管与宏观调控之间要相互协调，有效监管是搞好宏观调控的基本条件。

(4)效率原则具体有两层含义：一是对投资银行的行业监管不得压制竞争，而要鼓励、倡导和规范竞争，创造适合金融竞争的外部环境，防止垄断，提高金融体系的整体效率；二是对投资银行的行业监管本身也要讲求效率，降低对投资银行的行业监管成本，减少社会支出，从而增加社会净福利。

11.3.4　投资银行的风险监管内容和要求

1. 市场准入监管

各国批准设立的投资银行存在差异，有的国家把设立投资银行审批权授予中央银行，有的授予投资银行行业监管机构(如日本、德国、美国等)。在审批机构决定市场准入的条件、标准、自主权和灵活性方面，各国存在一定差异，但均把市场准入作为保障金融业安全与稳定的一项预防性措施。

一般而言，审批机构在审批投资银行设立时，主要考虑的因素有：第一，投资银行的未来赢利前景，监管机构要通过申请者提供的运营计划，判断它是否能赢利，能否取得成功。第二，申请者的未来管理质量，一般要对管理层的资格、素质、能力和道德记录进行考核。第三，资本充足性，即是否拥有法定最低限额资本。第四，社区便利和需要，即是否能得到所在社区的支持，能否满足社区对金融服务的需要。

2. 机构合并监管

在监管投资银行合并时，监管机构主要考虑金融业的集中度与竞争的关系。机构合并受反垄断法的约束，然而，监管机构在对待这一问题时，常从规模经济的合理性及国际金融竞争的公平性出发，赞许(至少不反对)机构合并。近年机构合并层出不穷便说明了这一点。此外，在处理投资银行破产问题时，合并被视为重要和有效的手段而加以运用。例如，荷兰国际集团以1英镑的象征价格购买了破产的巴林银行，并投入10.6亿美元，使巴林银行起死回生。

3. 业务范围监管

从理论上讲，金融业可划分为商业银行业、投资银行业、保险业和信托业四大类，然而从法律上界定投资银行的业务性质和业务范围却并非易事。在英国，法律从未对银行下过正式定义，各类法院不时试图给银行下定义，但从未达成共识，在考虑某一企业是否是银行时，主要还得看其他银行的意见。而另一些国家(如美国、德国、日本等)则通过立法对各种投资银行及其业务范围予以界定。投资银行有两种主要模式，一种是德国的全能银行模式，银行可以经营信贷、证券等多种金融业务，集商业银行职能与投资银行职能于一身，被誉为“金融百货公司”；另一种是分业管理模式，从《格拉斯-斯蒂格尔法》实施以来，银行业与证券业分业经营，但是，目前二者之间的高墙已经不复存在。

4. 流动性监管

近年来，金融机构的流动性(不足或过剩)问题对国民经济的稳定协调发展造成了不同程度的负面影响，因此对流动性进行监管是各国金融监管当局长期关注的问题。

然而，由于国情不同，各国测量和评价流动性的具体方法也有很大差异。多数欧洲国家仍以各种流动性比率作为考核指标，这种方法虽然简便易行，但对不同特点的银行使用统一的流动性比率有不公正之处，而且最低流动性比率的确定也是比较困难的。如果强制银行业(包括投资银行)保持比其实际需要的更大的流动性，无疑会影响其赢利能力。目前争议最少的方法或许是以银行过去一个时期流动性管理的实际经验数据为基础来确定各种流动性比率，但在金融业发生深刻和迅速变革的情况下，其可行性难免令人怀疑。许多国家已意识到有必要为银行的流动性留有一定的灵活余地，故不再规定强制的流动性比率要求，而使用一些非强制的指导性指标，具体由监管机构自由裁量。改进流动性监管是客观需要，但由于技术上的困难，改革进展缓慢。总的趋势是以考核银行资产负债期限搭配和利率搭配是否合理对其流动性进行系统评价，同时特别注意每家银行的实际情况和具体特点，提高针对性和灵活性。

5. 风险控制要求

金融业本来是高风险行业，任何形式的风险集中都可能使一个经营正常的投资银行陷入困境。由于近年金融结构不断变化，金融创新层出不穷，新的风险形式应运而生，各种风险之间的联系和影响更加密切与复杂。如何对风险集中程度进行准确估价和有效控制，已成为近年备受关注的问题。风险不同，风险控制也不同，但是，风险控制的基本要求可以归纳为：①风险监管应建立在准确理解和把握各种风险与风险集中真实含义的基础上，监管当局应建立一套合理的风险监控标准，并以此对投资银行的风险管理情况进行监管。②风险监管应有灵活性，并随金融情况的变化而不断调整，以适应不同市场、不同机构及不同业务的风险管理需要。③投资银行内部应建立风险控制机制，实行稳健经营。

6. 资本充足性要求

在法律上，资本是股东投资的总和，是股东对公司的永久性投资，是债权人利益的财产担保。美国银行家协会在《银行的资本金是否充足》的报告中指出，银行资本的职能：一是提供一个承受偶然损失的“资本缓冲器”，使债权人自始至终得到保护；二是为购置房屋、设备和其他营业所需的非营利资产提供资金；三是满足金融管理当局有关针对可能遭遇的风险而备足资本的要求；四是向公众保证即使发生贷款损失和投资损失时，银行仍具有能力及时偿付债务，并继续为公众服务。近年由于许多投资银行破产或大量出现不良债权，投资银行行业监管机构对投资银行的资本、资本构成、资本充足性越来越重视。在经历了 20 世纪 80 年代初期以前银行资本充足性持续下降之后，金融监管当局要求投资银行增加资本，以便更有效地保护债权人和客户存款者的利益；而投资银行家则希望减少资本的数量，以增加赢利和资产。这两种相互冲突的目标引起了当局监管政策与投资银行经营战略之间的摩擦。然而，2007 年美国次贷危机以后，对投资银行资本充足性要求提高的必要性再一次被证明是十分必要的。美国在其 2008 年 3 月出台的《现代金融监管架构改革蓝图》中也再一次提出对投资银行强化监管的相关要求(包括其他要求)。

7. 准备金要求

准备金与资本充足性之间具有内在联系。普通准备金是为了弥补潜在的风险损失，具有资本的某些特征，故《巴塞尔协议》将其归入补充资本的构成之中；而专项准备金是弥补已经发生的风险损失。因此，资本与准备金是增加投资银行资金实力的互补手段。两者互相影响的程度取决于一国投资银行行业监管、会计与税收政策。人们一般认为，评价资产质量和确定适度的准备金水平首先是管理者的责任。投资银行行业监管当局的主要任务是保证投资银行准备金在谨慎经营和真实评价业务质量的基础上提取，若认为提取不合要求，可采取适当措施促使有关投资银行加强和改进这方面的工作。由于准备金水平直接影响投资银行盈利和分配，因此，必须建立两者之间的平衡。从短期看，提高准备金水平会影响利润分配，但从长期看，它将有助于保持和增加投资银行实力。

准备金的提取方法及实际水平在不同国家和投资银行之间存在很大差距，各国金融监管当局普遍认识到准备金政策的统一是增强国际金融体系稳健性的重要因素，并有助于投资银行行业在国际范围内的公平竞争。但近年来的经验表明，由于会计税收等方面的差距太大，在准备金统一问题上要取得突破性进展是很困难的。

2008 年全球金融危机爆发以来，上述问题同样引起了国际金融监管体系的高度重视。巴塞尔新资本协议也将在上述几个方面做进一步改革和完善。

8. 盈利分配要求

近年来，投资银行经营战略的一个重要改变是更加重视盈利能力。投资银行在市场从事业务活动时，首先被人们所关注的是其资本实力、盈利能力和经营前景。因此，投资银行相继开发和采取了更为成熟的管理技术，加强成本控制和金融创新，寻求新的盈利机会和领域。监管当局对投资银行盈利能力的提高持欢迎和鼓励态度，同时要求其在资本充足性和准备金水平方面达标，使收益与风险相对称，不给投资银行乃至整个金融体系安全性造成威胁。然而，投资银行为了吸引股东和投资者，向社会展示良好的公众形象，不仅展示其盈利能力，而且采取了相应的分红政策。由于投资银行分配上的一些不审慎行为削弱了资本充足性，因此也引起了金融监管当局的注意。一些国家已将监管的注意力放到检查投资银行红利分配政策上，以确保投资银行分红政策与其现时经营状况及未来盈利前景相一致。

9. 利益冲突监管

在投资银行同时从事自营业务和经纪业务时，便会产生投资银行利益和客户利益互相冲突的情况。在美国和英国，监管当局要求投资银行利用"中国墙"的方式避免利益冲突，即投资银行在同时从事自营业务和经纪业务时，必须做到两种的业务人员、资金、账户上互相分离，保证客户和投资者的利益不受侵害。

10. 关联交易监管

关联交易是公司和证券制度中的一项重要内容，是投资银行在证券交易操作中可能出现的一种情形。只有对关联交易进行监管，使全体股东的权益得到公平保护，才能使股东与投资者对投资银行和证券市场产生充分信心。虽然英美等国在对关联交易的监管方面存在差异，但均通过法律手段和行政监管的具体措施，有意识地限制关联交易，避免投资银行的股东、债权人及证券市场受到损害。

11. 信用交易监管

信用交易是客户以证券为担保物从投资银行融资来进行的证券交易。它是证券交易的一种特殊形式，是证券市场发展到一定阶段的必然产物，对提高证券的市场流通性具有积极意义。但是，信用交易具有较大的风险，一些国家(如日本)经历了从禁止到解禁的变化过程。问题的关键在于，既发挥信用交易的积极作用，又把其危害限制在最小限度，这需要从立法和监管两个方面着手。

12. 内幕交易监管

内幕交易(inside trading)又称内部人交易，指掌握信息的人，利用内幕信息进行的证券交易，目的是获取利益(包括物质利益或非物质利益)或减少损失。由于内幕交易违反了信息公开原则和诚实信用原则，损害了证券交易的公平性和投资者的利益，许多国家禁止这种交易。自美国《1934 年证券交易法》首次以法律形式禁止内幕交易以来，日本、英国、法国、意大利、德国、瑞士、中国等许多国家也纷纷效仿。此外，欧共体理事会于 1977 年便提出《规制调整内幕交易的理事会指定案》，1989 年还达成了《关于内幕交易第一国际公约》及其"追加议定书"。由此可见，对内幕交易进行规制已成为国际社会和各国金融监管当局对投资银行业风险监管方面的共同要求。

13. 操纵行为监管

证券交易市场上的操纵行为，是指某人或某一组织利用其资金、信息等优势或滥用职权影响证券交易价格，诱使他人买卖证券，扰乱证券交易秩序的行为。具体表现有：①洗售，即制造证券的虚假价格，进行不转移证券所有权的虚买虚卖；②相对委托，亦对"对敲"，即意图影响市场行情，与他人通谋，以约定价格在自己出售或购买有价证券时，使约定人同时做出购买或出售的相对行为；③连续交易操作，以抬高或压低证券交易价格为目的，连续交易某种证券；④散布足以影响市场行情的谣言或不实资料；④违规进行安定操作，单独或与他人共谋，违反政令规定，以固定或稳定有价证券为目的，在有价证券市场不断进行买卖交易。操纵行为多为证券市场上的机构大户所为，它扭曲了证券交易市场的价格关系，侵害了投资者的合法权益，破坏了证券市场秩序，因此可用法律手段对此严格禁止，监管者也对此多加防范，严厉查处。

14. 企业并购行为监管

参与企业并购是投资银行的一项重要业务。对于企业并购本身而言，《中华人民共和国公司法》、《中华人民共和国证券法》、《中华人民共和国反垄断法》等法律从不同的角度均有所规范，监管当局的任务仅是执行法律而已。就立法而言，对企业并购采取肯定还是否定的态度，取决于立法者对企业并购利弊的分析和判断。美国等国对此有相当严密的制度规定和丰富的监管实例可供借鉴。

15. 危机事件处理

经验证明，无论对投资银行的监管多么有效，依然无法避免投资银行陷入困境，甚至走向破产，这是市场竞争铁的法则。虽然市场约束力对金融业的发展和效率提高非常有益，但如何保护公共利益和金融体系的稳定却是投资银行行业监管机构在处理金融危机时必须考虑的问题。各国法律一般均授权投资银行行业监管机构，对有严重问题的投资银行实行停业整顿或清算，然而对尚有救的投资银行提供紧急支援却屡有先例。事先确定提供支援的原则和程序并不可行，因为这样会导致投资银行对中央银行等救援力量的依赖性，从而进行非审慎的行为。

然而，各国投资银行行业监管当局面临的一个共同问题是如何及时准确地采取干预行动，并将这种干预对市场机制的副作用限制在最小范围之内。有人从多种危机事件中总结出两个基本规律：一是“双倍损失”，即最终损失往往是此前估计数的双倍；二是“越快越好”，即拖得越久，付出的代价越大。因此，投资银行行业监管机构必须时刻准备干预，一旦危机超过了临界点，投资银行达到了破产地步，投资银行行业监管机构只有两种选择，要么促成其他投资银行与其合并，要么对其进行破产清算。前者由于可以保全原来的营运基础，保护投资人利益，避免金融恐慌，是一种损失较小的处理办法。这次次贷危机后期美国国会对摩根和高盛两大投资银行的救助及改制则是一个很好的例证。

➤本章小结

(1)现代风险管理理论包括资产组合理论、资产定价理论、市场风险测量模型、在险价值 VaR、信用风险测量模型、贷款违约率和风险等级转移矩阵模型、贷款违约率波动性模型以及 KMV 的 KMV 模型和 McKinsey 公司的 McKinsey 模型等。众多风险管理理论和模型，综合发展成为新的风险管理模型，即全面风险管理理论，共同构成投资银行风险管理的基础理论。

(2)在众多的风险管理理论模型中，尤以在险价值法 VaR 模型运用得最为广泛，特别是在投资银行风险管理中发挥着越来越重要的作用；VaR 模型的运用方法有多种，其中方差/协方差法、历史模拟法、蒙特卡罗模拟法是目前运用 VaR 模型获得组合风险因子收益分布的三种主要方法；另外，VaR 模型还有几种补充方法，包括压力测试、情景分析和返回检验；投资银行可利用 VaR 方法进行营运资金的管理，制定投资策略，并通过对所持有资产风险值进行评估和计量，调整风险偏好、改变投资组合以分散和规避市场风险。

(3)投资银行经营活动中存在多种风险，包括市场风险、信用风险、技术和营运风险及其他风险；投资银行的风险和其业务的特性密切相关，监管机构应当依法对投资银行及其金融活动进行直接的限制和约束，这对投资银行的健康发展非常重要。投资银行的风险监管目标包括维护投资银行体系的安全与稳定；促进投资银行行业开展公平竞争；保护投资者合法权益。投资银行的风险监管的原则包括依法监管原则，合理性原则，协调性原则和效率原则。多年来，世界各国对投资银行的风险监管内容和要求越来越广泛，几乎包括投资银行业务经营的各个方面，并且其规定在监管实践中也将不断得以完善。

➤【案例 11-1】

一、案例介绍

席卷亚洲各国的金融风暴使一些国家的大企业相继倒闭或陷入危机，百富勤投资集团有限公司(Peregrine Investment Holdings Limited，以下简称百富勤)则成为 1998 年的第一位受难者。百富勤是在 1988 年创立的。在短短 10 年，百富勤从后起之辈一跃成为亚洲本土最大的投资银行。该公司有两项核心业务：一是中国内地业务，即为国企海外上市融资。二是亚洲货币债券业务。其债券部门近年发展迅猛，业务量逾千亿港元，占据公司业务构成的大半壁江山。步入 1997 年后，百富勤的诸多业务仍保持骄人的业绩，其中中国内地业务仍占有绝对市场份额。这么一家业绩蒸蒸日上的公司是如何走到挂旗清盘、拆件出售的悲惨地步呢?

这家以中国香港为基地的亚洲(除日本外)最大的独立上市投资银行纵横亚洲资本市场近 10 年，建树丰伟。在中国内地国企改革之中，百富勤洞烛先机、及早部署，成为多个国企及红筹公司上市的主要财务顾问。但显赫一时的金融巨子，却为这次风暴所淹没，感慨之余，百富勤内部管理与风险控制的经验教训值得我们深思。

二、案例分析

对于百富勤的清盘，我们可以总结出五个教训。

1. 风险意识淡漠、风险控制不力是百富勤破产的根源

(1)业务过于集中于东南亚债券市场，导致定息债券部门和与东南亚业务有关的部门出现巨额亏损，这是引发百富勤财务危机并最终破产的重要原因。

自 1993 年以来，东南亚经济高速增长，急需大量的资金。由此，百富勤的亚洲债券业务急剧膨胀，它一直为东南亚各国的企业安排发行了大量的以美元计的企业债券与票据。作为发行商，百富勤负有对其承销的债券做市的义务，因而百富勤一直持有数额巨大的亚洲债券。1996 年有关数据显示百富勤该方面持仓为 73.1 亿港元，1997 年年初其持仓量更是大幅上升。随着东南亚金融危机转化成债务危机，大量发债公司倒闭或无力赎回债券，这对百富勤造成致命的打击。若仅算定息债券部门的损失就高达 64 亿港元(估算)，占流动资产的 36%(1997 年 11 月 30 日的数据)，是引发百富勤财务危机的主要因素。

(2)忽视流动性风险。百富勤陷于财务危机后，便开始四处寻求救援。1997 年 11 月 16 日，百富勤宣布引进世界第三大保险集团瑞士苏黎世保险集团(Zurich insurance，ZCI)战略性股东，其投资 2 亿美元以认购百富勤可赎回的可转换优先股，并定于 1998 年 1 月 9 日批准该次交易。12 月，又与美国第一芝加哥银行签订认购 2 500 万美元的可换优先股，看起来百富勤可以涉险过关。然而节外生枝，因 ZCI 拨出的 1.75 美元定于 1998 年 1 月 13 日才能付款，而 1 月 9 日百富勤有一笔到期贷款需要偿还，为此百富勤与一家美国银行安排一笔 6 000 万美元的短期贷款作为过渡，并定于 1 月 9 日到位，但该美资银行

并未如期付款，致使百富勤无法偿还9日自己的借款，而此时离ZCI的投资到款期13日还差4天。正是这6 000万美元和4天时间成为对百富勤最终的致命一击。恰在此时，借百富勤2.65亿美元的一家印度尼西亚公司因遭交易所拒绝筹资而明确表示贷款无法偿还，ZCI和美国芝加哥银行随即退出入股协议，百富勤的财务黑洞暴露无遗。从最终导致百富勤危机爆发的6 000万美元贷款角度看，对于像银行、证券公司这类利用高财务杠杆比率原理经营的企业，保持充裕的流动资金，维持良好的清偿能力及合理的债务结构是至关重要的，这也正是业内人士所谓的"现金为王"(cash is king)。

2. 企业扩张过于迅速，使得其抗风险能力不能与其资产规模同步增长

百富勤由最初3亿元资本，10年发展成为拥有240亿元总资产的跨国集团，在东南亚及欧美共开有28家分行，扩张之快令市场侧目。由于发展过快，一方面造成管理上出现松弛，另一方面造成其高负债经营。截至1997年10月，百富勤的净资产只有8.65亿美元，而公司旗下的总资产达53亿美元，是其净资产的7倍。因此，当东南亚金融风暴来临之时，百富勤的业务弱点开始显露并使其处处失利。

企业不能盲目扩张，尤其是金融企业。如果大量借贷向海外扩张，一旦资金周转不灵、银行追债、企业无法还贷，便只有破产。企业如果对银行依赖性极强，而自身又不能尽快产生经济效益，无论对自身的发展还是放贷的金融机构都会产生极大的风险。

3. 投资决策不科学

(1)百富勤对单一金融产品的投资比重过大，风险估计不足，是导致其破产的主要原因之一。同样是处在金融危机的漩涡中，同样持有印度尼西亚的债券，但其他投资银行却都保全了下来。这本身就暴露了百富勤投资决策不科学和在风险控制方面的不足。

(2)区域性投资不慎。虽然这次金融风暴是百富勤陷入财务危机的直接导火线，但百富勤在推行业务国际化时就已开始处处碰壁。百富勤往往过于仓促地进入一些投资风险较大的地区，在许多新兴市场，百富勤不断遇上麻烦，1996年年初不得不结束开设了近3年的缅甸业务，因为该国军方一直无意推行国企私有化，仰光证券市场的成立又遥遥无期；1996年中，百富勤越南分公司又卷入了业务非法逃税的指控，分公司的主管被扣押近1年；同年4月，孟加拉当局调查股市舞弊时，也拘捕了200名百富勤雇员；1997年百富勤在港发行台湾市场加权指数认购权也引起台湾方面不满，该认购权证在期满后并未获续期。

4. 对金融衍生工具过于轻视

百富勤在衍生金融工具的运用中，主要涉及的有股票期指、备兑认股证、远期金融合约等。1997年，百富勤上市的20多份认股证，所需做对冲的正股数目估值在30亿元以上，港股10月份过千点的大跌令持货量较多的百富勤损失惨重。到1998年1月，百富勤发行的仍在香港联交所挂牌的备兑证还有16种，大部分应于3月至7月到期，这些备兑证现今已都成为废纸。百富勤在印度尼西亚的2亿美元远期交易票据也遭受了同样命运。在未来的金融市场发展中，衍生金融工具的发展和运用将占有越来越重要的地位，但如果不能很好地运用它，结果很可能弊大于利，最终无法达到设立这些衍生产品的初衷。由于衍生金融工具建立的基础是对远期的预计，含有大量的不确定因素是其最根本的特点，而风险的定义就是由于不确定因素导致的可能的损失，通过衍生工具的杠杆扩大作用，使本身就存在较大风险的金融领域的收益和风险均倍数化，一旦危机出现将很难控制并导致巨大的损失。

5. 用人与管理机制不善

由于预测亚洲债务市场将迅速增长，百富勤从美国投资银行雷曼兄弟公司挖来了年仅32岁的法籍韩国人李镇及20多名专业人士进入定息债券部，这些人短时间为百富勤创造了丰厚的高风险利润，李镇也成了百富勤权力极大的红人，这一点不免使人们想起了1995年搞垮英国巴林银行的里森。正是李镇的决策使百富勤公司放债过多，日益滑入危险境地。李镇经手批准1997年6月至8月向印度尼西亚一家计程车公司贷出一笔265亿美元的无担保贷款，正是这笔大约占百富勤自有资产30%的无担保贷款最终要了百富勤的命。

百富勤对李镇所在的部门督导不力也是原因之一。像美林、摩根斯坦利等设置并拥有健全规范的管理机构是可以控制住这类人的，但对于百富勤这样成立不久且内控机制尚缺乏经验的公司，要做到这点就很难。因此，对于从事高风险交易和投资的投资银行业来说，建立严密、高效的投资监督与约束机制相当必要。

十年心血，毁于一旦。百富勤惨痛的教训值得总结。正如事后公司创始人梁伯韬对记者坦言："风险管理是个关键，它是Ongoing的或称全方位的，必须常抓不懈。"

➤【案例11-2】

一、案例介绍

1997年11月24日，伴随着山一证券公司(以下简称山一证券)总裁野泽正平挥泪致歉之举，日本山一证券正式宣告破产。这是第二次世界大战后全球最大的企业破产案。消息传出，尚未从10月底全球股灾中喘过气的国家和地区的股市又应声而跌。其中，美国道琼斯指数下跌113.15点，香港恒生指数狂跌160点，韩国及新加坡、马来西亚、泰国等国股市跌幅在2%～5%，伦敦、巴黎、德国股市分别下挫1.8%、2.1%、3.3%，市场一片恐慌。为避免山一证券事件恶化，触发华尔街金融危机，进而造成全球动荡，日本政府表示将采取一切措施处理善后事宜，局势才有所缓和。

日本山一证券成立于1887年，已有百年以上的历史了，截至1997年3月底，该公司拥有资本4 313亿日元，替客户保管资产达24万亿日元；公司在国内设有107个经营部，在30多个国家设有境外分支机构，拥有员工7 484人，山一证券公司是日本证券业四巨头之一。

1997年11月24日，山一证券公司向日本大藏省提出"自主停业"的申请，实属面对3.5万亿日元负债总额的无奈之举，从而酿成了日本第二次世界大战后最大的破产案，舆论使日本证券银行业一角坍塌。

二、案情分析

具有如此庞大的规模，如此重要地位的山一证券公司，缘何在日本大兴金融体制改革抵御外界投机风险的关键时刻倒闭呢?

第一，忽视风险控制，过度负债投资是山一证券破产的主要原因。山一证券倒闭前负债额高达32 000亿日元(合人民币2 112亿元)，另外还隐藏有债务2 600多亿日元(合人民币170亿元)，巨额债务压垮了山一证券。长期以来，日本政府鼓励大企业相互持股，发行公司为了筹集更多的资金，往往先稳定法人股东来控制股票需求，促使股价上涨，再以高价增值扩股。因有利可图，证券公司也参与其中，不仅参股企业，且操纵股市。在证券公司与法人大资本的联手投机下，股价持续上涨，证券公司资产迅速增值，这种现象刺激证券公司借入更多的资金来扩大投资。与此同时，大公司也乐意于将手中的巨额资金交给证券公司从事金融交易。这样，证券公司资产规模迅速膨胀，日本股市开始失控。对此现象，山一证券并没有警觉及采取控制措施致使对外债务越来越大。泡沫破灭后，证券资产价格剧烈下跌，资产一方面以隐形亏损(账面价值与市值之差)的形式减少，从另一方面来看，负债则以原数保留下来，由于经济持续低迷，山一证券从股权中得到的收益逐渐减少，远不能弥补资产方面的损失，由此造成了资产负债的严重失衡，最终因巨额负债而宣告破产。

第二，经营方式陈旧，经营品种单一。山一证券是历史悠久的大公司，也是金融证券业巨头之一，“大企业病”表现比较突出，其经营方式改革步伐缓慢，日本证券业近几年来一直积极开发资产运营的新方法，但山一证券却没有抓住时机尽快地实现公司经营新理念，同行业都已经将经营的战略重点从单一的依靠收取客户的证券交易手续费转而变到通过帮助客户盈利，进而吸收更多客户这一方面，山一证券依然主要采用与企业法人的财务部门有关人员搞好人际关系扩大业务的方法。

第三，从事非法交易使公司丧失了信用。山一证券多次涉嫌向具有黑社会背景的“总会屋”非法提供好处，公司前主要领导人因此被捕，这种情况下，公司却依然文过饰非，不能给客户一个明确的答复，从而也失去了信用，许多客户与地方政府都停止了同该公司的证券委托发行业务，个人投资者也悄然离去，几年来，山一证券的营业额逐渐下降，收入随之大减，经营也必然陷入困境。

第四，管理当局监控失灵，风险管理不利。日本的一些上市公司在年终结算时为了避免出现账面赤字，将贬值的股票进行非法转卖，一方面山一证券多次以此穿针引线、撮合成交，搅乱了正常的证券交易秩序，而管理当局却对此无动于衷，助长了山一证券从事不法经营的热情；另一方面，山一证券公司从事这种撮合交易，垫付了大量的资金，交易秩序的混乱致使其无法按预订时限脱手，结果造成资金周转失控，只能向下转嫁给子公司，使子公司也套进风险圈子里，在清偿结算中获悉，山一证券因这种风险投机而造成的账外损失达 2 648 亿日元。

第五，日本政府改革金融管理制度，放弃对大型金融机构的保护。为了适应国际金融形式的发展，提高金融机构的国际竞争力，日本政府正在大力推行金融体制改革，重点是放宽限制、取消保护，按照优胜劣汰的法则由市场选择企业，在证券行业中，日本政府提倡保护投资者的利润，但不再无限额支持证券经营公司，山一证券在信用、经营危机中失去了政府的保护伞，破产也就在所难免。再加上东南亚的金融在韩国、日本登陆，日本证券业一片萧条，前两年受墨西哥金融危机及日美贸易战影响的日本证券市场本身早已危机四伏、缺乏伸缩弹性，山一证券公司又未能及早准备，忙于自身的“拆东墙补西墙”业务，在信用下降、缺乏扶持的经营环境中坚持传统经营方式，不思改革。综合以上原因，世界最具权威的企业信用评估机构——美国穆迪投资服务公司将山一证券的信用等级改为投资不合格公司，一时间，投资者纷纷从账户中撤走资金，山一证券自身的股票价格也由 1997 年年初的 528 日元暴跌至 11 月 21 日的 58 日元，公司已全部丧失金融市场筹资能力，破产是唯一的选择。

从以上案例可以看出，投资银行确实是一个充满高风险的行业，因此说投资银行业是处于风口浪尖上的事业毫不为过。一家投资银行就像一台高速运转的“机器”，只要哪一个零件或哪一个环节出了问题，整台“机器”马上就会出现故障；有时哪怕是一个小小的部件，都会引起整台“机器”报废。因此，加强投资银行的风险管理，应该是摆在投资银行管理工作中的首要部分。如何加强管理，减少风险，加强风险防范意识，采取怎样的风险抵御方法应是每一个投资银行经营者需要解决的首要任务。

➢思考题

1. 试述现代风险管理的基础理论及其主要观点。
2. 试述 VaR 方法的含义及在投资银行风险管理中的应用。
3. 试述投资银行的风险种类和特征。
4. 试述投资银行风险监管的目标。
5. 试述投资银行风险监管的原则。
6. 试述投资银行风险监管的基本内容和要求。

第 12 章

中国的投资银行

12.1 中国投资银行概述

12.1.1 中国投资银行的性质界定及种类划分

1. 中国投资银行的性质界定

关于什么是中国的投资银行，中国有哪些投资银行等问题，目前在理论界仍然没有统一的定论。纵观近年来研究中国投资银行的文献资料(包括教科书)，对中国投资银行的性质定位大体上可分为以下几种观点。

(1)认为投资银行是一种专门从事特殊业务的金融机构，有专门的名称、章程、宗旨、和独立的业务，这种机构与商业银行相对立，其业务商业银行不能做，其他机构也不能做。若按这种观点界定，在中国要说存在完全意义上的真正的投资银行，那只能是证券公司。因此，坚持这种观点的专家学者认为，中国的投资银行就是指中国的证券公司。

(2)认为投资银行只是一种特殊的业务，包括证券承销、并购策划、财务咨询等；这种业务可以由专门的机构去经营，也可以由其他金融机构兼营。坚持这种观点的专家学者认为，中国目前尚不存在完全意义上的独立的投资银行，因为包括证券公司、信托投资公司、金融咨询公司等都主营或兼营上述业务，甚至中国的许多大的商业银行和保险公司等也设有相应的业务部门来兼营投资银行的相关业务。当然，这些专家学者同时认为，专门经营上述业务的专业金融机构均具有投资银行的性质。

(3)认为投资银行是一个特殊产业(即投资银行业)，是一个金融领域中的主要从事企业并购策划和融资的高科技产业，与独立的(商业)银行业、保险业、基金业、信托业等相并列，甚至与纯粹的中国证券(经纪及自营)业也有着本质的差别。若按这种观点界定投资银行，中国目前真正的投资银行业还没有完全形成。

本书的编者坚持罗伯特·库恩的广义投资银行概念，并综合上述观点，认为投资银行是一个综合性行业，即区别于储贷业、基金业和保险业的另类金融机构，主要从事和资本市场证券业相关的业务。在中国市场上主营和兼营与资本市场证券业相关业务的金融机构有很多种，因此，要将中国的投资银行界定清楚，还必须对其进行分类。

2. 中国投资银行的种类划分

若按照其所从事的业务性质，我们可将中国的投资银行分为两大类，即主营证券类业务的投资银行和兼营证券类业务的投资银行。

1)主营证券类业务的投资银行

根据罗伯特·库恩对投资银行所下的第二种定义，即所有经营一部分或全部资本市场业务的金融机构可以归为投资银行的范畴，我国的证券公司都符合投资银行的概念。在我国，证券公司是指《中华人民共和国公司法》和《中华人民共和国证券法》规定批准的从事证券经营业务的有限责任公司或者股份有限公司。证券公司的业务主要有以下六个方面：①代理证券发行；②代理证券买卖或自营证券买卖；③兼并与收购业务；④研究及咨询业务；⑤资产管理业务；⑥其他服务，如代理证券还本付息和支付红利，经批准还可以经营有价证券的代保管及代理，接受委托办理证券的登记和过户等。根据我国 1999 年 7 月 1 日开始实施的《中华人民共和国证券法》第 119 条规定："国家对证券公司实行分类管理，分为综合类证券公司和经纪类证券公司，并由国务院证券监督管理机构按照其分类颁发业务许可证。"

(1)综合类证券公司。根据我国《中华人民共和国证券法》第 129 条规定，综合类证券公司经营的证券类业务包括：证券经纪业务；证券自营业务；证券承销业务；经国家证券监督管理机构批准核定的其他证券业务。

根据我国《中华人民共和国证券法》的第 121 条规定，设立综合类证券公司必须具备下列条件：①注册资本最低限额为人民币 5 亿元；②主要营业人员和业务人员必须具备证券从业资格；③有合格的交易设施和固定的经营场所；④有健全的管理制度和规范的自营业务与经纪业务分业管理的体系。

(2)经纪类证券公司。根据我国《中华人民共和国证券法》第 130 条规定，经纪类证券公司只允许专门从事证券经纪业务。经纪类证券公司必须在其名称中标明经纪字样。

根据我国《中华人民共和国证券法》第 122 条规定，设立经纪类证券公司必须具备下列条件：①注册资本最低限额为人民币 5 000 万元；②主要管理人员和业务人员必须具有证券从业资格；③有固定的经营场所和合格的交易设施；④有健全的管理制度。

2)兼营证券类业务的投资银行

在我国，目前存在一些虽然不是证券公司，却兼营某些证券市场业务或以自筹资金投资于证券买卖业务的一些投资银行类金融机构，如金融资产管理公司、信托投资公司、投资基金公司、金融投资公司和金融租赁公司，甚至还包括财务公司等。这些金融机构的主营业务显然和证券公司有着本质差别，但其从事的某些业务却是广义投资银行的本职业务，如证券承销、资产管理、兼并收购、上市推介、融资投资、财务咨询、公司理财、项目评估、融资租赁等。有的机构直接与证券类机构参股或给其融资，从事证券投资业务，成为名副其实的商人银行，或称"中国式"的投资银行。根据 2003 年 12 月 27 日颁布，2004 年实施的《中国银行业监督管理法》，这类机构被划分为银行业金融机构的范畴，其业务活动由中国银行业监督管理委员会(以下简称中国银监会)实施监管。

《中国银行业监督管理法》第 2 条规定："对在中华人民共和国境内设立的金融资产管理公司、信托公司、财务公司、金融租赁公司以及经国务院银行业监督管理机构批准设立的其他金融机构的监督管理，适用本法对银行业金融机构监督管理的规定。”

国务院银行业监督管理机构依照本法有关规定，对经其批准在境外设立的金融机构及上款(银行业)金融机构在境外的业务活动实施监督管理。

根据《中国银行业监督管理法》释义，上述兼营证券类业务的银行业金融机构其业务范围非常明确，均涉及投资银行的本职业务。

(1)金融资产管理公司，是指经国务院决定设立的收购国有银行不良贷款及管理和处置因收购国有银行不良贷款形成的资产的国有独资非银行金融机构。金融资产管理公司经营的业务活动范围主要有：①追偿债务；②对所有收购的不良贷款所形成的资产进行租赁或以其他形式转让、重组；③债权转股权，并对企业阶段性持股；④资产管理范围内公司的上市推荐与债券、股票承销；⑤发行金融债券，向金融机构借款；⑥财务及法律咨询，资产及项目评估。

(2)信托投资公司，是指依照《中华人民共和国公司法》和《信托投资公司管理办法》设立的主要经营各类信托业务的金融机构。信托投资公司经营的业务活动范围主要有：①受托经营资产信托业务；②受托经营动产、不动产及其他财产的信托业务；③受托经营国家有关法规允许从事的投资基金业务，作为基金管理公司发起人从事投资基金业务；④经营企业资产的重组、并购及项目融资、公司理财、财务顾问等业务；⑤受托经营国务院有关部门批准的国债、企业债券承销业务；⑥代理财产管理、运用与处分业务；⑦代保管业务；⑧信用见证、资信调查及经济咨询业务；⑨以自有资产为他人提供担保业务。

(3)财务公司，是指依据《中华人民共和国公司法》和《企业集团财务公司管理办法》设立的，为企业集团成员单位技术改造、新产品开发及产品销售提供金融服务，以中长期金融业务为主的非银行金融机构。财务公司经营的业务活动范围主要有：①吸收成员单位三个月以上定期存款；②发行财务公司债券；③同业拆借；④对成员单位办理贷款及融资租赁；⑤办理集团成员单位产品的消费信贷，买方信贷及融资租赁；⑥办理成员单位商业汇票的承兑及贴现；⑦办理成员单位的委托贷款及委托投资；⑧有价证券、金融机构股权及成员单位股权投资；⑨承销成员单位的企业债券；⑩对成员单位办理财务顾问，信用签证及其他咨询代理业务；⑪对成员单位提供担保；⑫境外外汇借款。

(4)金融租赁公司，是指经中国人民银行批准以经营融资租赁业务为主的非银行金融机构。金融租赁公司组织形式、组织机构适用《中华人民共和国公司法》的规定，并在其名称中表明“金融租赁”字样。金融租赁公司经营的业务活动范围主要有：①直接租赁、回租、转租赁、委托租赁等融资性租赁业务；②经营性租赁业务；③接受法人或机构委托租赁资金；④接受有关租赁当事人的租赁保证金；⑤向承租人提供租赁项下的流动资金贷款；⑥有价证券投资、金融机构股权投资；⑦经中国人民银行批准发行金融债券；⑧向金融机构借款；⑨外汇借款；⑩同业拆借业务；⑪租赁物品残值变卖及处理业务；⑫经济咨询和担保。

经银行业监督管理机构批准，并颁发经营许可证的上述四大类兼营证券类业务的银行业金融机构，截至 2003 年年底，在我国分别有 4 家、72 家、74 家和 12 家。

12.1.2 中国投资银行的历史变迁

在新中国成立以前，由于经济的落后和证券业的不发达，中国几乎没有自己专门经营证券业务的投资银行；新中国成立以后，高度集中统一的银行信用代替了多种信用形式和多种金融机构的格局，财政拨款代替了企业的股票、债券及其他形式的直接融资，中国的金融市场特别是资本市场难以得到规范发展，自然也就谈不上建立经营证券业务的投资银行。1978 年，党的十一届三中全会确定了对外开放的发展方针，随着经济体制特别是金融体制改革政策的逐步推行，中国的金融市场逐步发展起来。从 20 世纪 80 年代初开始的国债发行，到几年后银行系统的同业拆借；从 80 年代中后期企业股票的发行，到 90 年代初深沪两市建立后的股票上市交易，中国的证券市场发展催生了中国投资银行的建立、运营与逐步发展壮大。追溯中国投资银行的发展历史，大体可以划分为四个阶段。

1. 20 世纪 80 年代：投资银行的起步阶段

1980 年，国务院下达的《关于推动经济联合的暂行规定》中指出，“银行要试办各种信托业务”。同年，中国人民银行下达了《关于积极开办信托业务的通知》，在此之后，中国工商银行、中国农业银行、中国银行、中国建设银行四大国家专业银行相继以全资或参股形式开办了隶属于银行内部的金融信托机构，即证券部。这些证券部后来独立出去，即形成了这些由银行控制的证券公司。同时在 20 世纪 80 年代中期，各家银行总行均设立了信托投资公司及其所属的证券营业部；此外，各地方的国有银行分支机构也纷纷效仿，建立了地方性类似机构。这些机构是中国投资银行最早的雏形，其主要业务以代理国债发行与兑付为主；1986 年，中国工商银行上海分行静安信托投资公司成立了专门的证券营业部，公开挂牌代理买卖股票，成为我国最早的证券商；1987 年由中国人民银行牵头，联合深圳 9 家金融机构合资，创办成立了深圳经济特区证券公司，代理买卖“深发展”股票，成为中国第一家独立注册经营证券业务的证券公司。这样，以银行业为主导，兼营部分证券业务的中国投资银行制度开始形成。

2. 20 世纪 90 年代中期以前：投资银行的迅猛发展阶段

纵观世界各国，投资银行的发展壮大与证券市场发展状况息息相关。同样，中国投资银行的迅猛增长也得益于中国证券市场在 20 世纪 90 年代初的快速发展。1990 年年底，上海证券交易所的成立和 1991 年年初深圳证券交易所的挂牌营业，为中国证券市场的规范运营和迅猛发展奠定了制度基础，同时也为中国投资银行的发展壮大提供了最直接的推动力。从 1992 年年初开始，伴随着中国股份制改革政策的大力推动，中国股市扩容速度加快，且正值广大投资者压抑已久的“投资饥渴症”爆发之际，单边的卖方市场形成。具有证券经营资格的信托投资公司和证券公司单靠一级市场上的承销证券就可轻而易举地获取巨额收益，这种巨大的利益驱动促成了各级银行机构、财政部门及其他事业单位在短期内竞相创办证券公司和证券营业部，中国投资银行的数目在短短的两三年期间迅猛增长。据统计，截至 1995 年年底，全国具有法人资格的仅信托投资公司就有 393 家，其中全国性公司 24 家，地方性公司 369 家；隶属于国有商业银行系统的 185 家，中央各部委和主管部门的 15 家，行业性公司的 4 家，省级政府部门的 78 家，地方政府部门的 111 家。另外，一些财务公司和融资租赁公司也加入到证券投资中介机构的行列。总计起来，截至 1995 年年底，全国各类投资银行机构超过 500 家，各类证券营业部超过 5 000 家。中国投资银行的发展规模达到了中国历史上的最高峰。

3. 20 世纪 90 年代中期以后：投资银行的规范重组阶段

从 1995 年 7 月 1 日开始实施的《中华人民共和国商业银行法》奠定了中国银证分业经营和分业管理的法律基础，同时也为中国投资银行的换代升级提供了契机。依照《中华人民共和国商业银行法》的规定，商业银行不得从事证券业务，其所属的信托投资公司或证券公司必须与其脱钩。经过依法整改，10 余家商业银行及其下属的信托投资公司、财务公司、城市信用社及全国 1 000 多家证券业务部关停并转，一些大的投资银行，如广发证券、君安证券，深圳国投等顺利实现了增资扩股；另一些实力强盛的投资银行，如华夏证券、南方证券、申银证券、万国证券、海通证券等借机瓜分、收购了上百家证券营业部，使之一跃成为当时中国投资银行业的巨头。然而，时隔不到一年(1996 年)，申银证券和万国证券合并，一时成为全国注册资本最大、拥有营业部最多的头号证券公司；其后(1997 年)，联合证券和东方证券组建成立，其注册资本均为 10 亿元，成为与前 5 名(申银万国、南方、国泰君安、华夏、海通)证券公司并驾齐驱的中国航母式投资银行。截至 1997 年年底，中国大陆具有专营证券业务资格的证券公司 96 家，具有兼营证券业务资格的机构 330 家。其中，信托投资公司 245 家，财务公司 69 家，融资租赁公司 16 家；加上各类证券营业部 2 000 多家。虽然投资银行数目比 1995 年高峰期少了近 20%，深沪两市交易席位比 1995 年高峰期少了近一半，但中国的投资银行却实现了真正的更新换代，从银证混业经营经过脱胎换骨，走向了独立自强的投资银行发展之路。

4. 21 世纪初：投资银行的稳健发展阶段

1999 年 7 月 1 日，随着《中华人民共和国证券法》的出台和次年的付诸实施，中国投资银行进入了稳健发展阶段。步入 21 世纪，中国证监会连续出台和实施了一系列规范证券业发展的政策法规，包括 2001 年下半年出台的《关于证券公司增资扩股有关问题的通知》、《中外合营证券公司审批规划》(征求意见稿)，一直到 2004 年上半年相继出台的《外资参股证券公司设立准则》，关于发布《证券公司治理准则》(试行)的通知、关于发布《证券公司内部控制指引》的通知、《关于证券经营机构证券自营业务管理办法》第 21 条相关规定的意见、关于实施《证券投资基金运作管理办法》的通知、《证券发行上市保荐制度暂行办法》、《证券公司债券管理暂行办法》、《国务院关于推进资本市场改革开放和稳定发展的若干意见》等。在 2004 年 2 月《中国银行业监督管理法》付诸实施后，中国银监会也就金融资产管理公司、财务公司、信托投资公司、融资租赁公司等兼营证券业务的银行类金融机构如何加强规范运作和内控管理颁布了相应改革意见。随着证券管理法规制度的逐步完善，中国投资银行业将进一步踏上健康发展之路。

12.1.3　中国投资银行在市场经济转轨中的特殊作用

中国的投资银行发展至今，虽然只有短短的十数年时间，却显示了其重要的地位和作用。跻身于中国经济金融体制改革直至国际经济一体化发展过程中的中国投资银行，除了具备国际投资银行固有的基本功能之外，在中国市场经济转轨中还发挥和将要发挥其特殊的巨大功能和作用。

1. 有利于中国证券市场协调、稳定发展

受制于中国长达 30 年的计划经济体制运行惯性的制约，也受限于中国政府长期以来惯用行政手段调节市场这一弊端的影响，中国的证券市场从其产生之日起，就带上了畸形发展和政策调控的烙印，表现出结构不合理、调控难以市场化的突出特点，形成了“20世纪80年代国债市场单边运行，90年代股票价格巨幅振荡”的发展局面。自从中国的投资银行产生并不断规范发展以后，这种局面逐步有所改善。中国的投资银行在促进中国的证券市场协调、稳定发展中的作用表现在以下几个方面。

首先，中国的投资银行是企业股票的唯一承销机构，也是政府债券和企业债券的主要承销机构之一。通过投资银行积极参与股票和债券的承销业务，一方面改变了长期以来由政府和中国人民银行确定国债发行价格，由发行公司和国家政策协调股票发行价格的不合理现象，改而形成了由投资银行竞价投标来决定证券发行价格的市场调节机制。另一方面也改变了国债一级市场发达、二级市场冷淡，而股票交易市场火爆、发行市场相对薄弱的不合理现象。由于投资银行对新发行证券的积极承销，促成了发行市场的顺利、健康发展；同时为交易市场的活跃和平稳运行奠定了基础。另外，中国证券市场上公司债券发行和交易份额过小，而国债与股票一统天下的局面也终将由中国投资银行公司债券承销业务的进一步发展而得到改善。

其次，中国投资银行作为活跃在证券市场上的一个主要机构投资者，对于稳定中国证券市场、促进证券市场健康发展具有重要作用。实践证明，无论是在发行市场，还是交易市场，机构投资者的作用不可低估。一方面，投资银行运用自己强大的资金实力，在发行市场包销证券、保障证券发行市场的顺利运行；在交易市场上，替信用交易客户垫付资金、或直接吞吐证券、支持市场所需的正常交易量，同时平衡和调节了一、二级市场的资金与证券供需，起到稳定市场的作用。另一方面，投资银行发起基金、或管理基金，将小额投资者的闲散资金聚集起来，代客户进行组合投资，既发现了价格，又分散了风险，同时还提高了收益，对活跃和稳定证券交易自然起到了重要作用。近些年来，中国证券市场不断走向稳定、协调发展，这与中国现有投资银行的资金实力不断增强、证券投资基金开发得越来越多都有着直接的关系。

最后，近些年来，中国投资银行的金融创新业务越来越多，包括金融资产管理、网上发行交易、投资理财咨询、市场研究服务等。一方面，投资银行通过金融创新，为市场提供越来越多的金融工具，有助于证券市场的投融资；另一方面，投资银行给证券投融资者提供充足的有价值信息，帮助它们进行有效投融资。这些对证券市场的稳定、协调发展均有着重要的促进作用。

2. 有利于中国国有商业银行开展平等竞争

自从1981年中国实行财政拨款向银行贷款(“拨改贷”)转化以来，在相当长的一段时期里，中国企业生产所需资金基本来自银行贷款。企业的融资渠道单一，而且银行贷款软约束，可借新还旧，甚至长期拖欠不还。一方面造成了企业对银行的绝对依赖，另一方面也助长了以贷牟私等不正之风的蔓延，国有商业银行“稳坐钓鱼台”，长期垄断经营的现象难以改变；从另一角度看，由于中国证券市场开发较慢，广大消费者的闲散剩余资本投资无门，只能存放商业银行，特别是毫无破产顾虑的国有商业银行，致使国有商业银行几乎垄断了全国90%以上的金融资源，这也是造成国有商业银行垄断经营、市场化进程缓慢的一个重要原因。自从中国的证券市场有了长足发展，特别是中国的投资银行真正与国有商业银行脱钩以后(当然，非国有商业银行不断壮大也是一支主要力量)，国有商业银行垄断经营的局面逐步被打破。20 世纪 90 年代中后期以来，四大国有商业银行与非国有金融机构出现平等竞争局面，而且，其市场化改革步伐明显加快，这种变化在很大程度上归功于中国投资银行的快速成长。中国投资银行对国有商业银行实现平等竞争的作用表现在以下几个方面。

首先，投资银行以其优质的证券承销业务彻底打开了企业在市场直接融资的通道。企业发展中的资金需求不再唯一依赖国有商业银行贷款解决，一方面彻底打破了国有商业银行垄断的“贷方市场”，另一方面也构建了与之相抗衡的金融竞争力量，迫使国有商业银行改变“稳坐钓鱼台”的垄断经营方式和“官场作业风气”，努力开发新的投资渠道，将资金用到市场急需发展的项目上；从另一角度看，投资银行通过优质的证券经纪服务，帮助小额投资客户实现低风险、高收益的证券组合投资，在一定程度上也切断了国有商业银行的“财路”，小额投资者不再以国有商业银行的存款作为唯一的投资渠道(至于近年来国有商业银行的城乡居民储蓄存款仍然有增无减，这其中所存在的其他原因则另当别论)，迫使国有商业银行一方面优化融资服务，开发新的融资工具和渠道，与其他金融机构“平分金融资源”；另一方面也迫使国有商业银行努力改善经营管理，加速信贷资金周转，通过降低经营成本来提高经营收益。这自然对国有商业银行真正加快现代金融企业制度建设有重要促进作用。

其次，1998 年四大国有金融资产管理公司——中国的国有投资银行相继建立，并成功剥离四大国有商业银行长期以来所形成的呆账贷款资产以后，经过灵活的金融资产经营(债转股、资产证券化、追偿余款等)，在解除了长期压在国有企业肩上的负担，铺平了国有企业股份制改造道路的基础上，一方面也卸掉了长期以来戴在四大国有商业银行头上的“愁帽”，解除了它们的负担，帮助它们轻装上阵，大踏步走向商业化经营的轨道；另一方面也帮助四大国有商业银行盘活了金融资产，缓解了它们资金来源减少的压力，降低了它们信贷经营的风险，无疑对它们提高经营收益也有明显的支持作用。

最后，由于投资银行参与金融市场上金融资源的瓜分，参与四大国有商业银行传统业务的市场竞争，客观上对打破国有商业银行垄断经营局面，迫使它们积极寻求与投资银行开展业务合作，与其他金融机构开展市场化的平等竞争，也有重要的促进作用。

3. 有利于促进中国现代企业制度建设

进入 20 世纪 90 年代中后期，完成中国经济体制改革的最后一项艰巨任务则是加快国有企业改革、建立中国的现代企业制度。攻克这一最大堡垒的艰巨任务显然不能简单依靠传统的政府推动，历史的重任责无旁贷地落到了中国投资银行的肩上。中国投资银行在促进国有企业改革、完善中国现代企业制度建设方面的作用是非常明显的。

首先，建立现代企业制度的首要任务就是在明晰产权的基础上，按照现代公司制度的标准重新构建和完善国有企业，使国有企业成为真正的产权明晰、权责明确、政企分开、管理科学的经济主体。要实现这一转换，中心工作就是对现有国企进行资产重组，将其改制为上市公司。投资银行在国企改制中的资产重组活动中，最重要的作用不外乎两个方面，一是帮助企业完成财务重组和资本整合，使其符合上市条件，达到上市标准；二是帮助已上市的公司完善资本运营，实现资本的保值与增值。上述两方面的工作全部依赖在资本市场上完成。资产重组的形式很多，运作模式各异。按照重组的时间不同，可分为上市前的资产重组和上市后的资产重组。上市前的资产重组主要是为了满足法律和证券交易所的上市要求。投资银行在企业上市前的资产重组活动中主要是帮助企业搞好财务清查、资产评估、业务重组、资本整合；协助企业聘请中介机构对重组的资产进行会计、审计、法律公证；帮助企业拟定上市公告和进行上市辅导，帮助企业对拟发行的证券进行定价、定量和组织承销集团；甚至还要对证券的发行融资活动组织路演、宣传等活动。上市后的资产重组主要发生在上市公司采取战略转型或外部公司收购上市公司的过程中。而投资银行在上市公司和非上市公司的兼并收购业务活动中，主要是帮助兼并或收购公司进行市场调查，选择目标公司；帮助兼并或收购公司拟订兼并或收购方案，并协助其与目标公司进行协议谈判和签订；同时也要帮助并购公司进行并购后的资产重组、投资企划、资本运营等；有时投资银行还要帮助目标公司谋划反并购策略和被并购后的利益保护方案。如果按照资产重组的具体操作模式来划分，资产重组又可分为股权转让、资产置换、资产剥离、买壳借壳、并壳让壳、投资参股、增资扩股、股份回购、股份配售、吸收合并、收购兼并等模式(或方式)。无论哪一种操作模式，都离不开证券市场，更离不开投资银行从中提供中介服务，甚至投入资本。可见，投资银行在企业资产重组中的重要作用是不可替代的。

其次，现代企业制度建设中的另一重要任务就是完善企业内部治理结构，构建权责分明，政企分开，管理科学的现代企业管理体制。要实现这一企业体制转换，需要组建改制后公司的董事会、理事会和监事会，设计股权制约机制和激励制度。投资银行在这一环节中的主要任务就是以中介商的身份帮助企业拟订改制方案，制定上市申请和上市公告，组建“三会”，承销股票发行；以独立董事的身份参与公司的经营和管理事务；以财务顾问的身份给公司出谋划策，组织资本运营等；特别是在涉及通过证券市场上才能完成的公司融资、投资、参股、控股，代管代理等业务活动时，投资银行凭借其对证券市场的深入了解及对证券类业务的精湛操作技巧，发挥其优胜的服务功能。

最后，中国投资银行在证券市场上通过承销、经纪甚至自营业务，对改变上市公司中“一股独大”的国有独资股份制公司或国有股占半数以上比例的股份制公司的股权结构，完成国有股减持和上市流通改革、实现此类公司股权结构优化的过程中，也发挥了重要作用。

4. 有利于推动中国高科技产业的振兴

21 世纪是知识经济和信息经济的时代，同时也是以信息产业为代表的高新科技极度发达的时代。中国在 21 世纪初要完成市场经济转轨，实现经济腾飞的一个重要途径，就是要大力发展高科技产业，快速实现高新科技成果向生产力的转化。但是，高新科技产业的振兴除了需要一支具备创新能力、创业气魄、奉献精神的高科技人才队伍之外，更重要的是需要巨额资金的投入。在我国，高科技人才并不缺乏，但资金问题却成为制约高科技产业振兴的一大因素。显然，高科技产业开发投入具有数额大、风险高的特点，商业银行不愿涉足，靠财政力量也不合适。唯一的，也是最有效的途径则是通过建立风险投资的市场化运作机制，西方经济发达国家都是通过投资银行参与来完成的。例如，美国投资银行在 20 世纪 50 年代就开发了风险投资业务，到 90 年代，美国 90％的高新科技企业是在投资银行风险投资业务的支持下发展起来的。高新科技产业的高度发达成为推动美国经济增长的主要源泉。投资银行参与风险投资并不仅仅是为了达到用资金推动高新科技产业发展的目的，而其最大功能则是通过参与风险投资运作，建立一个市场化的风险投资运作机制。投资银行在风险投资运作中的主要功能表现在三个方面。

首先是风险投资资金的筹集(或称风险投资基金的设立)。投资银行在风险投资业务中，第一步要做的就是风险投资项目的选择。投资银行凭借自己对产业市场的精深了解，选择具有发展潜力和前途的风险投资项目。项目一旦选定，下一步就是构造风险投资合约，即设立风险投资基金，向市场发行风险投资证券以筹集所需资金。这正是投资银行轻车熟路的。投资银行凭借自己高超的证券承销技巧，短期内顺利完成证券销售，达到筹资的目的。

其次是风险投资资金的运作，即投资银行帮助风险投资企业组织资本运营，参与风险投资项目的管理和风险监控，促进风险投资企业在尽可能短的时间里完成高质量的成果，并为该成果向生产商品的转化创造条件。

最后是风险投资资本的退出。该环节是投资银行风险投资业务的关键环节，一般需要通过在证券一、二级市场上的运作来完成。投资银行的主要工作是促成风险投资企业上市，通过发行股票实现风险投资资金退出；或通过对风险投资企业的出售，即寻找收购公司，完成对风险投资企业的收购，实现风险投资资本的退出。在经济发达国家，风险投资的退出一般都是在创业板块市场(或称风险投资市场)上完成的。例如，美国的纳斯达克市场，就是世界多国风险投资的创业企业广泛参与的一个非常活跃的国际市场。近年来，随着中国创业板市场的建立和投入运营，中国投资银行将会大有作为。

12.2　中国投资银行发展实践

历史实践已经证明，投资银行与证券市场息息相关，相得益彰；同样，中国投资银行的成长壮大也离不开中国证券市场的长足发展。因此，要深入了解中国投资银行的成长过程和发展全貌，就必须进一步了解中国证券市场的发展实践。

12.2.1　中国证券市场的发展历程

中国真正的证券市场是在20世纪90年代以后发展起来的。在此之前，虽然国债发行已有近10年的历史，但基本上只有发行市场，没有转让市场，而且国债发行由政府主持，依靠思想动员和行政手段向行政事业单位的职工和社会大众售卖。按照财政部的规定，1985年以前国债券不得自由买卖，1985年以后可以用于抵押和贴现；国债券的真正流通是从1988年试点，到1990年后才在全国全面放开。从股票市场来看，虽然从1984年下半年，新中国的第一张股票(北京天桥百货股份)发行，1985年上海电子音响股份紧随其后，但股票的上市交易一直没有规范的市场。1986年9月26日，新中国第一个股票交易机构中国工商银行上海静安股票交易柜台宣告成立，从这个简陋的小柜台起步，中国的股票交易活动才一步一步开展起来。直至1990年12月19日上海证券交易所宣告正式开业，1991年7月3日深圳证券交易所也宣告正式开业，中国规范的股票交易市场才算真正建立起来。

从深沪两个证券交易所的成立，到全国证券市场的形成，中国的证券市场经历了一个从小到大，日趋完善的发展过程。在深沪两市建立之初，上市交易的股票不足10只，且上市公司的规模小、交易金额低、投资者数量少、整个交易范围仅局限在上海和深圳两地。其后，邓小平同志南巡讲话吹响了全国全面试点股份制改革的号角，特别是1993年党的十四届三中全会的召开和《关于建立社会主义市场经济体制若干问题的决定》的通过，极大地激励了全国广大投资者的热情，启动了中国证券市场从此走向了迅猛发展的道路。到1992年年底，深沪两市上市股票已达54只，仅上海证券交易所异地投资者的数量和比重就分别上升到40万人和40%。1993年，上海证券交易所率先向全国性证券市场转化，上市公司数量从1992年的29家飞跃至106家，其中异地公司的数量已经占到1/3，股票交易金额从247亿元猛增至2 470亿元。从1993～1995年，上海证交所新开户的异地投资者的比重3年均在70%以上；同时，从1993～1994年，上海证券交易所开始和全国各地交易中心实行电脑联网，逐步将交易网络铺向全国每一个交易网点。到1996年，随着深圳证券交易所也完成向全国性交易市场转化以后，一个以深沪两市为中心，交易网点遍布全国(除西藏自治区外)各省区的统一证券市场形成了。

1996年以后，中国证券市场的发展开始逐步从量变走向质变。一方面，证券市场的发展规模随着交易客户和上市公司的迅速增多而急剧扩大；另一方面，随着各项市场管理制度的不断完善，中国证券市场不断走向成熟。进入21世纪，深沪两市股票已逾千只，交易者已逾5 000万户；上市公司通过证券市场融资平均超过千亿元人民币，证券市场的年交易额自1999年突破3万亿元大关后，近几年虽有回落，但平均仍在2亿元之巨。更为重要的是，证券市场上的投资品种不断丰富，市场结构日趋合理。债券市场突破了国债单一品种，企业债券市场份额近年来逐年扩大；国有股和国有控股公司的法人股开始入市流通，国库券也开始在证券交易所挂牌交易；证券投资基金自1998年开发以来，基金数量不但逐步增多，而且开放式基金的比重也在日益攀升；股票主板市场正在日趋完善，二板市场开放之初交投活跃；基础金融工具的价格在不断归位和趋于平稳，衍生金融产品(股指期货和期权)的推出也已提到议事日程。上述种种变化已经表明，年轻的中国证券市场正在以更成熟的姿态跨入国际规范化证券市场行列。

中国证券市场发展的全过程给中国投资银行展示才华提供了一个宽广的历史舞台。也正是在这个舞台上，中国投资银行展开了自己富有创造性的业务实践。

12.2.2 中国投资银行的业务实践

与美国投资银行的发展经历极其相似，在与商业银行分家之前，中国投资银行与中国国有商业银行融合生长。可以说，那时的证券市场业务基本上由商业银行垄断经营，依附于商业银行的证券业务部门(如果说我们承认它是当时的中国投资银行的话)，其业务也只是由该商业银行来掌管，投资银行难有自己的自主权。只有《中华人民共和国商业银行法》的实施才使中国投资银行真正地产生出来，独立地营运自己的业务。在这短短不到10年的自主发展空间里，中国投资银行(大部分都是由原来熟悉相关业务的商业银行家组建而成)凭借自己已有的经验，成功地开发了政策范围内所有的投资银行业务，包括证券承销业务、证券经纪与自营业务、公司并购业务、国际业务、投资基金业务和资产管理业务；近些年里又开发了网上业务和咨询代理业务等。下面概要介绍中国投资银行20世纪末期以来的一些主要业务实践。

1. 证券发行承销实践

证券发行主要是指债券和股票的发行。中国投资银行作为证券承销商，主要对中国财政部的国债发行和境内上市公司的股票发行进行承销。

(1)国债发行承销。中国从 1981 年开始发行国债，而且长达 10 年一直采取单一的行政分配方式。1991 年中国国债发行采取了由中央承购包销、地方承购包销和行政分配三结合的方式。全年承销的国债占到当年国债发行总额的 2/3(行政分配方式占 1/3)，1993 年中国建立了国债一级自营商制度，国债发行完全由证券自营商承销。从此，中国国债发行方式开始与国际规范接轨。

国债一级自营商是指具备一定资格条件并经中国财政部、中国人民银行和中国证监会共同审核批准的证券公司、商业银行和其他非银行金融机构。国债一级自营商可以直接向财政部承购国债，并通过证券一、二级市场的分销和零售业务，完成国债的发行任务。一级自营商对国债的承购采用自 1995 年试行，1996 年全面推行市场化的投标方式，财政部对当年共计 8 个可上市流通的国债品种全部采用“基数承销、差额招标、竞争定价、余额包销”的招标方式。从此，中国的国债发行完全实现市场化。

根据《中华人民共和国国债一级自营商管理办法》及《国债一级自营商资格审查与确认实施办法》，中国投资银行要开展国债承销业务，首先必须申请成为国债一级自营商，其次与已经具备资格的商业银行及非银行金融机构共同竞标，在同等竞争条件下争取相应的承销份额。按照监管要求，中国投资银行申请成为国债一级自营商的必备条件有：①具有法定最低限额以上的实收货币资本；②有能力且自愿履行国债一级自营商的各项义务；③在批准的经营范围内依法开展业务活动，且前两年中无违法和违章经营的记录，具有良好的信誉；④在申请成为国债一级自营商之前，有参与国债一级市场和二级市场业务一年以上的良好经营业绩。已被批准具备国债一级承销商的投资银行（包括商业银行和非银行金融机构）除享受参加每期由财政部组织的国债发行承销竞标的权利外，在企业发行股票一次超过 8 000 万股时，在同等条件下，可优先取得担任主承销商的资格，同时可优先取得直接与中国人民银行进行公开市场操作的资格，优先取得从事国债投资基金业务的资格，以及自动取得同中国人民银行进行国债回购交易等业务的资格。

自国债一级自营商制度实施以来，作为中国投资银行的证券经营机构和商业银行及非银行金融机构，都积极申请成为国债一级自营商。已取得资格的中国投资银行和商业银行及非银行金融机构在其后年份每期国债发行事务中，都积极参与国债发行承销，成功地实践了国债承销业务。

(2)股票发行承销。中国投资银行在取得证券一级自营商资格以后，除有资格承销国债发行之外，也同时具备承销股票发行业务的资格。自从 20 世纪 90 年代中期中国股份制改革在全国铺开以后，取得证券一级自营商资格的中国投资银行成为承销公司股票发行的唯一承销商，成功地开展了国内股份制企业及上市公司的股票发行承销业务。

由于中国绝大部分公司在上市之前尚未成为股份有限公司，而且以国有企业居多，所以这类中国企业的股票发行和上市都要经历改制—报审—承销—发行—上市等一系列步骤。《中华人民共和国证券法》颁布以后，中国证券市场的股票发行承销制度逐步向国际规范靠拢，审批制逐步向核准制和注册制演进。在这种情况下，中国投资银行的股票承销业务在经历了按上述步骤为发行公司提供相应服务的发行制度之后，也逐步朝国际规范的核准制和注册制方向过渡。在现有的股票承销业务中，中国投资银行需要承担以下工作：①股票承销前的尽职调查，包括对发行公司、市场需求、现时发行政策进行全面调查，其中对发行公司的调查是核心。通过尽职调查，以保证发行公司股票发行的一切事宜严格符合国家有关政策和市场需求，确保发行公告中的信息披露内容真实、准确和完整。②股票发行和上市辅导，即投资银行对拟发行股票并上市的股份有限公司进行规范化培训、辅导和监管，以保证公司按《中华人民共和国公司法》和《中华人民共和国证券法》的规定，建立规范的组织制度和运行机制，促进上市公司转换经营机制、提高上市公司质量。③对公司进行资产整合和财务重组，一方面保证公司改制及股票发行和上市符合国家政策和条件，另一方面保证未来的上市公司能够规范操作、高效率运行，成为一个高质量的上市公司。④准备募集文件，即投资银行在监管其合乎报批要求的前提下，帮助公司拟定和验证所有的募股文件。⑤发行和上市报批。⑥确定发行价格和募股方式。⑦实施股票发行承销。

2. 证券经纪与自营业务实践

中介上市证券在二级市场的交易及直接投资上市证券的买卖，即中国投资银行继证券承销业务之后开发的证券经纪业务与自营业务。然而，中国投资银行的证券经纪与自营业务比证券承销业务发展得要早，而且其业务量和操作频度比承销业务要大得多。可以说，证券经纪业务与自营业务是中国投资银行的主营核心业务，也是其主要利润来源的业务。

除去起初的国有商业银行证券营业部不谈，中国早期的投资银行就是指在沪深两证券交易所申请有交易席位的会员机构，即证券经纪商和证券自营商，统称券商。根据中国《中华人民共和国证券法》，经营证券经纪业务和自营业务的券商机构可划分为两类，即经纪类证券机构和综合类证券机构。经纪类证券机构只经营证券经纪业务，综合类证券机构两者兼营。中国投资银行的证券经纪与自营业务实践无异于国际投资银行同类业务的操作规范，这里不再赘述。

3. 公司并购业务实践

中国投资银行的公司并购业务是随中国的股份制改革实践发展起来的。由于公司并购行为多发生在国有企业改制和上市公司的资产重组活动过程中，因此，中国投资银行参与公司并购的方式与国际上大的投资银行该业务活动方式有较大区别，呈现出“中国式”特点。

第一，由于中国的股份制改革主要由政府推动，因此，大多与之相关的资产重组方案由中央政府或地方政府设计，中国投资银行参与甚少。

第二，由于中国的国企改制性资产重组在国际上并无前车之鉴，许多相关案例都带有创新性和探索性，一些自发的，由投资银行参与的资产重组活动不乏操作上的非规范性特点。

第三，资产重组的方式多种多样，如前所述，包括收购兼并、吸收合并；转壳借壳、并壳让壳；投资参股、股份回购；资产置换、资产剥离；等等。其间也不乏一些违规操作的案例，有的公司甚至借资产重组的名义，骗取上市资格。

第四，中国投资银行参与公司资产重组主要有两个途径：一是在一级市场上参与拟上市公司的证券承销；二是在二级市场上通过经纪业务和自营业务参与上市公司的股权转让、股份回购、国有股配售、股债息派发等事宜。由于公司并购活动前后非市场行为过多，中国投资银行参与全方位和全程服务的空间相对有限。

4. 资产管理业务实践

中国投资银行的资产管理业务的发展大致经历了三个阶段。

第一个阶段是在 1993～1995 年，资产管理业务处于萌芽阶段。各证券公司为吸引客户，保障经纪业务的发展，开展代客理财形式的资产管理业务，主要通过增加交易量而获取稳定的佣金收入。第二阶段是 1996～1997 年，这一时期代客理财型资产管理业务迅速发展。大量的机构投资者，特别是资金充裕的上市公司，将数千万元的自有资金托付给专业投资机构进行管理。与此同时，各证券公司(投资银行)也已不单纯满足于收取佣金和管理费用，进而在保证委托人获取较高年收益率的前提下，将该部分委托资产作为自营业务的补充资金，以发挥其财务杠杆效应。由此，资产管理业务成为投资银行融资的重要手段。第三阶段是 1998 年以后，由于中国的证券市场由牛市转入熊市，个人客户流失很多，投资银行的资产管理业务也从此一蹶不振，发展长期低迷。

中国投资银行资产管理业务具有以下基本特点。

(1)管理资产规模偏小，在市场中的影响力非常有限。截至目前，如果不考虑基金，中国的各大券商管理资产一般是几亿元，最多也不过二十多亿元。

(2)资产管理的客户主要是机构投资者和某些特大型客户，中小散户投资者的比重较小；同时，由于券商目前资产管理的运作体制和操作技术的限制，中国券商对其资产管理业务的客户难以提供有效的服务。

(3)业务范围狭窄，产品单一，缺乏创新品种；同时，中国券商资产管理业务的范围基本上局限于国内，而且大多是全权委托型资产管理，投资品种主要是债券和股票，投资组合的应用、套利品种的设计尚未大规模地展开。

(4)组织结构设置上具有非独立性，表现在中国投资银行一般都是在公司内设立资产管理部来专门从事资产管理业务，有的投资银行甚至把资产管理业务和自营业务放在同一个部门操作，人员、资金、账户也没有严格的界限。

5. 投资基金业务实践

1997 年 11 月 14 日，中国的第一部投资基金管理法规《证券投资基金管理暂行办法》出台，标志着中国投资基金业进入一个法制化的发展阶段。1998 年 3 月 27 日，经中国证监会批准，南方基金管理公司和国泰基金管理公司分别发起设立规模为 20 亿元的“基金开元”和“基金金泰”，拉开了证券投资基金试点的帷幕。经过近几年的发展，中国证券投资基金在规模不断扩大的同时开始逐步走向完善。截至 2003 年下半年，在沪深两市上市的国内证券基金达到了 75 只。其中，开放式基金 21 只，封闭式基金 54 只。此后，中国投资基金业发展迅速(截至 2009 年年底，深沪两市上市基金已增至 535 只)。如果按投资风格划分，中国投资基金还可以分为平衡型、成长型、指数型、指标型、组合型、复合型等 10 个品种。

中国投资银行参与证券投资基金的途径主要有三个：一是作为基金的发起人，自我发起和设立证券投资基金，进而对基金进行经营；二是接受基金发起人的委托，出任基金管理人，帮助其管理基金、提供投资咨询、设计投资组合、提高投资收益；三是作为基金的承销人，帮助其他基金发行人发售基金股份或受益凭证，募集投资者的资金。另外，在二级市场上，中国投资银行也以经纪商和自营商的身份参与上市基金的买卖和提供交易中介服务。

6. 网上业务实践

随着互联网的普及和网络技术的提高，中国投资银行的网上业务也迅速发展起来。中国投资银行的网上业务主要局限在以经纪商的身份参与网上证券交易，而一级市场上的网上证券发行则由发行公司自办。一些网络公司及互联网站替代了投资银行的角色，发行公司通过网站直接发布发行公告和进行网上路演，同时也邀请有承销关系的投资银行负责人参加，直接在网上竞价认购新发行的股票。

1999 年 8 月 24 日，中国《证券时报》策划推出为时两小时的“清华紫光新股发行网上路演”网络版，从此掀开了中国证券发行网上路演的新模式。此后，越来越多的发行公司用网上发行路演这一新方式，并取得了良好的宣传效果。2001 年 1 月 10 日，中国证监会颁布了《关于新股发行公司通过互联网进行公司推介的通知》，明确规定，新股发行公司在新股发行前必须通过互联网采用网上直播(至少包括图像直播和文字直播)的方式向投资者进行公司推介，也可以辅以现场推介。并规定“新股发行公司的董事长、总经理、财务负责人、董事会秘书(其他高级管理人员不限)和主承销商的项目负责人必须出席公司推介活动，参加推介活动的上述人员在推介前应进行认真充分的准备，并向中国证监会书面承诺其向投资者发布的信息不存在虚假、误导性陈述或有重大遗漏”。《关于新股发行公司通过互联网进行公司推介的通知》在对发行公司运用互联网进行公司推介时的行为进行规范的同时，将投资银行在公司股票发行网上业务中的地位、职能、责任和义务也做了明确的规定，为中国投资银行在其后更好地开展网上业务提供了行动指南和法律保障。

中国投资银行的网上证券交易业务开始于 1997 年。同年 3 月，中国华融信托投资公司湛江营业部首次推出“视聆通”多媒体公众信息网网上证券交易系统。1998 年，中国闽发证券、华夏证券、江苏证券等券商相继推出网上经纪系统，标志着中国投资银行网上经纪业务在国内正式起步。随后几年，国内几乎所有大的投资银行都陆续开发了网上经纪业务。2002 年 8 月 19 日，中国证监会进一步核准了 50 家证券公司从事网上证券交易的资格。至此，中国大陆具有网上证券交易资格的投资银行(证券公司)已达 73 家。

近几年来，随着更多的证券经营机构开展网上证券交易委托业务，网上投资客户也迅速增加。2001 年 3 月，中国投资者网上开户数仅有 40 多万户，1 年后迅速增加至 100 多万户。据不完全统计，截至目前，网上开户进行证券交易的投资客户约已占到沪深两市开户总数的 1/5，与美国网上交易客户 2002 年的同比水平(20%)已基本持平。随着交易客户的增加，网上交易(成交)金额(双边计算)几乎成倍增长。2001 年全国网上交易累计成交金额为 3 578 亿元，与 2000 年相比，在沪深两市总交易金额减少约 30%的情况下，网上交易金额增长了约 1 倍。2002 年以后，沪深两个市场的交易状况没有太大的回升，但网上证券交易却仍然保持了良好的增长势头。

中国投资银行开展网上证券交易业务一般采用三种基本方式。

(1)委托代理方式，即由券商全权委托网上服务公司、资讯公司或软件系统开发商等负责开设网站，为客户提供投资资讯，而券商则以营业部的身份在后台为客户提供网上交易通道。具体由券商(营业部)和网络服务商(internet service provider，ISP)之间以数据专线形式建立点对点的数据链接，证券营业部通过 ISP 网站和互联网链接，交易客户的下单通过 ISP 网站送达证券营业部，再到证券交易所进行网上证券交易，交易客户同时从 ISP 网站上获取实时股市行情和成交结果。

(2)自建网站方式，即券商通过开设自己的网站，将证券营业部直接和互联网连接，券商在网站上直接为客户提供证券交易全程服务，包括信息报道、行情分析、模拟操作、交易委托和账户资金交付等。

(3)银证合作方式，即由券商与银行之间建立专线链接，并在银行主机房设立转账服务器，用于网上证券交易的查询、账户冻结、保证金划转等服务。采用这种方式将证券交易者的资金账户与其银行储蓄账户合一，交易者在银行的任一网站上办理开户手续后，通过银行柜台、电话银行、网上银行、银行卡等方式直接参与证券交易，并同时实现交易的银证转账结算。

7. 国际业务实践

应该说，中国投资银行的国际业务是从中国开发 B 股市场时起步的。但由于当时中国还缺乏独立的、有实力的和有经验的投资银行，因此，在 1992 年和 1993 年两年中，只有极少数证券经营机构涉足 B 股的发行、交易和清算业务。然而，既然开发了外资股市场，总要有机构从事这样的业务，少数大一些的证券经营机构开始努力地探索和尝试，通过 B 股和 H 股的发行与上市进军国际业务，继而涉足推荐国内企业在中国香港二板市场和国外证券市场上市，接受外汇资产管理，为境外企业在中国的兼并收购提供财务顾问等服务。1995 年 8 月，市场催生了中国建设银行与摩根斯坦利等公司合资成立中国国际金融有限公司，获准经营海外业务。其后，该公司在国际资产市场上帮助中国电信香港有限公司收购香港电信股票，交易额 92 亿港元，担任中国电信有限公司股票主承销商和国际协调人筹资 42 亿美元，取得了国际业务的初步成功。1996 年，中国银行在伦敦成立了中银国际，开始从事海外资本市场的公司融资等商人银行业务。1998 年，中银国际总部迁至香港，并与中银集团的其他证券从业机构进行重组，进一步扩展国际业务。1998 年 3 月，中国工商银行与香港东亚银行联合收购国民西敏证券亚洲有限公司的全部股权，联合组建工商东亚金融投资有限公司，也开始涉足国际证券投资业务。至此，中国国际化的投资银行集团已经形成，一方面为中国银证再次合作和混业经营的发展开通了先河；另一方面也为中国投资银行的业务真正进入国际市场，实现国内业务和国际业务共同发展奠定了坚实的基础。

中国投资银行在国内外证券市场上开展的国际业务主要包括：①为中国企业提供外资股承销、私募配售、重组并购及引进战略投资者等海外融资服务；②接受国内工商企业、政府、金融机构或国际金融机构、跨国公司等发行主体的委托，在国际金融市场负责组织安排债券的发行工作；③接受境内个人或机构投资者买卖 B 股股票的委托，并与境外投资银行签订代理协议，接受境外 B 股投资者的委托，为投资者提供经纪服务，包括为海外投资者和投资银行提供从事 B 股交易的技术支持和资讯及咨询服务；④开展海外基金与受托资产管理业务；⑤受托外国公司在境内证券市场上存托凭证(depository receipts, DR)的发行承销及市场交易经纪服务；⑥受理“合格境外机构投资者”(qualified foreign institutional investors, QFII)在境内投资资本向本币的转换、在境内进行证券投资、投资资本利得、股息经审核批准向外汇的转换及汇出业务，以及为 QFII 提供境内证券投资管理服务；⑦受聘担任公司独立财务顾问，为境内上市公司的外资并购提供涉外财务顾问服务。

12.2.3 中国投资银行发展中存在的问题与不足

中国投资银行从无到有、从小到大，发展到今天，总共不到 20 年时间。从自身的纵向发展比较，中国投资银行发展在这较短的时间里已经取得了骄人的成绩，但与国际投资银行业横向比较，中国投资银行还有很大的差距，在发展过程中还存在诸多的问题和不足。

1. 资本金规模小、竞争实力不强

作为一个资金密集型金融机构，投资银行的资本金规模代表其实力和地位。中国投资银行目前的资本金规模与国际大投资银行比较相差十分悬殊。从 1999 年下半年开始，依照《中华人民共和国证券法》的要求，中国投资银行必须通过增资扩股，将资本金补足到最低限额。然而，从 2007 年 6 月底的统计资料看，中国前 10 家最大投资银行的资本金加总起来共 371.195 亿元，而美国的国际顶级投资银行摩根斯坦利公司和高盛公司其资本金(2004 年统计)分别高达 963.59 亿美元和 798 亿美元。中外投资银行(前 10 名)注册资本金规模如表 12-1 所示。

表 12-1 中外投资银行(前 10 名)注册资本金规模比较

序号	中国投资银行	资本金 /亿元	外国投资银行	资本金/亿美元
1	海通证券	87.34	(美)美林	703.22
2	中国银河	45.00	(美)摩根斯坦利添惠	379.22
3	申银万国	42.00	(美)雷曼兄弟	327.54
4	国泰君安	32.27	(美)瑞士信贷第一波士顿	327.53
5	南方证券	34.50	(美)所罗门美邦	289.19
6	招商证券	32.27	(美)高盛	262.16
7	华夏证券	27.00	(美)贝尔/斯特恩	188.60
8	光大证券	26.00	(美)佩恩集团	72.78
9	中信证券	24.815	(美)帝杰	66.10
10	广发证券	20.00	(日)野村	49.09

注：外国投资银行的资本金数额为 2000 年年底统计数据；中国投资银行数据统计截至 2007 年 6 月 30 日

资料来源：中国证监会网站

中国投资银行不但资本金规模小，而且融资渠道狭窄、融资结构不合理。据统计，中国投资银行(主要指证券公司)的资金 50%左右来源于客户的保证金，40%左右来源于拆借性融资，流动性风险相对较大，一旦证券市场形势看淡，资金就会流失严重；而美国大的投资银行融资渠道宽广，不但有广泛的国际市场融资，而且有强大的国内市场融资，更有利的情况是，它们的融资大部分来源于共同基金、养老基金、保险机构资金，以及各种代管资金，流动性风险相对小得多。可见，中国投资银行无论从资本金规模，还是资金来源结构状况，都反映出其竞争能力相对较弱的特点。随着中国金融的全面开放，外国更多的金融机构进入国内，金融机构竞争将更加激烈，加之中国投资银行也要逐步扩展国际市场业务，如果不尽快提升其竞争能力，其发展将会受到更大的约束。

2008 年度中国排名前 25 位的证券公司总资产数额统计表如表 12-2 所示。

表 12-2　2008 年度中国排名前 25 位的证券公司总资产数额

序号	证券公司	总资产/元
1	中信证券	83 439 654 407.11
2	海通证券	73 323 449 782.03
3	国泰君安	68 069 666 319.00
4	银河证券	62 031 736 111.86
5	广发证券	49 260 486 895.51
6	申银万国	46 223 723 203.87
7	国信证券	45 260 689 567.97
8	招商证券	44 041 753 135.51
9	中信建设	35 612 000 886.77
10	华泰证券	33 376 431 552.28
11	光大证券	32 163 202 891.16
12	齐鲁证券	23 998 817 302.71
13	安信证券	22 889 195 638.23
14	中投证券	22 248 753 107.00
15	中金公司	21 618 778 932.07
16	东方证券	21 231 286 895.80
17	长江证券	17 850 183 191.15
18	方正证券	16 496 234 007.16
19	国都证券	15 798 179 963.41
20	宏源证券	15 142 802 245.24
21	平安证券	13 866 644 978.00
22	联合证券	13 851 332 634.35
23	中银国际	13 506 599 665.00
24	兴业证券	12 617 442 337.95
25	长城证券	11 876 124 824.66

2. 业务品种单一，创新能力低下

受限于中国目前仍然还是分业经营的金融体制，中国投资银行的经营仍然主要局限于单一的证券一、二级市场业务。而外国投资银行早在 20 世纪 60～70 年代就注重发展的公司并购、资产管理、投资基金、金融工程及财务顾问和投资咨询等业务，在中国投资银行业内都较少开展；一些较大的中国投资银行近年来虽然也在努力尝试开发一些新的业务，但受制于各种因素，业务开展缓慢，在整个经营中所占比重依然少得可怜。我们这里仅以中美投资银行在创新业务方面的比较就足以看出差距：据统计资料可知，美国投资银行传统业务(包括证券承销业务、经纪业务和自营业务)收入已由 1980 年的 35.4%降至 2000 年的 13%，而新型业务收入(包括利息收入、兼并收入、私募收入、资产管理收入及金融衍生品交易收入)由 1980 年的 10.8%迅速上升至 2000 年的 40.3%，超过此时期传统业务的最高收入，成为投资银行的主要盈利来源。反观中国，仅以华夏证券作代表即可看出区别，华夏证券是中国 10 大投资银行之一，近年来业务发展较快，但传统业务收入居高不下，其最高份额 76.96%，远远大于美国投资银行历史上最高份额 35.4%的 1 倍还多；而新型业务收入主要是利息，创新性业务收入几乎为零(主要因为创新成本往往大于其收益所致)。

另外，中国投资银行业务创新能力偏低还表现在，现有的创新业务多属于吸纳和仿效性品种，原创性品种很少；创新业务多属数量性扩张，创新品种的质量档次偏低。由于创新能力低下，在当代国内外竞争压力逐年升级的环境里，中国投资银行要有长足发展是很艰难的。

3. 管理技术落后、专业人才缺乏

现代化的投资银行要在竞争中求发展，关键在于拥有先进的管理技术和强化管理职能。先进的管理技术不仅仅依赖先进的科学技术工具和手段，关键还在于先进的管理知识和技能。对投资银行而言，先进的管理一方面包括对业务的组织、拓展及业务质量的提高(主要依赖金融创新)，另一方面包括对经营风险(主要是金融风险)的分析监测与控制。中国投资银行毕竟年轻，管理经验少，无论从管理模式还是风险监控方面，与国际上具有几十年发展经验的老牌投资银行相比，仍然存在相当大的差距。

(1)在人力资源管理上习惯运用传统的管理体制模式及行政手段，缺乏以人为本的市场竞争与激励机制。

(2)在业务管理上缺乏创新意识和创新性的市场应变与竞争能力。

(3)在风险管理上依旧依赖传统的主观判断和定性分析，缺乏现代风险管理经验和技术。不说经济发达国家20世纪70年代以来金融创新的如火如荼，仅就风险管理的金融工程技术而言，从20世纪90年代以来已经发展到十分复杂和纯熟的程度。但中国投资银行(包括其他金融机构)目前对金融工程技术仅停留在学习、吸收和消化阶段，基本上谈不到能够灵活运用。面临21世纪金融市场的风云变幻和金融风险不断增大，中国投资银行如果不能尽快掌握现代化的金融工程技术，要在这样的环境里求生存也同样是非常艰难的。

当然，管理技术的落后根源于中国投资银行缺乏现代化的管理人才。中国投资银行发展历史短暂，其重要功能还未充分显现出来。无论是政府、社会公众还是证券业自身，也还没有充分意识到人才的重要性，加之中国长期以来计划经济模式和以公有制为主的体制还未能脱胎换骨，没有完全市场化的经济运作机制也很难形成一个完全市场化的用人机制和经理市场。这样，本来就稀缺的人才也很难找到合适的位置并真正发挥才能。另外，近些年来，证券业的忽冷忽热也导致了投资银行的专业人才流动性加大，投资银行本身也无心和无力投入大成本培养专业人才，这也是人才缺乏的一个重要原因。从目前的情况看，如何吸引人才、培养人才和稳定人才，已经成为中国投资银行面临的越来越重要也是越来越棘手的问题。

4. 国际化程度低、发展空间狭窄

随着世界经济的全球化和金融市场的一体化发展，投资银行的国际化成为一种必然选择，各国的投资银行也正是通过国际化来扩展自己的市场份额，寻求各自的发展空间。然而，中国投资银行由于起步较晚，其发展同时受中国金融的非完全对外开放和人民币非国际化等因素的制约，其国际化程度和发达国家投资银行相比较，几乎不可同日而语。表现在以下几方面。

(1)国内投资银行在国际设立的分支机构极其少，且布点地域狭窄，目前主要集中于香港特别行政区和新加坡。

(2)国际业务开展缓慢，目前尚处于初始发展阶段，且很多业务由外国投资银行或商业银行委托办理，中国投资银行独立办理和开创国际业务的能力还十分有限。

(3)从业务种类看，目前国内投资银行的国际业务仅是 B 股、H 股、N 股等外资股的承销，对于海外上市股票及发债融资业务，由于国内投资银行缺乏分销网络、缺乏经验、缺乏人才及实力不济，大都被外国公司或合资公司所垄断，反映出中国投资银行在国际市场上的业务竞争能力还十分有限。

(4)国际业务收入在总收入中的占比过低(1%～3%)，新增盈利点匮乏，与国际上大的跨国投资银行差距日益扩大。考察的数据表明，1988～2000 年美国的美林公司、高盛公司和摩根斯坦利公司等跨国投资银行，其海外收入占到总收入的比率都在 40%左右，且都有连年增长之势。

以上情况已充分表明，中国投资银行在国际化发展道路上的困难还相当大，任务相当艰巨，要能在国际投资银行界和国际金融市场占有一席之地，还要付出更大的努力。

12.3　21 世纪中国投资银行发展战略

12.3.1　21 世纪中国投资银行面临的竞争与挑战

21 世纪开始以来，随着中国成功加入世界贸易组织，中国金融市场逐步对外开放，国际投资银行逐步通过各种方式进入中国证券市场，有条件地开展证券承销业务、经纪业务、基金业务及其他人民币金融业务。虽然中国证券市场属于高度保护的金融领域，中国政府将采取谨慎态度逐步开放，对外国金融机构的进入和开展业务将做出一定限制性规定，但这些措施只能是短暂的和有限的。从长期看，国际投资银行进入中国证券市场开展业务，必然对中国投资银行的发展构成严峻的竞争和挑战。

1. 资金实力的竞争

如前所述，国际上一些大的投资银行都是资金实力非常雄厚的跨国投资银行，它们凭借其强大的资金规模和融资能力，在金融市场上叱咤风云、呼风唤雨，从而挤垮竞争对手、抢占市场和进一步扩充自己的实力。在这一方面最能让人折服的实例，当数 1998 年东南亚金融危机的后期，国际金融投资商利用自己强大的资金实力冲击中国香港股市和汇市那惊人的一幕闹剧。虽然当时金融投资商没有达到投机获利的目的(最终以失败告终)，但足以反映竞争的残酷性和资金实力的重要性(香港政府和中央银行凭借雄厚的外汇储备和融资能力才得以取胜，但一些小的投资银行和金融机构却在搏杀中被挤垮而退出市场)。投资银行具有充足的资金实力，一方面是在市场动荡时能够抵御风险和与竞争对手抗衡的保证；另一方面也是在开展证券承销业务时争取更多、更大客户，从而占领市场的保证。道理非常简单，证券发行公司在巨额证券发行筹资时，总是喜欢聘请相当有实力的投资银行为自己承销证券，以确保足额即时获取所需资金，尽可能降低发行风险；而资金实力不济的投资银行常常难以争取这样的客户，进而也就难以占领市场。从中国投资银行目前现有的资金实力来看，应付国内同行业的竞争和保证现有市场份额似乎不显困难，然而要与进入中国证券市场的跨国投资银行相抗争，无疑是以卵击石，其后果将是不言而喻的。因此，如何尽快壮大中国投资银行的资金实力，以应付跨国同行的竞争，将是中国投资银行面临的头等大事。

2. 业务创新的竞争

国际上大的投资银行都以金融业务创新而称雄，同时也以其灵活多变的金融创新能力而应变市场、规避监管、开创业务领域、争取潜在客户和提升盈利水平。20 世纪 60～70 年代以来，西方经济发达国家金融市场长盛不衰的金融创新活动，其主要参与者当数投资银行，这正是这些国家的投资银行得以长足发展的动力和源泉，同时也是其开创国际市场、扩大市场份额、实现多元化发展的一个尚方宝剑。可以预见，当跨国投资银行进入中国证券市场后，它们将会凭借其娴熟的创新技术和多元化的创新服务，与中国投资银行争抢客户，争抢市场。相形之下，中国投资银行业务品种单一、创新能力低下、金融服务意识淡薄，一些业务（如经纪业务、资产管理业务、项目融资业务等）几乎还停留在原始状态；资产证券化业务、金融衍生品的交易业务几乎还没有开发，市场营销策略还相当落后，组合投资和风险管理技术还没有完全掌握，风险投资市场才刚诞生，网上交易业务的客户基础还相当薄弱；等等。这些情况如果没有快速的转变，一旦跨国投资银行进入中国证券市场，中国投资银行同样面临在短期内被挤垮的危险。

3. 管理技术的竞争

这里的管理技术主要是指投资银行在其证券自营、投资基金、投资顾问、金融衍生品的交易、资产管理等业务活动中对市场风险的预测、组合投资策略的制定，以及对可预测风险的防范和控制等方面的管理技术。在 20 世纪 70～80 年代以后，随着国际金融市场的动荡不安和金融风险的不断加大，国际投资银行对其各项业务活动中的风险管理技术的研究越来越予以高度重视。

经过几十年风险管理理论的研究探索和成果总结，目前，国际投资银行界已经发展了一套较为成熟和行之有效的金融风险管理工具和方法——VaR，即风险价值法。该方法在国际众多的投资银行、投资基金、商业银行、保险公司等金融机构中已得到广泛应用，一些大的投资银行，如美林公司已将该方法发展成为包括风险数据库、交易限额检测系统、交易系统通道和敏感性模拟系统等的一套风险管理工具体系，在对各项业务风险管理中已发挥了很好的效果。

然而，中国投资银行界对业务风险管理目前基本上还停留在主观判断，基本面和市场指标、图形（主要是 K 线图和波浪图形）的技术和理论分析上，对国际上现已普遍应用的 VaR 方法目前还知之甚少，至少谈不上在业务风险管理上的熟练运用，更谈不上像美林公司那样对该方法的创造性发展。形势已非常明朗，管理技术的掌握和运用现已几乎成为投资银行生存与发展的关键，中外投资银行在此方面比较相形见绌，其竞争的胜负也就可想而知。

4. 服务质量的竞争

从本质上讲，投资银行是一个服务性金融机构，其本源业务和其他绝大部分业务都是为客户提供金融服务。因此，服务质量的高低成为投资银行能否广泛开展业务和争取尽可能多的客户的生命线。经济发达国家的投资银行在其长期业务实践中，始终贯彻着“服务第一、客户第一”的宗旨。例如，它们在开展经纪业务的过程中所建立的客户理财报告制度，就是集中体现“客户至上”的一种个性化服务制度，对吸引客户、稳定客户群具有非常积极的效果。国际投资银行巨头美林公司在贯彻此项制度中，对客户经理的要求和评价及其工资报酬都完全与其对客户提供的服务效果相挂钩，将服务质量作为员工晋级、聘解的主要指标。国际上发展成功的投资银行往往都是以最优质的客户服务而取胜竞争对手。

跨国投资银行进入中国市场，在竞争中打出的第一张王牌就是以优质服务来赢得顾客。中国投资银行尽管具备占有本土顾客的先发优势，但在金融服务上如果不能取胜于外国投资银行的话，同样会失去自己的优质客户，从而损失市场。然而，优质服务不仅仅是一种口头上的宣传，中国投资银行要能真正在金融业务中提高服务质量，还须做出艰苦的努力。

5. 专业人才的竞争

前已述及，中国投资银行发展中的一大瓶颈就是缺乏人才。这里的人才既包括熟悉专业知识和掌握业务技能的专业人才，又包括有创业精神和道德操守的高素质管理人才，即所谓的“投资银行家”。一个成功的投资银行要同时拥有一批具备高超管理技术的管理人才集团和充足的专业技术人才群体，并使二者的智慧和技能形成合力。中国投资银行人才缺乏是一个相对的概念，是相对于拥有大批高素质人才的大投资银行而言的缺乏，同时又是相对于当代投资银行对人才要求越来越高，而中国现有的人才素质和技能均难以满足时代要求的缺乏。也就是说，中国投资银行里的领导者和职员就目前讲并不少，但真正的高技能、高素质的专业人才和管理人才并不多，而且人才队伍不稳定、流动性较大，这是中国投资银行目前较为棘手的问题。但在跨国投资银行进入中国市场以后，这一问题将会变得更加棘手。因为外国投资银行要在中国市场开展业务，必然要聘用中国的人才，这必然在聘用人才上展开与中国投资银行的竞争。众所周知，外国投资银行在人才竞争中有两大优势：一是高薪，二是提供出国培训和任职的机会，对于长期饱受低收入之苦和有强烈出国深造欲望的中国才子而言，这无疑是天大的诱惑。外国投资银行的优势恰恰是中国投资银行的劣势。可想而知，要在竞争中取胜，中国投资银行将会付出惨痛的代价。

6. 国际化战略的竞争

外国投资银行进军中国证券市场开发业务，抢占市场份额，是它们国际化发展战略的一个重要组成部分。然而，对中国投资银行而言，这将会构成双重竞争。一方面，在外国投资银行进入中国市场以后，中国投资银行首先面临着如何保住现有人才不至于流失、现有客户不至于被抢走、现有业务不至于被瓜分、现有市场份额不至于缩小等的压力，同时还面临在应对外资机构挑战时国内同行业的竞争，国内投资银行在国内竞争中如何拓展业务和抢占市场将面临更大的困难。另一方面，中国投资银行还面临着如何走出国门、拓展海外市场、寻求更大发展空间的压力。前已述及，中国投资银行发展时间短、经验少，开发国际业务和市场的能力相对低得多，困难相对也就大得多。然而，现实是残酷无情的，随着中国金融对外开放度的不断扩大，竞争将不可回避。如何以自己的国际化战略应对外资投资银行的国际化战略，而且要确保成功，将是中国投资银行需要认真考虑的问题。

12.3.2　中国投资银行的竞争优势和发展机遇

面对 21 世纪的竞争与挑战，中国投资银行的生存与发展也有自己的优势和机遇。

1. 中国投资银行的竞争优势

与国际投资银行相比较，中国投资银行在国内市场开展业务，并与外资投资银行进行竞争，具备以下优势。

(1)体制优势。中国是社会主义市场经济体制的国家，民众利益和国家利益高于一切。中国在WTO协议中之所以设定金融开放的过渡期，同时有步骤、有条件地开放证券市场，就是根据中国的特殊国情，对年轻的中国投资银行采取必要的保护政策，防止因不公平、不正当的竞争而损伤其利益，保护其茁壮成长。这是中国投资银行最大的体制优势。

(2)先发优势。中国投资银行伴随中国改革开放的步伐，发展至今毕竟也有30年左右的历史，加之中国政府对资本市场的保护，国内市场基本上已由中国投资银行自己所占领。中方为守势，外方为攻势，外国投资银行要在竞争中取胜，必定要付出巨大代价。因此，外资银行采取合作让利的方略将是上策，这种情况必然对中国投资银行有利；另外，外国投资银行竞相进入中国市场，它们之间必然引起竞争。鱼蚌相争，中国投资银行必然得利。

(3)本土优势。中国投资银行在国内市场上开展业务，面对的是中国客户和早已熟悉的市场环境，知己知彼、知底知面，既无文化障碍，又无市场壁垒；但对外国投资银行就不同了，它们进入中国市场开发业务，至少有一个熟悉市场的过程，这必然对中国投资银行又增加了一个竞争的缓冲期。面对急于抢占市场的外资投资银行，中方蓄势待发，相对优势比较明显。

2. 中国投资银行的发展机遇

进入21世纪，中国日趋完善的市场环境为中国投资银行创造了良好的发展机遇：①中国经济在21世纪头十年继续保持良好增长势头，国民生产总值连年增加，宏观经济形势大好；②现代企业制度建设初见成效，上市公司在数量不断增加的基础上，质量不断提高；③经过近年来的宏观调控，商品物价及消费基本稳定、城乡居民储蓄保持稳定增长，在利率继续保持低水平的情况下，有利于向证券投资的转化；④金融法规制度建设步伐加快，特别是证券市场监管制度日趋完善，证券市场主体行为日趋规范；⑤混业经营的条件日臻成熟，投资银行的融资渠道和业务范围不断拓宽；⑥网络技术的高速发展有利于中国投资银行业务的更新换代，更有利于国际业务的开展；⑦一大批原就职于国有商业银行的金融专业人才将随着商业银行业务竞争加剧和业务范围萎缩而流向投资银行；⑧理论界已开始越来越重视对现代金融风险管理理论和方法的研究，研究成果越来越多，有利于中国投资银行引进和借鉴；⑨外国大型跨国金融机构(主要是商业银行)已逐步进入中国金融市场开办人民币业务，中外合资合作的机会越来越多，中国投资银行可以更方便、更直接地学习和借鉴国际先进的金融管理技术和丰富的业务操作经验；⑩投资银行在经济发展和金融服务中的重要地位和关键作用已越来越得到社会公众的认可和国家政府的高度重视，政策支持和推进将成为中国投资银行进一步向高层次发展的又一股强劲动力。

总之，中国投资银行应该紧紧抓住各种机遇，在尽快地时间里调整自己的发展战略，为在21世纪更快的发展创造条件。

12.3.3　21世纪中国投资银行发展战略

1. 机构发展战略

中国投资银行发展到目前，在数量上已经远远超过了其他国家，但就每个单个投资银行而言，中国的投资银行是实实在在的“小弟”。如前节所分析，中国投资银行的资本、资产实力与国际大型投资银行相比差距悬殊，要与之竞争，中国投资银行根本难以抗衡。然而，大型跨国投资银行不会因为中国投资银行规模太小就不与我们较量；相反，外国投资银行正是看中了中国投资银行的弱势，在中国金融市场完全开放之时，会迫不及待地与中国投资银行叫板。在这种严峻的形势下，为了避免在激烈的竞争中被挤垮和被吞并，中国投资银行目前的当务之急就是在外国投资银行还未进入中国市场之前的短暂时间里，尽快地补充资本、扩大规模，形成中国的投资银行集团，凝聚和增强中国投资银行的竞争实力。为此，应从以下途径入手：①在有条件的情况下，继续增资扩股，或直接上市筹资，以迅速壮大资本实力；②通过资产重组、兼并收购，或强强联合的方式，形成大型投资银行集团，聚合竞争实力；③多渠道筹集资金，特别是利用中国当前金融混业出现端倪之际，与商业银行、保险机构及其他资金实力较强的金融机构开展业务合作，以增加可用资本；④积极开发基金业务、委托(信托)业务和资产管理业务等，以增大资产规模，提高投资银行机构竞争能力。

2. 业务发展战略

世界上几乎所有的投资银行都是从证券(承销、经纪、自营)业务起家的，但不是所有的投资银行都是依赖传统业务发展壮大的。因为不同的国家有不同的证券市场环境和条件，即使是同一个国家在不同的历史发展阶段，其证券市场和宏观经济发展需求也可能大相径庭。关键在于一个投资银行要能根据自身的条件，审时度势、抓住机遇，寻求适合自己的市场，扩展优势业务。对中国投资银行而言，在新时期能够迅速扩大市场和增加规模的自然不是传统的证券承销业务、经纪业务和自营业务，而应是除此之外的新业务，主要有以下几种。

(1)投资基金业务。因为中国广大小额投资客户目前仍然对股票市场风险抱有厌恶心理，旧时的投资者现在也逐步理性化；中国的投资基金方兴未艾，正在被越来越多的小额投资者，甚至某些机构投资者所青睐。中国投资银行应不失时机地开发此项业务，一方面可以壮大自身的资金实力，另一方面又可以建立相应的客户群。

(2)公司并购业务。开发此项业务有几大优势：一是国际经验已经证明，大的投资银行都是通过公司并购业务来占领市场的，而且大的并购业务可以给投资银行带来可观的收益，如某投资银行为收购企业或被收购企业同时安排融资，收益会更加丰厚。例如，1988年KKR公司收购纳比斯科公司时，安排一揽子融资计划的投资银行德崇公司就赚取了2亿美元的中介费收入。二是中国国有企业在前几年资产重组的基础上，为加快现代化公司制度建设，新一轮的资产重组活动再度启动，兼并收购浪潮更会高过先前，数额巨大的国有资产存量的再度整合将会创造中国投资银行并购业务的热潮。三是中国政府职能已经从国有企业的一切活动中淡出，并购活动中的策略谋划急需富有专长的投资银行参与，这正是中国投资银行大显身手的良辰佳机。

(3)资产管理业务。此项业务是20世纪90年代以来世界上大的投资银行赖以壮大资金实力、获取高额收益的核心业务之一。尽管中国投资银行在前几年已经开发了此项业务，但中国投资者手中巨大需求代管的票券和资财潜力远没有挖掘出来。近些年来，中国几大国有商业银行特别是非国有商业银行，如中信、民生、交通、华夏等相继开发的多种理财产品和资产管理业务一直门庭若市，足以证明上一论点。因此，中国投资银行应及时与商业银行合作，或另辟蹊径挖掘这一资源。

(4)风险投资业务。中国的风险投资市场已经开市，中国投资银行应不失时机，尽快开发风险投资业务，以占领这一新兴市场。

3. 创新发展战略

20世纪70年代以来，西方经济发达国家金融市场上的创新运动如火如潮，其直接结果是大量的金融业务和金融工具被创造出来。投资银行一方面通过给客户提供丰富多样的多元化金融服务而拓展了市场，实现了快速发展；另一方面运用创新性金融工具(如远期、期货、期权、互换，特别是资产证券化及其信用衍生品等)分散了业务风险，实现了收益的稳定增长。反观中国投资银行，目前发展缓慢的一个重要原因就是仍以单一的传统业务作为主业，创新性业务品种较少、收益自然低下。要改变这一状况，关键是要加快创新研究、提升创新能力，为业务创新创造条件。

(1)超前研究市场需求。任何一种金融创新都是在特定的环境条件下，根据当时的市场需求创造出来的。例如，1972年，大额定期可转让提款单就是美国商业银行在美国中央银行Q条例限制定期利率上限，造成商业银行存款资金来源萎缩，而商业银行面对当时市场利率上升仍有旺盛贷款需求的条件下，急切开辟资金来源，于是努力探索市场，积极寻求机会的结果。借贷机构发现了对支票存款禁止支付利息的法规漏洞，便即时开发了可支付利息的可转让提款通知书(Now账户)，因而及时缓解了资金不足的压力，短期里以筹到的资金发放高息贷款，发了横财。此例充分说明，创新不是单靠意愿，更要靠对市场的充分了解和对政策的积极挖掘。对中国投资银行而言，目前需要做的主要是加强市场预测，充分了解市场需求，同时对政府宏观金融监管的政策和将来的取向更要了如指掌，这样才能随时把握机会，为即时创新奠定基础。

(2)深入研究创新技术。任何一种创新几乎都不可能凭空而来，金融创新更是这样。例如，货币的产生，其依托了商品交易，经历了特殊等价物到一般等价物，再到货币的演变过程；又如外汇期货的产生，依托了远期外汇交易，借用了实物商品期货的原理，经历了外汇远期投机交易的洗礼和撞击，最终演变成为标准合约的形式。中国投资银行发展较晚，固然存在创新能力短期里难以提升的困难，好在西方发达国家投资银行几十年金融创新经验可以为中国投资银行提供借鉴。中国投资银行目前需要做的，首先是精心研究已成熟的金融创新技术和机制，深入探索现有金融创新工具的原理和方法，其次根据中国金融市场发展现状和预期市场需求，努力寻求创新的生长点，为即时创新创造条件。

(3)积极开发创新业务。中国投资银行当前创新的着眼点应主要放在业务品种的更新和升级上，尽快打破单纯依靠传统证券业务数量扩张的局限，积极寻求开发新的业务品种，拓展新的业务领域。据前所述，业务创新并不能凭空想象，而是要以传统业务和现有业务品种为依托，挖掘市场需求，根据创新技术和原理，将市场需求和现有的业务资源(包括资金资源和客户资源)结合起来，力求在原有的基础上有所突破。不求原创，只求在仿效的基础上有所拓展和升级，对中国投资银行而言也应是一种创新方式。从发展的趋势看，中国金融衍生市场的开发已为期在即，中国投资银行应为此做好充分准备。

4. 技术发展战略

这里的技术泛指管理技术，具体包括市场营销管理和风险管理两个重要方面。现代投资银行要在充满竞争和风险的市场环境中生存和发展，必须树立现代化的管理理念，学习和运用现代化的管理技术和方法。中国投资银行也不例外，在中国经济与金融的发展逐步与国际接轨的 21 世纪，中国投资银行必须建立技术发展战略，注重管理技术的提升。

(1)强化市场营销管理理念。由于投资银行属于服务性产业，因此，投资银行的市场营销并不是将一般产品的市场营销原理及技术简单地应用于投资银行的金融业务之中，而是将营销理论的整体思维和手段措施与投资银行的特殊性相结合，将营销理念渗透于投资银行管理的各个领域，将投资银行的各个方位、各个层次的横向、纵向的管理融会贯通在一起，形成一整套覆盖投资银行所有层面的全方位管理理念和方法。它为投资银行正确地确定目标市场、选择目标客户、灵活地调整业务品种和营销策略、成功地抢占市场，扩大市场份额而提供系统的管理技术支持，为投资银行的全方位超常发展提供一整套完善的管理技术和方法。近年来，这种全新的思维方式和管理理念已在投资银行界引起广泛关注。对中国投资银行而言，要实现全方位的发展，目前应强化市场营销管理理念，学会运用全新的管理技术迎接 21 世纪的挑战。

(2)引进风险价值管理技术。风险价值管理(VaR)技术是现代金融工程技术的一个重要组成部分，是建立在现代风险管理理论基础之上的一种金融风险管理方法。风险价值方法之所以广受欢迎，是因为它具有明显区别于传统风险管理方法的特点：①VaR 值能简洁明了地表示金融市场风险的大小，使用者即使没有任何专业背景也可以对风险价值状况进行评判；②VaR 法可以事前计算风险，而不像传统风险测量方法只能事后衡量风险；③VaR 法不仅能计算单个金融产品的风险，而且还能计算全部投资组合乃至整个金融机构的整体风险。由于风险价值法的上述特点特别适合证券投资的管理，因而此方法作为一个风险管理工具，近年来在投资银行对证券自营业务、投资基金业务、风险投资业务、资产管理业务、投资咨询业务等管理中得以广泛推广和应用。对中国投资银行而言，面对越来越大的市场风险和外来竞争，引进风险价值管理技术应是技术发展战略的重中之重。

5. 客户发展战略

作为一个为客户提供金融服务的金融机构，投资银行能否开展业务、占领市场，很大程度上取决于它能否迎合和满足客户的各种要求。争取客户，进而抢占市场已成为中外投资银行将来市场竞争的一个焦点。面对即将到来的客户竞争，中国投资银行应该确定切实有效的客户发展战略。

20 世纪 90 年代，西方发达国家掀起的一切让顾客满意(customer satisfaction)运动，已逐步作为企业市场营销策略的核心列入了企业发展战略之中，它完全可以被中国投资银行借鉴，用于自己的客户发展战略。在这一战略中，投资银行必须切实地研究目标客户的要求、偏好、感觉和购买行为，并依此为投资银行开发新产品、增加新服务、确定产品和服务价格、安排销售渠道、选择广告媒介、拟订促销方案、安排附加服务等管理策略提供可靠的依据。

实施客户发展战略，目标只有一个，即一切业务活动要以客户为中心、一切服务行为要让客户满意，想客户之求，为客户之需，通过为目标客户提供全方位的优质服务来争取更多的客户，拓展更宽的业务范围，提升更高的市场份额，进而实现收益最大化的经营目标。

6. 人才发展战略

投资银行是一个知识密集型行业，每一个投资银行的成功都离不开优秀的人才，而外资投资银行进入中国市场，与中国投资银行展开竞争的首要焦点就是争取管理人才和专业人才。面对竞争和挑战，中国投资银行应该积极实施人才发展战略，通过稳定人才队伍、强化人才培训、构建人才激励机制三个方面赢得竞争优势。

(1)稳定人才队伍。从国际经验来看，稳定现有优秀人才的措施不外乎三个：①实行终身制，如日本的公司，对爱岗敬业和业绩非凡的职工和经理层人士实行终身制，他们的口号就是“公司就是你的家；你为公司出力，公司养你终身”。通过终身制，公司也可以达到激励职员为公司奋斗的目的。②实行年薪制。现在大部分市场经济体制的国家和公司都实行年薪制，特别是对公司的中上层领导，根据一年到头的业绩计付薪酬和奖金，这样至少可以减少年度中间人才的频繁流动。③股权分配制，如美国的投资银行摩根斯坦利添惠的员工持有公司股权的比例高达 21%。通过这一措施，可以达到充分调动员工为公司前途着想的积极性和稳定人心的作用。对中国投资银行而言，除了借鉴西方发达国家的先进做法之外，还可以通过解决员工住房、家属户口、子女就学及健康和养老保险等手段，达到稳定人才队伍的目的。

(2)强化人才培训。对现有的业务人员定期轮流进行培训，从而不断补充新知识，提高人才队伍的整体素质和业务技能，是投资银行人才发展战略中最为重要的内容。由于投资银行是一个知识和智慧密集的行业，因而，投资银行对人才的要求也非常的高。投资银行的职员必须具有良好的职业道德、精湛的业务素质、高超的职业技能和强劲的社交能力，才能胜任投资银行的工作。要使职员具备以上条件和要求，单凭引进和高薪聘请是难以承受的，甚至是难以做到的，积极稳妥而且经济高效的手段就是利用轮训的方式，对全体员工定期进行业务技能培训和职业素质教育。教育培训的方法和途径很多，包括聘请专家教授利用公休时间培训，派送专业职员到相应专科院校甚至出国脱职培训。另外，在考核制度中设置首位晋升和末位淘汰的办法，激励员工自我“充电”，也是培训制度的有益补充。

(3)构建人才激励机制。所谓激励，包括竞争和鼓励两个方面。构建人才激励机制，就是在人才管理中形成竞争和鼓励双重制约制度，促使公司的管理人员和业务人员能够奋力拼搏，争创佳绩，共同为公司的兴旺发达贡献力量。激励机制要依靠严格的考评和奖惩制度来实现。其前提条件是先根据每个职员(包括管理层人士)的具体情况进行定职定岗(也可以采取定期竞聘上岗)，具体确定每个岗位的权利、责任、目标任务和职责标准，然后再定期进行量化考核，并根据考核评比结果，奖优罚劣。实践证明，这是一种非常有效的人才管理制度，中国投资银行应该将此项制度贯穿于人才发展和管理工作的始末。

7. 国际化发展战略

21 世纪经济金融全球一体化趋势明显加强，投资银行国际化也成为一种不可逆转的发展趋势。在这一趋势下，中国投资银行的长远发展战略自然不能局限于国内，而应恰恰相反，向国外扩张、向跨国投资银行发展，应作为中国投资银行的长远发展目标和最高发展目标。中国投资银行只有跻身于国际级投资银行之列，才能永远立于不败之地。中国投资银行的国际化发展战略应该包括两个层面的内容，即机构的国际化和业务的国际化。

(1)机构的国际化。中国投资银行要实现机构的国际化可以通过两大途径，一是在充实资本、扩大规模的基础上，走集团化的道路。通过在外国设立分支机构的方式向国际市场扩展。二是通过跨国并购或联合或合作的方式进军国际市场，打造中国的跨国投资银行。

(2)业务的国际化。机构国际化只是手段，而业务国际化才是中国投资银行的最终目标。中国投资银行在国内开发业务固然有前述的优势，但在国内市场竞争日益激烈特别是外国投资银行也会紧处加楔的环境条件下，积极拓展国际业务、扩大国际市场份额才是出路。

中国投资银行业务国际化也有两大途径，一是根植国内市场，积极承揽国内证券市场的国际业务，包括国内企业、政府或金融机构在国际市场发债融资的证券承销业务，外资公司、政府或金融机构(在中国金融市场全面开放、人民币全面国际化以后)在国内市场融资时的证券承销和证券上市经纪业务；二是直接依靠在国际市场的分支机构，承揽国外证券类业务，在不断拓展国际市场和提高营销份额的基础上，通过开发诸如公司并购、委托代理、风险投资等投资银行的其他业务，最终实现全面国际化的宏伟目标。

➢本章小结

(1)中国投资银行是指包括主营证券类业务和兼营证券类业务的所有投资银行机构；中国投资银行从 20 世纪 80 年初开始起步，经过 90 年代中后期的迅猛发展和进入 21 世纪后的不断规范，至今已经发展成为一个具有中国特色的中国投资银行体系；中国投资银行的发展在中国市场经济转轨中起到了有利于中国证券市场稳定协调发展、有利于中国国有银行开展平等竞争、有利于中国现代企业制度建设和有利于中国高新科技产业振兴的特殊作用。

(2)中国真正独立的投资银行是随中国证券市场的建立而产生的。中国投资银行在产生后成功地开展了证券发行承销、证券经纪与自营、公司并购、投资基金、网上交易和国际业务实践，并在业务实践中不断发展壮大起来。由于中国投资银行从产生到发展壮大仅有十多年的时间，在发展中不乏存在资金规模偏小，竞争实力较差；业务品种单一，创新能力低下；管理技术落后，专业人才缺乏；国际化程度低，发展空间窄狭等不足之处，这些问题与不足需要在以后的发展中逐步解决和弥补。

(3)进入 21 世纪，中国投资银行面临着与将要进入中国市场的外资投资银行在资金实力、业务创新、管理技术、服务质量、人才资源及国际化战略等方面的竞争和挑战；然而，中国投资银行具备了在中国国内的体制优势、先发优势和本土优势，同时具备了中国经济持续增长、现代企业制度建设初见成效、金融环境逐步转好、法规建设步伐加快、混业条件日臻成熟、网络技术高速发展、商业银行人才流向投资银行、理论成果有利借鉴、国际合作机会增加和政府支持、政策推动等良好的发展机遇；面对竞争与挑战，中国投资银行应凭借优势、抓住机遇、积极实施机构发展战略、业务发展战略、创新发展战略、技术发展战略、客户发展战略、人才发展战略和国际化发展战略，最终实现全面国际化的宏伟目标。

➤【案例 12-1】

一、案例背景

从 1985 年 1 月 2 日，新中国第一家证券公司——深圳经济特区证券公司开始试办以来，在短短的二十几年内，证券公司从无到有，从小到大，发展速度极其惊人，但中国证券公司发展历史上的危机以及一系列事件的爆发，引发各方面对导致中国证券公司风险及损失原因的探讨。有的认为是证券公司治理结构方面的原因，有的认为是证券公司组织结构方面的原因，有的认为是证券公司激励结构方而的原因。这些研究多是主观或者直接得出结论，没有经过客观、全面、系统、深入的分析，往往使人质疑风险及损失发生与这些归因之间的相关性。在最初几起证券公司倒闭事件发生后虽引起当时巨大的震动，但并没有引起人们的反思，人们只是把它看做个案，看做因单个公司违规操作，或是由于董事长个人原因或“枪打出头鸟”造成的结果，而不是普遍现象。直到 2004 年大量的证券公司出现问题才开始引起人们的高度关注，其中南方证券股份有限公司(以下简称南方证券)最为典型，由于南方证券是当时国内注册资本最大的，它的倒闭值得我们深思。因此，有必要从现象到本质，对中国早期证券公司衰亡的原因进行分析，找出真正的症结所在。

二、案例综述

南方证券前身为南方证券有限公司，是经中国人民银行批准，在中华人民共和国财政部的大力支持下，由中国工商银行、中国农业银行、中国银行、中国建设银行、交通银行和中国人民保险公司联合发起，并由国内 43 家著名企业出资组建的全国性证券公司。公司于 1992 年 12 月 21 日在深圳经济特区正式成立，注册资本 10 亿元。创立初期的南方证券位于国内证券行业金字塔尖，当时国内的证券公司大多数注册资本不过几个亿，仅有华夏、国泰和南方三家证券公司注册资本达到了 10 亿元。之后，南方证券由于实业投资失败，背上百亿元债务。为化解风险，南方证券 2000 年开始着手增资扩股工作。2001 年 2 月 25 日，南方证券宣布成功增资扩股，北京首创、安彩集团、吴江丝绸、邯郸钢铁、上海汽车、国家开发投资公司、中国诚通控股、露露集团等 21 家国有大企业和上市公司以现金入股方式共投入 17.85 亿元成为南方证券的新股东，加上南方证券原有的公积金转增资本金，注册资本增加到 34.58 亿元。首创股份、上海汽车与深圳市投资管理公司成为南方证券的并列第一大股东，安彩集团、浙江东南发电以及核电集团分别成为其并列第二大股东和第三大股东。2002 年 1 月 19 日，公司获得中国证监会批准进行增资扩股并改制成为股份有限公司。

作为设立较早、规模较大的证券公司之一，仰仗大股东银行资金的鼎力支持，南方证券诞生之初就是证券业界的“枭雄”，势头之猛与当时另一“强人”君安证券难分伯仲。尤其是政府背景之深更是其他一些券商难望其项背。2000 年南方证券业绩傲人：承销业务排名居全国第一位，主承销股票达 37 家，募集资金总额 201 亿元，各项主要业务指标均为业内第一名；经纪业务亦跃居业内第三名，总资产达到 368.20 亿元，利润达到 11.69 亿元。其市场作为同样可圈可点，1999 年“5.19 行情”之时启动虹桥机场，以中关村科技置换琼民源，2001 年春兰增发……

然而，有关南方证券的负面消息也不绝于耳。起先是在 1997 年大牛市中，南方证券涉嫌利用内幕消息操作北大车行二级市场股价，受到中国证监会的严厉批评。但事隔一年，南方证券又在自营盘子上“翻船”，1997～1998 年该公司下属 28 个机构以 4 000 个个人股票账户申购新股或进行股票自营，获利 2.9 亿元。此后，对南方证券披露的问题，大多围绕其自营盘子和挪用客户保证金方面。“麦科特欺诈发行上市”事件之后一直做得不错的承销业务也急转而下，风光不再。随着 2001 年下半年沪深股市重挫后，南方证券及其华德资产所持有的股票大幅缩水，导致大量自营盘子与资产管理出现巨额亏损，大量的委托资金无法按期兑现。

2004 年 1 月 2 日，中国证监会和深圳市政府联合颁发公告，鉴于南方证券股份有限公司违法、违规经营，管理混乱，为保护投资者和债权人的合法权益，对南方证券实施行政接管。2004 年 6 月底，南方证券接管小组向中国证监会、中国人民银行、深圳市政府等有关部门上报了关于南方证券资产情况的报告，据报告统计，南方证券挪用个人保证金部分超过 80 亿元，中国证券登记结算公司透支和国债欠库超过 100 亿元，资产管理亏损超过 30 亿元，总窟窿盘子超过 200 亿元。

三、案例分析

南方证券倒闭的原因是多方面的，我们可以总结为以下主要的几点。

(1)资本金不足。证券公司总资产与综合业务价值量之间具有很强的相关性。南方证券的整体实力并不亚于行业中任何一家证券公司。无论是经纪业务、投行业务、国际业务，还是自营业务和代客理财业务等，南方证券在行业中都处于前列。但是，由于资本金不足，严重束缚了公司的发展。南方证券的注册资本为 10 亿元，而当时整个行业的资产规模已经有 200 亿～300 亿元。由于当时政策上对民营资本进入证券公司进行了许多限制，南方证券不能通过增资扩股及时解决资本金不足的问题。

(2)融资行为不合法。南方证券为了扩大自身规模，多方寻找资金，并许以高额利息，随后将资金全部投向股市。南方证券甚至号召员工四处招揽资金，将员工的奖金与吸收资金的比例挂钩，南方证券不惜以高额的回报从银行、农村信用社等金融机构及企业拉资金。由于当时金融管理条例上有规定，中央银行不允许农村信用社的资金进入证券公司或股市，南方证券则采取曲线入资的方式，农村信用社跟南方证券签订协议，前者将购买的国债放在后者营业部托管，或者前者直接委托后者的营业部进行国债投资，营业部在取得这些国债的支配权之后，就顺理成章地获得了相应数量的资金使用权，再将资金拆借给机构炒股，并作为第三方对资金进行担保和监管，其中仅南方证券南京分公司以此方式融到的资金就有 40 多亿元，另外，南方证券的天津、铁岭及大连等地营业部在未经主管部门批准的情况下，发售了近 7 亿元的个人柜台债券，涉嫌非法吸收公众存款。

(3)挪用客户保证金。南方证券坐庄模式在 20 世纪 90 年代的中国证券市场上很常见，即将大量资金用于少数几只重仓股。由于控盘程度较高，且逆势而为，资金需求量非常大，但这种重仓控制的股票其他机构投资者极少跟风。为维持坐庄的需求，南方证券不断地挪用客户保证金，继而动用客户托管的国债进行回购。“到了后期，公司挪用客户的资金资产已经成了常事，不挪用根本就转不动”南方证券的一位人士说。由于证券公司与登记结算公司的结算是轧差清算(即结算的只是证券公司所有客户买卖的差额)，证券公司存放客户交易结算资金的账户一般会有大量的保证金沉淀，这就给证券公司挪用客户交易结算资金提供了便利条件。证券公司挪用保证金后，只要账户内的资金还能够完成与登记结算公司的结算，并满足客户提取保证金的要求，一般不会被发现。但如果挪用的数额过大，在客户买入证券远大于卖出证券时，证券公司就将无法完成与登记结算公司的结算，一般而言，客户保证金被挪用的问题此时才会显现出来。

(4)自营亏损严重。南方证券2000年自营规模为4.045亿元，2001年为14.01亿元，到了2002年自营规模扩大一倍至83.41亿元，而此时其净资产才2.94亿元，远远超出了券商自营规模不大于净资产80%的上限，高达364%。南方证券自营规模之所以大，一方面是由于在哈药集团股票的包销上占用了很大一部分资金，另一方面是由于代客理财，承诺保本保底造成的。

(5)不良资产严重。南方证券早期管理层提出“证券与实业并重，其在全国各地搞了大批实业项目”，1993年在海南、深圳、白塔、长江三角洲等先后买过很多地皮并在全国建立控股子公司。但随着房地产泡沫的破灭，南方证券短短几年形成了巨额的不良资产。据悉，南方证券旗下的深圳华达和上海华德，“隐匿”有南方证券7 026亿元的资产。中国人民银行、深圳市政府等有关部门上报了关于南方证券资产情况的报告，报告称，南方证券挪用个人保证金部分超过80亿元，在中国证券登记结算公司透支和国债欠库超过100亿元，资产管理亏损超过30亿元，总窟窿盘子超过200亿元。

(6)管理层“双头”领导。2002年6月，在南方证券濒临破产的背景下，阚治东出任南方证券总裁，贺云出任南方证券董事长，以解南方证券之围。但是两人在管理上时常意见分歧，使得在总裁和董事长的权利与工作范围上，很难划分清楚，不利于工作的执行。南方证券的倒闭主要是由其违法违规经营以及管理混乱造成的。其实，南方证券的失败并不是行业中的特例，很多证券公司都存在同样的问题，只是没有暴露出来罢了。南方证券的倒闭对整个行业都产生很大地影响，其失败的根源可以总结为以下两点：一是法人治理结构不健全。南方证券虽然在管理构架上具有完善的体系：有董事会、常务董事会、专职董事长、董事会办公室、董事会秘书，还有监事会、股东大会等，但这些职能部门并没有切实地实施其职责。南方证券一年召开的董事会次数寥寥无几，董事会形同虚设。这样的法人治理结构不利于管理层之间的相互制衡，也不利于决策的制定。二是风险防范能力差。以南方证券的资产管理业务为例，南方证券与其受托投资管理业务的子公司频频出入股市，都曾是哈药集团、哈飞股份、升华拜克、金地集团、隧道股份等股票的前十大股东之一。公司缺乏足够的风险防范意识，过度持仓，并在高位强行建仓，将战线拉得过长，对后市盲目乐观，随着2001年下半年沪深股市重挫后，南方证券及其华德资产的重仓股大幅缩水，大量的委托理财资金无法按期兑现。另外，南方证券没有将自营账户与资产管理账户分开管理，并且买卖股票时不设置盈亏点；等等，都说明南方证券的风险意识缺乏，风险控制管理制度不健全，未建立有效的风险管理组织结构。同时，南方证券缺乏相应的技术平台来实施风险管理，这也是我国证券公司共同存在的问题。

四、案例启示

证券公司作为中国投资银行业的主要机构形式，在整个资本市场乃至社会经济体系中占有相当重要的位置，因此，证券公司的风险防范不仅对证券公司本身，甚至资本市场和社会稳定都有至关重要的意义。通过上述案例分析，我们可以得到以下两点重要启示。

1. 加强投资银行内部业务创新，努力改变业务单一现状

纵观我国投资银行业的发展现状，各证券公司的业务经营种类相对单一，主要依赖证券承销业务、经纪业务和自营业务，其他业务相对较少，特别是在证券市场不景气和不规范的环境中，主要依赖自营业务发展，经营风险自然较大。相较于西方发达国家特别是美国的投资银行业而言，我国投资银行业务单一的现状更加增大了经营的风险性。在这种背景下，强化我国投资银行的金融创新，实现业务经营多元化发展就显得尤为重要。

(1)以证券承销为主，发展并购及财务顾问业务。我国发行承销业务经历额度制、核准制和目前实行的保荐人制度，发行制度的改革对于更好地维护投资者的合法权益，提高证券市场的营运质量和运作效率，在市场参与主体间真正构造一种责任明晰、相互制衡、相互监督、良性互动的有效机制产生积极而有效的影响。近一段时间随着政策的突破与明确将进一步刺激国内企业通过资本市场直接融资，企业上市和再融资的需求将非常旺盛，我国投资银行应该积极抓住机遇，跳出传统证券承销狭窄的业务框架，形成证券承销私募发行、兼并收购、项目融资、财务顾问等多元化的业务结构，逐步突破业务单一发展现状。

(2)加强经纪业务创新。目前券商经纪业务收入的合法来源应不仅局限于交易佣金和保证金息差，因为浮动佣金制度执行以后，佣金费率下降是一个长期趋势，即使市场成交金额逐步提高，但希望佣金收入大幅度增加是非常不现实的。目前券商能够开辟的与自身原有业务关联度较大的新收入来源主要有：①开放式基金代销。根据成熟市场的经验，开放式基金将逐步发展为证券市场最重要的机构投资者。目前美国各类基金管理的资金数额已经超过商业银行的储蓄余额，而中国目前基金管理的资金与银行的储蓄余额比例过低，因此随着开放式基金的规模日益扩大，代销开放式基金手续费收入将有巨大潜力。同时通过代销基金可以与基金公司建立良好的合作关系，交易佣金也会带来不菲的收入。②客户资产管理费。随着居民收入水平和金融资产数量的急剧增加，需要有专业人员对资产进行合理的配置，因此资产管理的市场未来发展的空间是极其巨大的。目前银行、基金公司、信托公司等都在争夺这个市场。券商在参与资产管理市场的竞争时有较大的优势，首先是熟悉证券市场的情况，培养了一批高素质的理财人才，其次是具有长期积累的客户资源，而这是竞争对手都不完全具备的。因此券商必须充分发挥自身优势，逐步将营业部从单纯提供交易通道转变为营销公司理财产品的营销中心，公司总部则从单纯的管理中心转变为理财产品的制造中心和公司业务的管理中心。

另外，应考虑实行佣金年费制。以美国为例，近几年由于美国经纪业务市场的竞争非常激烈，交易手续费收取比例越来越低，一些证券公司开始探索提供咨询服务，同时按托管资产量分类收费的模式。例如，美林证券，目前采取交易手续费和年费制两种形式，交易手续费按交易方式、交易量收取不同的手续费，网上交易每笔收取29.92美元，委托交易平均每笔要收取100美元以上。年费制是按不同的资产，按季收取年费，总体平均不超过其托管资产的2%。年费受权的比例越高，公司提供的咨询服务内容越多。目前美林证券的年费收入已占到经纪业务收入的50%。年费制不仅开辟了经纪业务收入的新来源，更重要的是从根本上解决了理财顾问或经纪人的收入与交易量挂钩造成的奖励机制与客户利益之间的冲突，促使理财顾问提高咨询服务的水平。

(3)加强资产管理业务创新。在规范的资产管理业务中，券商依靠专业投资知识充当

资金与金融产品的中介，既不分享投资收益，也不承担投资损失，只收取专业咨询费用与代理投资手续费。因此，规范的资产管理业务是典型的低风险业务，并且可以带来相对稳定的费用收入。中国资产管理市场蕴含巨大的发展潜力，我国券商资产管理蕴藏着巨大的市场机会和诱人的成长空间。

第一，加强各业务部门资源的整合，走大资产管理之路。从资产管理业务的发展趋势而言，国内资产管理业务必然走向大资产管理方向，必须走跨业务部门合作道路。我国券商应借鉴西方投资银行成熟的资产管理组织框架方面的经验，在组织结构上打破原有的业务部门各自为政的格局，加强资产管理部门与其他业务部门的客户资源共享，加强客户资源的深度开发。要以满足客户需求为导向，以资产管理部门为纽带进一步整合客户资源、资金资源，整合公司内部研究能力、投资能力、营销能力，为大资产管理业务的迅速成长营造良好的环境。

第二，我国券商可在条件适当时将资产管理业务部门相对独立出来。从目前看，我国券商不仅资产管理业务范围窄、品种少，而且资产管理业务在组织结构上显示出非独立性。如果我国券商将资产管理业务视为一项战略性业务，就必须要有相应的组织安排，如设立资产管理业务子公司，将资产管理业务部门相对独立出来，并相应建立起科学的管理机制和健全的风险防范和风险控制制度，便于券商从整体上控制资产管理业务风险，更好地取信于资产委托人，做大做强这项业务。

第三，我国券商要加大对投资组合研究设计的力度，不仅能设计出适合大资金的投资组合，也应设计出各种适合中小规模资金的投资组合，进一步挖掘自营业务的潜力。同时，大力发展资产管理业务，对不同投资组合按照不同风险水平加以细化，形成具有不同风险收益水平的产品，根据客户愿意承受的风险水平，提供与之相适应的投资组合产品或创新产品。我国券商应在法律法规的框架下，根据委托人的要求和特点设定资产管理的类型、投资风格和投资策略，根据不同投资者的类型主动设计多种个性化的资产管理模式，以便给客户提供更加广阔的选择范围，帮助客户实现长远战略发展规划和资产收益最大化。

2. 强化投资银行外部金融监管，确保证券市场稳健运行

经历了此次金融危机，美国五大投资银行的"失败"让我们发现金融监管的必要性，那么对于我国证券公司目前的发展规模及发展阶段，既能很好监管又不影响证券公司发展，就显得尤为重要。

(1)健全监管体制。第一，梳理法律法规以及相关条例，建立树根状法律体系，明确法律法规以及相关条例的适用范围，为处罚依据清晰奠定基础。第二，加强违规责任处罚立法，突出民事处罚力度，树立法制的威慑力。第三，建立民事赔偿制度，赋予交易所及证券业协会自律监管权利。根据市场的规模和发达程度，监管当局应当允许自律组织在其胜任的领域承担一些直接的监督责任。当然，前提是自律组织应当受(政府)监管机构的监督，在行使权力及受托职责的时候应遵循公正、保密的原则。

(2)完善监管程序及方式。为保证对证券公司违规处罚的公平性，监管机构应该制定一套完善的监管程序，对证券公司(或交易所会员)的检查和调查实行制度化。当然，这种制度化必然要以各个监管机构之间明确的职责划分为依据。根据监管程序，可以检查监管机构的监管行为是否合乎法规规定、是否存在玩忽职守或者暗箱操作情况。在监管方式方

面，特别要提到的是对证券公司财务违规的监管。财务违规往往是掩盖财务风险的手段，加强对证券公司的财务监控，可以有效预防风险的蔓延。

(3)加强对其他市场参与机构的监管。证券公司的违规行为不是孤立存在的，违规的完成需要其他单位的参与，故对证券公司的监管应该置于对证券市场监管的大环境中，证监会应联合中国银监会、财政部、中国注册会计师协会等对与证券公司业务往来频繁的银行、证券登记结算公司及具有证券期货业务资格的会计师事务所等单位进行协同监管。只有做到对违规参与者的全面监管，才能有效防止参与者之间狼狈为奸。

(4)加强对人的监管。在对证券公司监管的过程中，最关键的因素是人。从体制的建设、法规的制定、监管活动的执行、违规行为的产生到外部其他单位与证券公司的业务联系等，都是人的行为，因此对人的监管是监管工作中的重中之重。

(5)提高监管部门的独立性。独立性是监管公开、公平、公正的灵魂，只有保持了监管者的超然独立，才能切实监督证券公司的经营行为，使证券公司朝健康良性的方向发展。提高监管部门的独立性，首先是提高监管部门监管身份的独立性。

➤【案例 12-2】

一、案例背景

据统计，截至 2003 年年末，我国银行体系的不良贷款余额为 2.4 万亿元。庞大的不良资产规模已成为横亘在我国银行业改革进程中的巨大障碍之一。如果考虑到在四大银行现有的正常贷款中，几乎有一半是 1999 年政策性剥离不良贷款前发放的，有相当一部分为借新还旧，即便银行采取多种转化手段使这类贷款维持在正常贷款内，但从严格意义上来讲，有相当一部分贷款已是不良贷款，加上不良非信贷资产。那么从总体来看，保守估计我国不良资产市场总存量超过 3.5 万亿元。商业银行处置不良资产的任务非常艰巨。

中国工商银行宁波项目是国内银行利用资产证券化模式处置不良资产的第一例，项目的成功与否对商业银行业探索有效处置不良资产的途径和银行业的改革与发展将产生重要影响。宁波中国工商银行符合试点项目要求的经济环境和经营状况：①近几年宁波经济始终保持较快的发展速度，2003 年国内生产总值比 2002 年增长 15.3%，宁波经济外向度高，经济发展前景被普遍看好，吸引着大量中外投资者，为不良资产的处置带来了商机；②“信用宁波”建设取得了显著的成果，社会信用环境日益改善；③宁波各监管机构对金融创新始终抱着积极和开明的态度；④中国工商银行宁波市分行管理规范，效益增长迅速，有着一支具有丰富经验的不良资产管理和处置队伍。

二、案例介绍

中国工商银行宁波项目是国内第一次严格按照国际规范的资产证券化业务流程进行的不良资产证券化，对规范我国资产证券化业务流程有积极的意义。

(一)项目交易结构

1. 交易主体

(1)委托人：中国工商银行宁波市分行，即贷款资产提供人。中国工商银行宁波市分行将其从贷款资产中收取款项等权利设立财产信托。

(2)受托人：中诚信托投资有限公司(以下简称中诚信托)，受托人按信托合同的约定收取受托人管理费，负责管理财产信托和相关账户；选择并委托资产处置代理人代为处置信托财产中的债权资产，并对其处置行为进行监督并承担责任；与财产信托的其他参与方配合，计算并根据支付顺序在每一个受益权分配日向受益权持有人支付信托利益。

(3)受益人：在信托中享有信托受益权的人。在信托设立时，委托人为唯一受益人，信托设立后，为委托人，以及通过受让或其他合法方式取得信托受益权的其他人，受益人享有信托受益权。根据信托合同的约定，受益人可以依法转让其享有的信托受益权。

2. 交易结构

(1)资产包概况：本信托的信托财产是由宁波分行的13个营业部或支行直接负责管理和处置，涉及借款人总数233个，本金总额26.19亿元。

(2)交易描述：①设立财产信托，中国工商银行宁波分行(委托人)以其合法拥有的资产(账面价值26.19亿元)委托给中诚信托(受托人)，设立财产信托。中国工商银行宁波分行作为唯一受益人，取得本信托项下全部(A级、B级、C级)信托受益权，价值8.2亿元。②受益权转让，中国工商银行宁波分行将其享有的A级、B级受益权转让给投资者，中信证券作为受益权的承销商负责承销A级和B级受益权，C级受益权仍由中国工商银行宁波分行持有。③中诚信托负责信托收益和本金的分配，并以信托财产产生的现金流支付信托受益权的收益和本金。④中国工商银行宁波分行受中诚信托委托作为信托财产的资产处置代理人，负责信托财产的处置和现金回收。⑤信托终止，中诚信托将剩余信托财产交回中国工商银行宁波分行。

(二)项目业务流程

1. 项目研讨和论证

2003年9月4日，工商银行的若干家分行、总行的相关部门以及一些中介机构在宁波召开了不良资产证券化研讨会，选定宁波市分行作为不良贷款证券化项目的试点，并确定了基本方案，以资产证券化作为探索商业银行利用资本市场处置不良贷款的手段之一，并聘请瑞士信贷第一波士顿作为该试点项目的财务顾问。

2. 尽职调查

瑞士信贷第一波士顿和普华永道分别担任了试点项目的财务顾问和尽职调查服务商，与中国工商银行共同确定了信息采集的内容和格式。信息采集的工作进行了三个月。为了便于信息的保管和使用，随后建立了专门的资产资料室。资料室由中国工商银行和财务顾问共同管理。普华永道又对数据进行了审核，通过查阅信息库、资料室，访谈等方式，查对并核实了借款人的信息资料。

3. 资产包调整

地域分布、行业差别、资产优劣、回收金额多少和回收期限的长短等因素，都影响着不良资产的现金流。资产证券化需要获得可预见未来相对稳定的现金流，因此需要充分考虑以上因素，通过对基础资产的加工和重组，使资产包的资产组成既符合证券化的要求，又能满足中国工商银行资产处置的利益。

4. 资产处置计划

由各处置经理逐笔对不良贷款提出初步资产管理和处置计划。中国工商银行和瑞士信贷第一波士顿通过对每笔贷款的借款人、保证人和抵押物等情况的分析，结合实际情况和客户经理的意见和经验，对资产管理和处置计划进行了审议，明确每笔贷款的回收金额、回收策略、回收方式和回收时间。为保证资产管理和处置计划公正、客观、透明的完成，中信证券作为后期的受益人代表参加了全部的工作。

5. 中介机构选择

在本项目中，中国工商银行最后选择了瑞士信贷第一波士顿、君泽君律师事务所(以下简称君泽君)、中信证券、中诚信托等中介机构。2004 年 4 月 7 日，中国工商银行与中诚信托签署了《中国工商银行宁波市分行与中诚信托投资有限责任公司之不良贷款证券化财产信托合同》，与瑞士信贷第一波士顿《中国工商银行宁波市分行与瑞士信贷第一波士顿财务顾问服务协议》，与中信证券签署了《受益权承销合同》和《定价协议》等文件，资产证券化工作正式开始。

6. 方案设计

中国工商银行和中介机构结合制度环境和市场环境，全面考虑各方面的利益，根据规范性和合法性的原则，经过数十次的讨论和修改，确定了证券化的交易结构和相关合同。本证券化项目最终确定了借鉴国外的清算信托结构，利用我国《中华人民共和国信托法》中规定的财产信托作为特殊目的载体(special purpose vehicle，SPV)，以受益权作为证券化投资工具。经过结构分层，受益权产品设计了 A、B、C 三级不同优先级别，并采用了现金储备账户、B 级受益权回购承诺等安排。

7. 信用评级

为保护投资人的利益，维护金融市场秩序，增加试点项目的规范性和透明度，中国工商银行同时聘请了中诚信国际信用评级有限责任公司和大公国际资信评估有限公司两家评级机构为受益权进行评级。两家评级机构通过对资产包开展尽职调查收集信息和数据，分析资产管理和处置计划，通过对信托财产现金流情况、信托交易结构、信托受益情况的综合评估，综合分析考虑投资风险、风险控制措施、信用增级措施以及处置代理人的处置能力，出具了评级报告。评级报告中，确定资产包现金流 8.2 亿元，其中 A 级受益权 4.2 亿元为 AAA 级，B 级受益权 2 亿元为 AAA 级，C 级受益权 2 亿元不评级。

8. 定价与销售

经过反复研究，考虑当时利率预期上升和投资者对无担保产品的认可程度较低的市场环境，经双方协商，评级机构确认，为达到符合市场利率水平和投资者需求，同时又能降低发起银行的融资成本，双方决定根据在不影响评级结果的情况下，对发行期限进行调整，即将 A 级受益权调整为 1 年期，参照 1 年期储蓄和国债利率水平确定收益率为 5.01%(最终发行定价方案表 12-3)。经评级机构确认，资产池回收预期情况可以支持发行期限调整。

表 12-3　发行定价方案表

级别	评级结果		最初方案			最终方案		
	规模/亿元	期限/年	规模/亿元	期限/年	定价/%	规模/亿元	期限/年	定价/%
A 级	4.2	3	2	3	6	2	1	5.01
B 级	2	3	4	3	5	4	3	5.1

三、案例分析

破产隔离是风险隔离的一种较强形式，是证券化交易的重要特征之一，也是交易是否成功的主要因素之一。资产证券化交易的破产隔离包括两方面的内容：①SPV 自身的破产隔离；②证券化资产与委托人的破产隔离。如何在国内现有的法律、法规框架内实现证券化交易的破产隔离，保证证券化资产及其现金流的安全性，是本案能否成功的关键。

根据《中华人民共和国公司法》、《中华人民共和国证券法》及其他相关规范，目前设立有限责任公司和股份有限公司均需满足法定的设立条件，发行证券的要求多，审查十分严格。因此，就目前国内的法律、法规环境来说，特殊目的公司(special purpose company，SPC)的交易结构很难运作。

(一)项目资产管理与处置

项目资产管理与处置是证券化项目实现现金流的重要工作。中国工商银行宁波分行作为信托财产的资产处置代理人，为规范证券化资产的管理，加快处置进度，提高处置效率，有效防范风险，特制定了《不良贷款证券化资产管理办法》。

根据该办法，宁波工商银行成立专门机构——风险资产处置中心，负责实施分行资产风险管理部编制，并经分行风险管理委员会审议批准的证券化资产年度处置计划；为证券化资产的管理和处置提供服务；协调与信托公司的关系，处理各项信托事务。证券化资产的管理实行“集中核算、专业处置、还原考核、绩效挂钩”的办法。证券化资产的处置实行预案管理，主要包括拟采用的处置方式、预计回收金额、预计回收时间、预计处置费用等，并由风险资产处置中心对证券化资产处置预案进行审查。

(二)项目综合效益分析

(1)中国工商银行通过宁波项目打开了一条不良资产处置新通道，为国内银行业探索出提高不良资产处置效率的新路径。中国工商银行在宁波项目基础上，建立了相关的规章制度，并在实战过程中逐步建立了一个包含法律、财务、会计、风险管理、资产管理、市场营销等多方面人才组成的项目团队，为中国工商银行在资产证券化业务领域的发展提供了制度和人才保证。

(2)在现有的制度背景下，达到了不良资产“真实销售”的标准，实现了银行将不良资产从资产负债表中剥离的目的，不良贷款率从7.45%降至1.47%，显著降低了中国工商银行宁波分行的不良贷款率。另外，通过不良资产证券化，提前实现未来可预见的、稳定的现金流，增加资产的流动性，释放资本，获得从事具有更高边际收益项目的资金。

(3)中国工商银行宁波分行受中诚信托委托作为信托财产的资产处置代理人，负责信托财产的处置和现金回收，能获得代理收入，增加银行中间业务收入。

四、启示与借鉴

通过上述案例分析，我们可以得出以下几点启示。

(1)宁波工商银行不良资产证券化项目作为中国工商银行多渠道探索不良资产处置的重要尝试，与传统的不良资产处置方式和国内以往的不良资产证券化项目相比，实现了四个方面的破：一是不良资产处置理念实现了由简单的处置到市场化经营的巨大转变，提高了资产处置效率和资金配置效率；二是采用了信托模式进行资产证券化，实现了风险隔离和不良资产处置风险转移；三是产品结构设计符合具体国情，为金融市场提供了新的投资工具，培育了新的投资理念；四是提升了银行创新能力，增加了银行资产质量和管理能力的透明度。宁波项目在现行法律、法规条件下探索出一条真正符合资产证券化原理要求的、可行的证券化法律结构与交易结构，不仅为国内银行业扩大了不良贷款损失消化的新渠道，提高了处置效率，同时也为国内资产证券化业务的规范和推广提供了实验基础，开辟了连接货币市场与资本市场的新通道，在中国银行业和资本市场的发展过程中具有里程碑式的意义，将在中国金融业产生深远的影响。

(2)宁波项目说明，在《中华人民共和国信托法》框架下，可以实现以受益权合同为工具的、真正符合资产证券化原理的不良贷款证券化。但不良资产财产信托受益权项目仍然存在诸多不足：首先，有关政策法规尚不明朗，如贷款设立信托的相关操作问题，以及不良资产证券化的财务处理、会计核算和税收问题等。其次，在尽职调查、结构设计、现金流评级、证券化工具的选择等工作过程中，还需要进一步寻求新的突破和更符合国际惯例的做法。最后，受益权产品的流动性问题、投资者范围和销售方式等问题都是需要迫切解决的问题。这些问题不能得到及时解决，将在很大程度上影响我国资产证券化市场的发展。这也说明，资产证券化作为一种新型的结构融资手段，需要有成熟的法律和监管体系作为支持，监管机构和实务部门都需要进一步深入研究，推动不良资产证券化乃至信贷资产证券化业务在操作流程、监管措施上的进一步完善和规范。

(3)与国际知名的投资银行相比，我国的证券公司还不能称为真正的投资银行，无论从业务范围还是从创新能力来看都与国际水平相差甚远。因此，资产证券化虽然在国外已经是很成熟的投资银行业务，但在中国还是新生事物。目前，我国的证券公司大多规模小、资金薄弱，业务单一(以承销、经纪和自营业务为核心)，又缺少正常的、合法的融资渠道，这严重地制约了证券公司发展成为现代投资银行的进程，无力开拓 ABS 资产证券化市场，因而也就无力赢得新的利润增长点。此外，我国证券公司的信用等级不高也是一个问题，作为 SPV 如果不具有较高的信用等级是很难吸引众多投资者的。但不论困难有多大，我国的投资银行业都必须积极地抢占新的经营领域，培育新的利润增长点，凭借服务创新、手段创新、品种创新和工具创新争取客户、争取市场，这是在未来激烈地国际竞争中立足的根本途径。目前，我国大的证券机构更多与商业银行进行接触，在条件成熟并且有国家政策支持的前提下，尝试购买商业银行部分不良资产，组成小规模的资产池进行试运作。这样既有利于商业银行和投资银行在实践中总结成功的经验或失败的教训，寻找双方运用 ABS 技术的最佳融合点，又不至于引起金融市场大的动荡。

(4)目前，资产证券化在我国推广还面临相当多的障碍。首先是法律方面的障碍。依据现行的法律法规，ABS 运作会受到许多制约。例如，在基础资产“真实销售”时的合同变更问题、SPV 设立时的法律地位问题等。其次是市场信用问题。这里有两个含义，其一是信用增级环节中需要第三方信用增级，我们还没有这样的制度；其二是指我国市场经济基础最为薄弱的一环，商业信用基础差，这可能会是资产证券化过程中比较头痛的问题。再次是市场环境的问题。这其中包括监管部门需要明确和协调、中介机构的种种行为尚不规范、机构投资者投资行为有待成熟，还有税收和利率的问题。如果在资产证券化过程中涉及的税负过高和利率非市场化，都可能导致 ABS 预期收益率过低，缺乏足够的吸引力，甚至没有生存空间。最后，还存在会计相关问题的变更。

借鉴西方国家的发展经验，要加快资产证券化业务在我国投资银行的推广，必须具备如下重要条件。

(1)中央银行应给予金融管理政策支持。银行债权证券化涉及证券发行业务，各国都面临银行业与证券业分业经营管理的法律障碍。美联储是利用《格拉斯-斯蒂格尔法》第 20 款的漏洞，允许商业银行通过参股企业有限度经营证券业务的。《中华人民共和国商业银行法》禁止商业银行从事除金融债券发行以及国债交易之外的证券业务，该法第43条还规定商业银行在我国境内“不得向非银行金融机构及企业投资”，从而排除了商业银行经由控股公司经营证券业务的可能性。但是《中华人民共和国商业银行法》第3条又允许商业银行“发行金融债券”，只要中央银行和国务院证委会承认商业银行经由投资银行发行的债权担保证券，那么银行贷款债权的证券化就不违背《中华人民共和国商业银行法》的规定。问题是贷款债权担保证券在发行目的、发行担保、发行方式、发售对象与流通范围、所筹资金用途都与目前商业银行发行的金融债券有重大区别，中央银行需要颁布新的金融债券管理条例，作为投资银行试行贷款债权证券化业务的政策依据。

(2)金融受理部门应着手开始资产证券化的立法工作。商业银行贷款债权证券化会推动商业银行的信用扩张，对商业银行资产负债的比例管理也有影响。中央银行应修改有关金融债券管理条例，颁布《金融机构资产担保证券管理条例》，对银行债权资产的证券化活动从法律上进行规范和监管。银行债权证券化应比照《中华人民共和国商业银行法》第39条关于资产负债比例管理的要求有序进行。比较而言，发售受益凭证之类的过手证券可以将国有商业银行的风险呆滞债权资产从资产负债表上转移出去，符合资产负债比例管理的要求。而发行抵押贷款担保、债券和转付债券不能达到这个目的。考虑到我国信托投资公司和投资基金已有一定规模，金融管理部门应从过手证券式的债权证券化作为国有商业银行债权重组的主要形式。中央银行要将银行债权证券化纳入综合信贷计划，控制银行债权担保证券的发行总额，并据各行债权重组要求及资产负债比例状况额定各行证券发行指标、以控制信用规模，商业银行再次发行债权担保证券的条件可依照《中华人民共和国公司法》有关规定执行。中央银行规定发行债权担保证券所筹资金只能用于商业银行资产重组，如流动性支付及购置同业资产和国债等货币市场的短期融资业务，控制用以再发放中长期贷款的比例，防止商业银行贷款债权证券化套取现金。

(3)发展我国投资银行业和债券流通市场。目前我国除了中国国际金融有限公司之外尚无第二家真正意义的投资银行，现有的证券公司、财务公司、信托投资公司虽然都在某种程度上起投资银行的作用，数量也不少，但规模小、业务单一而且混杂、层次低，距离投资银行的要求相去甚远。国家应在现行的《中外合资投资银行类机构管理暂行办法》的基础上颁布《投资银行法》，对投资银行在我国的特性、职能、业务范围、设立条件等做出界定，由中央银行引导现有的证券公司、信托投资公司、财务公司归并重组，扩股增资，拓宽业务范围和提高业务档次，对符合条件的证券公司、信托投资公司换发投资银行经营证书，重新注册。银行债权证券化需要发展投资基金以推动金融债券市场的扩大。国家应颁布《投资基金管理办法》，鼓励证券公司、信托投资公司设立基金管理公司，发起和管理投资基金，包括国有企业重组基金，基金投向从对国有企业注入资本金转为购买银行债权担保证券，这样既可降低投资基金风险，也可推动银行债权证券化发展。为避免借款人提前还款导致抵押贷款组合产生的现金流不足以支付过手证券投资者本息，可由投资银行发行第一、二受益权凭证，用借款人偿还的部分现金流投资于国库券、短期融资券、票据市现及存单，用以保证抵押贷款组合产生的现金流量的稳定。

(4)提高商业银行抵押贷款的比例。继续深化股份制改革，确立企业法人财产所有权，规定企业只能以法人财产而不能用国有财产向国有商业银行抵押借款，以避免企业以旧的国有资产抵押新的国有资产。改善企业抵押品结构，增加有价证券、银行存单、保险单等流动性资产的抵押，减少抵押品拍卖时因限期变现造成的跌价损失，还要根据抵押品流动性及变现能力差异实行不同的抵押率。研究并合理解决第一抵押权的顺应权问题，完善《中华人民共和国担保法》，加大《中华人民共和国担保法》的执法力度，在降低商业银行办理抵押贷款风险的同时，敦促商业银行按照中央银行的规定，降低抵押的贷款利率。酌情减免办理抵押贷款发生的1%的保险费、1%的公证费，还有抵押贷款财产登记费及一年一次的资产评估费，可以考虑由商业银行或投资银行代企业垫付办理抵押贷款的部分费用，并将这部分费用转为银行对企业的短期低息贷款，减轻企业负担。鼓励保险公司开办房地产抵押贷款保险业务，扩大抵押贷款比率，提高银行债权资产质量，为投资银行介入银行债权证券化活动创造条件。

(5)提供会计税收政策优惠。各国都在会计税务处理上给予贷款债权证券化政策优惠。日本政府在1998年对发债公司实施免缴公司税及不动产税的优惠政策，以便将前住宅金融专门公司担保的5 000亿日元债权证券化。我国政府亦应给予商业银行表外资产证券化交易减免所得税、营业税的待遇，对投资银行参与国有商业银行债权重组所获信托服务费、担保费收入减免营业税、所得税，对投资者购买过手证券的利息收入征资本利得税，推动国有商业银行贷款等债权资产证券化的发展。

(6)继续推进利率的市场化改革。证券利率由无风险报酬率和风险报酬率构成，无风险报酬率可用国库券利率替代，风险报酬率要由商业银行及投资银行根据借贷市场风险因素的变化合理确定，为此，需要扩大商业银行和投资银行的利率自主权。只有实现利率市场化，才能根据银行拟证券化的债权资产的不同风险等级合理确定投资的风险报酬率和投资银行债权资产的收益率，从而合理确定银行拟证券化的不同等级债权资产的收益现值，即收购价格以及银行债权担保证券的利率。只有债权证券化中的投资收益率能够保证投资者的投资收益与其投资风险相匹配，银行债权资产证券化才有操作性。

➤思考题

1. 如何界定和理解中国投资银行的种类？
2. 如何看待中国投资银行在市场经济转轨中的特殊作用？
3. 中国投资银行是如何开展各项业务的？
4. 中国投资银行在发展中存在哪些问题与不足？
5. 中国投资银行在21世纪面临哪些竞争与挑战？
6. 中国投资银行在21世纪具备哪些优势和机遇？
7. 中国投资银行在21世纪应实施哪些发展战略？
8. 结合两则案例思考我国投资银行业务创新的途径与条件。

参考文献

戴志敏 . 2012. 投资银行学 . 浙江：浙江大学出版社 .

李燕燕 . 2014. 投资银行学 . 北京：清华大学出版社 .

卢汉林 . 2010. 投资银行学 . 第二版 . 武汉：武汉大学出版社 .

何小锋，高嵩 . 2008. 投资银行学 . 北京：北京大学出版社 .

任淮秀 . 2011. 投资银行学 . 第三版 . 北京：中国人民大学出版社 .

吴晓东 . 2005. 投资银行学 . 成都：西南财经大学出版社 .

阎敏 . 2008. 投资银行学 . 第二版 . 北京：科学出版社 .

杨大楷 . 2008. 投资银行学 . 上海：上海财经大学出版社 .

綦建红 . 2012. 投资银行学教程 . 第三版 . 北京：清华大学出版社 .

Finnerty J D. 1988. Financial engineering in corporate finance：an overview. Financial Management，17(4)：14-33.

Galitz L. 1995. Financial Engineering：Tools and Techniques to Manage Financial Risk. Chicago：Irwin Professional Publishing Co.

Gardener E P M，Williams J. 2003. Competitive banking in the EU and Euroland. *In*：Mullineux A W，Murinde V. Handbook of International Banking. Cheltenham：130-155.

Goldberg M A. 1985. The relevance of margin regulations：note. Journal of Money，Credit and Banking，17(4)：521-527.

Grube R C，Maurice Joy，Panton D B. 1979. Market responses to federal reserve changes in the initial margin requirement. The Journal of Finance，34(3)：659-674.

Hardouvelis G A. 1988. Margin requirements and stock market volatility. Federal Reserve Bank of New York Quarterly Review，13：80-89.

Hardouvelis G A. 1989. Commentary：stock market margin requirements and volatility. Journal of Financial Services Research，3(2～3)：139-151.

Hardouvelis G A，Peristiani S. 1992. Margin requirements speculative trading and stock price fluctuations：the case of Japan. The Quarterly Journal of Economics，107(4)：1333-1370.

Lee S B，Yoo T Y. 1991. Margin regulation and stock market response：further evidence from the U. S. and some pacific-basin countries. Review of Financial Economics，(1)：79-98.

Lee S B，Yoo T Y. 1993. Margin regulation and stock market volatility：further evidence from Japan，Korea and Taiwan. Pacific-Basin Finance Journal，1(2)：155-174.

Luckett D G. 1982. On the effectiveness of the Federal Reserve's margin requirement. The Journal of Finance，37(3)：783-795.

Moore T G. 1966. Stock market margin requirements. The Journal of Political Economy，74：158-167.

Officer R R. 1973. The variability of the market factor of the New York Stock Exchange. Journal of Business，46(3)：434-453.

Silber W L. 1983. The process of financial innovation. The American Economic Review，73(2)：89-95.